Internationale Unternehmensbesteuerung

Hohenheimer Volkswirtschaftliche Schriften

Band 50

PETER LANG
Frankfurt am Main · Berlin · Bern · Bruxelles · New York · Oxford · Wien

Jörg Weltin

Internationale Unternehmens-besteuerung

Allokation der Besteuerungsrechte unter veränderten Rahmenbedingungen

PETER LANG
Frankfurt am Main · Berlin · Bern · Bruxelles · New York · Oxford · Wien

Bibliografische Information Der Deutschen Bibliothek
Die Deutsche Bibliothek verzeichnet diese Publikation in der Deutschen Nationalbibliografie; detaillierte bibliografische Daten sind im Internet über <http://dnb.ddb.de> abrufbar.

Zugl.: Hohenheim, Univ., Diss., 2005

D 100
ISSN 0721-3085
ISBN 3-631-53703-4

www.peterlang.de

Meinen Eltern

Vorwort

Das Vorwort einer Dissertation erlaubt es dem Autor, die wissenschaftliche Ebene für persönliche Anmerkungen zu verlassen. Insofern ist es angebracht, im Vorwort all denjenigen zu danken, die zur Entstehung der Arbeit beigetragen haben.

Mein erster Dank geht an meinen Doktorvater, Prof. Dr. Rolf Caesar, für seinen fachlichen Rat und die freundliche und offene Atmosphäre am Lehrstuhl für Finanzwissenschaft. Mein weiterer Dank gilt Herrn Prof. Dr. Harald Hagemann für die Übernahme des Zweitgutachtens und Herrn Prof. Dr. Ansgar Belke für die Mitwirkung am Promotionsverfahren.

Meinen Kolleginnen und Kollegen, Birgit Staiger, PD Dr. Hans Pitlik, Jan Pieter Schulz, Elisabeth Weber, Bodo Knoll, Alexander Rieger, Dr. Oliver Letzgus und Günther Schmid bin ich sehr verbunden für ihre Freundschaft und Kollegialität während meiner Zeit am Lehrstuhl als wissenschaftlicher Mitarbeiter und studentische Hilfskraft. Ein herzliches Dankeschön geht auch an Bettina Zimmerer, welche durch ihren unermüdlichen Einsatz einen wesentlichen Anteil am reibungslosen Funktionieren unseres Lehrstuhls hat.

Natürlich profitiert eine Dissertation auch von studentischen Hilfskräften: Alexandra Kless, Susanne Epp, Patrick Nass, Christina Feldhaus, Andreas König, Oleg Kozlov und Christian Sieber.

Die Kolleginnen, Kollegen und studentischen Hilfskräfte der Lehrstühle für Statistik und Mikroökonomie haben wesentlich zu einem sehr angenehmen und herzlichen Arbeitsklima beigetragen und natürlich auch das VfB-Zimmer des Lehrstuhls für Aussenwirtschaft, Ralph Setzer und Kai Geisslreither. Für mich unvergessen bleiben unsere fachlichen Diskussionen, gemeinsame Bundesliga-, EM- und WM-Wetten sowie das jährliche Fussballspiel zwischen den Lehrstühlen.

Meinem Freundeskreis, vor allem Jürgen Banzhaf, Jeannine Enßle, Lars Hetzel, Manuel von Mohrenschildt, Thomas Stenzhorn und Holger Neumann, sowie meinem Bruder Ingo und seiner Familie, ein herzliches Dankeschön.

Mein größter Dank gilt jedoch meinen Eltern, Irmhild und Herbert Weltin, für ihre Unterstützung in allen Phasen meiner Ausbildung. Ihnen sei daher diese Arbeit gewidmet.

Stuttgart, den 18. April 2005,

Jörg Weltin

Inhaltsübersicht

Inhaltsverzeichnis

Teil III: Reformalternativen für die internationale Unternehmensbesteuerung

Abkürzungsverzeichnis

Abs.	Absatz
AG	Aktiengesellschaft
AO	Abgabenordnung der Bundesrepublik Deutschland
ARPA	Advanced Research Projekt Agency
ARPANET	Advanced Research Program Agency Net
AStG	Aussensteuergesetz der Bundesrepublik Deutschland
Aufl.	Auflage
BFH	Bundesfinanzhof der Bundesrepublik Deutschland
BVerfG	Bundesverfassungsgericht der Bundesrepublik Deutschland
Cal.	Kalifornien
CFA	Fiskalausschuss der OECD
CFC	Controlled Foreign Corporation
CIA	Central Intelligence Agency
d. A.	der Autor
D.C.	District of Columbia
DARPA	Defense Advanced Research Project Agency
Ders.	Derselbe
Dies.	Dieselben
DNS	Domain Name System
EATR	Effektiver Durchschnittsteuersatz
EDV	Elektronische Datenverarbeitung
EMTR	Effektiver Grenzsteuersatz
EU	Europäische Union
EuGH	Europäischer Gerichtshof
FA/UT	Formula Apportionment/Unitary Taxation
FDI	Ausländische Direktinvestitionen
FOCJ	Functional Overlapping Competing Jurisdictions
GBDe	Global Business Dialogue on Electronic Commerce
GewStG	Gewerbesteuergesetz der Bundesrepublik Deutschland
Ggf.	Gegebenenfalls
Hrsg.	Herausgeber
i. d. R.	in der Regel
i. V. m.	in Verbindung mit
i. w. S.	im weiteren Sinne
ICT	Informations- und Kommunikationstechnologie
IP	Internet Protocol
KEff	Konsumeffizienz
KEN	Kapitalexportneutralität
KIN	Kapitalimportneutralität

m. E.	meines Erachtens
Mass.	Massachusetts
MNE	Multinational Enterprise
OECD	Organisation für wirtschaftliche Zusammenarbeit und Entwicklung
OECD-MA	Musterabkommen der OECD zur Doppelbesteuerung
PEff	Produktionseffizienz
QL	Quellenland
R&D	Forschung und Entwicklung
SL	Sitzland
SLD	Second Level Domains
SPD	Sozialdemokratische Partei Deutschlands
TABD	Trans-Atlantic Business Dialogue
TAG	Technical Advisory Groups
TCP	Transmission Control Protocol
TLD	Top Level Domains
t_Q	Steuersatz im Quellenland
t_S	Steuersatz im Sitzland
tw	teilweise
u. a. O.	und anderen Orten
u. U.	unter Umständen
U.S.	United States
UDITPA	Uniform Division of Income for Tax Purposes Act
UdSSR	Union der sozialistischen Sowjetrepubliken
UNCTAD	United Nations Conference on Trade and Development
UNO	United Nations Organization
USA	Vereinigte Staaten von Amerika

Abbildungs- und Tabellenverzeichnis

Kapitel 1: Einführung

A. Problemstellung

Die globale Bedeutung internationaler Unternehmen[1] hat in den letzten Jahrzehnten stark zugenommen, wenn das Volumen internationaler Unternehmenszusammenschlüsse und ausländischer Direktinvestitionen betrachtet wird.[2] Beispielsweise ist der weltweit akkumulierte Bestand ausländischer Direktinvestitionen in den letzten 30 Jahren um das 47-fache angestiegen, so dass mittlerweile etwa ein Drittel aller weltweiten Exporte und Importe konzerninterne Geschäfte sind.[3] Daher ist es für Nationalstaaten von großer Bedeutung, welche Gebietskörperschaften Besteuerungsrechte über die internationalen Unternehmen haben. Das Besteuerungsrecht regelt den Anspruch einer Gebietskörperschaft, bestimmte ökonomische Transaktionen zu besteuern, wobei die Transaktionen nicht innerhalb der eigenen Hoheitsgrenzen stattfinden müssen. Erst wenn ein Besteuerungsrecht besteht, kann ein Staat Steuern erheben. Insofern umfasst die internationale Unternehmensbesteuerung zwei Betrachtungsebenen, nämlich das Verhältnis zwischen den Gebietskörperschaften, also eine Frage der Allokation der Besteuerungsrechte, und die rein nationale Aufgabe, aus dem Besteuerungsrecht eine effektive Steuereinnahme herbeizuführen. Die vorliegende Arbeit behandelt die erste Ebene und damit die Problematik, die Besteuerungsrechte aus grenzüberschreitenden Transaktionen, welche von internationalen Unternehmen in der

---

1 Unternehmen werden als internationale oder multinationale Unternehmen bezeichnet, wenn sie in mindestens zwei Nationalstaaten mit abhängigen Niederlassungen oder Produktionsstätten tätig sind oder Verfügungsrechte über dort erzeugte Güter und Dienstleistungen besitzen. Zur Abgrenzung des Begriffs multinationaler Unternehmen vgl. ausführlich Göpffarth (2001), S. 31f. Die Existenz multinationaler Unternehmen wird vorausgesetzt. Als Beispiel für ein multinationales Unternehmen wird oftmals der schwedisch-schweizer Konzern Asea Brown Boveri (ABB) genannt, welcher 1000 Tochtergesellschaften in über 40 Ländern besitzt. 85 Prozent seines Umsatzes erzielt der Konzern außerhalb seiner beiden Heimatländer. Vgl. Scherer (2003), S. 99.

2 Vgl. UNCTAD (2003).

3 Vgl. Herkenrath (2003), S. 30f.; Scherer (2003), S. 98ff. Mit Direktinvestitionen werden langfristige ökonomische Beziehungen zwischen Unternehmen bezeichnet, welche sich in unterschiedlichen Gebietskörperschaften befinden und deren Leistungsaustausch von einem andauernden unternehmerischen Interesse mit bedeutender Kontroll- und Leistungskompetenz eines Unternehmens geprägt ist. Vgl. UNCTAD (2003), S. 231.

Rechtsform von Kapitalgesellschaften vorgenommen werden, auf unterschiedliche Gebietskörperschaften zu alloziieren.

Die Besteuerungsrechte im Rahmen der Unternehmensbesteuerung betreffen alle Transaktionen eines Unternehmens mit einer Gewinnerzielungsabsicht. Die Besteuerungsrechte erstrecken sich somit auf die gesamte unternehmerische Wertschöpfung. Unternehmen mit Transaktionen in unterschiedlichen Gebietskörperschaften verteilen den Wertschöpfungsprozess mit unterschiedlichen Gewichtungen auf die einzelnen Staaten. Daraus entsteht die Frage, wie die Besteuerungsrechte auf die Staaten alloziiert werden sollen. Souveräne Gebietskörperschaften können aus dem ihnen zustehenden Besteuerungsrecht bestimmte Handlungen als besteuerungswürdig bezeichnen oder auf eine Besteuerung verzichten. Am Ende dieses Prozesses erfährt das Unternehmen eine effektive Steuerbelastung. Die konkrete Höhe obliegt der Verantwortung der besteuernden Gebietskörperschaften.

Die Besteuerungskompetenz der Staaten stößt an Grenzen, wenn es sich um offene Volkswirtschaften handelt. Die Mobilität von Individuen und Kapital ermöglicht die Abwanderung von Produktionsfaktoren aus einer Gebietskörperschaft, wenn in einer anderen ein besseres Kosten-Nutzenverhältnis zwischen effektiver Steuerbelastung und öffentlichen Leistungen existiert. Besonders ist dies bei Unternehmen zu beobachten, welche auf einem globalen Markt vertreten sind.

Die Unternehmenslandschaft wird kontinuierlich verändert und damit auch die Rahmenbedingungen der Unternehmensbesteuerung. Dafür sind vielfältige Einflüsse verantwortlich, die sowohl nationalen als auch internationalen Ursprungs sind. Die vorliegende Arbeit konzentriert sich auf eine Veränderung, welche bereits erhebliche Auswirkungen auf die internationale Unternehmensbesteuerung hat und dennoch erst am Anfang ihres Entwicklungsprozesses steht: Die Digitaltechnik hat bahnbrechende Innovationen in den letzten 20 Jahren verursacht, die Konsequenzen für die staatliche Einnahmebeschaffung haben. Diese technischen Innovationen haben nämlich nicht nur Auswirkungen auf die Art der unternehmerischen Wertschöpfung, sondern auch auf die internationale Verteilung der

Wertschöpfung. Die Zeitschrift *The Economist* bezeichnet in ihrer Ausgabe vom 29. Januar 2000 die sich anbahnende Entwicklung als "The Mystery of the Vanishing Tax Payer"[4]. Innovationen im Bereich der Kommunikation und des Warentransports führen zu einer zunehmenden Mobilität von Individuen und Kapital, die neue Möglichkeiten eröffnet, nationale Steuern zu vermeiden. Die Rahmenbedingungen der Besteuerung verändern sich. Nationale Steuern können deshalb in einer globalisierten Wirtschaft überfordert sein.[5] Der Begriff der internationalen Besteuerung, welcher als eine Abgrenzung für die Besteuerung grenzüberschreitender Transaktionen verwendet wird, ist allerdings irreführend: Es existiert kein System der internationalen Besteuerung, sondern lediglich eine Vielzahl nationaler Steuersysteme, welche durch Besteuerungsprinzipien miteinander verbunden sind.[6] Dabei ist besonders die Besteuerung international tätiger Unternehmen eine anfällige Konstruktion, deren primäre Aufgabe die Allokation der Besteuerungsrechte auf die unterschiedlichen Staaten ist. Die Besteuerung von international tätigen Unternehmen ist aus diesem Grunde und aufgrund der volkswirtschaftlichen Bedeutung multinationaler Unternehmen eine wichtige finanzwissenschaftliche Fragestellung, welche durch die veränderten Rahmenbedingungen herausgefordert wird.[7]

---

4 The Economist, January 29th 2000, Survey, S. 3.

5 Vgl. The Economist, January 29th 2000, Survey, S. 3f.

6 Als Steuersystem wird die Gesamtheit der in einem Land jeweils nebeneinander bestehenden Steuern bezeichnet. Vgl. Brümmerhoff (2000), S. 369. Ein komplexes Steuersystem besteht aus unterschiedlichen Bemessungsgrundlagen und Tarifstrukturen, sowie aus einer Vielzahl an Sondertatbeständen wie Steuerbefreiungen, Steuerabzügen und Freibeträgen. Vgl. Hettich/Winer (1999), S. 42; Alt (1983), S. 187; Pommerehne/Schneider (1978), S. 385.

7 Vgl. Slemrod (2001), S. 13. Caves äußert sich ähnlich: "Beside the great issues of progress, sovereignity, and economic justice that swirl around the MNE (d. A.: Multinational Enterprise), taxation sounds like a matter for narrow minds that warm to accountancy. That instinct is squarely wrong, because it turns out that arrangements for taxing corporate net income plays an important role in the division of gains from foreign investment between source and host countries." Caves (1996), S. 189.

B. Ziel der Arbeit und Vorgehensweise

Die vorliegende Arbeit verfolgt drei Ziele. Das erste Ziel ist die Beantwortung der Frage, warum Staaten Probleme haben, die Gewinne international tätiger Unternehmen wirksam zu besteuern. Unter wirksamer Besteuerung wird verstanden, dass eine Gebietskörperschaft die in ihren Grenzen entstandenen Unternehmensgewinne umfassend erfassen und zielgerecht besteuern kann. Das zweite Ziel ist aufzuzeigen, warum sich diese Problematik unter den veränderten Rahmenbedingungen aufgrund der Digitalisierung verschärft und inwiefern die gegenwärtigen Besteuerungsmethoden dadurch in Frage gestellt werden. Das letzte Ziel ist die Diskussion von Reformoptionen für die internationale Unternehmensbesteuerung.

Diese Ziele werden in drei Teilen behandelt. Teil I behandelt die Allokation der Besteuerungsrechte bei der gegenwärtigen internationalen Unternehmensbesteuerung und umfasst Kapitel zwei und drei. Das zweite Kapitel erläutert die Grundzüge der internationalen Unternehmensbesteuerung und deren normativen Grundsätze. Das dritte Kapitel nimmt eine positive Analyse der internationalen Unternehmensbesteuerung vor, bei der vorab Anreize für Steuerreduktionsstrategien internationaler Unternehmen sowie einzelne Strategien dargestellt werden. Darauf baut die Ursachenanalyse für Steuererhebungsprobleme bei der internationalen Unternehmensbesteuerung auf. Staatliche Maßnahmen gegen Steuerreduktionsstrategien werden dargestellt und in ihrer Wirksamkeit kritisch beurteilt.

Teil II umfasst die Kapitel vier und fünf und beschäftigt sich mit dem Einfluss der veränderten Rahmenbedingungen auf die Allokation der Besteuerungsrechte. Im vierten Kapitel werden die veränderten Rahmenbedingungen der internationalen Unternehmensbesteuerung erläutert. Dann wird auf spezielle Vollzugsprobleme der Besteuerung eingegangen, welche durch die Digitalisierung auftreten. Die darauf folgenden Ausführungen stellen eine Verschärfung der Besteuerungsproblematik fest. Im fünften Kapitel werden die Auswirkungen der veränderten Rahmenbedingungen auf die normativen Anforderungen an die internationale Unternehmensbesteuerung analysiert und diskutiert, ob Lösungsmöglichkeiten bei Anwendung der gegenwärtigen Besteuerungstechniken sinnvoll sind.

Teil III widmet sich den Reformalternativen für die internationale Unternehmensbesteuerung. Die Public Choice-Theorie ist Gegenstand des sechsten Kapitels. Ziel dieses Kapitels ist festzustellen, ob eine internationale Steuerharmonisierung eine wahrscheinliche und wünschenswerte Reformperspektive ist. Das siebte Kapitel diskutiert alternativ eine Neuordnung der internationalen Unternehmensbesteuerung und bringt zum Ausdruck, dass das Äquivalenzprinzip sowohl gerechtigkeits- als auch allokationstheoretisch eine adäquate Leitlinie für eine zukunftstaugliche Unternehmensbesteuerung sein kann. Eine kurze Schlussbetrachtung in Kapitel 8 schließt die Arbeit ab.

Teil I: Allokation der Besteuerungsrechte bei der internationalen Unternehmensbesteuerung

Kapitel 2: Grundlagen internationaler Unternehmensbesteuerung

A. Begriffsabgrenzungen

I. Abgrenzung der Unternehmenssteuern als Subsystem der Kapitalbesteuerung

Aus finanzwissenschaftlicher Perspektive lassen sich bei der Unternehmensbesteuerung drei Bereiche identifizieren.[1]

(i) Der erste Bereich sind Unternehmenssteuern im engeren Sinne. Das Unternehmen ist der Steuerdestinatar, d. h. es soll letztlich nach der Vorstellung des Gesetzgebers die Steuer im Sinne einer Einkommensminderung tragen. Die Destinatarinzidenz geht von bestimmten Überwälzungshypothesen aus, welche dem Gesetzgebungsprozess explizit oder implizit zugrunde liegen. Die Klassifikation nach der Destinatarinzidenz entspricht nicht den Ergebnissen der finanzwissenschaftlichen Steuerinzidenzlehre. Ein Systematisierungsversuch nach der tatsächlichen Inzidenz führt jedoch nicht zu einer eindeutigen Klassifikation der Steuerarten, weil die empirische und theoretische Steuerinzidenzlehre keine zweifelsfreien Ergebnisse hervorbringt. Für eine Einteilung nach den Vorstellungen des Gesetzgebers spricht, dass die Steuern relativ deutlich gruppiert sind.[2]

(ii) Unternehmenssteuern im weiteren Sinne sind Steuern, die das Unternehmen zwar zahlt, jedoch nicht voll tragen soll. Der Gesetzgeber geht davon aus, dass die Steuer beim Unternehmen erhoben, jedoch ganz oder teilweise auf den Verbraucher überwälzt wird. Dazu zählen die Umsatzsteuer und spezielle Verbrauchsteuern.

---

1 Vgl. zum Folgenden Zimmermann (1993).

2 "Der Staat erhebt diese Steuern nach seinen Belastungsvorstellungen, die damit Teil der steuerpolitischen Wirklichkeit sind." Zimmermann (1993), S. 232.

(iii) Die dritte Kategorie stellen Steuern dar, bei denen das Unternehmen eine Inkassofunktion für den Fiskus übernimmt. Das Unternehmen ist Steuerzahler und führt Steuern für fremde Rechnung ab. Die endgültige Verrechnung der Steuer erfolgt bei demjenigen, für den das Unternehmen die Steuer abführt. Das Unternehmen trägt also auch hier nicht die Steuerzahllast, muss allerdings Entrichtungskosten tragen. Steuern dieser Art sind z. B. Lohnsteuer und Kapitalertragsteuer.

Betrachtet man die Unternehmensbesteuerung als Subsystem der Kapitalbesteuerung, dann sind nur die Unternehmenssteuern i. e. S. Gegenstand der folgenden Analyse. Diese Unternehmenssteuern können in gewinnabhängige und gewinnunabhängige Steuern unterteilt werden. Je nach der Rechtsform eines Unternehmens gehören zu den gewinnabhängigen Steuern die veranlagte Einkommensteuer und die Körperschaftsteuer. Gewinnunabhängige Steuern sind Substanzsteuern und Steuern auf den betrieblichen Input. Die vorliegende Arbeit beschränkt sich auf die Analyse der Gewinnbesteuerung von Kapitalgesellschaften und damit auf die Körperschaftsteuer (Corporate Taxation oder Corporation Income Taxation), da die Körperschaftsteuer die Kapitalbesteuerung par excellence ist. Die Einkommensbesteuerung von Unternehmen, welche bei der Rechtsform der Personengesellschaft anfällt, wird hier nicht betrachtet, da multinationale Unternehmen i. d. R. Kapitalgesellschaften sind.

Die Besteuerung multinationaler Unternehmen richtet sich nach dem erwirtschafteten Reingewinn. Die gewinnabhängige Besteuerung kann nach zwei unterschiedlichen Konzepten ausgerichtet sein. Die Reinvermögenszugangstheorie verlangt die Besteuerung aller regelmäßigen und unregelmäßigen Vermögenszunahmen, die realisiert worden sind. Nach dieser von *Georg von Schanz* entwickelten Theorie müssen neben dem laufenden Einkommen auch z. B. Lotteriegewinne, Erbschaften und Erträge aus Gelegenheitsgeschäften versteuert werden.

"Wir wollen wissen, welche wirtschaftliche Leistungsfähigkeit einer Person, ohne dass sie ihr Kapital aufzehrt oder Schulden macht, in einem bestimmten Zeitabschnitt zukommt, über was sie so z. B. in einem bestimmten Jahr disponieren kann; ob diese Summe wiederkehrt, wie sie sich zusammensetzt, ob sie der Wiederkehr fähig ist, ist für das betreffende Jahr gleichgültig."[3]

Die Alternative zur Reinvermögenszugangstheorie ist die Quellentheorie, die auf den preußischen Staatssekretär *Fuisting* zurück geht.[4] Die Quellentheorie unterscheidet zwischen Quelle des Einkommens und dem aus der Quelle entsprungenen Einkommen. Es werden nur Einkommen besteuert, die regelmäßig aus einer Quelle fließen. Wertveränderungen der Quelle sind für die Besteuerung nicht von Bedeutung.

II. Anknüpfungspunkte der Unternehmensbesteuerung

Ein Staat ist bei der Steuererhebung mit Informationsproblemen konfrontiert. Das Informationsproblem hat grundlegenden Einfluss auf die Ausgestaltung eines Steuersystems und die Effektivität von Gesetzesvollzug und -kontrolle.[5] Belastungsendpunkt aller Steuern sind letztendlich Individuen. Weil Individuen in der Regel Steuern nicht freiwillig zahlen, werden Steuern als Zwangsabgaben ohne Anspruch auf Gegenleistung charakterisiert. Das Wesen des Zwanges ist, dass dieser von Dritten ausgeübt wird. Der steuerliche Zwang muss so ausgelegt sein, dass die Zensiten sich ihm nicht problemlos entziehen können. Der Zwang benötigt daher Indikatoren, die von dem Staat bzw. den Finanzbehörden beobachtbar sind. Setzt die Besteuerung an Indikatoren an, die nur mit Willen des Zensiten kontrolliert werden können, kann der Zensit die Steuer hinterziehen.[6] Die Steuererhebung benötigt somit Anknüpfungspunkte[7], an denen überprüfbare Ereignisse stattfinden, überprüfbare physische Gegebenheiten existieren oder die Zensiten kontrollierbare Tätigkeiten ausführen, die (vom Staat) als besteuerungswürdig bezeichnet werden. Überprüfbare Ereignisse sind z. B. Tod oder

---

3 Schanz (1896), S. 17.
4 Vgl. Fuisting (1902).
5 Vgl. Cowell (1990), S. 38. Vgl. sinngemäß auch OECD (2001c), S. 50.
6 "Thus, in this foggy world people quite legitimately take actions to present information about themselves that puts them in a favourable light; very few go out of their way to advertise their taxable capacity to the tax authority." Cowell (1990), S. 40.
7 Zur steuerrechtlichen Sicht des Begriffes Anknüpfungspunkt vgl. Utescher (1999), S. 79ff.

Geburt, physische Gegebenheiten sind Gebäude oder Grundstücke, kontrollierbare Tätigkeiten entstehen v. a. bei der marktlichen Einkommenserzielung des Zensiten.

Anknüpfungspunkt der Gewinnbesteuerung multinationaler Unternehmen ist eine physische Gegebenheit, bei der Finanzbehörden auf Steuerobjekt und Bemessungsgrundlage zugreifen können und in der Lage sind, Kontrolle auszuüben. Hierbei kommt dem Betriebstättenbegriff eine entscheidende Bedeutung zu. In einer Betriebstätte wird ökonomisch gehandelt, was das Steuerobjekt darstellt. Die Betriebstätte ist als Ort der unternehmerischen Wertschöpfung Anknüpfungspunkt der Gewinnbesteuerung. Eine inländische Betriebstätte begründet die Steuerpflicht des Steuersubjekts Unternehmen. Bemessungsgrundlage ist der in der Betriebstätte erwirtschaftete Gewinn. Um diesen besteuern zu können, hat die Finanzverwaltung das Recht, besteuerungsrelevante Informationen zu beziehen und zu kontrollieren. Der Betriebstättenbegriff bildet damit einen Eckpfeiler für die Entscheidung, welcher Gebietskörperschaft welches Steueraufkommen zusteht.[8]

Ein weiterer Anknüpfungspunkt der Besteuerung ist der rechtliche Unternehmenssitz eines Unternehmens. Dieser ist der geographische Ort der Muttergesellschaft eines internationalen Unternehmens, welches über Tochtergesellschaften in anderen Gebietskörperschaften verfügt. Der Muttergesellschaft stehen innerhalb des Konzernverbundes die Unternehmensgewinne zu. Der rechtliche Unternehmenssitz ist ebenfalls eine Betriebstätte.

B. Das System internationaler Unternehmensbesteuerung

I. Das OECD-Musterabkommen zur Doppelbesteuerung

Internationale Vereinbarungen haben vornehmlich das Ziel, eine doppelte Belastung desselben Steuergegenstandes bei demselben Steuerpflichtigen oder eine

[8] Vgl. Schaumburg (1998), Tz. 16.234.

unbeabsichtigte Nichtbesteuerung zu vermeiden. Als Grundlage für internationale Vereinbarungen entwarf die Organisation für wirtschaftliche Zusammenarbeit und Entwicklung (OECD)[9] 1977 ein Musterabkommen für bilaterale Doppelbesteuerungsabkommen (OECD-Musterabkommen).[10]
Das OECD-Musterabkommen ist Grundlage der meisten internationalen Doppelbesteuerungsabkommen und kann deswegen als Analysegrundlage internationaler Besteuerungsprobleme herangezogen werden. Es ist durch das Committee on Fiscal Affairs, den Fiskalausschuss der OECD, einem ständigen Revisionsprozess unterworfen.[11]
Das OECD-Musterabkommen zur Doppelbesteuerung regelt in Artikel 7 die Allokation der unternehmerischen Besteuerungsrechte. Unternehmensgewinne sollen in derjenigen Gebietskörperschaft versteuert werden, in der das Unternehmen ansässig ist, d. h. in der sich der rechtliche Unternehmenssitz der Muttergesellschaft befindet. Bei Wertschöpfungen in einer anderen Gebietskörperschaft hat diese das Recht, die entstehenden Gewinne zu besteuern. Sie darf jedoch nicht Gewinne besteuern, die in dem Ansässigkeitsstaat des Unternehmens erzielt werden.

Die Besteuerungsgrundlage von Wertschöpfungen außerhalb des Ansässigkeitsstaates ist das Betriebstättenprinzip, welches ebenfalls in Artikel 7 des OECD-Musterabkommens geregelt ist. Ein Unternehmen mit Sitz in einem Vertrags-

---

9 Die OECD wurde 1961 gegründet und verfolgt die Ziele, "...to build strong economies in its member countries, improve efficiency, hone market systems, expand free trade and contribute to development in industrialised as well as developing countries." www.oecd.org (November 2003).

10 Vgl. Vogel (1980), S. 278. Zu allen Detailfragen bzgl. des OECD-Musterabkommens vgl. Debatin/Wassermeyer (2002). Die OECD-Regelungen treffen auf Widerstand, wenn Doppelbesteuerungsabkommen mit Entwicklungsländen verhandelt werden, weil dem OECD-Musterabkommen ein Ungleichgewicht zuungunsten armer Gebietskörperschaften vorgeworfen wird. Daher hat die UNO ein Musterabkommen beschlossen, welches ein stärkeres Augenmaß den finanz- und wirtschaftspolitischen Problemen der Entwicklungsländer gewährt, z. B. durch eine Ausweitung des Besteuerungsrechts. Vgl. Jacobs (2002), S. 67ff.; United Nations (1980).

11 Vgl. Gerken/Märkt/Schick (2000), S. 81f.; Vogel (1996), S. 82ff. Weitere Bedeutung erhält das Musterabkommen durch den Umstand, dass kein allgemeines völkerrechtliches Verbot für Doppel- und Minderbesteuerung existiert. Vgl. Jacobs (2002), S. 4. Das Musterabkommen ist insofern eine wichtige Leitlinie der internationalen Besteuerung.

staat darf nur dann in einem anderen Staat besteuert werden, wenn es seine Tätigkeit in diesem Staat durch eine Betriebstätte ausführt. Der Besteuerungsanspruch des anderen Staates erstreckt sich jedoch nur auf den Unternehmensgewinn, welcher durch die sich in seinem Geltungsbereich befindliche Betriebstätte erwirtschaftet wird. Der Begriff der Betriebstätte wird in Artikel 5 Abs. 1 OECD-Musterabkommen definiert und kennzeichnet eine feste Geschäftseinrichtung, durch welche die Tätigkeit eines Unternehmens ganz oder teilweise ausgeübt wird.[12]

Um die Kollision verschiedener nationaler Besteuerungsrechte zu vermeiden, sind in den Artikeln 23a und 23b Maßnahmen zur Vermeidung einer Doppelbesteuerung kodifiziert. Das Musterabkommen gibt dem Sitzland einer Muttergesellschaft Möglichkeiten zur Auswahl, wie es ausländische Gewinne einer inländischen Gesellschaft behandeln kann.

II. Die Verrechnungspreismethoden des OECD-Musterabkommens nach dem Fremdvergleichsprinzip

1. Grundzüge des Fremdvergleichsprinzips

Die Besteuerung multinationaler Unternehmen nach dem Betriebstättenprinzip erzeugt ein Gewinnverteilungsproblem, da der Gesamtgewinn auf unterschiedliche Betriebstätten aufgeteilt werden muss. Die Betriebstätten tauschen Vorprodukte und Dienstleistungen aus, ohne den freien Markt in Anspruch zu nehmen. Für unternehmensinterne Transaktionen existiert aus diesem Grund kein Marktpreis. Die unternehmensinternen Umsätze müssen mit bestimmten Preisen bewertet werden, um den Transfer von Waren und Dienstleistungen zu verrechnen. Erst dann ist die Wertschöpfung in den einzelnen Teilunternehmen erfassbar und die steuerliche Gewinnverteilung durchführbar. Der Preis wird durch ein Bewer-

---

12 Das Betriebstättenprinzip gilt nicht durchgehend. Ausnahmen existieren bei Einkünften aus Schiff- und Luftfahrt (Art. 8 OECD-Musterabkommen) und für Einkünfte aus der Tätigkeit von Künstlern und Sportlern (Art. 17 OECD-Musterabkommen).

tungsverfahren festgelegt und als Verrechnungspreis (transfer price) bezeichnet.[13]

Die Steuerbehörden haben Regeln für die Festlegung der Verrechnungspreise erlassen. Diese haben die Aufgabe, die Allokation des Unternehmensgewinnes und damit der Steuerbemessungsgrundlage gemäß der tatsächlichen Wertschöpfung auf die Teilunternehmen vorzunehmen. Der Verrechnungspreis der unternehmensinternen Transaktion soll der marktlichen Bewertung der Waren- und Dienstleistungsströme zwischen unverbundenen Unternehmen gleichen.[14] Als internationaler Standard gilt der Grundsatz des Fremdvergleichs (arm's length principle).[15] Danach wird verlangt, dass sich verbundene Unternehmen bei der Gestaltung ihrer Geschäftsbeziehungen so verhalten, wie sich voneinander unabhängige Dritte verhalten würden. Ein Marktpreis derselben gehandelten Ware oder Dienstleistung wird als Referenzmaß für die steuerliche Gewinnverteilung genommen. Dieses Prinzip ist grundlegend in Artikel 9 des OECD-Musterabkommens kodifiziert.[16]

Ergänzende Anhaltspunkte für die Vergleichbarkeit bestimmter Transaktionen liefert die Funktionsanalyse. Die Funktionsanalyse untersucht die wirtschaftlichen Tätigkeiten von verbundenen und unabhängigen Unternehmen. Über einen Vergleich der jeweiligen Funktionen eines Tochterunternehmens in einer Wertschöpfungskette lässt sich beurteilen, welcher Verrechnungspreis einer Transak-

---

13 Vgl. Newlon (2000), S. 215.

14 Vgl. Gerken/Märkt/Schick (2000), S. 94. Neben der Einkommensverteilungsfunktion, in der sich der Konflikt zwischen den Interessen des Fiskalstaats und dem unternehmerischen Ziel der Steuerminimierung wiederspiegelt, erfüllen die Verrechnungspreise auch andere Aufgaben auf der Unternehmensebene. Sie sollen dazu beitragen, die knappen Güter innerhalb eines Unternehmens optimal zu alloziieren (Lenkungsfunktion) und eine Kontrolle der Wertschöpfungskette zu ermöglichen (Kontrollfunktion). Spezielle Lenkungsziele grenzüberschreitender Verrechnungspreisgestaltung sind Verminderung von Enteignungsrisiken, Umgehung von Gewinn- und Kapitalrepatriierungsverboten, Begrenzung des Wechselkursrisikos, Begrenzung inflationärer Einflüsse, bilanzpolitische Korrekturen auf Ebene der Muttergesellschaft und Umgehung von Export- und Importquotenkontingenten. Vgl. dazu ausführlich Kotschenreuther (1997), S. 447ff.

15 Zur historischen Entwicklung des Fremdvergleichsprinzips vgl. Oestreicher (2003), S. 8ff.

16 Die Transferpreisregeln finden sich auch in den OECD Transferpreis-Richtlinien und erhalten ihre rechtliche Gültigkeit dadurch, dass sie in einer Vielzahl von Doppelbesteuerungsabkommen niedergeschrieben sind.

tion zuzuweisen ist. Zu den relevanten Kriterien zählen u. a. Forschung und Entwicklung, Service, Einkauf, Vertrieb, Finanzierung und Management.[17] Zum Beispiel können spezielle Vertriebsprogramme zusätzliche Kosten verursachen, welche Korrekturen bei der Verrechnungspreisbestimmung rechtfertigen.[18] Wenn sich die einzelnen Funktionen nicht identifizieren und zuordnen lassen, ist der Beitrag eines einzelnen Tochterunternehmens zu dem Gesamtgewinn des multinationalen Unternehmens nicht berechenbar.[19]

Die Funktionsanalyse hat darüber hinaus die Aufgabe, die Risikoverteilung geschäftlicher Transaktionen auf die Transaktionspartner zu bestimmen. Risiken können auftreten in Gestalt von Kosten- und Nachfrageschwankungen, Finanzrisiken durch Zins- oder Wechselkursveränderungen und in Form von Investitionsrisiken, welche mit Anlagevermögen verbunden sind. Die Risikoverteilung sollte sich in der Gewinnverteilung niederschlagen. Auf dem freien Markt ergibt sich, dass eine Erhöhung des Risikos auch eine Erhöhung des Gewinns zur Folge hat.[20] Wenn die Risikoverteilung bei konzerninternen Transaktionen keinen Niederschlag in den Verrechnungspreisen findet, wird der geographische Ursprung des Unternehmensgewinns nicht angemessen erfasst.

Zur Funktionsanalyse gehört auch die Kontrolle, ob die vereinbarten Vertragsbedingungen zwischen den verbundenen Unternehmen eingehalten werden. Bei Transaktionen zwischen unabhängigen Unternehmen auf dem freien Markt erfolgt die Vertragskontrolle durch die unterschiedlichen Interessen der an der Transaktion beteiligten Unternehmen. Bei innerkonzernlichen Geschäften liegt keine Interessendivergenz vor. Vertragsbedingungen können vorgetäuscht werden, um dem internationalen Unternehmen insgesamt Vorteile zu verschaffen.[21]

---

[17] Vgl. OECD (2000a), S. 28.

[18] Vgl. Weiss (1998), S. 84. "It is the economic significance, however, of these functions in terms of their frequency, nature and value to the respective parties that is important." Schwarz (1999), S. 299.

[19] Vgl. Kaminski (2000), S. 146.

[20] Vgl. OECD (2000a), S. 29.

[21] Vgl. OECD (2000a), S. 30f. Weitere Elemente einer Vergleichbarkeitsanalyse ist die Betrachtung wirtschaftlicher Umstände und Geschäftsstrategien. Ersterem liegt der Umstand zugrunde, dass identische Waren und Dienstleistungen auf unterschiedlichen Märkten gehandelt werden, was Kosten und Erträge beeinflusst. Unterschiedliche Geschäftsstrategien, z. B. in Gestalt von Markterschließungsprogrammen, können sich ebenfalls auf die Preise einer Transaktion niederschlagen. Vgl. ausführlich OECD (2000a), S. 31ff.

Der Fremdvergleichsgrundsatz wird mit einer Reihe von Standardmethoden umgesetzt, die in zwei Kategorien unterteilt werden können. Die erste Kategorie baut auf der jeweiligen einzelnen Transaktion auf. Der Gewinn eines Tochterunternehmens wird als Summe der Transaktionen ermittelt. Grundlage der transaktionsbezogenen Standardmethoden ist, eine vergleichbare einzelne Transaktionen zwischen unverbundenen Unternehmen zu finden. Die zweite Kategorie möglicher Verrechnungspreismethoden nach dem Fremdvergleichsgrundsatz sind Verfahren, die sich an dem Gewinn eines internationalen Unternehmens orientieren. Die gewinnorientierten Methoden bedienen sich der Funktionsanalyse.

2. Die transaktionsbezogenen Standardmethoden

Die direkte Umsetzung des Fremdvergleichsgrundsatzes erfolgt bei der Methode des Preisvergleichs. Der bei einer innerkonzernlichen Transaktion verrechnete Waren- oder Dienstleistungspreis wird mit dem Preis verglichen, welcher bei einer vergleichbaren Transaktion zwischen unabhängigen Unternehmen verlangt wird. Treten Preisdifferenzen auf, wird der steuerliche Verrechnungspreis an den Marktpreis angepasst.[22] Ein Fremdgeschäft ist nach Auffassung der OECD dann mit einer konzerninternen Transaktion vergleichbar, wenn eine der folgenden Voraussetzungen erfüllt ist:[23]

Die unterschiedlichen Transaktionen sind derart ähnlich, dass kein wesentlicher Unterschied zwischen dem Marktpreis und dem konzerninternen Verrechnungspreis auftreten kann.
Es treten erhebliche Unterschiede zwischen Marktpreis und dem konzerninternen Verrechnungspreis auf. In diesem Fall müssen entsprechende Berichtigungen vorgenommen werden können, um die erheblichen Differenzen auszugleichen.[24]

---

22 Vgl. OECD (2000a), S. 48.
23 Vgl. zum Folgenden OECD (2000a), S. 48.
24 "Vergleichbar sein heißt, dass keiner der allfälligen Unterschiede zwischen den verglichenen Gegebenheiten die methodisch untersuchte Bedingung (z. B. Preis oder Spanne) wesentlich beeinflussen kann oder dass entsprechend genaue Berichtigungen erfolgen können, um die Auswirkungen dieser Unterschiede zu beseitigen." OECD (2000a), S. 26.

Für die Beurteilung der Vergleichbarkeit nennt die OECD unterschiedliche Merkmale. Bei physischen Wirtschaftsgütern sollen deren Eigenschaften, Qualität, Verfügbarkeit und Liefermenge zur Beurteilung herangezogen werden. Dienstleistungen sollen anhand von Art und Umfang, intangible Güter anhand der Art des Geschäftes (z. B. Lizenzvergabe oder Verkauf), anhand der Art des Vermögenswertes (z. B. Patent, Marke oder Fachwissen) und anhand von Dauer, Grad des Schutzes und geplanten Erträgen beurteilt werden.[25] Ist eine der oben genannten Voraussetzungen erfüllt, stellt die Preisvergleichsmethode nach Auffassung der OECD die verlässlichste Methode dar, den Fremdvergleichsgrundsatz zu erfüllen. Sie ist dann allen anderen möglichen Methoden vorzuziehen.[26]

Neben der Preisvergleichsmethode akzeptiert die OECD weitere transaktionsbezogene Standardmethoden, um den Verrechnungspreis nach dem Fremdvergleichsgrundsatz zu ermitteln. Für Handelsunternehmen und Betriebe mit geringer Wertschöpfung ist die Wiederverkaufspreismethode eine vereinfachende Möglichkeit, den Verrechnungspreis nach dem Fremdvergleichsprinzip zu ermitteln. Bei der Wiederverkaufspreismethode wird der Endverkaufspreis an Dritte um eine übliche Rohgewinnspanne gekürzt. Eine andere transaktionsorientierte Standardmethode ist die Möglichkeit, von den Kosten der verbundenen Unternehmen ausgehend jeweils einen Gewinnaufschlag hinzuzurechnen. Die Kostenvergleichsmethode führt im Idealfall zu einem angemessenen Gewinn der einzelnen Teilunternehmen.[27]

3. Die gewinnorientierten Methoden

Die gewinnorientierten Methoden sollen nach Empfehlung der OECD nur dann benutzt werden, wenn die transaktionsbezogenen Standardmethoden nicht zuverlässig sind oder nicht angewendet werden können. Die gewinnorientierten Methoden versuchen, unter fremdvergleichskonformen Bedingungen Gewinne

---

25 Vgl. OECD (2000a), S. 28.

26 Vgl. Bauer (2000), S. 133; OECD (2000a), S. 48.

27 Für detailliertere Ausführungen zu den Modifikationen der Preisvergleichsmethode vgl. OECD (2000a), S. 50ff.; Bauer (2000), S. 134ff.; Weiss (1998), S. 79ff.

zu bestimmen, die aus Geschäften zwischen verbundenen Unternehmen resultieren.[28] Diese führen im Gegensatz zu den transaktionsorientierten Methoden nicht zur direkten Ermittlung von Verrechnungspreisen, sondern aus jedem Geschäft wird der Gewinn errechnet, der sich bei Veräußerung auf dem Markt ergibt.[29] Aus dem errechneten Gewinn kann retrograd ein Verrechnungspreis bestimmt werden.[30]

Eine Möglichkeit, einen Gesamtgewinn nach objektiven Kriterien zu verteilen, stellt die Gewinnaufteilungsmethode (profit split method) dar. Der Konzerngewinn wird in Bezug zur relativen Werthaltigkeit der Aufgaben verteilt, welche die Teilunternehmen im Unternehmensverbund ausführen. Die Marktwerte, welche die einzelnen Teilunternehmen in der Wertschöpfungskette erwirtschaften, werden anhand einer Funktions- und Risikoanalyse ermittelt. Dazu müssen nach dem Fremdvergleichsgrundsatz vergleichbare Aktivitäten unabhängiger Unternehmen herangezogen werden.[31] Eine weitere transaktionsbezogene Gewinnverteilungsmethode ist die Transaktionsorientierte Nettomargenmethode (transactional net margin method). Es wird eine Rendite-Kennziffer ermittelt, mit der die Gewinnverteilung in einem international tätigen Unternehmen vorgenommen wird.[32] In den Vereinigten Staaten von Amerika ist seit 1994 auch die Gewinnvergleichsmethode (comparable profits method) erlaubt, bei der Gewinne inländischer Tochterunternehmen im Besitz ausländischer Unternehmen mit Gewinnen inländischer Unternehmen verglichen werden.[33]

---

28 Vgl. OECD (2000a), S. 63.
29 Vgl. Raupach, A. (1998), S. 116.
30 Vgl. Bauer (2000), S. 137.
31 Vgl. OECD (2000a), S. 64ff.; Bauer (2000), S. 140f. Ein Rechenbeispiel zu dieser Methode findet sich bei Weiss (1998), S. 93.
32 Vgl. OECD (2000a), S. 70ff.; Bauer (2000), S. 138f.
33 Vgl. Gerken/Märkt/Schick (2000), S. 109; Weiss (1998), S. 88.

C. Normative Grundsätze für eine optimale internationale Unternehmensbesteuerung

I. Erkenntnisinteresse der normativen Besteuerungstheorie

Die Wirkungen internationaler Besteuerung können in einen Allokationseffekt und in einen Steueraufkommenseffekt unterteilt werden.
Die Analyse der allokativen Effizienz der Besteuerung untersucht, wie Steuern die Aufteilung der Ressourcen auf unterschiedliche Verwendungszwecke beeinflussen. Wirtschaftssubjekte reagieren auf international unterschiedliche Besteuerungsniveaus, welche divergierende fiskalische Lasten und damit Allokationseffekte erzeugen. Die Effizienz im internationalen Kontext lässt sich in inländische und weltwirtschaftliche Effizienz unterscheiden. Das wohlfahrtsökonomische Kriterium steuerlicher Effizienz ist die Zusatzlast (excess burden). Die Zusatzlast entsteht durch eine Veränderung relativer Preise, die Entscheidungen der Wirtschaftssubjekte verzerrt und die Wohlfahrt über die Steuerzahlung hinaus reduziert. Aus der Forderung nach allokativer Effizienz leitet sich die Forderung nach Neutralität der Besteuerung ab. Neutralität der Besteuerung bedeutet, dass individuelle Entscheidungen durch Steuern nicht verändert werden. Allokationsneutrale Steuern sind solche, welche die relativen Preise unverändert lassen. Wenn die internationale Besteuerung nicht neutral ist und Divergenzen zwischen den Grenzproduktivitäten des Kapitals in einzelnen Gebietskörperschaften entstehen, ist die internationale Kapitalallokation suboptimal und damit die Wohlfahrt geringer als bei neutraler Besteuerung. Im internationalen Kontext steht die Frage nach weltwirtschaftlicher Effizienz im Vordergrund. Die Besteuerung soll die Investitionsentscheidung zwischen Inland und Ausland nicht beeinflussen. Funktionell identische Transaktionen sollen gleich besteuert werden, und es soll keine Doppelbesteuerung existieren.

Der Steueraufkommenseffekt entsteht durch die Praxis der internationalen Besteuerung, Investitionsgewinne im Investitionsland einer Quellenbesteuerung zu unterwerfen. Steuerinduzierte Verzerrungen bei Investitionsentscheidungen haben Auswirkungen auf die Verteilung des internationalen Steueraufkommens.

Das grundlegende normative Problem im Rahmen internationaler Besteuerung ist es, die Besteuerungsansprüche unterschiedlicher Gebietskörperschaften in Einklang mit den Kriterien der allokativen Effizienz und einer 'gerechten' Verteilung des internationalen Steueraufkommens zu bringen. Ergänzend ist das Kriterium der administrativen Effizienz zu berücksichtigen. Es verlangt, dass Erhebungskosten und Entrichtungskosten eines Steuersystems minimiert werden.

II. Neutralität der Besteuerung

1. Begriffliche Klärungen

Aus allokativer Sicht sind die Begriffe Wohnsitzland und Quellenland relevant. Das Wohnsitzland eines Zensiten befindet sich dort, wo er seinen Wohnsitz oder gewöhnlichen Aufenthaltsort hat. Das Sitzland eines internationalen Unternehmens ist diejenige Gebietskörperschaft, in der das Unternehmen seinen rechtlichen Sitz hat. Im Folgenden soll nur noch vom Sitzlandprinzip gesprochen werden.

Das Quellenland ist der geographische Ort der Einkommensquelle. Mit der Definition der Einkommensquelle beschäftigen sich unterschiedliche Konzepte. Eine Möglichkeit ist, die Einkommensquelle mit einem angebotsorientierten Ansatz zu definieren. Die Produktion wirtschaftlicher Güter erfolgt durch die Inanspruchnahme von Produktionsfaktoren. Die klassischen Produktionsfaktoren sind Arbeit, Kapital und Boden. Die normative Einkommensquelle liegt in dem Ort, in dem die Produktionsfaktoren eingesetzt werden.[34] Bezogen auf die Kapitalbesteuerung befindet sich die Einkommensquelle an dem Ort des Kapitaleinsatzes. Unter Kapitaleinsatz ist investiertes Kapital zu verstehen und Kapital, mit dem Umlaufvermögen und Arbeitseinsatz finanziert wird. Die Bestimmung des Kapitaleinsatzortes verstehen *Musgrave* und *Musgrave* als eine Annäherung an die geographische Einkommensquelle[35] und damit an das Quellenland der Kapitalgewinne.

---

[34] Vgl. Musgrave (1984), S. 234.

[35] Vgl. Musgrave/Musgrave (1972), S. 67 und S. 82ff.

Die Einkommensquelle hängt aber auch von der Lokalität ab, in welcher die Ware oder Dienstleistung konsumiert wird. Werte werden durch das Zusammenspiel von Angebot und Nachfrage geschaffen. Diesem Angebot-Nachfrage-Ansatz folgend muss das Besteuerungsrecht zwischen dem Produktionsort der Ware oder der Dienstleistung und der Lokalität des Konsums aufgeteilt werden. Ein Problem dieses Ansatzes ist, dass aus ökonomischer Sicht keine eindeutige Allokation der Besteuerungsrechte zwischen dem Ort der Produktion und der Nachfrage existiert.[36] Eine weitere Schwierigkeit ist die Bestimmung des Konsumortes, was z. B. bei innerkonzernlichen Lieferungen von Vorprodukten von Bedeutung ist. Ein Vorprodukt muss nicht in diejenige Gebietskörperschaft exportiert werden, in der aufgrund marktlicher Nachfrage Einkommen generiert wird. Es kann in einem verbundenen Unternehmen weiterverarbeitet und zum Konsum in eine andere Gebietskörperschaft geliefert werden.[37] Der angebotsorientierte Ansatz ist deshalb einfacher umzusetzen als der Angebot-Nachfrage-Ansatz und ist folglich zu bevorzugen.[38]

2. Prinzipien der internationalen Kapitalbesteuerung

a) Das Sitzlandprinzip

Das Sitzlandprinzip kann vereinfacht für einen Fall dargestellt werden, in dem ein Wirtschaftssubjekt Einkünfte aus zwei Staaten $i \in \{A, B\}$ erzielt. Die Bruttorendite der jeweiligen Kapitaleinsätze sei r^i, Steuersatz ist t^i.[39] Unter der Annahme vollkommener Mobilität der Produktionsfaktoren gilt als internationale Substitutionsbedingung:

$$(2.1) \qquad r^A(1-t^A) = r^B(1-t^A) \qquad \Rightarrow r^A = r^B$$

---

36 Vgl. Musgrave (1984), S. 234.

37 Vgl. Oestreicher (2000), S. 184.

38 Vgl. Schäfer/Spengel (2002), S. 12.

39 Vgl. zum Folgenden Haufler (2001), S. 48f.; Wellisch (2000), S. 181f.; Tanzi (1995), S. 75f.

Der mobile Produktionsfaktor Kapital k ist so lange Substitutionsprozessen ausgesetzt, bis sich die Bruttorenditen in beiden Ländern ausgeglichen haben. Unter der Annahme wettbewerbsfähiger und gewinnmaximierender Produzenten gilt:[40]

$$\frac{\partial f^A}{\partial k^A} = r^A = r^B = \frac{\partial f^B}{\partial k^B} \tag{2.2}$$

In jedem Land gleichen sich die Grenzproduktivitäten den Bruttorenditen an. Ergebnis ist eine international effiziente Ressourcenallokation, wenn die Annahme vollkommener Mobilität gilt. Die Steuern verändern die Investitionsallokation nicht, was als Produktionseffizienz bezeichnet wird.

Im Falle des Produktionsfaktors Kapital wird die international effiziente Allokation als Kapitalexportneutralität bezeichnet. Die Allokation hängt nicht von der steuerlichen Behandlung des Kapitals in dem Land ab, in dem es investiert bzw. exportiert wird. Für einen Investor ist nur die Besteuerung in seinem Sitzland von Bedeutung. Die Wahl des Investitionsortes orientiert sich daher nur an den Bruttorenditen, die in unterschiedlichen Ländern erreichbar sind, und nicht an der Höhe des Steuersatzes.[41]

Unterschiedliche Steuersätze haben Auswirkungen auf die Sparneigung von Wirtschaftssubjekten, wenn deren Nutzenfunktion u in Abhängigkeit von Gegenwartskonsum c_0 und Zukunftskonsum c_1 betrachtet wird.. Die erzielbaren Nettorenditen für den Faktor Kapital unterscheiden sich, wenn die Steuersätze in Land A und in Land B unterschiedlich sind. In diesem Fall tritt eine internationale Verzerrung der Konsum-Spar-Entscheidungen bzw. eine Verzerrung der intertemporalen Ressourcenallokation ein. Die inländische Nettorendite des Faktors Kapital entspricht im Gleichgewicht der marginalen Rate der Substitution zwischen Gegenwarts- und Zukunftskonsum:

---

40 Unterstellt wird eine neoklassische Produktionsfunktion mit abnehmenden Grenzproduktivitäten.

41 In diesem Zusammenhang muss betont werden, dass das Welteinkommensprinzip und nicht das Sitzlandprinzip Kapitalexportneutralität verursacht. Daher ist es aus Effizienzgesichtspunkten unerheblich, welcher Staat das Besteuerungsrecht besitzt. Das Besteuerungsrecht kann theoretisch das Sitzland, das Quellenland oder eine andere dritte Gebietskörperschaft besitzen. Vgl. Homburg (2000), S. 279. Nach geltendem Völkerrecht darf eine dritte Gebietskörperschaft jedoch nur dann Einkommen besteuern, wenn persönliche oder sachliche Anknüpfungspunkte vorliegen. Vgl. Homburg (2000), S. 266f.

(2.3) $$\frac{\partial u^A / \partial c_0^A}{\partial u^A / \partial c_1^A} = 1 + r^A(1-t^A) \neq 1 + r^B(1-t^B) = \frac{\partial u^B / \partial c_0^B}{\partial u^B / \partial c_1^B} \quad \text{für} \quad t^A \neq t^B$$

Unterschiedliche Steuersätze verzerren die intertemporale Konsumentscheidung. Verbraucher in einem Land mit niedriger Kapitalbesteuerung konsumieren in der Gegenwart weniger und sparen folglich mehr als Konsumenten in einem Land mit hoher Kapitalbesteuerung. Dieser Fall wird als internationale Konsumineffizienz bezeichnet.

b) Das Quellenlandprinzip

Nach dem Quellenlandprinzip wird ein Wirtschaftssubjekt in dem Land steuerpflichtig, in dem es Einkommen erzielt.[42] Die internationale Substitutionsbedingung unter der Annahme vollkommen mobiler Produktionsfaktoren lautet:

(2.4) $$r^A(1-t^A) = r^B(1-t^B)$$

Das Quellenlandprinzip unterscheidet sich in seinen Wirkungen nicht von denen des Sitzlandprinzips, wenn der Steuersatz in Land A dem Steuersatz in Land B entspricht. Die Bruttorenditen gleichen sich aus.
Sind die Steuersätze in A und B verschieden, verursacht das Quellenlandprinzip im Vergleich zum Sitzlandprinzip allokative und fiskalische Konsequenzen. Wird angenommen, dass Kapital international vollkommen mobil ist, so unterscheiden sich bei unterschiedlichen Steuersätzen die Bruttorenditen und damit die Grenzproduktivität des eingesetzten Kapitals. Die Investitionsentscheidung wird durch die Besteuerung verzerrt:

(2.5) $$\frac{\partial f^A}{\partial k^A} = r^A \neq r^B = \frac{\partial f^B}{\partial k^B} \qquad \text{für} \quad t^A \neq t^B$$

Unter einem Quellenlandprinzip mit unterschiedlichen Steuersätzen wird somit keine Produktionseffizienz erreicht. Allerdings gleichen sich die Nettorenditen

---

[42] Vgl. zum Folgenden Haufler (2001), S. 49; Tanzi (1995), S. 76.

des eingesetzten Kapitals durch entsprechende Substitutionsprozesse aus. Dieser Effekt wird als Kapitalimportneutralität bezeichnet, da die Besteuerung nicht von dem Land abhängt, aus dem das Kapital importiert wird. Im Gegensatz zum Sitzlandprinzip ergibt sich eine international effiziente Allokation des Weltsparvolumens, da die Nettorenditen der marginalen Rate der intertemporalen Substitution entsprechen:

$$(2.6) \qquad \frac{\partial u^A / \partial c_0^A}{\partial u^A / \partial c_1^A} = 1 + r^A(1 - t^A) = 1 + r^B(1 - t^B) = \frac{\partial u^B / \partial c_0^B}{\partial u^B / \partial c_1^B}$$

c) Verfahren zur Vermeidung von Doppelbesteuerungen

Die allokativen und fiskalischen Wirkungen von Sitzland- und Quellenlandprinzip müssen gesondert betrachtet werden, wenn sich die Besteuerung aus einer Mischung der beiden Prinzipien ergibt, d. h. wenn die Besteuerungsprinzipien nicht in Reinform angewendet werden. Die Auswirkungen hängen von unterschiedlichen Methoden ab, die zur Vermeidung einer Doppelbesteuerung eingesetzt werden können. Diese Methoden erfordern eine Kooperation zwischen den Regierungen des Sitzlandes und des Quellenlandes. Die Regierungen müssen sich auf eine Allokation der Besteuerungsrechte verständigen.[43] Die Aufteilung der Bemessungsgrundlage kann als "...the main practical function of international tax rules..."[44] bezeichnet werden. Zur Verfügung stehen (i) die Freistellungsmethode, (ii) die Anrechnungsmethode und (iii) das Abzugsverfahren.[45]

(i) Das Sitzland kann ausländisches Einkommen von der inländischen Steuer befreien (tax exemption method). In diesem Fall wird ein reines Quellenlandprinzip umgesetzt. Die ausländische Steuer bestimmt die effektive Belastung. Bei unterschiedlichen Steuersätzen ist Kapitalimportneutralität verwirklicht, jedoch keine Kapitalexportneutralität.

---

43 Vgl. Harris (1996), S. 281f.
44 Bird (1988), S. 297.
45 Vgl. zum Folgenden Haufler (2001), S. 51ff.; Frenkel/Razin/Sadka (1991), S. 23; Gandenberger (1983), S. 3f.

(ii) Das Sitzland kann eine Steueranrechnung oder -gutschrift in Höhe der ausländischen Steuer gewähren (tax credit method). Das Inland bezieht das gesamte ausländische Bruttoeinkommen in die Bemessungsgrundlage ein und berechnet die daraus entstehende inländische Steuerlast. Von dieser wird die gezahlte ausländische Steuer abgezogen. Es ergibt sich eine endgültige Belastung für das Steuersubjekt in Höhe des inländischen Steuersatzes.
Die Wirkung einer Steueranrechnung hängt davon ab, ob der Steuersatz im Sitzland der Muttergesellschaft oder der Steuersatz im Quellenland des Gewinns höher ist. Ist der Steuersatz im Quellenland des Einkommens niedriger als im Sitzland, führt die Einkommensbesteuerung zu einer Steuerlast, welche höher als die Steuerlast aus dem Quellenland ist. Die Steueranrechnung teilt in diesem Fall das Steueraufkommen zwischen den betroffenen Gebietskörperschaften auf. Aus Sicht des Wirtschaftssubjektes ist jedoch nur der Steuersatz des Sitzlandes entscheidungsrelevant. Damit wird Kapitalexportneutralität erzielt.
Ist dagegen der Steuersatz des Quellenlandes höher als derjenige des Sitzlandes, müssen zwei Anwendungsverfahren der Anrechnungsmethode unterschieden werden. Unter dem unbeschränkten Anrechnungsverfahren erstattet das Sitzland den Teil der ausländischen Steuer, der sich aus der Differenz der ausländischen und inländischen Steuer ergibt. Eine unbegrenzte Steueranrechnung führt aus Unternehmenssicht zu einer Steuerbelastung, die sich nach dem Steuersatz des Sitzlandes richtet. Das Quellenland besitzt die Ertragshoheit über das gesamte Steueraufkommen. Die allokative Konsequenz ist Kapitalexportneutralität. Eine bis zur Höhe der inländischen Steuer begrenzte Anrechnung der ausländischen Steuer führt zu keiner Erstattung der Belastungsdifferenz. Für ein Unternehmen ergibt sich die Belastung nach dem Quellenlandprinzip, es herrscht Kapitalimportneutralität.

(iii) Im internationalen Steuerrecht kann auch ein Abzugsverfahren angewendet werden (tax deduction method). Die ausländische Steuer wird von der inländischen Bemessungsgrundlage abgezogen. Die inländische Steuerlast wird um einen Betrag reduziert, der aus der Multiplikation des ausländischen Steuerbetrages mit dem inländischen Steuersatz tS resultiert. Es ergibt sich für das Unternehmen ein inländischer Steuersatz t in Höhe von:

(2.7) $$t = t_S(1 - t_Q) + t_Q$$

Ist z. B. der Steuersatz im Quellenland tQ 30 Prozent und der Steuersatz im Sitzland tS 40 Prozent, ergibt sich eine gesamte Steuerbelastung t i. H. v. 58 Prozent des Unternehmensgewinns. Die unternehmerische Steuerlast setzt sich immer aus beiden Steuersätzen zusammen, und beide Gebietskörperschaften besitzen eine Ertragshoheit über einen Teil des Unternehmensgewinns. Deshalb tritt bei unterschiedlichen Steuersätzen weder Kapitalexport- noch Kapitalimportneutralität ein.[46]

Eine Doppelbesteuerung wird beim Steuerabzugsverfahren nicht vollständig vermieden. Die Doppelbesteuerung wird nur gemildert, denn letztendlich spielen für die Gesamtsteuerlast die Steuerniveaus beider Länder eine Rolle.[47] Die Abzugsmethode kommt in der Steuerpraxis als unilaterale Maßnahme vor, weil ein Staat dadurch die Doppelbesteuerung von Wirtschaftssubjekten reduzieren kann, ohne vollständig auf einen Besteuerungsanspruch verzichten zu müssen.48

In Tabelle 2.1 sind die allokativen und fiskalischen Wirkungen der verschiedenen Prinzipien einander synoptisch gegenübergestellt für den Fall, dass sich der Steuersatz tQ im Quellenland und der Steuersatz tS im Sitzland unterscheidet.

---

46 Vgl. Caves (1996), S. 191.

47 Zu den unterschiedlichen Wirkungen von Steueranrechnungsverfahren und Steuerabzugsverfahren vgl. Caves (1996), S. 191; Frenkel/Razin/Sadka (1991), S. 24 und die dortigen Rechenbeispiele.

48 Vgl. Dickescheid (2002), S. 70

Tabelle 2.1: Allokative und fiskalische Wirkungen bei Quellen- und Sitzlandbesteuerung und unterschiedlichen Steuersätzen[49]

	$t_Q < t_S$		$t_Q > t_S$	
	Allokative Effizienz	Ertrags-hoheit	Allokative Effizienz	Ertrags-hoheit
Freistellung ausl. Gewinne	KIN/KEff	QL	KIN/KEff	QL
unbeschränkte Anrechnung ausl. Steuerzahlungen	KEN/PEff	QL/SL	KEN/PEff	QL
beschränkte Anrechnung ausl. Steuerzahlungen	KEN/PEff	QL/SL	KIN/KEff	QL
Abzugsverfahren	tw. Doppelbest.	QL/SL	tw. Doppelbest.	QL/SL

Quelle: eigene Darstellung[50]

Bei internationaler Steuerharmonisierung ergeben sich Kapitalexportneutralität und Kapitalimportneutralität. Die Wahl eines Investitionsortes wird durch die Besteuerung nicht verzerrt, und für den Investitionsort ist es unerheblich, aus welcher Gebietskörperschaft das Kapital zufließt. In allen Gebietskörperschaften erzeugen harmonisierte Steuersätze folglich auch Produktions- und Konsumeffizienz. Harmonisierte Steuersätze haben allerdings nur dann diese Wirkung, wenn andere Einflussfaktoren wie Steuerbemessungsgrundlage und Abschreibungssätze gleichermaßen identisch sind. Die allokative Effizienz einer Steuer kann durch andere verzerrende Faktoren aufgehoben werden, z. B. durch die Entscheidung über die unternehmerische Rechtsform.[51]

49 Im Rahmen des Freistellungsverfahrens ist eine zweite Variante denkbar, die Befreiung unter Progressionsvorbehalt. Der ausländische Gewinn scheidet aus der inländischen Bemessungsgrundlage aus, wird aber bei der Ermittlung des für die inländischen Einkünfte geltenden Steuersatzes mit berücksichtigt. Vgl. Jacobs (2002), S. 12. Die Befreiung unter Progressionsvorbehalt soll im Rahmen dieser Untersuchung nicht berücksichtigt werden, da progressive Steuertarife auf Unternehmensebene nicht existieren, sondern nur auf personeller Ebene. Ebenfalls von der Betrachtung ausgeblendet werden Tarifformen mit Sprungstellen.

50 Zu den Abkürzungen siehe das Abkürzungsverzeichnis.

51 Vgl. Richman (1963), S. 9ff.

d) Zwischenfazit

Zusammengefasst ergibt die bisherige Diskussion folgendes Ergebnis:[52] Das Sitzlandprinzip erfasst ein Steuersubjekt unabhängig davon, ob es im Ausland oder im Inland investiert. Kapitalexportneutralität und Produktionseffizienz entstehen, so dass sich eine effiziente Kapitalallokation und eine Maximierung des Weltsozialprodukts ergibt. Als negative Konsequenz stellt sich Konsumineffizienz ein, das Sparverhalten privater Haushalte wird verzerrt.
Das Quellenlandprinzip erfasst nur das Einkommen, welches in der entsprechenden Gebietskörperschaft erwirtschaftet wird. Die Besteuerung ist unabhängig von der Person, welche die Verfügungsrechte über das Einkommen besitzt. Es herrscht Kapitalimportneutralität, da in- und ausländische Investoren steuerlich gleich behandelt werden. Das Sparverhalten privater Haushalte und damit die Entscheidung zwischen Gegenwarts- und Zukunftskonsum ist unverzerrt. Das Quellenlandprinzip erzeugt Produktionsineffizienz und gewährt keine wohlfahrtsmaximierende Kapitalallokation.
Die allokative Beurteilung der Besteuerungsprinzipien bringt also spiegelbildliche Ergebnisse hervor. Kapitalimportneutralität und Kapitalexportneutralität können gemeinsam nur bei Steuerharmonisierung erreicht werden. Aus wohlfahrtstheoretischer Sicht stellt sich die Frage, auf welche Besteuerungsneutralität aus allokativer Perspektive eher verzichtet werden kann, wenn die Möglichkeit der Steuerharmonisierung ausscheidet.

Die Besteuerungsgrundsätze haben unterschiedliche fiskalische Zielsetzungen, welche in einem umgekehrten Verhältnis zueinander stehen. Das Quellenlandprinzip beabsichtigt, die Unternehmensbesteuerung an dem Ort der tatsächlichen Einkommensquelle zu vollziehen. Das Sitzlandprinzip besteuert Gewinne an dem geographischen Ort des Mutterunternehmens, welchem die Erträge letztlich zustehen.

52 Vgl. zum Folgenden auch Göpffarth (2001), S. 80.

3. Kapitalimportneutralität versus Kapitalexportneutralität

a) Wettbewerbliche Gesichtspunkte

Kapitalimportneutralität und Kapitalexportneutralität werden in vielen Publikationen unter dem Gesichtspunkt der Wettbewerbsneutralität der Besteuerung abgewogen.[53] Die folgenden Argumente unterstellen einen Zwei-Länder-Fall mit den Gebietskörperschaften A und B. A ist ein Hochsteuerland, B ein Land mit niedrigeren Steuersätzen.
Unternehmen befürworten die Kapitalimportneutralität, wenn sie in A angesiedelt sind und in B eine Tochtergesellschaft unterhalten, welche mit anderen Unternehmen in B in Konkurrenz steht. Kapitalimportneutralität erzeugt identische Wettbewerbsbedingungen für multinationale Unternehmen in B, wenn die gehandelten Güter in B produziert werden. Alle in B hergestellten Güter unterliegen derselben Steuerbelastung auf dem Markt in B. Das Quellenlandprinzip erzeugt auf diesem Gütermarkt Wettbewerbsneutralität und ist daher wohlfahrtstheoretisch vorteilhaft.
Dieses Argument übersieht allerdings, dass Güter von dem Tochterunternehmen in Quellenland B in das Sitzland A des Unternehmens oder in eine dritte Gebietskörperschaft exportiert werden können. Die Exporte aus B sind gegenüber in A hergestellten Produkten anderer Unternehmen einer geringeren Besteuerung unterworfen, was einen Wettbewerbsvorteil bedeutet. Derselbe Effekt tritt ein, wenn Produkte aus A und B in einer dritten Gebietskörperschaft miteinander konkurrieren. Als Konsequenz existiert keine steuerneutrale Behandlung in- und ausländischer Anbieter im Rahmen der Kapitalimportneutralität, was die wettbewerbstheoretische Rechtfertigung des Quellenlandprinzips schwächt.

Die Prüfung der Kapitalexportneutralität auf Wettbewerbsneutralität ergibt ebenfalls ein ambivalentes Ergebnis. Ein internationales Unternehmen mit Sitz in A besitzt ein Tochterunternehmen in B, welches Güter für den Markt in B herstellt. Die steuerliche Belastung der Güter richtet sich nach den Bedingungen

---

53 Vgl. Spengel (2003), S. 235ff.; Schäfer/Spengel (2002), S. 9f.; Göpffarth (2001), S. 81; Homburg (2000), S. 282ff.; Schreiber (1994), S. 241; Gandenberger (1983), S. 7ff., an die auch die folgenden Ausführungen angelehnt sind.

in A, da Kapitalexportneutralität unterstellt ist und die steuerliche Belastung in A höher ist als in B. Dabei wird unterstellt, dass die Gewinne aus B sofort nach A transferiert werden und nicht für eine bestimmte Zeit in B bleiben. A wendet das Anrechnungsverfahren für ausländische Gewinne an. Die steuerliche Belastung der Waren des internationalen Unternehmens liegt über der Belastung von Konkurrenzprodukten von Unternehmen, die ihren Sitz in B haben. Kapitalexportneutralität erzeugt in diesem Fall Wettbewerbsverzerrungen. Es kann der Fall eintreten, dass Konkurrenten mit Sitz in Niedrigsteuerländern sich eine unproduktivere Wertschöpfung leisten können, ohne vom Markt verdrängt zu werden, oder sogar das produktivere Unternehmen mit Sitz in einem Hochsteuerland preislich unterbieten können.[54] Dasselbe Problem besteht, wenn Güter in gemeinsame dritte Märkte exportiert werden, die unter Kapitalexportneutralität in unterschiedlichen Gebietskörperschaften hergestellt werden. Wettbewerbsneutralität der Besteuerung stellt allerdings sich ein, wenn Produkte des Tochterunternehmens in B in das Sitzland des internationalen Unternehmens in A geliefert werden. Die Produkte des Tochterunternehmens unterliegen dann derselben steuerlichen Belastung wie Produkte anderer Unternehmen, die in A produzieren.

Je nach Betrachtungsweise erzeugt Kapitalexportneutralität demnach gleiche oder ungleiche Wettbewerbsbedingungen für Unternehmen. Es herrschen nur dann gleiche Wettbewerbsbedingungen, wenn auf dem relevanten Auslandsmarkt alle Anbieter fiskalisch gleich behandelt werden, ungeachtet ihrer geographischen Herkunft.[55] Nur Steuersatzharmonisierung mit gleichzeitiger Harmonisierung der Bemessungsgrundlage erzeugt vollständige Wettbewerbsneutralität. Wenn die fiskalischen Bedingungen international unterschiedlich sind, tritt Wettbewerbsneutralität immer nur für eine Richtung von Güterströmen ein. Es kann festgehalten werden, dass aus dieser Sicht wettbewerbliche Gesichtspunkte keine eindeutige Bevorzugung von Kapitalexport- oder Kapitalimportneutralität rechtfertigen.

---

[54] Vgl. Devereux/Pearson (1989), S. 22f.

[55] Vgl. Fohr (2001), S. 68; Schreiber (1994), S. 241.

Die wettbewerbstheoretische Diskussion kann zu einer Hierarchie bei den Neutralitätskonzepten führen, wenn die grundlegende Annahme der wettbewerbstheoretischen Debatte analysiert wird. Dadurch zeigt sich ein konstruktionsbedingter Mangel der Kapitalimportneutralität.
Kapitalexportneutralität benötigt zur Umsetzung keine Anknüpfungspunkte im Ausland. Die steuerliche Behandlung ist unabhängig von dem Ort der wirtschaftlichen Aktivität, da sie von dem Sitzland des Unternehmens abhängt. Eine räumliche Abgrenzung von Märkten ist nicht nötig, da es steuerlich unbedeutend ist, ob ein Unternehmen ausschließlich auf einem Markt oder auf unterschiedlichen Märkten agiert. Exporte, Importe, ausländische oder inländische Produktion erzeugen keine Unterschiede in der Steuerbelastung. Relevant ist nur die Gewinnhöhe des internationalen Unternehmens, welche im Sitzland des Unternehmens besteuert wird.
Kapitalimportneutralität unterstellt hingegen räumlich separierbare Märkte. Die Weltwirtschaft muss in unterschiedliche geographische Märkte unterteilt werden. Das Konzept der Kapitalimportneutralität geht folglich davon aus, dass die in einer Gebietskörperschaft produzierten Güter auch in dieser verkauft werden.[56] Die Besteuerung ist abhängig davon, auf welchem Markt der Unternehmensgewinn erwirtschaftet wird bzw. vom geographischen Ort der Einkommensquelle. Anknüpfungspunkt der Besteuerung ist die Lage der Betriebstätte, welche juristisch das Quellenland bestimmt. Kapitalimportneutralität kann nicht umgesetzt werden, wenn Produktions- und Absatzmärkte räumlich nicht separierbar sind, d. h. wenn der geographische Ort der Gewinnentstehung nicht identifizierbar ist. In diesem Fall kann nur der rechtliche Unternehmenssitz identifiziert werden, welchem der gesamte Unternehmensgewinn letztlich zusteht. Die Besteuerungsrechte fallen dem Sitzland des Unternehmens zu und es herrscht Kapitalexportneutralität, da die Besteuerung von dem Sitzland abhängt und nicht vom Quellenland der Gewinne, weil letzteres nicht identifizierbar ist. Kapitalimportneutralität wird faktisch zur Kapitalexportneutralität. Bei räumlich untrennbaren Produktions- und Absatzmärkten herrscht folglich Kapitalexportneutralität, da sich nur dieses Neutralitätskonzept durchsetzen lässt. Es gilt die wettbewerbliche Beurteilung der Kapitalexportneutralität: Unternehmen können

[56] Vgl. Musgrave (1987b), S. 206; Schäfer/Spengel (2002), S. 9.

Wettbewerbsvorteile erlangen, wenn sie ihren rechtlichen Unternehmenssitz in ein Niedrigsteuerland verlagern. Es gibt keine Kapitalimportneutralität. Die Konsequenz hinsichtlich der wettbewerbstheoretischen Hierarchie der Neutralitätskonzepte ist, dass bei integrierten Märkten die Kapitalexportneutralität zu bevorzugen ist.[57]

b) Konsequenzen von Produktions- und Konsumineffizienz

Als weiteres Bewertungskriterium sind negative Konsequenzen von Produktionsineffizienz und Konsumineffizienz gegeneinander abzuwägen.
Einige Autoren argumentieren, dass die Entscheidung zwischen den Besteuerungsprinzipien von den Elastizitäten zwischen Investitionen und Ersparnis abhängen soll.[58] Intertemporale Substitution des Konsums und internationale Substitution der Investition können als Entscheidungskriterien herangezogen werden. Bei einer relativ geringen intertemporalen Substitutionselastizität des Konsums (d. h. einer geringen Zinselastizität des Sparens) und einer relativ hohen internationalen Substitutionselastizität der Investition (d. h. einer hohen Investitionselastizität in Bezug auf Nettozinsen) sind die Wohlfahrtsverluste durch Konsumineffizienzen geringer als die Wohlfahrtsverluste durch Produktionsineffizienzen. Das Sitzlandprinzip ist dann wohlfahrtstheoretisch superior.[59] Im umgekehrten Fall sind die Wohlfahrtsverluste des Quellenlandprinzips geringer, und das Quellenlandprinzip ist zu bevorzugen. Die relative Stärke der jeweiligen Elastizitäten muss durch empirische Untersuchungen festgestellt werden.[60]
Homburg kommt zu einem eindeutigeren Urteil bzgl. des Einflusses von Elastizitäten. Seiner Ansicht nach ist eine Besteuerung nach dem Sitzlandprinzip einer Besteuerung nach dem Quellenlandprinzip, unabhängig von den Elastizitäten von Konsum und Investition, immer wohlfahrtstheoretisch überlegen. Er begründet seine Auffassung damit, dass sich die Grenzproduktivitäten des Kapitals unter dem Sitzlandprinzip international ausgleichen. Die internationale Produk-

---

57 Vgl. Schäfer/Spengel (2002), S. 9.
58 Zu den Anfängen dieser Diskussion vgl. Horst (1980), welcher einen formalen Zusammenhang zwischen Elastizitäten und Besteuerungsprinzipien herstellt.
59 Vgl. Gardner (1992), S. 53f.
60 Vgl. Tanzi (1995), S. 77.

tionseffizienz[61] stellt sich unter dem Quellenlandprinzip nur ein, wenn die Steuersätze international harmonisiert sind.[62] Konsumineffizienz ist der Preis für nationale Steuerautonomie. Der Preis ist nach Homburg gering, da derselbe Effekt auch bei individuell differenzierten Grenzsteuersätzen in geschlossenen Volkswirtschaften auftritt, wie sie z. B. bei progressiver Besteuerung existieren. Produktionseffizienz sei daher das weitaus wichtigere Ziel.[63] Eine Mehrzahl der Ökonomen erkennt den Vorteil der internationalen Produktionseffizienz gegenüber der intertemporalen Konsumeffizienz an, wenn ausschließlich Wohlfahrtswirkungen verglichen werden. Deshalb sollte die Besteuerung von Kapitaleinkommen nach dem Sitzlandprinzip erfolgen.[64]

Die Umsetzung eines reinen Sitzlandprinzips ist in erster Linie mit juristischen Problemen behaftet, da es mit geltendem internationalen Recht nicht vereinbar ist. Ein ausländisches Tochterunternehmen wird als eine rechtlich selbständige Einheit angesehen und unterliegt deshalb einer eigenständigen Besteuerung. Ein reines Sitzlandprinzip würde bedeuten, dass ausländische Gewinne, die nicht an das Mutterunternehmen ausgeschüttet werden, im Sitzland des Mutterunternehmens besteuert werden. Das Konzept der eigenständigen Steuerfähigkeit wird in diesem Fall ausgehebelt. Ein Übergang zu einem reinen Sitzlandprinzip wäre daher nur bei einer grundlegenden rechtlichen Reform der internationalen Unternehmensbesteuerung möglich.[65]

---

61 Internationale Produktionseffizienz bedeutet, dass in jedem weltwirtschaftlich zweitbesten Gleichgewicht Produktionseffizienz besteht, aber nicht unbedingt Konsumeffizienz. Vgl. Homburg (2000), S. 282.

62 Vgl. Homburg (1999), S. 8ff. und S. 12f.

63 Vgl. Homburg (2000), S. 283.

64 Vgl. Haufler (2001), S. 51; Bird/Wilkie (2000), S. 82; Tanzi (1995), S. 77f.; Skaar (1991), S. 28; Gandenberger (1983), S. 4f. Anders Keen: "...theory as yet offers no decisive basis for a presumptive superiority of either form of neutrality over the other." Keen (1990), S. 5.

65 Vgl. Haufler (2001), S. 53.

III. Gerechtigkeit der Besteuerung

1. Normative Besteuerungskriterien als Grundlage für eine internationale Allokation der Besteuerungsrechte

a) Vorbemerkungen

Kriterien für eine gerechte Allokation der Besteuerungsrechte sind dann von Bedeutung, wenn die Wertschöpfung eines Unternehmens über mehrere Gebietskörperschaften verteilt ist oder wenn sich Kapitaleigner in einer anderen Gebietskörperschaft befinden als die Einkommensquelle oder der rechtliche Unternehmenssitz.

Die Frage nach einer gerechten Aufteilung des internationalen Steueraufkommens wird überraschenderweise nur in relativ wenigen Beiträgen problematisiert. Der erste Versuch, aus normativen Überlegungen operationalisierbare Verteilungskriterien abzuleiten, wurde von *Georg von Schanz* unternommen. Eine gerechte Steuerverteilung kann seiner Ansicht nach nur mit dem Prinzip der wirtschaftlichen Zugehörigkeit umgesetzt werden. Wirtschaftliche Zugehörigkeit ergibt sich durch Konsum, Produktion und Investition. Eine Orientierung an dem Konsum spricht für eine Sitzlandbesteuerung, eine investitionsorientierte Betrachtung für eine Quellenbesteuerung. Folglich spricht sich *von Schanz* für eine internationale Aufteilung des Steueraufkommens nach beiden Kriterien aus. Der Konsumort soll seiner Ansicht nach geringere Besteuerungsrechte haben als der Quellenort. Als Kriterium gibt er an, dass ein Quellenland drei Viertel des Steueraufkommens erhält und das Sitzland ein Viertel.[66] Ein anderer Versuch stammt von einem Bericht des Völkerbunds, welcher 1923 veröffentlicht wurde und den Begriff der wirtschaftlichen Zugehörigkeit aufgreift.[67] In dem Bericht wird ein Kriterienkatalog für die wirtschaftliche Zugehörigkeit eines Individuums entwickelt, anhand dessen das Steueraufkommen zwischen den Gebietskörperschaften aufgeteilt wird.[68] Erst 1972 beschäftigten sich *Peggy B. Musgra-*

---

66 Vgl. Schanz (1892).
67 Vgl. League of Nations (1923).
68 Einen Überblick über den Vorschlag des Völkerbunds bietet Kaufman (1998), S. 194ff.

ve und *Richard A. Musgrave* wieder mit der Fragestellung, wie eine gerechte Verteilung des internationalen Steueraufkommens vorgenommen werden kann. Die daraus resultierende Theorie Interjurisdiktioneller Gerechtigkeit ist insbesondere in Publikationen von *Peggy B. Musgrave* weiterentwickelt worden.[69] Insofern wird im Folgenden vereinfachend nur von *Peggy B. Musgrave* gesprochen. Ziel der Theorie Interjurisdiktioneller Gerechtigkeit ist eine "...fair division of the gains which are generated by factor flows between countries."[70] Abgesehen von dem Entwurf des Völkerbunds und den Überlegungen von *Georg von Schanz* ist sie bis heute die einzige konkrete Leitlinie für ein gerechtes internationales Steuersystem. Der Ansatz von *Musgrave* soll im folgenden näher erläutert werden.

Alle Gerechtigkeitsansätze beruhen allerdings auf den zwei grundlegenden normativen Prinzipien einer 'gerechten' Steuerlastverteilung zwischen Individuen, nämlich dem Leistungsfähigkeitsprinzip und das Äquivalenzprinzip.[71] Die beiden Prinzipien, auch als "Fundamentalprinzipien"[72] der Besteuerung bezeichnet, werden vorab in ihren Grundzügen vorgestellt, da sie Bestandteile der Theorie Interjurisdiktioneller Gerechtigkeit sind.

b) Das Leistungsfähigkeitsprinzip

In politischen und wissenschaftlichen Diskussionen[73] dominiert das Leistungsfähigkeitsprinzip. Grundsatz des Leistungsfähigkeitsprinzips ist, dass jeder Bürger zur Finanzierung öffentlicher Leistungen in Höhe seiner individuellen Leistungsfähigkeit beizutragen hat.[74]
Das Leistungsfähigkeitsprinzip entspringt einem organischen Staatsverständnis. Der Bürger muss dem Staat als übergeordnetem Ganzen Abgaben leisten, damit

---

69 Vgl. insbesondere Musgrave (1984; 1987; 1987b; 2000).
70 Musgrave (1987a), S. 202.
71 Vgl. Müller (1998), S. 327.
72 Haller (1981), S. 13.
73 In der Wissenschaft bedienen sich insbesondere die Betriebswirtschaftliche Steuerlehre und die Rechtswissenschaft des Leistungsfähigkeitsprinzips. Vgl. als Beispiele jüngeren Datums etwa Brunsbach (2003); Beiser (2000); Birk (2000) und Frentz (1997).
74 Vgl. zum Folgenden Gerken/Märkt/Schick (2000), S. 6ff.; Haller (1981; 1972/73).

der Staat seine Aufgaben im Interesse der Allgemeinheit erfüllen kann. Der Einzelne leistet Zwangsabgaben ohne Anspruch auf spezielle Gegenleistungen. Die öffentlichen Abgaben gelten daher als Opfer, da sie nur eine einseitige Zahlungsverpflichtung darstellen. Das Opfer ist so zu bemessen, dass jede Person das gleiche Opfer für die Gemeinschaft bringt. Das Leistungsfähigkeitsprinzip bewirkt eine Entkopplung der staatlichen Einnahmeseite von der Ausgabeseite. Die grundlegenden Probleme des Leistungsfähigkeitsprinzips bestehen in Fragen nach einem geeigneten Indikator für die Leistungsfähigkeit und nach der Höhe des individuellen Opfers bzw. des Nutzenverlustes, damit jeder Bürger bezüglich seiner Leistung an die Gemeinschaft gleich behandelt wird. Diese Fragestellungen werden unter den Begriffen horizontale Gleichbehandlung und vertikale Gleichbehandlung diskutiert.

Die Frage der horizontalen Gleichbehandlung, auch als Indikatorproblem bezeichnet, beurteilt die Leistungsfähigkeit eines Bürgers in der Regel nach dem Einkommen. Weitere mögliche Indikatoren sind Vermögen, Freizeit und Konsum. Das Ziel einer vertikalen Gleichbehandlung soll erreicht werden, indem aus unterschiedlichen Nutzenpositionen ein Steuertarif abgeleitet wird. Mit dieser Fragestellung beschäftigen sich die sogenannten Opferkonzepte, die in den Ausprägungen des gleichen absoluten, des gleichen relativen und des gleichen marginalen Nutzenopfers existieren. Je nach Opferkonzept und Annahme über die Nutzenfunktion des Indikators lassen sich unterschiedliche Steuertarife rechtfertigen. Aus dem Steuertarif und dem Indikator wird ein Einkommensopfer berechnet.
Neben unterschiedlichen Tarifstrukturen wirft das Leistungsfähigkeitsprinzip auch Fragen nach Steuerbefreiungen, Steuerabzügen und sonstigen speziellen Steuervorschriften auf, wenn die entsprechenden Tätigkeiten die Leistungsfähigkeit des Steuerpflichtigen beeinflussen und im Sinne der Gesellschaft als positiv angesehen werden. Als Beispiel kann die steuerliche Abzugsfähigkeit von Spenden an gemeinnützige Einrichtungen genannt werden.[75]

---

[75] Vgl. Richardson/Hildreth (1999), S. 22.

c) Das Äquivalenzprinzip

Das Äquivalenzprinzip ist das ältere Fundamentalprinzip der Besteuerung.[76] Es hat seine Wurzeln in einem individualistischen Staatsverständnis.[77] Steuern können als Entgelt für staatliche Leistungen betrachtet werden, womit die marktliche Tauschlogik auf den öffentlichen Sektor übertragen wird. Der Bürger erhält Leistungen durch den öffentlichen Haushalt und bezahlt diese mit einem äquivalenten Steuerbetrag. Die Bürger eines Staates sollen in dem Umfang zur Finanzierung öffentlicher Leistungen beitragen, dass der Nutzenentgang durch die Zahlung an den Staat dem Nutzenzugang aus der Inanspruchnahme staatlicher Leistungen entspricht.

Um das Äquivalenzprinzip in seiner Reinform umzusetzen, muss eine Bewertung der individuell konsumierten staatlichen Leistung durchgeführt werden. Dazu müsste der Preisbildungsprozess für private Güter auf öffentliche Güter übertragen werden. Diese Reinform des Äquivalenzprinzips wird als marktmäßige Äquivalenz bezeichnet. Die Zahlungsbereitschaft der Bürger und damit die Nutzeneinschätzung für die empfangene öffentliche Leistung wird durch sogenannte Steuerpreise[78] ausgedrückt. Wird dieses Verfahren auf alle öffentlichen Güter angewendet, spricht man von totaler marktmäßiger Äquivalenz. Bei einer Anwendung auf einen Teil staatlicher Leistungserbringung wird von partieller marktmäßiger Äquivalenz gesprochen. Das Äquivalenzprinzip ist in seiner Reinform in der Regel nicht umsetzbar, da gerade die Eigenschaft der Nicht-Ausschließbarkeit vom Konsum öffentlicher Güter und die damit verbundene Free-Rider-Problematik eine Offenbarung der Zahlungsbereitschaft verhindert. Als Zweitbestlösung bietet sich an, ausgehend von einem gegebenen Umfang an öffentlichen Gütern die Bereitstellungskosten unter den Bürgern aufzuteilen. Die sogenannte kostenmäßige Äquivalenz unterscheidet sich in zwei Ausprägungen: bei der einen kann der Finanzierungsbeitrag auf individueller Basis berechnet werden; bei der anderen ist nur eine gruppenmäßige Betrachtung mit Definition

76 Vgl. Mann (1937), S. 105.
77 Vgl. zum Folgenden Hansjürgens (2001a); Gerken/Märkt/Schick (2000), S. 8ff.; Reding/Müller (1999), S. 32ff.; Hanusch (1981), S. 82f.; Musgrave (1959), S. 61ff.
78 Vgl. Samuelson (1969; 1955; 1954); Wicksell (1969); Lindahl (1919).

eines vermuteten Nutzerkollektivs möglich, das zur Finanzierung herangezogen wird. Wenn das Äquivalenzprinzip anwendbar ist, erzeugt es eine pareto-effiziente Ressourcenallokation.

Eine wichtige Besonderheit des Äquivalenzprinzips ist die explizite Berücksichtigung des Austauschverhältnisses zwischen dem Angebot einer Gebietskörperschaft und den Gegenleistungen mobiler Faktoren.[79] Das Äquivalenzprinzip verbindet die Einnahme- und die Ausgabeseite des öffentlichen Haushalts. Es trifft nicht nur Aussagen über die Finanzierung staatlicher Ausgaben, sondern auch über die Höhe und die Struktur des öffentlichen Budgets. Eine Orientierung am Äquivalenzprinzip führt zu einer Abkehr vom Prinzip der Non-Affektation öffentlicher Einnahmen und steht für eine Zweckbindung der vereinnahmten Mittel. Die Zweckbindung der Einnahmen erfährt eine Ablehnung aus der wohlfahrtstheoretisch orientierten Finanzwissenschaft, da die Politiker dann keine wohlfahrtsoptimale Verwendung der öffentlichen Mittel vornehmen können. Den Politkern sind 'die Hände gebunden' und staatliche Umverteilungspolitik ist nicht möglich.[80] Die Vertreter der Public Choice-orientierten Finanzwissenschaft befürworten hingegen gerade die Zweckbindung, weil der diskretionäre Handlungsspielraum der politischen Entscheidungsträger reduziert wird. Die Politiker können die Staatseinnahmen nicht zur Befriedigung eigener Interessen verwenden.

2. Die Theorie Interjurisdiktioneller Gerechtigkeit

a) Grundlagen

Das Gerechtigkeitskonzept der Interjurisdiktionellen Gerechtigkeit von *P. B. Musgrave* unterscheidet zwei mögliche Einkommensarten, welche bei der Tätigkeit internationaler Unternehmen auftreten können. Die Einkommen lassen sich in primäres Einkommen (primary income) und abgeleitetes Einkommen

79 Vgl. Hansjürgens (2001b), S. 81.

80 Vgl. auch Bohley (1977), S. 109f. zur Gefährdung von Umverteilungszielsetzungen durch das Äquivalenzprinzip.

(derivative income)[81] aufteilen.[82] Primäres Einkommen entsteht aus der Aktivität physischer Produktionsfaktoren in Form investierten Kapitals und Arbeit. Andere Investitionserträge wie Dividenden, Lizenzerträge und Kapitalerträge sind abgeleitetes Einkommen. Derivatives Einkommen wird vornehmlich aus mobilen oder intangiblen Faktoren erwirtschaftet.

Die Besteuerungspraxis internationaler Unternehmen regelt, dass primäres Einkommen der Quellenbesteuerung unterliegt. Das Besteuerungsrecht über abgeleitetes Einkommen besitzt das Sitzland des rechtlichen Unternehmenssitzes. *Musgrave* nennt diese Besteuerungspraxis "...the broadly accepted basic entitlements to tax in a multijurisdictional setting."[83] In ihren frühen Arbeiten konzentriert sich *Musgrave* auf die Verteilung von Wohlfahrtsgewinnen und Wohlfahrtsverlusten, welche bei grenzüberschreitenden Tätigkeiten anfallen.[84] Das Einkommen eines Steuerzahlers stellt einen Wertzuwachs für sein Sitzland dar. Wird der Wertzuwachs von einer anderen Gebietskörperschaft besteuert, reduziert sich der Wertzuwachs für das Sitzland. Die fiskalische Wirkung für das Sitzland ist nicht Gegenstand der internationalen Gerechtigkeit, da sie von der steuerlichen Behandlung (Freistellung, Anrechnung, Doppelbesteuerung) des Sitzlandes abhängt und lediglich eine Transferfrage zwischen inländischen Fiskus und inländischen Steuerpflichtigen darstellt.[85] Fiskalische Aspekte in einer Gebietskörperschaft werden also bewusst ausgeklammert.[86] Für die Interjurisdiktionelle Gerechtigkeit ist nur von Bedeutung, dass sich der steuerbare Wertzuwachs für das Inland aufgrund der Auslandsbesteuerung reduziert hat. In jüngeren Veröffentlichungen hat *Peggy B. Musgrave* die Fragestellung verändert. Interjurisdiktionelle Gerechtigkeit orientiert sich danach an der Frage, inwieweit ein Quellenland Wertschöpfung, welche einem ausländischen Wirtschaftssubjekt zusteht, innerhalb seiner geographischen Grenze besteuern kann.[87] Grundlage für den Besteuerungsanspruch des Quellenlandes ist, dass ein Quellenland unter bestimmten Umständen einen

81 Im Folgenden auch als derivatives Einkommen bezeichnet.

82 Vgl. zur folgenden Unterscheidung Musgrave (2000), S. 47 und S. 50.

83 Musgrave (2000), S. 47.

84 Vgl. Musgrave/Musgrave (1972).

85 Vgl. Musgrave/Musgrave (1972), S. 68.

86 "It is thus the national gain or loss (not the treasury gain or loss) that is the subject of internation equity as defined here." Musgrave/Musgrave (1972), S. 68. Vgl. dies. (1972), S. 69.

87 Vgl. Musgrave (2000), S. 48.

unter bestimmten Umständen einen gerechten Besteuerungsanspruch auf Gewinne besitzt, welche innerhalb seiner geographischen Grenzen erwirtschaftet werden.[88] Die später folgende Darstellung der Gerechtigkeitstheorie von *Musgrave* folgt den Modifikationen neuerer Veröffentlichungen.

Die Interjurisdiktionelle Gerechtigkeit setzt sich mit der Rechtfertigung der Quellenbesteuerung und nicht mit der Begründung der Sitzlandbesteuerung auseinander. Eine reine Sitzlandbesteuerung umfasst das weltweite Einkommen eines Steuersubjekts und blendet die Frage nach der Verteilung der Besteuerungsrechte aus: Nur eine Gebietskörperschaft besitzt das Besteuerungsrechte über das Welteinkommen eines Steuersubjekts, und es muss demzufolge keine Aufteilung des Besteuerungsrechts zwischen mehreren Gebietskörperschaften gerechtfertigt werden. Die Sitzlandbesteuerung beschäftigt sich daher nicht mit einer gerechten Steuerverteilung, sondern lediglich mit der Allokationseffizienz der Besteuerung. Die Frage nach Interjurisdiktioneller Gerechtigkeit stellt sich somit nur bei der Quellenbesteuerung.[89]

b) Die Besteuerung primärer Einkommen

Nach *Peggy B. Musgrave* hat eine Gebietskörperschaft Anspruch auf die Besteuerung primären Einkommens, welches innerhalb seiner geographischen Grenzen erwirtschaftet wird. Ein Grundsatz dieses Denkansatzes ist, dass Leistungen des Staates bei jeder privaten Leistungserbringung mitwirken.[90] Beispiele dafür sind Leistungen der Polizei und der Gerichtsbarkeit zur Durchsetzung von Verfügungsrechten sowie die öffentliche Infrastruktur. Ohne staatliche Bereitstellung müssen Unternehmen zusätzliche Aufwendungen vornehmen, um geeignete Substitute zur Verfügung zu haben. In der Regel sind gewinnbringende Wertschöpfungen nur möglich, wenn ein Unternehmen öffentliche Leistungen in Anspruch nehmen kann. Die Unternehmensbesteuerung ist aus dieser Sicht ein Entgelt für den Bezug von Leistungen des öffentlichen Sektors.[91] Die Rechtfer-

---

88 Vgl. Kaufman (1998), S. 190.
89 Vgl. Musgrave (2000), S. 48.
90 Vgl. Schneider (1980), S. 532.
91 Vgl. Pogue (1999), S. 192; Reding/Müller (1999), S. 380f.

tigung der Unternehmensbesteuerung ergibt sich aus den Vorteilen, die ein Unternehmen durch eine Gebietskörperschaft erhält.[92] *Musgrave* begründet den Anspruch entweder mit der (i) Inanspruchnahme inländischer natürlicher Ressourcen oder Umweltgüter (national rental criterion), mit der (ii) Benutzung öffentlicher Leistungen (benefit taxation)[93] oder mit dem (iii) Argument nationaler Souveränität.[94]

(i) Eine ökonomische Begründung für eine Quellenbesteuerung ergibt sich im Rahmen des national rental criterion. Dieses Kriterium besagt, dass ausländische Wirtschaftssubjekte inländische natürliche Ressourcen in Anspruch nehmen.[95] Das Quellenland kann für eine Beteiligung an dem ausländischen Kapitaleinkommen argumentieren, und die Besteuerung hat den Charakter von Nutzungsgebühren.[96] An den Nutzungsgebühren wird die theoretische Nähe zum Äquivalenzprinzip ersichtlich. Die Frage nach dem Steuersatz bleibt vorerst offen.[97]

(ii) Das benefit criterion weist ebenfalls einen engen Bezug zum Äquivalenzprinzip auf. *Musgrave* begründet die Quellenbesteuerung im wesentlichen mit dem Nutzen durch öffentliche Tätigkeiten, welcher dem Unternehmen zufließt. Jede Jurisdiktion soll die gewährten Nutzen den Empfängern in Rechnung stellen. Der Nutzen kann in Form von Vorprodukten gewährt werden, welche die Produktion unterstützen und die Produktionskosten senken oder in Form öffentlicher Dienstleistungen.[98]

Aus den Kriterien (i) und (ii) wird ersichtlich, dass die Interjurisdiktionelle Gerechtigkeit mit dem Prinzip der fiskalischen Äquivalenz verbunden ist. *Musgrave* versucht, das Äquivalenzprinzip in einen internationalen Kontext zu übertragen.[99]

(iii) Eine weitere Begründung für die Quellenbesteuerung liefert nach *Musgrave* der Grundsatz nationaler Souveränität. Nationale Souveränität in Besteuerungs-

---

92 Vgl. Hansjürgens (2001b), S. 82.

93 Vgl. Musgrave/Musgrave (1972), S. 70f. und S. 72ff.; Musgrave (2000), S. 52f.

94 Vgl. Musgrave (2000), S. 53.

95 Vgl. Musgrave (2000), S. 52. Das Kollektivgut Umwelt leidet zwangsläufig durch die Herstellung von Waren und Dienstleistungen. Der Umwelt werden Ressourcen entnommen und in verbrauchter Form zugeführt. Vgl. Letzgus (1999), S. 38.

96 In diesem Fall im Sinne einer Förderungsabgabe oder Pacht.

97 Vgl. Musgrave (2000), S. 53.

98 Vgl. Musgrave (2000), S. 52; Musgrave/Musgrave (1972), S. 70ff.

99 Vgl. Göpffarth (2001), S. 84; Müller (1998), S. 328.

fragen ist die Fähigkeit einer Gebietskörperschaft, seine Steuerpolitik ohne die Beachtung externer Einflüsse betreiben zu können.[100] Ohne näher darauf einzugehen, ist für *Musgrave* nationale Autonomie eine Rechtfertigung für die Besteuerung inländischer Wertschöpfung, welche einem Ausländer zusteht. Die Höhe der Quellenbesteuerung kann mit dieser Begründung allerdings nicht abgeleitet werden.

c) Die Besteuerung derivativer Einkommen

Die Besteuerung derivativer Einkommen eines Unternehmens hängt von der steuerlichen Erfassung der zugrundeliegenden ökonomischen Aktivität ab. Als Beispiel kann die Besteuerung investierten Unternehmenskapitals betrachtet werden, woraus ein Beteiligungsgewinn einem Unternehmen zufließt. Grundlegend ist nach *Musgrave* die Untersuchung, ob die zugrundeliegenden Gewinne gemäß dem Konzept Interjurisdiktioneller Gerechtigkeit besteuert worden sind oder nicht. Die Beurteilung ist unabhängig davon, ob Beteiligungsgewinne an ein ausländisches Unternehmen oder an ausländische Individuen ausgeschüttet werden. Wird eine gerechte Besteuerung der zugrundeliegenden Gewinne angenommen, so darf keine Quellenbesteuerung der Dividenden erfolgen, da eine Doppelbesteuerung nicht gerechtfertigt ist. Wird die Annahme einer gerechten Besteuerung hingegen aufgehoben, ist eine Dividendenbesteuerung im Quellenland zulässig.[101]

Die Betrachtung unternehmerischer Zinserträge bedient sich anderer Argumente.[102] Entweder werden Zinsen an der Einkommensquelle als Ausgaben von der Steuerbemessungsgrundlage abgezogen und der Besteuerung im Sitzland des Empfängers unterworfen, oder die Zinserträge werden an der Quelle besteuert, die Zinsausgaben sind dann nicht abzugsfähig. *Musgrave* favorisiert die Quellenbesteuerung, um sowohl Steuerhinterziehung als auch eine ungewollte Nichtbesteuerung zu vermeiden.[103]

---

100 Vgl. McLure (2001), S. 328f.
101 Vgl. Musgrave (2000), S. 51.
102 Dasselbe gilt auch für die Besteuerung von Lizenzerträgen.
103 Vgl. Musgrave (2000), S. 51f.

d) Die Bestimmung gerechter Steuersätze

Die bisherigen Ausführungen betreffen die Verteilung der Besteuerungsrechte zwischen Quellenland und Sitzland. Die endgültige Steuerbelastung ergibt sich aus der Kombination von Steuerbemessungsgrundlage und Steuersatz. Die Theorie Interjurisdiktioneller Gerechtigkeit trifft eine Aussage über eine Umverteilung des internationalen Steueraufkommens durch eine entsprechende Gestaltung der Steuersätze.

Bei der Gewinnbesteuerung internationaler Unternehmen wird nach dem jeweiligen Sitzland des Unternehmens unterschiedlich vorgegangen. Für die Bestimmung des gerechten Steuersatzes ist es entscheidend, ob das Sitzland in der Summe eine kapitalexportierende oder eine kapitalimportierende Gebietskörperschaft ist. Musgrave unterstellt, dass eine kapitalimportierende Gebietskörperschaft im Vergleich zu einer kapitalexportierenden Gebietskörperschaft als relativ einkommensschwache Jurisdiktion anzusehen ist. Der anzuwendende Steuersatz soll sich dann invers proportional zu dem Pro-Kopf-Einkommen in der einkommensschwachen und direkt proportional zu dem Pro-Kopf-Einkommen der reichen Gebietskörperschaft verhalten, damit die fiskalische Situation der relativ einkommensschwachen Gebietskörperschaften verbessert wird.[104] Ärmere Nationen dürfen höhere Steuersätze anwenden als reiche.[105] Tabelle 2.2 zeigt ein Beispiel, wie solche Steuersätze zwischen zwei Nationen A und B konstruiert werden können.

---

[104] Vgl. Musgrave/Musgrave (1972), S. 74. Dieser Vorschlag wird von der Absicht getragen, mit der Quellenbesteuerung von Unternehmensgewinnen eine internationale Umverteilung zu erreichen, welche insbesondere im Verhältnis zwischen westlichen Industrie- und Entwicklungsländern von Bedeutung wäre. Vgl. Musgrave (2000), S. 59.

[105] Vgl. Sato/Bird (1975), S. 423.

Tabelle 2.2: Bestimmung gerechter Steuersätze nach Musgrave

Pro-Kopf-Einkommen der Nation A	Pro-Kopf-Einkommen der Nation B			
	Unter 250	250-500	500-1000	1000+
	Steuersätze (in Prozent) der Nation A			
Unter 250	40	50	55	60
250-500	30	40	45	50
500-1000	20	30	35	40
1000+	10	20	25	30

Quelle: Musgrave/Musgrave (1972), S. 74.

Hiergegen lässt sich einwenden, dass ein solches Kriterium aufgrund von Verzerrungen internationaler Kapitalströme, welche durch international unterschiedliche Steuersätze entstehen, die Position einkommensschwacher Gebietskörperschaften nicht positiv verändert. Diese Kritik ist für Musgrave allerdings nicht stichhaltig. Einkommensstarke Gebietskörperschaften müssen Kapitalexportneutralität durch entsprechende Steueranrechnungsverfahren herstellen. Dann würden keine Verzerrungen auftreten.[106]

Die Bestimmung gerechter Steuersätze kann alternativ auch nach dem Prinzip der Gegenseitigkeit (reciprocity) erfolgen, welches besagt, dass Gebietskörperschaften untereinander denselben Steuersatz anwenden. Die Anwendung desselben Steuersatzes auf Unternehmensgewinne erfolgt dann ohne zu berücksichtigen, ob die Unternehmensgewinne in das Ausland ausgeschüttet werden oder nicht. Jede Gebietskörperschaft bekommt dasselbe Steueraufkommen von den Gewinnen, welche Anteilseignern in der jeweils anderen Gebietskörperschaft zustehen.[107]

3. Das Leistungsfähigkeitsprinzip als alternatives Konzept für die internationale Steuerverteilung

Eine Unternehmensbesteuerung nach dem Leistungsfähigkeitsprinzip kann nur dann gerechtfertigt werden, wenn sie als Quellenabzugsverfahren für die Einkommensbesteuerung privater Wirtschaftssubjekte dient. Ein Quellenabzug er-

---

[106] Vgl. Musgrave/Musgrave (1972), S. 74f.

[107] Vgl. Musgrave (2000), S. 59f.

möglicht die umfassende Besteuerung privater Einkommen bei der Einkommensentstehung und sichert die Besteuerung privater Wirtschaftssubjekte nach deren Leistungsfähigkeit.[108] *Vogel* merkt kritisch an, dass das Leistungsfähigkeitsprinzip keinen Beitrag zu der Frage nach der Aufteilung des Steueraufkommens liefert. Die Besteuerung nach der Leistungsfähigkeit bezieht sich lediglich auf die Steuerlast eines Individuums.[109]

Die Anwendung des Leistungsfähigkeitsprinzips auf die weltweite Steuerverteilung kann durch eine Analogiebetrachtung erfolgen, indem die individualistische Betrachtung des Leistungsfähigkeitsprinzips auf eine nationalstaatliche übertragen wird. Bezieht sich das Leistungsfähigkeitsprinzip grundsätzlich auf das Verhältnis zwischen Bürger und Staat, wird nun das Verhältnis verschiedener Gebietskörperschaften zueinander betrachtet. Als Indikatoren der nationalen Leistungsfähigkeit bieten sich verschiedene an, etwa Brutto- oder Nettosozialprodukt zu Marktpreisen, Volkseinkommen und Kaufkraftstandards, welche auch in gemischter Form angewendet werden können.[110] Die Besteuerung im Quellen- und Sitzland soll dann sich umgekehrt proportional zum Wohlstand der Gebietskörperschaften verhalten, wenn international das Leistungsfähigkeitsprinzip angewendet wird. Ärmere Gebietskörperschaften bekommen umfangreichere Besteuerungsrechte als reichere.[111] Der Gebrauch des Leistungsfähigkeitsprinzips für die Rechtfertigung der Quellenbesteuerung würde bedeuten, dass eine Umverteilung eines vereinnahmten Weltsteueraufkommens stattfindet.

IV. Administrative Effizienz der Besteuerung

1. Begriffsabgrenzungen

Die Steuererhebung verursacht vielfältige Kosten monetärer wie auch nichtmonetärer Art. Die Komplexität moderner Steuersysteme und die zahlreichen

[108] Vgl. Reding/Müller (1999), S. 379f.
[109] Vgl. Vogel (1990), S. 155f.
[110] Vgl. Milbrandt (2000), S. 75f.
[111] Vgl. Müller (1998), S. 328.

Interdependenzen erzeugen Schwierigkeiten bei einer exakten Erfassung dieser Kosten.[112]

Im allgemeinen werden Kosten im öffentlichen und im privaten Sektor unterschieden. Die ersteren sind die Erhebungskosten des Steuersystems, die letzteren die Entrichtungskosten der Steuerpflichtigen. Gemeinsam bilden sie die Vollzugskosten eines Steuersystems. In der englischsprachigen Literatur werden die Vollzugskosten als operating costs bezeichnet, Erhebungs- und Entrichtungskosten als administration costs und compliance costs.[113] Im weiten Sinn umfassen Erhebungskosten Aufwendungen im politischen und administrativen Bereich. Politische Erhebungskosten fallen z. B. bei der Informationsgewinnung, bei der Planung der Einnahmen und bei der Entscheidung über Einnahmegesetze an.[114] Weitere Kosten im politischen Bereich sind Wählerstimmenverluste durch steuerpolitische Maßnahmen.[115]

Die Erhebungseffizienz eines Einnahmesystems kann als die Erzielung eines bestimmten Einnahmevolumens mit geringstmöglichen Erhebungskosten verstanden werden. Das hypothetische Kostenminimum der Erhebungskosten ist jedoch nicht bekannt. Aus diesem Grund muss die Erhebungseffizienz relativ abgegrenzt werden. Administrative Effizienz wird definiert als die Minimierung von Erhebungskosten und Entrichtungskosten eines Steuersystems mit einem bestimmten Steueraufkommen. Es handelt sich um einen relativen Effizienzbegriff.[116]

---

112 Vgl. Sandford/Godwin/Hardwick (1989), S. 3.

113 Vgl. Pope (2000), S. 3; Sandford (2000), S. 117; Hasseldine (1998), S. 133; Sandford (1995a), S. 1; Sandford/Godwin/Hardwick (1989), S. 9ff. Zur Übersetzung der Begriffe administration costs und compliance costs vgl. Reding/Müller (1999), S. 172. Für Entrichtungskosten wird mitunter der Begriff Erbringungskosten verwendet. Vgl. Fischer (1989).

114 Vgl. Raab (1995), S. 319; Sandford/Godwin/Hardwick (1989), S. XI.

115 Vgl. Hettich/Winer (1998), S. 376 und S. 386; Alt (1983), S. 196. Holcombe (1998) zählt zu den politischen Kosten auch die Kosten des rent-seeking.

116 Vgl. Raab (1995), S. 123ff.

2. Erhebungs- und Entrichtungskosten

Zentraler Faktor bei den Kosten der Steuerverwaltung sind Personalaufwendungen und Sachkosten. Verwaltungskosten im weiteren Sinne umfassen darüber hinaus auch Aufwendungen für Finanzgerichte und Gemeinden, für Kontrollmaßnahmen der Finanzverwaltung und für die Gesetzesvorbereitung.[117] Die administrativen Erhebungskosten einer Volkswirtschaft hängen mit dem Aufbau und der Organisation der jeweiligen Finanzverwaltung zusammen.[118]
Entrichtungskosten stehen für alle Aufwendungen, die im privaten Sektor durch Erhebung und Abführung einer Steuer entstehen.[119] Sie entstehen im privaten Sektor bei Unternehmen und steuerpflichtigen Privatpersonen und können als ein Teilproblem der Bürokratieüberwälzung verstanden werden. Allgemein lassen sich Opportunitätskosten der Zeit, monetäre und psychische Kosten unterscheiden, die in unterschiedlichen Ausprägungen bei natürlichen und juristischen Personen anfallen.[120] Die Entrichtungskosten können in Brutto- und Nettokosten unterteilt werden.[121] Differenzen zwischen Netto- und Bruttoerhebungskosten ergeben sich aus Zinsgewinnen, welche durch zeitliche Unterschiede zwischen dem Zeitpunkt der Steuerveranlagung und dem Zeitpunkt der Steuerabführung entstehen, sowie durch die steuerliche Abzugsfähigkeit monetärer Entrichtungskosten.[122] Die Bruttoentrichtungskosten werden von der gesamten

---

117 Vgl. Sandford, (2000), S. 120; Raab (1995), S. 319; Sandford/Godwin/Hardwick (1989), S. 6ff.; Grüske (1991), S. 51.

118 Vgl. Grüske (1991), S. 45.

119 "...the private sector not only experiences a loss of resources equal to the amount of the tax itself, plus any associated distortionary costs arising from changes in behavior and decision-making, but also incurs a loss arising from the levying and collection process of the tax. These latter hidden costs upon the private sector are known as 'the compliance costs of taxation'." Pope (2000), S. 2.

120 Vgl. Pope (2000), S. 5f. Zu unterschiedlichen psychologischen Kosten vgl. Sandford/Godwin/Hardwick (1989), S. 18f. Mit psychologischen Fragestellungen in Bezug auf Steuern ist eng der Name Schmölders verbunden, der in den frühen 50er Jahren des letzten Jahrhunderts die Fachdisziplin Finanzpsychologie in der Kölner Forschungsstelle für empirische Sozialökonomik begründete. Vgl. Schmölders (1951/1952); Mackscheidt (1994), S. 44ff. Zum Verhältnis von Ökonomie und Psychologie vgl. auch Rabin (1998). Problematisch bei psychischen Kosten der Steuererhebung ist die Messproblematik. Vgl. Sandford (1995b), S. 400.

121 Die Bruttoerhebungskosten werden auch als soziale Erhebungskosten bezeichnet. Vgl. Evans et. al. (1997).

122 Vgl. Sandford (2000), S. 117f. und S. 131.

Volkswirtschaft getragen, die Nettoentrichtungskosten sind dagegen Aufwendungen, welche bei den Steuerpflichtigen anfallen.[123]

Die Vollzugskosten eines Steuersystems können aus einer großen Bandbreite unterschiedlicher Erhebungs- und Entrichtungskosten bestehen.[124] Das Verhältnis der Kostenarten zueinander ist kompliziert, was z. B. bei einem Vergleich von Erhebungs- und Entrichtungskosten internationaler Steuersysteme ersichtlich wird. So kann man zu dem Schluss kommen, dass in einem Land ein Steuersystem vorteilhafter ist als in einem anderen, da die Erhebungskosten geringer sind. Die Höhe der Erhebungskosten sagt jedoch nichts über die Höhe der Entrichtungskosten aus. Geringere Erhebungskosten können aus einem einfachen Steuersystem resultieren, welches z. B. weniger Sondertatbestände oder keine unterschiedlichen Einkunftsarten aufweist. Ebenso kann auch ein höherer Grad an Bürokratieüberwälzung die Ursache sein.[125] Unter Bürokratieüberwälzung werden alle Leistungen privater Wirtschaftssubjekte und Unternehmen verstanden, die Folge staatlicher Gesetzgebung sind. Unternehmen tragen neben Entrichtungskosten auch Aufwendungen, die den Personal- und Sozialbereich sowie statistische Anforderungen betreffen.[126] Die Inzidenz der Betriebskosten eines Steuersystems spielt insbesondere bei Veränderungen der geltenden Rechtslage eine große Rolle. So können Vereinfachungen im Steuerrecht die Kosten der Steuerverwaltung und die Entrichtungskosten reduzieren. Vereinfachungen bzw. Reformen können aber nur einen Bereich betreffen und die Kosten in dem anderen Bereich unberührt lassen. Entsprechend verhält es sich mit Kostensteigerungen.[127] Steigende Entrichtungskosten ziehen aber auch zunehmende Erhebungskosten nach sich, da der Steuerwiderstand steigt.[128]

---

[123] Vgl. Sandford (2000), S. 130.
[124] Vgl. Sandford (2000), S. 129.
[125] Vgl. Sandford (2000), S. 129.
[126] Vgl. grundlegend zu diesem Themenbereich Kitterer (1989).
[127] Vgl. Pope (2000), S. 3.
[128] Vgl. Alt (1983), S. 205.

D. Wohlfahrtstheoretische Begründung der Unternehmensbesteuerung

I. Quellensteuern im zwischenstaatlichen Wettbewerb

Wohlfahrtstheoretisch kann argumentiert werden, dass kleine offene Volkswirtschaften kein Interesse haben, Kapital einer Quellenbesteuerung zu unterwerfen. International mobiles Kapital hat nämlich die Möglichkeit, die Steuerlast einschließlich der Zusatzlast auf immobile Faktoren zu überwälzen.[129] Die Bemessungsgrundlage der Quellenbesteuerung erodiert, weshalb man von der "race-to-the-bottom" These[130] spricht. Das Argument lässt sich vereinfacht graphisch darstellen.[131]

In einem Land wird mit Arbeit L und Kapital K ein homogener Output mit der linear-homogenen Produktionsfunktion f(K,L) produziert. Das Kapital ist international vollkommen mobil, der Kapitaleinsatz ist variabel. Kapital kann in beliebiger Menge (Abszisse) zum Weltmarkzins r (Ordinate) bezogen werden. Die Grenzproduktivität des Kapitals wird durch die fallende Kurve ausgedrückt. Der Arbeitseinsatz wird ausschließlich von Inländern erbracht, das Arbeitsangebot ist fix und immobil. Im Fall ohne Steuern ist das optimale Investitionsniveau $f_k = r$.

Im Schaubild ist der optimale Kapitaleinsatz K_1. Das inländische Lohneinkommen beträgt $OAGK_1$ abzüglich der Kapitalkosten $OrGK_1$ und damit AGE. Wird eine Quellensteuer in Höhe λ = BE eingeführt, steigen die Kapitalkosten auf $r + \lambda$. Der Kapitaleinsatz reduziert sich auf K_2, da in diesem Punkt die Nettogrenzproduktivität dem Weltmarktzins entspricht $f_k - \lambda = r$.

Das Steueraufkommen ist EBCF. Das Lohneinkommen nimmt um EBCG auf ABC ab. Der Wohlfahrtsverlust durch die Zusatzlast beträgt CFG. Dem Kapital gelingt es, die Steuer vollständig auf den Faktor Arbeit zu überwälzen. Die Lohneinkommen reduzieren sich um die Höhe der Quellensteuer auf das Kapital und um die Zusatzlast. K_2 ist ein ineffizientes Gleichgewicht. Eine Besteuerung

---

[129] Zu den Anfängen dieser Argumentation vgl. Richman (1963); MacDougall (1960).

[130] Streit/Mussler (1995), S. 98.

[131] Darstellung in Anlehnung an Heilemann/Loeffelholz/Renn (2000), S. 5ff.; Sinn (1997), S. 14ff.; Huber (1997), S. 243ff. Vgl. auch Gordon (1986).

immobiler Faktoren kann das gleiche Steueraufkommen erzielen und löst keine Substitutionseffekte aus, so dass kein Wohlfahrtsverlust auftritt. Für kleine offene Volkswirtschaften ist es deshalb wohlfahrtstheoretisch ineffizient, Kapital einer Quellenbesteuerung zu unterwerfen. Eine Besteuerung des immobilen Faktors Arbeit wäre effizienter.

Dieses Ergebnis gilt allerdings nicht uneingeschränkt. Volkswirtschaften haben die Möglichkeit, Kapitaleinkommen bei den Kapitaleignern zu besteuern. Nach *Bucovetsky* und *Wilson* (1991) ist eine effiziente Besteuerung von Kapital möglich, wenn sich das Sitzlandprinzip durchsetzen lässt. Internationale Kapitalmobilität führt in diesem Fall nicht zu Effizienzverlusten. Eine Besteuerung nach dem Sitzlandprinzip dient als Ersatz für eine Steuerharmonisierung.

Schaubild 2.1: Quellenbesteuerung in kleinen offenen Volkswirtschaften

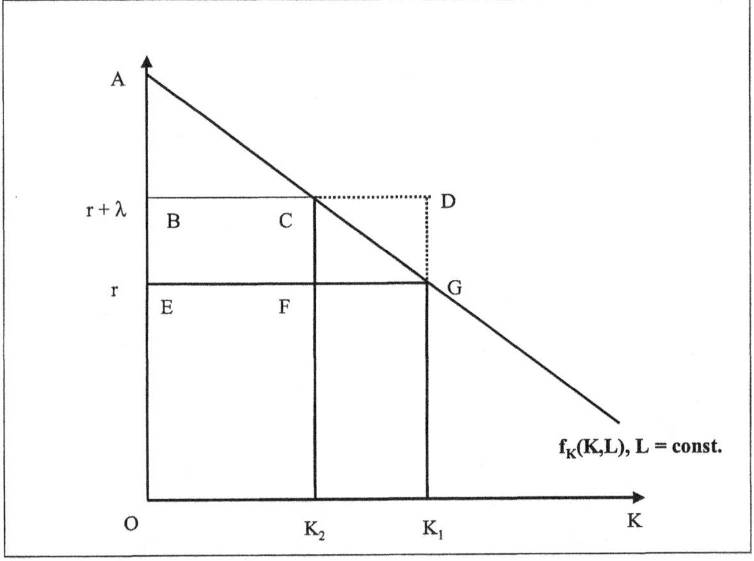

Quelle: Sinn (1997), S. 15.

Die Besteuerung privater Kapitalerträge nach dem Sitzlandprinzip ist in der Realität jedoch schwierig durchzusetzen, wenn es sich um ausländische Kapitalerträge handelt. Das Sitzlandprinzip wird durch die Steuerhinterziehung auf eine

Besteuerung inländischer Kapitalerträge reduziert,[132] die aber, wie oben gezeigt, wohlfahrtstheoretisch ineffizient ist. Auch erzeugt eine Besteuerung nur dann keine Kapitalreallokation, wenn die steuerlichen Anreizparameter (Abschreibungssätze, Sondertatbestände) harmonisiert sind. Das Sitzlandprinzip erfordert also eine Harmonisierung der Bemessungsgrundlagen.[133]

II. Begründungen für eine Quellenbesteuerung mobiler Faktoren

1. Unterversorgung mit konsumtiven oder mit produktiven Kollektivgütern

Die These von der Erosion der Steuerbemessungsgrundlage unterstellt, dass Kollektivgüter nur einen Nutzen für private Haushalte haben.[134] Ein anderes Ergebnis stellt sich ein, wenn angenommen wird, dass die Steuereinnahmen dem Faktor Kapital zugute kommen. Das bedeutet, dass Kollektivgüter vom Faktor Kapital produktiv in Form öffentlicher Vorleistungen für die Produktion verwendet werden können. Als Ergebnis steigt die Kapitalproduktivität, und die Quellensteuer bekommt einen gebührenähnlichen Charakter. Der Äquivalenzbezug steigt, da Investoren die Steuer als Preis für z. B. öffentliche Infrastrukturleistungen interpretieren können. Es tritt keine Erosion der Steuerbemessungsgrundlage ein.[135]
Das Argument kann ebenfalls anhand von Schaubild 2.1 erläutert werden.[136] Ausgangspunkt ist, dass r nicht der Weltmarktzins ist, sondern die vorgegebene Nettorendite des Kapitals in Ländern mit einer funktionierenden Infrastruktur. Eine Einheit Kapital erzeugt Infrastrukturkosten in Höhe von BE. Der Kapitaleinsatz K_1 erzeugt Infrastrukturkosten in Größe der Fläche BDGE. Das Kapital wird wiederum mit einer Quellensteuer in Höhe λ = BE belastet, der Kapitaleinsatz reduziert sich auf K_2. Der Faktor Kapital trägt die gesamten Infrastrukturkosten. Das Einkommen der immobilen Lohnempfänger ist ACB. Müssen die

132 Vgl. Huber (1997), S. 246.
133 Vgl. Sinn (1990), S. 497f. und S. 500.
134 Vgl. Wildasin (1988), S. 237. Mit dieser Annahme argumentiert auch der vielzitierte Beitrag von Zodrow/Mieszkowski (1986).
135 Vgl. Wellisch (1995), S. 83ff.; Oates/Schwab (1991).
136 Die folgenden Ausführungen sind entnommen aus Sinn (1997), S. 16.

immobilen Lohnempfänger die Steuer entrichten, würde ihr Einkommen AGE – BDGE betragen, was der Fläche ACB – CDG entspräche. Das Einkommen der Lohnempfänger ist daher im Fall der Kapitalbesteuerung um CDG höher. Für das Quellenland ist es wohlfahrtstheoretisch inferior, auf eine Quellenbesteuerung des Kapitals zu verzichten.

Eine Herstellung des produktiven Kollektivgutes zu fallenden Durchschnittskosten verhindert jedoch eine effiziente Besteuerung. Diese liegt vor, wenn die Grenzkosten dem Steuersatz entsprechen. Da die Durchschnittskosten über den Grenzkosten liegen, entsteht ein Staatsdefizit. Eine Besteuerung zu Durchschnittskosten ist nicht möglich, da der Anreiz besteht, die Steuerbemessungsgrundlage mit Steuersätzen in Höhe der Nutzungsgrenzkosten in eine andere Gebietskörperschaft zu locken.[137] Im Fall eines Kollektivgutes, welches mit fallenden Durchschnittskosten produziert wird, ist daher eine Quellenbesteuerung wohlfahrtstheoretisch ineffizient.

2. Weitere theoretische Rechtfertigungsansätze unternehmerischer Gewinnbesteuerung

Die normative Rechtfertigung unternehmerischer Gewinnbesteuerung hat ihren Ausgangspunkt in dem Beitrag von *Diamond* und *Mirrlees* (1971) zur Optimalsteuertheorie. Sie zeigen für kleine offene Volkswirtschaften, dass Wohlfahrtsmaximierung durch Besteuerung und Produktion öffentlicher Leistungen erreicht werden kann. Wenn eine wohlfahrtsmaximierende Pauschalbesteuerung nicht praktikabel ist (z. B. wenn das Angebot an Produktionsfaktoren elastisch ist), kann eine Gewinnbesteuerung als partieller Ersatz der Pauschalbesteuerung dienen. Der Steuersatz ist im Optimum nicht null. Die optimale Steuerstruktur ist eine Kombination von Einkommen- und Gütersteuer.[138]
Für eine gesonderte Unternehmensbesteuerung sprechen sich *Gordon* und *Bovenberg* (1996) aus. Sie entwickeln ein Modell mit asymmetrischer Information zwischen Gebietskörperschaften und leiten Schlussfolgerungen für die optimale

---

137 Vgl. Sinn (1994), S. 30f.
138 Munk (1980) zeigt, dass eine fehlende Güterbesteuerung nicht durch eine Produktionsbesteuerung ersetzt werden kann, ohne dass Wohlfahrtsverluste eintreten.

nationale Steuerpolitik ab. Asymmetrische Informationen bewirken, dass aufgrund adverser Selektion ausländische Direktinvestitionen ineffizient niedrig sind. Eine Körperschaftsteuer, verbunden mit Subventionen an ausländische Investoren, korrigiert die Allokationsverzerrung und gleicht die inländische und ausländische Kapitalrentabilität aus. Ein weiteres Argument für eine Unternehmensbesteuerung in kleinen offenen Volkswirtschaften liefern *Gordon* und *MacKie-Mason* (1995).[139] Eine Körperschaftsteuer sollte denselben Steuersatz aufweisen wie der Spitzensteuersatz auf Arbeitseinkommen. Ist die Körperschaftsteuer niedriger, besteht der Anreiz, hochbesteuertes Arbeitseinkommen in Sachentlohnungen umzuwandeln.[140] Die Handlungsweise ist so lange vorteilhaft, wie eine Substitution von Lohneinkommen durch Sachentlohnung eine Reduktion der Gesamtentlohnung des Faktors Arbeit für das Unternehmen ermöglicht.[141]

Die bisherigen Ausführungen haben sich auf kleine offene Volkswirtschaften bezogen. Bei großen offenen Volkswirtschaften können Terms-of-Trade-Externalitäten auftreten.[142] Eine Gewinnbesteuerung von Unternehmen kann in großen offenen Volkswirtschaften positive Terms-of-Trade-Effekte auslösen.[143] Ähnlich wie bei Zöllen besteht für eine große offene Volkswirtschaft als Monopolist die Möglichkeit, durch nationale Kapitalbesteuerung die weltweite Kapitalrentabilität bzw. die intertemporalen Terms of Trade zu beeinflussen. Der Monopolist erwirtschaftet einen Wohlfahrtsgewinn zu Lasten kleiner Volkswirtschaften. Die Gesamtwohlfahrt ist jedoch geringer als bei einer kooperativen Lösung mit optimalen Steuersätzen.[144]

---

139 Dieses Argument geht zurück auf Musgrave (1959).

140 Der Anreiz besteht nur dann, wenn Sachentlohnungen des Unternehmens nicht vollständig einer veranlagten Einkommensteuer unterworfen werden.

141 Zu Politikimplikationen dieses Arguments vgl. u. a. Cnossen (2000); Sörensen (1995).

142 Die Terms of Trade sind der Quotient aus Preisindex der Exporte und Preisindex der Importe und erfassen das relative Preisniveau der Exporte eines Landes. Die Terms of Trade geben an, wieviele Importeinheiten ein Land durch eine Exporteinheit erwerben kann. Zu Terms-of-Trade-Externalitäten vgl. ausführlich Gordon (1983). Gordon beschreibt systematisch alle fiskalischen Externalitäten, die bei dezentralisierter Entscheidungskompetenz für Individuen in anderen Gebietskörperschaften entstehen. Vgl. auch Arnott/Grieson (1981); Starrett (1980).

143 Vgl. Gresik (2001), S. 811.

144 Vgl. Sörensen (1991); Hamada (1966).

3. Empirische Untersuchungen über die Kapitalmobilität

Die These des race-to-the-bottom unterstellt, dass Kapital international mobil ist. Bei nur eingeschränkter Kapitalmobilität droht jedoch, wie ausgeführt, keine vollständige Erosion der Bemessungsgrundlage der Quellensteuer bei unternehmerischen Gewinneinkünften. Mit dieser Fragestellung beschäftigt sich eine Reihe empirischer Untersuchungen.
Ein einflussreicher empirischer Beleg geht zurück auf Feldstein und Horioka (1980). Sie belegen eine hohe Korrelation zwischen inländischer Spartätigkeit und inländischen Investitionen. Bei vollständig mobilem Kapital darf eine solche Korrelation nicht vorliegen. Eine Reihe von Untersuchungen belegen die Robustheit des Arguments.[145] Baxter und Crucini (1993) entgegnen, dass eine positive Korrelation nicht zwangsläufig Kapitalimmobilität bedeute. Sie argumentieren mit Produktivitätsschocks, weil makroökonomische Faktoren eine hohe Korrelation zwischen inländischem Sparen und Investieren erklären können.

Die Kapitalmobilität zwischen G7-Staaten nimmt langfristig zu.[146] *Madarassy* und *Chinn* (2002) untersuchen dagegen entwickelte Volkswirtschaften, welche nicht den G7-Staaten angehören. Sie finden Hinweise, dass die Kapitalmobilität zwischen diesen Ländern zwar zugenommen hat, jedoch nur im geringen Umfang vorhanden ist.[147] Die Kapitalmarktintegration ist bei diesen Staaten insgesamt geringer als bei den G7 Mitgliedstaaten. *Heilemann*, *Loeffelholz* und *Renn* (2000) betonen, dass etliche Anzeichen existieren, die besonders den gestiegenen Wettbewerb um Kapital durch Kapitalmarktliberalisierung und diverse Vorzugsbehandlungen durch Steueroasen belegen.[148]

---

145 Vgl. die Untersuchungen von Penati/Dooley (1984); Dooley/Frenkel/Mathieson (1987); Bayoumi (1990); Feldstein/Bacchetta (1991); Gordon/Bovenberg (1996). Sinn (1992a) stellt fest, dass selbst in den USA Kapital nicht vollständig intranational mobil ist.

146 Vgl. Fujii/Chinn (2001); Meredith/Chinn (1998).

147 Dänemark, Finnland, Irland, Norwegen, die Niederlande, Spanien, Schweden und die Schweiz.

148 Für Deutschland stellen sie jedoch für den Zeitraum von 1970 bis 1998 fest, dass keine signifikanten Veränderungen bei der Besteuerung mobiler und immobiler Faktoren eingetreten sind.

Die empirische Literatur lässt keine eindeutige Aussage darüber zu, in welchem Umfang Kapital international mobil ist. Die empirischen Analysen auf Basis aggregierter Analysen wie bei *Feldstein* und *Horioka* (1980) sind in ihrer Aussagefähigkeit beschränkt. Eine ex post festgestellte geringe internationale Kapitalmobilität reicht nicht aus, um Kapital als immobil zu bezeichnen.[149] Differenzen bei empirischen Untersuchungsergebnissen entspringen auch unterschiedlichen Determinanten der Kapitalmarktintegration, welche teilweise ungleich definiert wird. Kapital scheint zumindest nicht vollkommen mobil zu sein, was eine Quellenbesteuerung von Unternehmensgewinnen wohlfahrtstheoretisch rechtfertigen lässt.

4. Sonstige Rechtfertigungen

Zusätzliche Rechtfertigungen für eine Quellenbesteuerung ergeben sich aus anderen Überlegungen. Die Unternehmensteuer kann als eine Abzugsteuer gegenüber der persönlichen Einkommensteuer dienen. Eine Nichtbesteuerung unternehmerischer Einkünfte würde dazu führen, dass die Besteuerung nur bei Ausschüttung der Gewinne an die Kapitaleigner erfolgt. Diese hätten dann die Möglichkeit, steuerfreie Einkünfte zu akkumulieren und Zinsgewinne zu erwirtschaften.[150] Darüber hinaus existieren neben Kapitalgesellschaften auch Personengesellschaften, welche nicht der Körperschaftsteuer unterliegen, sondern deren Gewinne im Rahmen der Einkommensteuer erfasst werden. Eine Steuerbefreiung von Kapitalgesellschaften verursacht Verzerrungen zwischen den unterschiedlichen Unternehmensformen, da Kapitalgesellschaften Wettbewerbsvorteile erzielen. Ferner kann durch eine Gewinnbesteuerung eine Besteuerung des ökonomischen Gewinns erreicht werden, die entscheidungsneutral und allokativ effizient ist.[151] Außerdem kann die Unternehmensbesteuerung als wirtschaftspo-

---

149 Vgl. Feld (2000), S. 74.

150 Vgl. Genser/Haufler (1999), S. 322f. Vgl. auch die weiterführende Diskussion bei Mintz (1996), S. 140ff. zu integrierter Besteuerung und Besteuerung des Konsums.

151 Vgl. Genser/Haufler (1999), S. 323.

litisches Instrument eingesetzt werden, um die internationale Kapitalallokation zu beeinflussen.[152]

Eine Rechtfertigung der Unternehmensbesteuerung mit dem Äquivalenzprinzip wird problematisch, wenn man argumentiert, dass ein Unternehmen als Kapitalgesellschaft aus ökonomischer Sicht grundsätzlich nicht Steuerträger sein kann. Eine juristische Person ist nur eine Rechtskonstruktion, in die Individuen ihre Vermögenswerte einbringen.[153] Die Unternehmensbesteuerung kann daher als Möglichkeit angesehen werden, die Besteuerung natürlicher Personen nach dem Äquivalenzprinzip zu rechtfertigen. Leistungen des öffentlichen Sektors können sich in niedrigeren Preisen, höheren Löhnen und in einem höheren Gewinn der Unternehmensbesitzer niederschlagen. Insofern sind natürliche Personen letztlich Nutznießer staatlicher Leistungen an Unternehmen. Das Äquivalenzprinzip verlangt, dass die natürlichen Personen für empfangene öffentliche Leistungen bezahlen. Daher bietet die Unternehmensbesteuerung eine Möglichkeit, den Nutzen der natürlichen Personen indirekt zu erfassen. Die Unternehmensbesteuerung würde dann als Einkommensbesteuerung der Eigentümer angesehen und in die Einkommensteuer integriert werden.[154] Dieser Ansatz rechtfertigt auch die Besteuerung nichtansässiger natürlicher Personen, wenn diese Nutzen aus im Inland gelegenen Unternehmen ziehen und selber im Ausland residieren.[155]

---

[152] Vgl. Europäische Kommission (1992), S. 34. Die Quellenbesteuerung von Unternehmensgewinnen kann darüber hinaus ein Faustpfand in internationalen Verhandlungen über Doppelbesteuerungsabkommen darstellen. Vgl. Vogel (1985), S. 23.

[153] Vgl. Atkinson/Stiglitz (1990), S. 131f.

[154] Vgl. Mintz (1996), S. 137f.; Oakland/Testa (1996). Zu diesem Argument zählt auch, dass Anteilseigner von staatlich gewährten Haftungsbeschränkungen profitieren können, welche von der Rechtsform des Unternehmens abhängen. Vgl. Genser/Haufler (1999), S. 323.

[155] Vgl. Pogue (1999), S. 194.

E. Zusammenfassende Thesen zum zweiten Kapitel

1. Die internationale Unternehmensbesteuerung wird durch das Betriebstättenprinzip und durch Verrechnungspreise umgesetzt. Die Betriebstätte begründet das Besteuerungsrecht einer Gebietskörperschaft. Die Verteilung der Besteuerungsrechte auf unterschiedliche Betriebstätten geschieht mit Hilfe von Verrechnungspreisen. Das gegenwärtige System der internationalen Unternehmensbesteuerung ist von der Durchsetzbarkeit des Betriebstättenprinzips und des Fremdvergleichsprinzips bei Verrechnungspreisen abhängig.

2. Die allokativen und fiskalischen Wirkungen von Quellenland- und Sitzlandprinzip hängen maßgeblich von dem angewendeten Verfahren zur Kollisionsauflösung ab. Aus allokativer Sicht tendieren Ökonomen überwiegend zu einer Besteuerung nach dem Wohnsitzlandprinzip, da sich unter diesem System internationale Produktionseffizienz einstellt.

3. Die Gerechtigkeit internationaler Besteuerung rückt die Forderung nach einer äquivalenten Besteuerung in den Vordergrund. Die Theorie Interjurisdiktioneller Gerechtigkeit bestimmt den anzuwendenden Steuersatz nach dem Prinzip der Gegenseitigkeit oder nach dem nationalen Pro-Kopf-Einkommen. Das Leistungsfähigkeitsprinzip ist kein geeignetes Kriterium, um die internationale Steuerbemessungsgrundlage zu alloziieren.

4. Bei der Beurteilung der administrativen Effizienz der internationalen Unternehmensbesteuerung ist das Verhältnis von Erhebungs- und Entrichtungskosten zu beachten. Steuersysteme sollten so konstruiert sein, dass sich die Entrichtungskosten für Unternehmen und die Aufwendungen für die Finanzverwaltungen minimieren.

5. Die Zielsetzung der normativen Steuertheorie ist die Umsetzung der Besteuerungsgrundsätze, nämlich einer neutralen, gerechten und administrativ effizienten Besteuerung. Die normative Forderung der Besteuerungsgrundsätze soll im Bereich der internationalen Unternehmensbesteuerung durch

die Besteuerungsprinzipien des Quellenland- und des Sitzlandprinzips erfüllt werden.

6. Das Ziel der Besteuerungsprinzipien Quellenland- und Sitzlandprinzip ist neben der Umsetzung der Besteuerungsgrundsätze, reale Unternehmensgewinne im Sitzland oder Quellenland einer wirksamen Besteuerung ohne Defizite bei der Steuererhebung zu unterwerfen.

7. Die Besteuerungsgrundsätze sind aus normativer Sicht den Besteuerungsprinzipien hierarchisch übergeordnet. Die Besteuerungsprinzipien bedienen sich diverser steuertechnischer Konstruktionen, wie etwa Betriebstätte und Verrechnungspreise, um die wohlfahrtsökonomischen Besteuerungsziele zu verwirklichen. Die Steuertechnik ist daher aus normativer Sicht wiederum den Besteuerungsprinzipien untergeordnet.

8. Aus wohlfahrtstheoretischer Perspektive ist es ineffizient, auf eine Unternehmensbesteuerung zu verzichten und die Besteuerung allein auf Ebene der Kapitaleigner zu vollziehen, was bei der Kapitalbesteuerung möglich wäre. Die Aufrechterhaltung einer wirksamen Unternehmensbesteuerung ist daher eine wichtige finanzwissenschaftliche Fragestellung.

Kapitel 3: Positive Aspekte der internationalen Unternehmensbesteuerung

A. Anreize und Strategien zur Reduktion der unternehmerischen Steuerbelastung

I. Anreize für Steuerreduktionsstrategien internationaler Unternehmen

1. Internationale Steuerbelastungsdifferenzen

Internationale Unterschiede in der Steuerbelastung schaffen Anreize, Finanz- und Realkapital grenzüberschreitend zu verlagern oder steuerrechtliche Konstruktionen zu bilden, mit denen die Belastungsunterschiede mit dem Ziel der Steuerminimierung ausgenutzt werden können.

Tabelle 3.1 gibt einen Überblick über nominale Körperschaftsteuerspitzensätze im internationalen Vergleich. Die Körperschaftsteuersätze sind i. d. R. linear und weisen teilweise beträchtliche Differenzen auf, wenn beispielsweise die Schweiz und Deutschland verglichen werden. Im Zeitraum von 1986 bis 2000 sind die Spitzensteuersätze in einem Durchschnitt von 26 OECD-Mitgliedstaaten um neun Prozentpunkte gesunken.

Tabelle 3.1: Nominale Körperschaftspitzensteuersätze 1986-2000

Land	**1986**	**1991**	**1995**	**2000**	**Veränderung**
Australien	49	39	33	34	-15
Belgien	45	39	39	39	-6
Dänemark	50	38	34	32	-18
Deutschland	56	50	45	40	-16
Finnland	33	23	25	29	-4
Frankreich	45	42	33	33	-12
Griechenland	49	46	40	40	-9
Großbritannien	35	34	33	30	-5
Irland	50	43	40	24	-26
Island	51	45	33	30	-21
Italien	36	36	36	37	1
Japan	43	38	38	27	-16
Kanada	36	29	29	28	-8
Luxemburg	40	33	33	37	-3
Mexiko	34	34	34	35	1
Neuseeland	45	33	33	33	-12
Niederlande	42	35	35	35	-7
Norwegen	28	27	19	28	0
Österreich	30	30	34	34	4
Portugal	47	36	36	32	-15
Schweden	52	30	28	28	-24
Schweiz	10	10	10	8	-2
Spanien	35	35	35	35	0
Südkorea	30	34	32	28	-2
Türkei	46	49	25	33	-13
USA	46	34	35	35	-11
Durchschnitt	41	35	33	32	-9

Quelle: Edwards/de Rugy (2002), S. 76.

Tabelle 3.2: Nominale Gewinnsteuerspitzensätze 1996-2002 (Körperschaftsteuer und lokale Unternehmenssteuern)

Land	1996	1997	1998	1999	2000	2001	2002	Veränderung
Australien	36,0	36,0	36,0	36,0	36,0	34,0	30,0	-6
Belgien	40,2	40,2	40,2	40,2	40,2	40,2	40,2	0
Dänemark	34,0	34,0	34,0	32,0	32,0	30,0	30,0	-4
Deutschland	57,4	57,4	56,7	52,3	51,6	38,4	38,4	-19
Finnland	28,0	28,0	28,0	28,0	29,0	29,0	29,0	1
Frankreich	36,7	36,7	41,7	40,0	36,7	35,3	34,3	-2
Griechenland	40,0	40,0	40,0	40,0	40,0	37,5	35,0	-5
Großbritannien	33,0	31,0	31,0	31,0	30,0	30,0	30,0	-3
Irland	38,0	36,0	32,0	28,0	24,0	20,0	16,0	-22
Island	33,0	33,0	30,0	30,0	30,0	30,0	18,0	-15
Italien	53,2	53,2	41,3	41,3	41,3	40,3	40,3	-13
Japan	51,6	51,6	51,6	48,0	42,0	42,0	42,0	-10
Kanada	44,6	44,6	44,6	44,6	44,6	42,1	38,6	-6
Luxemburg	40,3	39,3	37,5	37,5	37,5	37,5	30,4	-10
Mexiko	34,0	34,0	34,0	35,0	35,0	35,0	35,0	1
Neuseeland	33,0	33,0	33,0	33,0	33,0	33,0	33,0	0
Niederlande	35,0	35,0	35,0	35,0	35,0	35,0	34,5	-1
Norwegen	28,0	28,0	28,0	28,0	28,0	28,0	28,0	0
Österreich	34,0	34,0	34,0	34,0	34,0	34,0	34,0	0
Polen	40,0	38,0	36,0	34,0	30,0	28,0	28,0	-12
Portugal	39,6	39,6	37,4	37,4	35,2	35,2	33,0	-7
Schweden	28,0	28,0	28,0	28,0	28,0	28,0	28,0	0
Schweiz	28,5	28,5	27,8	25,1	25,1	24,7	24,5	-4
Spanien	35,0	35,0	35,0	35,0	35,0	35,0	35,0	0
Tschechei	39,0	39,0	35,0	35,0	31,0	31,0	31,0	-8
Türkei	44,0	44,0	44,0	33,0	33,0	33,0	33,0	-11
Ungarn	33,3	18,0	18,0	18,0	18,0	18,0	18,0	-15
USA	40,0	40,0	40,0	40,0	40,0	40,0	40,0	0
Durchschnitt	**37,6**	**36,8**	**35,9**	**34,8**	**34,0**	**32,8**	**31,4**	**-6**

Quelle: Edwards/de Rugy (2002), S. 77.

Die Aussagekräftigkeit körperschaftlicher Tarifbelastungen ist allerdings beschränkt, da andere Faktoren die effektive Steuerbelastung der Unternehmen mit beeinflussen. Ein Faktor sind unterschiedliche Bemessungsgrundlagen und Abschreibungssätze, welche einen internationalen Vergleich der Steuerbelastungen erschweren. Andere Einflüsse ergeben sich, wenn neben der Körperschaftsteuer noch andere lokale Gewinnsteuern den Unternehmensgewinn belasten.[1] So trifft beispielsweise in Deutschland körperschaftsteuerpflichtige Unternehmen auch die Gewerbesteuer. Tabelle 3.2 erfasst zusätzlich lokale Gewinnsteuern, so dass der Unterschied zwischen der Schweiz und Deutschland abnimmt. Auch hier ergibt sich eine durchschnittliche Abnahme von sechs Prozent im Zeitraum von 1996 bis 2002. In verschiedenen Ländern existieren auch Sondersteuersätze für bestimmte Einkünfte. In Griechenland werden Zinseinkünfte mit 15 Prozent besteuert, wobei dieser Steuersatz auch für Kapitalanlagen in Kapitalgesellschaften gilt. Griechenland begünstigt dadurch die Anlage von Finanzkapital. Andere Länder versuchen, mittels einer Dual Income Tax Verzerrungen zwischen Eigen- und Fremdkapitalverzinsungen abzubauen. Dabei werden Gewinne bis zu einer normierten Verzinsungshöhe des unternehmerischen Eigenkapitals mit einem Steuersatz belegt, welcher unter dem Normalsatz liegt. Gewinne über der normierten Verzinsungshöhe werden normal besteuert.[2]

Der Vergleich internationaler Steuersätze muss durch einen Blick auf international unterschiedliche Körperschaftsteuersysteme ergänzt werden, da die effektive Steuerbelastung auch von der Gewinnverwendung abhängt. Für die Unternehmensbesteuerung ist von Bedeutung, ob einbehaltene oder ausgeschüttete Gewinne mit unterschiedlichen Steuersätzen belegt werden.[3]

---

1 Vgl. Spengel (2003), S. 20; Fuest/Huber (1999), S. 7ff.
2 Vgl. Bordignon/Giannini/Panteghini (2001), S. 194.
3 Vgl. zum Folgenden Spengel (2003), S. 22f.; Bareis (2000), S. 133f.

Schaubild 3.1: Internationale Körperschaftsteuersysteme

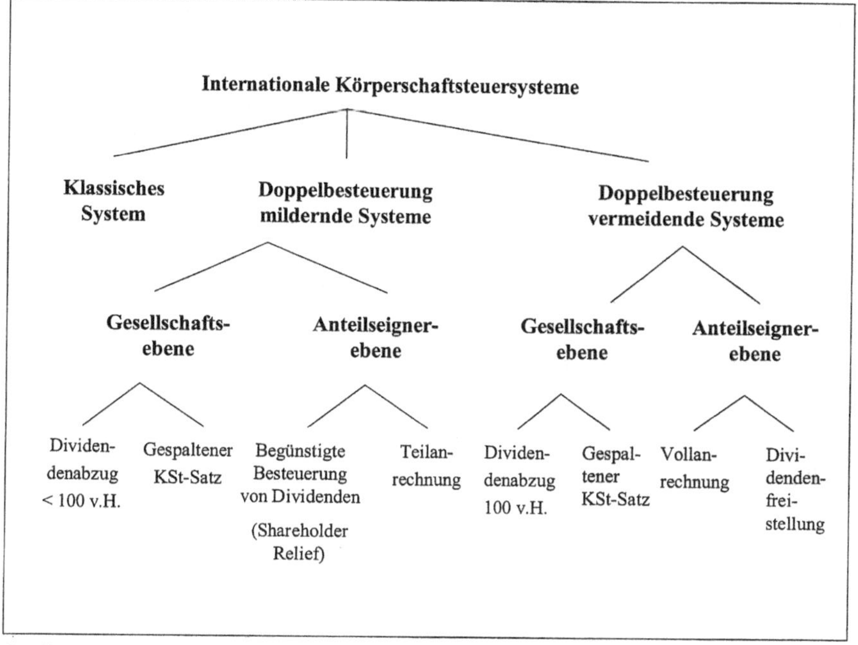

Quelle: Spengel (2003), S. 23.

Die unterschiedlichen Körperschaftsteuersysteme lassen sich in ihren Belastungswirkungen durch den Anrechnungsfaktor α formalisieren. Für α gilt $0 \leq \alpha \leq 1$. Für $\alpha = 1$ ist das Körperschaftsteuersystem ein Vollanrechnungssystem. Die gesamte Körperschaftsteuer wird auf die individuelle Einkommensteuerlast angerechnet. Die Steuererhebung ist ein Quellenabzugsverfahren im Rahmen der Einkommensbesteuerung, eine Doppelbesteuerung wird vollständig vermieden. Die Vollanrechnung wird auf Ebene der Gesellschafter umgesetzt, entweder durch Vollanrechnung der Körperschaftsteuer auf die Einkommensteuer oder durch eine Steuerbefreiung von Dividenden. Für $\alpha = 0$ existiert das klassische System, bei dem es bei der Gewinnausschüttung zu einer ungemilderten Doppelbesteuerung kommt. Gilt $0 < \alpha < 1$, wird die Doppelbesteuerung partiell gemildert. Die Körperschaftsteuer wird teilweise angerechnet, oder ein sogenanntes Shareholder-Relief-Verfahren ermäßigt die Einkommensteuer auf Dividendeneinkünfte, ohne dass die Körperschaftsteuerbelastung berücksichtigt wird.

Die effektive Steuerbelastung ist auch abhängig von Methoden zur Kollisionsauflösung, deren konkrete Anwendung in den Doppelbesteuerungsabkommen geregelt wird.[4] Die Ausgestaltung der jeweiligen Doppelbesteuerungsabkommen hat Einfluss auf die effektive Steuerbelastung des internationalen Unternehmens.

Schlussendlich versucht man mit zwei effektiven Steuersätzen internationale Steuerbelastungsvergleiche zu ermöglichen. Die effektive Grenzsteuerbelastung EMTR (effective marginal tax rate) beurteilt marginale Investitionen und bestimmt deren steueroptimales Volumen. Bei intramarginalen Investitionen ist dieser Indikator nicht aussagekräftig, weil solche Investitionen eine höhere Rendite als die Mindestrendite des Optimalniveaus erzielen. Deshalb wird der effektive Durchschnittsteuersatz EATR (effective average tax rate) dann herangezogen, wenn ein Investitionsort aus steuerlicher Perspektive beurteilt wird. Der EATR beziffert den Steueranteil an der besteuerten Zielgröße.[5] Die Tabellen 3.3 und 3.4 enthalten EMTR und EATR für eine Reihe von europäischen Staaten, welche unter der Annahme eines Basisfalls berechnet sind.[6] Die EMTR weisen in 2001 eine Bandbreite von sieben bis 32 Prozent auf, die EATR von acht bis 34. Die Tabellen zeigen, dass multinationale Unternehmen mit erheblichen steuerlichen Belastungsunterschieden konfrontiert werden, wenn sie die internationale Verteilung und den Umfang ihrer Direktinvestitionen planen.

---

4 Vgl. Kapitel 2 Abschnitt C.II.2.c).

5 Vgl. Spengel (2003), S. 64ff.; Devereux/Griffith/Klemm (2002), S. 460ff.

6 Der Basisfall ist: Investitionen in Produktionsanlagen und Ausrüstungsgüter, welche mit Eigenkapital oder thesaurierten Gewinnen finanziert werden. Die Besteuerung auf der Anteilseignerebene wird ausgeklammert. Die ökonomische Rente beträgt 10, der Diskontsatz ist 10 Prozent, die Inflation beläuft sich auf 3,5 Prozent und der Abschreibungsprozentsatz ist 12,5. Vgl. die Beschreibung der Daten und andere Berechnungsfälle bei http://www.ifs.org.uk/corptaxindex.shtml (Februar 2004), welche von Devereux/Griffith/Klemm (2002) verwendet werden. Dort finden sich auch effektive Steuersätze für Variationen der angeführten Annahmen, beispielsweise bei Fremdkapitalfinanzierungen.

Tabelle 3.3: EMTR in Prozent

	1992	1993	1994	1995	1996	1997	1998	1999	2000	2001
Belgien	25	25	26	26	26	26	26	26	26	26
Deutschland	40	38	34	37	37	37	36	30	30	28
Finnland	22	14	14	14	16	16	16	19	20	20
Frankreich	18	17	17	19	19	23	23	22	20	21
Griechenland	30	30	30	30	30	30	30	30	30	28
Großbritannien	23	19	23	23	23	21	21	20	20	20
Irland	7	7	7	7	7	7	7	7	7	7
Japan	41	41	41	40	40	40	37	32	32	32
Kanada	27	25	24	25	25	25	25	25	25	24
Niederlande	24	24	24	24	24	24	24	24	24	24
Österreich	32	32	32	28	28	28	28	28	17	17
Portugal	24	24	24	24	24	24	22	22	20	20
Schweden	17	17	16	16	16	16	16	16	16	16
Spanien	25	26	26	26	26	26	26	29	29	29
USA	23	24	24	24	24	24	24	24	24	24

Quelle: http://www.ifs.org.uk/corptaxindex.shtml (Februar 2004)

Tabelle 3.4: EATR in Prozent

	1992	1993	1994	1995	1996	1997	1998	1999	2000	2001
Belgien	33	33	34	34	34	34	34	34	34	34
Deutschland	52	50	46	49	49	49	48	43	43	34
Finnland	30	20	20	20	23	23	23	24	25	25
Frankreich	27	26	26	29	29	34	34	32	30	30
Griechenland	36	36	36	36	36	36	36	36	36	33
Großbritannien	28	27	28	28	28	27	27	26	26	26
Irland	8	8	8	8	8	8	8	8	8	8
Japan	47	47	47	46	46	46	42	37	37	37
Kanada	33	31	30	31	31	31	31	31	31	30
Niederlande	30	30	30	30	30	30	30	30	30	30
Österreich	36	36	36	31	31	31	31	31	28	27
Portugal	33	33	33	33	33	33	31	31	29	29
Schweden	25	25	23	23	23	23	23	23	23	23
Spanien	31	31	31	31	31	31	31	32	32	32
USA	32	33	33	33	33	33	33	33	33	33

Quelle: http://www.ifs.org.uk/corptaxindex.shtml (Februar 2004)

2. Internationaler Steueraufschub

International tätige Unternehmen haben die Möglichkeit, Gewinne in Niedrigsteuerländer zu verlagern, da die Ausgestaltung der internationalen Unternehmensbesteuerung einen Steuerstundungseffekt ermöglicht: Die inländische Besteuerung ausländischer Gewinne kann zeitlich verschoben werden, wenn die Gewinne einer ausländischen Betriebstätte zustehen. Der Steuervorteil durch Gewinnverlagerung bleibt solange bestehen, bis die Gewinne aus dem Niedrigsteuerland an die Muttergesellschaft ausgeschüttet werden (deferral privilege). Die Besteuerung wird nicht vermieden, sondern zeitlich vorgetragen.[7] Nur wenn dauerhaft auf die Gewinnausschüttung verzichtet wird, lässt sich eine Steuerersparnis realisieren.

[7] Vgl. Arnold/Dibout (2001), S. 187; Caves (1996), S. 192.

Horst (1977) hat die Auswirkungen des Steueraufschubs analysiert. Der Steueraufschub liefert einen Anreiz zu Auslandsinvestitionen, wenn der ausländische Steuersatz unter dem heimischen liegt. Die Stärke des Anreizes nimmt mit der Differenz zwischen den Steuersätzen zu. Differenzen zwischen in- und ausländischen Steuersätzen erzeugen jedoch nur dann Steuerreduktionen, wenn gleichzeitig ein Steueraufschub möglich ist. Eine Beseitigung des deferral privilege schafft die meisten steuerinduzierten Anreize für Auslandsinvestitionen ab und nimmt multinationalen Unternehmen die Möglichkeit, durch Gewinnverlagerungen Steuerminderungseffekte zu erzielen.[8] Auf eine weitere Eigenschaft des Steueraufschubs weist *Hartman* hin,

> "...because the repatriation of profits and not the earning of profits becomes the source of tax liability under deferral, the corporate tax when applied to foreign source income should be thought of as a tax on the transfer of funds."[9]

Ob ein ausländisches Tochterunternehmen selbst erwirtschaftete Gewinn reinvestiert oder an das Mutterunternehmen ausschüttet, ist ausschließlich von dem ausländischen Steuersatz abhängig und nicht von der Behandlung der Gewinne im Sitzland der Muttergesellschaft. Wenn der ausländische Steuersatz unter dem inländischen liegt, kann ein ausländisches Tochterunternehmen Steuern sparen, indem es Folgeinvestitionen primär aus selbst erwirtschafteten Gewinnen vornimmt.[10]

---

8 Vgl. Horst (1977), S. 386f. Die Auswirkungen von Steueränderungen auf Auslandsinvestitionen zerlegt Horst in einen Liquiditätseffekt und in die Substitutionselastizität zwischen in- und ausländischen Investitionen. Vgl. ders. (1977), S. 387.

9 Hartman (1985), S. 110.

10 Vgl. auch Horst (1977). Der Steueraufschub wird z. B. um so wirksamer, je höher die Eigenkapitalquote bei der Finanzierung der Auslandsinvestition ist. Ursache dafür ist eine steuerliche Abzugsfähigkeit von Fremdkapitalzinsen. Mit der Höhe des Steuersatzes steigt die Attraktivität der Abzugsfähigkeit. Daher bietet es sich an, Investitionen in Niedrigsteuerländern mit Eigenkapital zu tätigen und Investitionen in Hochsteuerländern fremd zu finanzieren.

3. Zusatzgewinne durch Gewinnverlagerungen

Das folgende Modell beschreibt die Steuerersparnisse, welche bei Gewinnverlagerungen entstehen können.[11] Ein internationales Unternehmen hat reale Gewinne in der Höhe $\rho_i > 0$ in Gebietskörperschaft i. Das Unternehmen verlagert Gewinne in der Form, dass in derselben Gebietskörperschaft i ein zusätzlicher Gewinn in Höhe von ψ_i anfällt. Das Unternehmen trägt Entrichtungskosten in der Höhe von

(3.1) $$\delta\frac{\psi_i^2}{\rho_i} \text{ mit } \delta > 0.$$

Die Entrichtungskosten nach (3.1) sind mit dem Faktor δ abhängig von den Zusatzgewinnen ψ_i in Relation zum Gesamtgewinn ρ_i. Wenn in eine Gebietskörperschaft relativ zum realen Gewinn hohe zusätzliche Gewinne verlagert werden, nehmen die Entrichtungskosten konvex zu. Folglich betragen die in der Gebietskörperschaft veranlagten Gewinne

(3.2) $$\pi_i = \rho_i + \psi_i - \delta\frac{\psi_i^2}{\rho_i}.$$

Das internationale Unternehmen wählt für ψ_i die Höhe, mit welcher der Gesamtgewinn des Unternehmens maximiert wird (ψ_i kann dabei auch einen negativen Wert einnehmen).

(3.3) $$\sum_{i=1}^{n}(1-\lambda_i)\pi_i = \sum_{i=1}^{n}(1-\lambda_i)(\rho_i + \psi_i - \delta\frac{\psi^2}{\rho_i})$$

λ_i ist der Steuersatz der Gebietskörperschaft i auf Unternehmensgewinne. Bedingung ist, dass die Summe der international verlagerten Gewinne null ist:

(3.4) $$\sum_{i=1}^{n}\psi_i = 0$$

[11] Vgl. zum Folgenden Gordon/Hines (2002), S. 1979f.

In Gebietskörperschaften, aus denen Gewinne abgezogen werden, muss ψ_i einen negativen Wert annehmen. Die Lagrangebedingung ersten Grades für ψ_i ergibt:

$$(3.5) \qquad \psi_i = \rho_i \frac{1-\mu-\lambda_i}{2\gamma(1-\lambda_i)}$$

wobei μ der Lagrange-Multiplikator in Bezug zu der Restriktion (3.2) ist. In Niedrigsteuerländern ist $\psi_i > 0$, wenn der Steuersatz $\lambda_i < 1 - \mu$. Für Gebietskörperschaften mit hohem Steuersatz verhält es sich umgekehrt. Der verlagerte Gewinn ψ_i ist negativ, wenn der Steuersatz größer $1 - \mu$ ist. Für internationale Unternehmen ist es folglich vorteilhaft, Gewinne in Niedrigsteuerländer zu verlagern.

In der Besteuerungsrealität existiert eine Vielzahl an Strategien, welche zur Steuerreduktion eingesetzt werden können. Im Folgenden sollen die Methoden systematisiert werden. Empirische Studien geben Aufschluss über die Anwendung der Methoden in der Besteuerungsrealität.

II. Strategien internationaler Unternehmen zur Steuerreduktion

1. Steuerreduktionsstrategien im Überblick

Internationale Steuerreduktionsstrategien lassen sich im internationalen Zusammenhang in drei Ebenen unterteilen, nämlich in (i) strategische, (ii) operative und (iii) taktische Steuerplanung.[12]

(i) Die strategische Steuerplanung stellt die langfristige Gestaltung unternehmerischer Strukturen dar. Sie bestimmt die grundlegenden Bedingungen, nach denen sich die internationalen Transaktionen vollziehen. Kennzeichen der strategischen Steuerplanung ist die Gestaltung zukünftiger Sachverhalte, die über eine geringe Anpassungsflexibilität verfügen, d. h. insbesondere die rechtliche Gestaltung der Unternehmensstruktur und die Standortwahl. Die rechtliche Gestaltung der Unternehmensstruktur braucht nicht die tatsächlichen wirtschaftlichen

12 Vgl. zum Folgenden Gerken/Märkt/Schick (2000), S. 93ff.; Kratz (1986), S. 27ff.

Beziehungen zwischen den Unternehmensteilen wiederzuspiegeln. Ziel der strategischen Steuerplanung ist, unter Ausnutzung von Differenzen zwischen nationalen Steuersystemen und unter Nutzung internationaler Doppelbesteuerungsabkommen eine steueroptimale Unternehmensstruktur abzuleiten.

(ii) Die operative Steuerplanung baut unmittelbar auf der strategischen Planung auf und konkretisiert diese in einzelne Maßnahmen. Die operative Steuerplanung bildet damit einen instrumentalen Teil in der Gestaltung der Unternehmensstruktur und gestaltet dazu die inner- und außerkonzernlichen Leistungsbeziehungen. Bei der operativen Steuerplanung ist der Unterschied zwischen tatsächlicher Aufgabenzuteilung auf die einzelnen Unternehmen und rechtlicher Zuordnung von Bedeutung. Die operative Steuerplanung umfasst neben realwirtschaftlichen Transaktionen auch die Unternehmensfinanzierung[13], sie verfeinert die Möglichkeiten zur Gestaltung von Verrechnungspreisen, welche durch die strategische Steuerplanung grundlegend ermöglicht werden, und sie bestimmt steuerminimierende Zeitpunkte für Gewinnabführungen.

(iii) Die taktische Steuerplanung beschäftigt sich mit der Gestaltung laufender Vorgänge innerhalb der Strukturen, welche durch die strategische und operative Steuerplanung festgelegt werden. Sie ist ein kurzfristiges Instrument mit dem Ziel, für das jeweilige Veranlagungsjahr die Steuerlast zu minimieren. Dabei bedient sie sich insbesondere interner Verrechnungspreise, um Gewinne in Niedrigsteuerländer zu verlagern, und nutzt Gestaltungsspielräume im Zeitpunkt konzerninterner Gewinnabführungen. Die taktische Steuerplanung ist insofern eng mit der nationalen Steuerbilanzplanung der einzelnen Konzernunternehmen verbunden.[14] *Feld* bezeichnet die steuerstrategische Verrechnungspreissetzung internationaler Konzerne als die hauptsächliche Schwachstelle des Quellenlandprinzips.[15]

---

13 Die Unternehmensfinanzierung umfasst die Fremdkapitalbeschaffung sowie die innerkonzernliche Verteilung des Eigenkapitals.

14 Zu einem Überblick über die einzelnen Eigenschaften der internationalen Steuerplanung vgl. Kratz (1986), S. 31. Eine allgemeine empirische Untersuchung über die Auswirkungen der internationalen Besteuerung auf die unterschiedlichen Steuerplanungsstrategien bietet Hines (1994a). Er kommt zu dem Ergebnis, dass die Besteuerung einen signifikanten Einfluss auf die angeführten Aktionsparameter hat.

15 Vgl. Feld (2001), S. 77.

2. Die Strategien im Einzelnen

a) Strategische Steuerplanung

Die Standortwahl der juristischen Konzernspitze ist ein Parameter der strategischen Steuerplanung. Steuerbegünstigte Standorte verfügen über ein Netz an Doppelbesteuerungsabkommen, welches die Steuerbelastung internationaler Unternehmen reduzieren kann. Sogenannte Advanced Rulings, wie sie etwa Finanzbehörden in der Schweiz und in Liechtenstein[16] anbieten, regeln umfassend die Besteuerung im voraus und schaffen damit Planungssicherheit. Spezielle steuerliche Anreize sind u. a. Steuervergünstigungen für Führungskräfte und vorteilhafte Betriebstättendefinitionen.[17]

Ein häufig genutztes Instrument der strategischen Steuerplanung ist die Gründung ausländischer Tochtergesellschaften. Solche ausländischen Zwischeneinheiten[18] sind mit einer eigenen Rechtspersönlichkeit ausgestattet und liegen meist in steuerbegünstigten Gebietskörperschaften. Funktional gesehen können (i) Gesellschaften unterschieden werden, die betriebliche Funktionen übernehmen und (ii) Gesellschaften, die aus steuerlicher Zweckorientierung gegründet werden und keine betrieblichen Aufgaben übernehmen bzw. für die unternehmerische Wertschöpfung nicht erforderlich sind.[19]
(i) Zwischeneinheiten mit betrieblichen Funktionen können Realkapitalinvestitionen sein. Empirische Untersuchungen räumen der Besteuerung einen starken Einfluss auf den Standort von Realkapitalinvestitionen ein.[20] Eine Zusammen-

---

16 In Liechtenstein können Dauervereinbarungen über eine Pauschalbesteuerung mit einer Laufzeit von bis zu 30 Jahren getroffen werden. Die Pauschalbesteuerung ist unabhängig vom Gewinn. Vgl. Dreßler (2000), S. 213.

17 Vgl. Baumgartner/Storck (1997), S. 8f.; vgl. auch Raupach (1998), S. 135ff.

18 Im englischen base company. Im deutschen Sprachbereich wird auch der Begriff des Basisunternehmens verwendet.

19 Vgl. Dreßler (2000), S. 219f.; Gerken/Märkt/Schick (2000), S. 101ff.

20 Zu diesem Ergebnis kommen Grubert und Mutti (1991), Hines und Rice (1994) und Cummins und Hubbard (1995) für US-amerikanische Unternehmen. Die Autoren untersuchen den Einfluss nationaler Steuersätze auf die internationale Verteilung aggregierter Ausrüstungsgüter US-amerikanischer Unternehmen im Jahre 1982. Zu vergleichbaren Ergebnissen kommt auch Harris (1993), der sich mit den Auswirkungen der Steuerreform von 1986 in den USA beschäftigt. Harris kommt zu dem Ergebnis, dass Unternehmen mit

stellung von 25 empirischen Studien über die Auswirkungen von Unternehmenssteuern auf die Allokationen von Direktinvestitionen liefern *de Mooij* und *Ederveen* (2003). Demnach liegt der Durchschnittswert der Steuersatzelastizität bei –3,3: Eine einprozentige Reduktion des Steuersatzes in einer Gebietskörperschaft führt damit zu einer Zunahme an ausländischen Direktinvestitionen in Höhe von 3,3 Prozent. Zwischen den einbezogenen Studien bestehen jedoch hohe Varianzen. *Swenson* (1994) schätzt, dass nach 1986 ausländische Direktinvestitionen in den USA um 1,13 Prozent zunehmen, wenn sich die amerikanischen Steuern um ein Prozent erhöhen.[21] Dieses Ergebnis widerspricht der intuitiven Annahme, dass höhere Steuern ausländische Direktinvestitionen verringern. *Swenson* benutzt einen Rahmen von *Scholes* und *Wolfson* (1990) über Kapitalrenditen und deren steuerliche Behandlung im Ausland. Steuererhöhungen im Inland können ausländische Investitionen attrahieren, wenn die steuerliche Gesamtbelastung des Investors aufgrund von Doppelbesteuerungsabkommen sinkt. Dies ist der Fall, wenn in integrierten Körperschaftsteuersystemen die Steuererhöhung keinen Effekt auf die persönliche Einkommensteuerzahlung hat. Die Investoren profitieren im Gegenzug von erhöhten Bruttorenditen.

Zwischeneinheiten mit betrieblichen Funktionen können auch andere Aufgaben ausführen: Immobilienhandel, Abwicklungen von Handelsgesellschaften aller Art, Ausführung von Beratungsleistungen, Marktforschungen und Forschungs- und Entwicklungsaufgaben.[22] Zu Forschungs- und Entwicklungsaufgaben gibt es empirische Hinweise, dass diese international unter steuerlichen Gesichtspunkten alloziiert werden.[23] *Hines* (1993) vergleicht das Wachstum von Forschungs- und Entwicklungsausgaben amerikanischer Unternehmen im Zeitraum von 1984

---

höheren Kapitalkosten Investitionen ins Ausland transferieren. Ältere Studien über Direktinvestitionen US-amerikanischer Unternehmen mit ähnlichen Ergebnissen sind die Untersuchungen von Hartman (1981; 1984); Boskin/Gale (1987); Young (1988); Slemrod (1990). Als neuere Untersuchungen vgl. Altshuler/Grubert/Newlon (1998); Grubert/Mutti (2000); Desai/Foley/Hines (2002). Direktinvestitionen in Europa untersuchen Devereux/Freeman (1995). Diese kommen zu dem Ergebnis, dass Einflussfaktoren wie Arbeitsmarktcharakteristiken wichtiger sind als steuerliche Faktoren.

21 Slemrod (1997), S. 13ff. gibt einen ausführlichen Überblick über den US-amerikanischen Tax Reform Act von 1986 bzgl. Änderungen der steuerlichen Behandlung amerikanischer Auslandsinvestitionen.

22 Vgl. Dreßler (2000), S. 222.

23 Zu der Bedeutung von Forschungs- und Entwicklungsaufgaben für Volkswirtschaften vgl. Helpman (1999).

bis 1989 und schließt, dass diese mit einer Elastizität von –1,2 bis –1,6 auf die Veränderung der Nettokosten von inländischen Forschungs- und Entwicklungsaufgaben reagieren. Die Wirkungen der Unternehmenssteuerreform von 1986 in den USA auf Forschungs- und Entwicklungsaufgaben untersucht *Hines* (1994b). Die steuerliche Abzugsfähigkeit inländischer Forschungs- und Entwicklungsausgaben wurde im Rahmen der Steuerreform reduziert. Dennoch ergeben sich keine Hinweise für eine signifikante Verlagerung von Forschungs- und Entwicklungsausgaben multinationaler Unternehmen in das Ausland, da das amerikanische Steuerrecht für inländische Forschungs- und Entwicklungsausgaben, welche für eine Verwendung im Ausland vorgesehen sind, großzügige Steuerbegünstigungen aufweist.[24] *Bloom*, *Griffith* und *van Reenen* (2000) untersuchen neun OECD-Länder im Zeitraum von 1979 bis 1997 und stellen fest, dass Steueranreize ein effektives Mittel sind, um die Intensität von Forschungs- und Entwicklungsaufgaben zu erhöhen. Die Autoren schätzen, dass eine zehnprozentige Reduktion der Netto-Forschungs- und Entwicklungskosten die Forschungsintensität zwischen ein und zehn Prozent erhöht. *Hines* und *Jaffe* (2001) untersuchen den Einfluss der Steuerpolitik auf die geographische Verteilung erfolgreicher Forschungs- und Entwicklungsarbeiten anhand von Patentanmeldungen US-amerikanischer Konzerne. Danach reagieren Patentanmeldungen mit einer Elastizität zwischen 0,2 und 0,5 auf eine einprozentige steuerinduzierte Kostenveränderung. *Grubert* (2003) weist ebenfalls nach, dass die steuerliche Behandlung von Forschungs- und Entwicklungsarbeiten eine große Rolle bei Gewinnverlagerungsstrategien spielt. Ganz allgemein können der Ort und die Intensität von Forschungs- und Entwicklungstätigkeiten Gegenstand von Steuerreduktionsstrategien sein.[25]

(ii) Ausländische Tochterunternehmen können Gewinne anderer Konzernunternehmen zugewiesen bekommen, um Steuervorteile erzielen zu können. In diesem Fall spricht man von Aufnahmegesellschaften. Die Gewinne werden auf Konten der Anteilseigner in dem Sitzland der Aufnahmegesellschaft ausgeschüt-

---

[24] Vgl. auch die Untersuchungen von Mamuneas/Nadiri (1996) und Baily/Lawrence (1992). Einen Überblick über die historische Entwicklung amerikanischer Steuerpolitik bei Forschungs- und Entwicklungsausgaben und deren Wirkung bietet Hines (1997).

[25] Vgl. Gordon/Hines (2002), S. 1974.

tet oder in der Aufnahmegesellschaft thesauriert.[26] Dass diese Möglichkeit vielfach genutzt wird, zeigt eine Studie von *Grubert* und *Slemrod* (1998), welche Hinweise für Steuerreduktion mittels Gründung von Auslandsgesellschaften findet. So scheint der Hauptgrund für US-amerikanische Direktinvestitionen in Puerto Rico Gewinnverlagerung zu sein. Besonders Unternehmen mit hohem Anteil immaterieller Anlagewerte haben Tochterfirmen in Puerto Rico. Puertoricanische Einkünfte amerikanischer Unternehmen sind in den USA steuerbefreit.[27]

b) Operative Steuerplanung

Steuerliche Gesichtspunkte spielen bei der Unternehmensfinanzierung eine beträchtliche Rolle. Finanzierungsgesellschaften von multinationalen Unternehmen haben die Aufgabe, zentral für den gesamten Konzern Mittel am Kapitalmarkt zu beschaffen und zu verwalten. Die Vorteile zentralisierter Mittelverwaltung sind u. a. niedrigere Finanzierungskosten aufgrund höherer Transaktionsvolumina und einer Bündelung von Fachkräften. Im Rahmen der Unternehmensfinanzierung wird grundsätzlich eine Fremdfinanzierung in Hochsteuerländern bevorzugt, um die Steuerbelastung zu reduzieren. In Niedrigsteuerländern wird dagegen stärker mit Eigenkapital finanziert.[28]

Collins und *Shackelford* (1992) analysieren Veränderungen in Konzernfinanzierungen, welche durch den Tax Reform Act von 1986 ausgelöst wurden. Der Tax Reform Act reduzierte die steuerliche Abzugsfähigkeit von ausländischen Fremdkapitalzinsen US-amerikanischer Tochterunternehmen bei der amerikanischen Corporation Tax, deren Steuerbemessungsgrundlage nach dem Sitzlandprinzip berechnet wird. Im Gegenzug wurde die amerikanische Corporation Tax relativ zu ausländischen Gewinnbesteuerungen gesenkt. Damit sank der Anreiz zur Fremdfinanzierung ausländischer Direktinvestitionen.

---

26 Vgl. Dreßler (2000), S. 228.

27 Vgl. auch Bond (1981). Bond kommt zu dem Ergebnis, dass die Abwanderungswahrscheinlichkeit multinationaler Unternehmen aus Puerto Rico steigt, wenn sich die Unternehmen einem Verlust der Steuererleichterungen gegenübersehen. Datengrundlage ist eine Querschnittsanalyse von 152 Unternehmen aus den USA, die in Puerto Rico tätig sind.

28 Vgl. Gordon/Hines (2002), S. 1970; Shapiro (2002), S. 545 und S. 581; Hines (1994a).

Steuerinduzierte Veränderungen in der Konzernfinanzierung lassen sich auch durch die Verwendung von Vorzugsaktien (preferred shares), ein Substitut für die Fremdfinanzierung, nachweisen.[29] Dividendenzahlungen an Vorzugsaktionäre sind nach amerikanischem Steuerrecht nicht abzugsfähig und daher gegenüber der Fremdfinanzierung am Kapitalmarkt benachteiligt. Ein Vorteil von Vorzugsaktien gegenüber Fremdfinanzierung sind geringere Kosten, beispielsweise durch flexible Laufzeitgestaltungen. *Collins* und *Shackelford* stellen fest, dass als Reaktion auf die verminderte Abzugsfähigkeit ausländischer Fremdkapitalzinsen amerikanische Konzerne verstärkt Vorzugsaktien als Finanzierungsinstrument benutzten.[30] Da deren steuerliche Benachteiligung merklich reduziert wurde, entstand ein Kostenvorteil gegenüber einer Fremdfinanzierung. *Altshuler* und *Mintz* (1994) untersuchen ebenfalls Änderungen in der Unternehmensfinanzierung, welche durch den Tax Reform Act von 1986 ausgelöst wurden. Datenbasis ist eine Untersuchung der damaligen PriceWaterhouse-Gesellschaft, an der 13 Konzerne mit einer durchschnittlichen weltweiten Steuerbelastung von rund einer Milliarde US-Dollar teilnahmen. *Altshuler* und *Mintz* unterstützen die Ergebnisse von *Collins* und *Shackelford* und bestätigen eine deutliche Abnahme von Fremdfinanzierungen.[31] *Grubert* (1998) kommt zu dem empirischen Ergebnis, dass Steuern einen signifikanten Einfluss auf die Zusammensetzung unternehmensinterner Zahlungen haben. Er untersucht die steuerlichen Angaben von etwa 3500 ausländischen Tochterunternehmen US-amerikanischer Konzerne und bezieht in seine Analyse explizit konzerninterne Lizenzgebühren und Nutzungsgebühren ein.[32] Eine niedrige Quellenbesteuerung ausländischer Gewinne erhöht Entgelte für Lizenzen und Nutzungsgebühren, welche an das Tochterunternehmen im steuerbegünstigten Ausland gezahlt werden. *Papke* (2000) untersucht den Zusammenhang zwischen der Vermögensverwaltung US-

29 Vorzugsaktionäre genießen gegenüber anderen Aktionären bestimmte Vorrechte, z. B. bei der Gewinnverteilung. In der Regel sind die Rechte der Vorzugsaktionäre gegenüber den Stammaktionären lediglich um die Ausübung des Stimmrechts reduziert.

30 Grundlage sind Daten von Unternehmen des Fortune-100-Aktienindexes, deren ausländische Vermögenswerte einen größeren Umfang aufweisen als Vermögenswerte in den Vereinigten Staaten.

31 Vgl. auch Froot/Hines (1994).

32 Konzerninterne Lizenzgebühren und Nutzungsgebühren machen 22 Prozent der ausländischen Gewinne im Jahr 1992 aus.

amerikanischer Unternehmen und konzerneigenen Finanzierungsgesellschaften auf den Niederländischen Antillen. Dort umgehen US-amerikanische Unternehmen mit der Verwaltung flüssiger Mittel die amerikanische Quellenbesteuerung für Zinseinkünfte. Der Autor zeigt, dass Zinszahlungen signifikant auf die Besteuerung reagieren.

c) Taktische Steuerplanung

Der Anreiz, Gewinne durch Veränderung konzerninterner Verrechnungspreise zu verlagern, soll an einem Modell demonstriert werden.[33] Ein internationales Unternehmen hat monopolistische Tochterunternehmen in zwei Gebietskörperschaften i, $i \in \{1, 2\}$. Die Tochterunternehmen erwirtschaften einen Gewinn in Höhe von π_i. Das Unternehmen strebt an, den Gesamtgewinn nach Steuern Π über die verschiedenen Gebietskörperschaften zu maximieren. Das Tochterunternehmen in 1 produziert ein homogenes Gut mit der Menge s, welche für den Verkauf in 1 bestimmt ist und der Menge S_1, welche an das Tochterunternehmen in 2 geliefert wird. Die Produktionskosten in 1 betragen $c(s + S_1)$ mit $c' \geq 0$ und $c'' \geq 0$. Die Menge s wird zu dem Preis p(s) verkauft und erzielt Erlöse in Höhe von r(s), wobei gilt $r'' \leq 0$ und $p' < 0$. Die Menge S_1 wird mit dem Verrechnungspreis q in die Gebietskörperschaft 2 transferiert und dort mit dem Preis $P(S_1)$ verkauft. Die Erlöse in der Gebietskörperschaft 2 sind $R(S_1)$. Bei Transfer wird die Menge S_1 mit einem Wertzolltarif τ belegt. Es gilt wiederum $R'' \leq 0$ und $P' < 0$. Das internationale Unternehmen kann Preisdifferenzierung in den verschiedenen Gebietskörperschaften betreiben. Die Teilgewinne π_i sind

(3.6) $$\pi_1 = [r(s) - c(s + S_1) + qS_1]$$

(3.7) $$\pi_2 = [R(S_1) - q(1+\tau)S_1]$$

Die Tochterunternehmen sind unabhängig und unterliegen einer proportionalen Quellenbesteuerung t_i, wobei $t_1 \neq t_2$. Das importierende Tochterunternehmen in 2 führt seine Gewinne nach 1 ab. Die Gebietskörperschaft 1 besteuert ausländi-

---

33 Vgl. zum Folgenden Schjelderup/Sørgard (1999), S. 125. Zu den Anfängen der Verrechnungspreisliteratur vgl. Copithorne (1971) und Horst (1971).

sche Gewinne zum Zeitpunkt der Gewinnabführung und wendet das beschränkte Anrechnungsverfahren an. Ist (i) $t_1 < t_2$, so gilt das Quellenlandprinzip für den Unternehmensgewinn. Die überschüssige ausländische Steuerzahlung wird im Inland nicht angerechnet. Bei (ii) $t_1 > t_2$ findet de facto das Sitzlandprinzip Anwendung. Das unterschiedliche Verhältnis der Steuersätze hat Auswirkungen auf die Reaktion des internationalen Unternehmens.[34]

(i) Im ersten Fall, $t_1 < t_2$, gilt für den Gesamtgewinn nach Steuern

$$\Pi = (1 - t_1)\pi_1 + (1 - t_2)\pi_2. \tag{3.8}$$

Für den gewinnmaximalen Verrechnungspreis q werden (3.6) und (3.7) in (3.8) eingesetzt und partiell nach q abgeleitet:

$$\frac{\partial \Pi}{\partial q} = (1 - t_1)S_1 + (1 - t_2)[-(1 + \tau)S_1]$$

Durch Ausmultiplizieren und Ausklammern von $S_1(1 - t_2)$ ergibt sich

$$\frac{\partial \Pi}{\partial q} = S_1(1 - t_2)(\sigma - \tau), \tag{3.9}$$

wobei $\sigma = (t_2 - t_1) / (1 - t_2)$ die relative Differenz der Steuersätze zwischen der importierenden und der exportierenden Gebietskörperschaft ist. Aus (3.9) lässt sich ableiten, dass bei $\sigma > \tau$ der Gesamtgewinn nach Steuern zunimmt, wenn der Verrechnungspreis q erhöht wird. Im umgekehrten Fall, $\sigma < \tau$, muss der Verrechnungspreis niedrig angesetzt werden. Der steueroptimale Verrechnungspreis ergibt sich aus einem Zusammenspiel von Quellensteuersätzen und Wertzolltarif.

(ii) Bei $t_1 > t_2$ wird die ausländische Quellensteuer bei Gewinnabführung erstattet. Es gilt:

---

[34] Es wird davon ausgegangen, dass in den Gebietskörperschaften nur positive Gewinne erwirtschaftet werden.

(3.10) $$\Pi = (1 - t_1)(\pi_1 + \pi_2).$$

Der optimale Verrechnungspreis ergibt sich nach erneutem Einsetzen von (3.6) und (3.7) und einfachem Ausmultiplizieren:

(3.11) $$\frac{\partial \Pi}{\partial q} = \tau S_1 (1 - t_1).$$

Das internationale Unternehmen wird einen niedrigen Verrechnungspreis ansetzen, um die Belastung durch den Wertzolltarif zu reduzieren. Als Zwischenergebnis gilt, dass Verrechnungspreise zur Steuerreduktion eingesetzt werden können. Der tatsächliche Einsatz von Verrechnungspreisgestaltungen ist Gegenstand empirischer Untersuchungen, deren Mehrzahl aus der Analyse US-amerikanischer Daten stammt.[35] Die USA ist nicht nur eine große und bedeutende Volkswirtschaft, sondern erhebt auch quantitativ und qualitatitv mehr Daten als jede andere Nation und stellt diese für wissenschaftliche Zwecke zur Verfügung.[36]

Hinweise auf Verrechnungspreisstrategien durch US-amerikanische Unternehmen finden *Harris*, *Morck*, *Slemrod* und *Yeung* (1993). Multinationale US-Unternehmen mit Tochterunternehmen in Niedrigsteuerländern haben eine geringere Steuerlast bezogen auf Umsatz oder Aktiva in den USA als solche mit Tochterunternehmen in Hochsteuerländern. Insbesonders große Konzerne nehmen die Möglichkeit in Anspruch, Gewinne durch Veränderung von Verrechnungspreisen zu verlagern.[37] Die Inanspruchnahme von Verrechnungspreisgestaltungen und Veränderung von Leistungsbeziehungen durch amerikanische Unternehmen untersuchen *Hines* und *Rice* (1994) für das Jahr 1982. Sie kommen zu dem Ergebnis, dass etwa 20 Prozent ausländischer Direktinvestitionen amerikanischer Unternehmen in Niedrigsteuerländern stattfinden. Ausländische Gewinne amerikanischer Unternehmen, die in Niedrigsteuerländern entstehen, belaufen sich auf etwa ein Drittel der Gesamtauslandseinkünfte und sind im Ver-

---

35 Vgl. Newlon (2000), S. 221.
36 Vgl. Gordon/Hines (2002), S. 1965.
37 Vgl. auch Collins/Kemsley/Lang (1998); Clausing (1998).

gleich zu Investitionen in Nicht-Niedrigsteuerländern außerordentlich hoch. *Bartelsman* und *Beetsma* (2000) stellen fest, dass Gewinnverlagerungen in großem und signifikantem Ausmaß durch die Veränderung von Verrechnungspreisen vorgenommen werden. Ihre Untersuchung ergibt für OECD Länder, dass eine durchschnittliche unilaterale Erhöhung des Unternehmenssteuersatzes um einen Prozentpunkt zu einem Sinken der Unternehmenssteuern in Höhe von drei Prozent führt. Demgegenüber finden *Bernard* und *Weiner* (1990) keine Hinweise über Verrechnungspreismanipulationen in ihrer Untersuchung über US-amerikanische Ölkonzerne. Obwohl es in dieser Branche in dem Untersuchungszeitraum von 1973 bis 1984 zu erheblichen Konzentrationsprozessen kam, wurden die erhöhten Möglichkeiten zur Verrechnungspreisgestaltung nicht genutzt.[38]

Neben der Verrechnungspreisgestaltung lässt sich außerdem empirisch bestätigen, dass die operative Steuerplanung auch den Zeitpunkt konzerninterner Gewinnabführungen verändert, wenn eine Thesaurierung steuerliche Belastungen aufschiebt. *Hines* und *Hubbard* (1990) analysieren Gewinnabführungen ausländischer Tochterunternehmen amerikanischer Konzerne im Jahr 1984. Die Wahrscheinlichkeit von Gewinnabführungen ist negativ korreliert mit der damit verbundenen Steuerbelastung und positiv mit der Ausschüttungshöhe für die Anteilseigner der Konzerne.[39] *Desai*, *Foley* und *Hines* (2001) weisen nach, dass Tochterunternehmen in Gebietskörperschaften mit niedrigen Steuersätzen signifikant weniger oft Gewinne abführen als Tochterunternehmen in Hochsteuerländern. Eine um ein Prozent höhere Steuerbelastung auf abgeführte Gewinne reduziert die Gewinnabführung ebenfalls um ein Prozent.

---

[38] Newlon (2000) gibt eine Übersicht zu ökonometrischen Untersuchungen über Gewinnverlagerungen mittels Verrechnungspreisen.

[39] Zu demselben Ergebnis kommen Altshuler/Newlon (1993).

B. Ursachen für Steuererhebungsprobleme bei der internationalen Unternehmensbesteuerung

I. Vorbemerkungen

Viele ökonomischen Analysen gehen davon aus, dass der Transfer monetärer Mittel vom privaten zum staatlichen Sektor keine Durchsetzungsprobleme verursacht. Von dieser Annahme kann jedoch in der Besteuerungsrealität nicht ausgegangen werden. Die Durchsetzung der Besteuerung und nicht das geschriebene Steuergesetz bestimmt die Belastung des Zensiten.[40]

Der kostenlose und problemlose Besteuerungsvollzug kann schon in geschlossenen Volkswirtschaften in Frage gestellt werden. Gravierender sind Vollzugsprobleme bei der Besteuerung internationaler Wirtschaftsstrukturen.[41] Es wurde gezeigt, dass internationalen Unternehmen eine Reihe von Möglichkeiten zur Verfügung stehen, Gewinne international zu realloziieren mit dem Ziel, die Steuerbelastung zu reduzieren. Die Reallokationsmöglichkeiten entstehen durch legale Interpretationsmöglichkeiten der nationalen Steuergesetze. Im Extremfall ergibt sich ein Steuererhebungsproblem für Nationalstaaten in der Form, dass ein multinationales Unternehmen im Inland reale ökonomische Gewinne erzielt, ohne dass die Gewinne einer wirksamen inländischen Besteuerung unterliegen. Die Durchsetzung internationaler Unternehmensbesteuerung wird, sieht man von illegalen Möglichkeiten ab, von drei Faktoren negativ beeinflusst: Flexibilität von Real- und Finanzkapital und rechtlichem Unternehmenssitz, Informationsasymmetrien und Steuerwettbewerb.[42]

II. Investitions- und Standortflexibilitäten

Die *Investitionsflexibilität* beschreibt die Fähigkeit multinationaler Unternehmen, Ressourcen und produktive Tätigkeiten flexibel über nationale Grenzen zu

---

40 Vgl. Blough (1952), S. 146.
41 Vgl. Gordon/Hines (2002), S. 1945.
42 Vgl. Gresik (2001), S. 801.

verlagern, womit die Unternehmen Steuern vermeiden können.[43] Die Zunahme internationaler Investitionen von Finanz- und Realkapital beruht auf verschiedenen Ursachen. Als Hauptursachen sind (i) wirtschaftliche Liberalisierung und (ii) ein tiefgreifender technologischer Wandel zu nennen. Konsequenz der Kombination freierer Marktzugänge und neuer Technologien ist (iii) eine Internationalisierung der Produktion und der Finanzmärkte.[44]

Die zweite Hälfte des letzten Jahrhunderts war geprägt durch einen sukzessiven Abbau von Handelshemmnissen. 1947 wurde das General Agreement on Tariffs and Trade (GATT) institutionalisiert. Das GATT ist lediglich ein Vertrag, bei dem sich die unterzeichnenden Staaten verpflichten, wechselseitig verbindliche Regeln für den Handel mit Industriegütern auszuhandeln und Bestimmungen für Exporte und Importe zu liberalisieren. 1995 ging das GATT in der World Trade Organization (WTO) auf, die sich auch mit internationalem Dienstleistungsverkehr und immateriellen Wirtschaftsgütern beschäftigt.[45] Die WTO hat ihren Sitz in Genf und wird grundlegend von der alle zwei Jahre stattfindenden Ministerkonferenz geleitet.[46]

In acht Verhandlungsrunden erzielte das GATT eine weitgehende Liberalisierung des internationalen Handels. Dadurch wurden insbesondere die Möglichkeiten erleichtert, ausländische Direktinvestitionen vorzunehmen. Viele Staaten haben Marktregulierungen abgebaut, wovon besonders die Bereiche Telekommunikation, Ingenieurdienste und Transporte betroffen sind. Die internationalen Kapitalmärkte wurden vorwiegend seit Mitte der 90er Jahre des vergangenen Jahrhunderts dereguliert, worunter ein Abbau von Zugangsbeschränkungen und die Aufhebungen von Kapitalverkehrskontrollen zu verstehen sind.[47]

(ii) Der technologische Wandel hat besonderen Einfluss auf den Bereich der Transport-, Informations- und Kommunikationstechnik. Das Aufkommen neuer Technologien beschleunigt die Liberalisierung der Weltwirtschaft. Technische Innovationen stimulieren den grenzüberschreitenden Warenverkehr in neuen

---

43 Vgl. Gresik (2001), S. 800.
44 Vgl. Klau (1999), S. 1.
45 Zu der Entwicklung von GATT zur WTO vgl. ausführlich Hummer/Weiss (1997). Darin finden sich alle Dokumente der unterschiedlichen Handelsrunden.
46 Vgl. Stoll/Schorkopf (2002), S. 11ff.; Hoekman/Kostecki (2001), S. 37ff.
47 Vgl. Klau (1999), S. 2.

Bereichen und mit großer Geschwindigkeit, so dass multilaterale Regulierungsmaßnahmen und –versuche oftmals vor vollendeten Tatsachen stehen. Neue Handelsformen haben einen first-mover Vorteil.[48]
(iii) Die Internationalisierung der Produktion hat in einigen OECD Ländern (insbesondere USA, Japan und Finnland) dazu geführt, dass das Produktionsvolumen ausländischer Tochterfirmen höher ist als das Exportvolumen der entsprechenden Sitzländer des Mutterunternehmens.[49] Im Vordergrund internationaler Produktionsverflechtung steht der innerkonzernliche Leistungsaustausch.[50] Der Dienstleistungssektor ist weniger internationalisiert als die Produktion, wird aber aufgrund der allgemeinen Zunahme des Dienstleistungssektors am nationalen Bruttosozialprodukt in vielen OECD-Ländern ebenfalls zunehmend globaler ausgerichtet. Die Gründung ausländischer Niederlassungen ist bei vielen Ländern ein geeigneteres Instrument als ein Export von Dienstleistungen, um Marktanteile zu erhöhen.[51]

Die Verlagerung des Sitzlandes des rechtlichen Unternehmenssitzes wird im Rahmen dieser Untersuchung als *Standortflexibilität* bezeichnet. Die Ursachen der Standortflexibilität sind mit denen der Investitionsflexibilität identisch.

III. Informationsasymmetrien

1. Grundstrukturen asymmetrischer Informationen

Asymmetrische Informationen finden ihre Grundlage in Prinzipal-Agenten Beziehungen.[52] Prinzipale sind Agenten hierarchisch übergeordnet und delegieren an diese bestimmte Aufgaben. Die Umsetzung der Aufgabe durch den Agenten verursacht Kosten, da die Interessen des Agenten nicht deckungsgleich mit den Interessen des Prinzipals sind. Da Prinzipalen und Agenten nutzenmaximieren-

---

48 Vgl. Langhammer (1999), S. 29.
49 Vgl. OECD (2002a), S. 13.
50 Vgl. Hoekman/Kostecki (2001), S. 15
51 Vgl. OECD (2002b), S. 13.
52 Im Folgenden auch als Agency-Problematik oder Agenturproblem bezeichnet.

des Verhalten unterstellt wird, entspricht das Verhalten des Agenten nicht dem Verhalten des Prinzipals, wenn dieser an Stelle des Agenten handeln würde.[53] Die Agency-Problematik benutzt drei wirtschaftstheoretische Grundannahmen der Institutionenökonomik:[54]

- Soziale Phänomene müssen mit dem Verhalten einzelner Individuen erklärt werden. Diese Forderung folgt aus der Erkenntnis, dass nicht Kollektive wie etwa Parteien, Unternehmen oder Gewerkschaften Entscheidungen treffen, sondern dass immer Individuen handeln. Kollektiventscheidungen resultieren aus sozialen Interaktionen zwischen Kollektivmitgliedern (methodologischer Individualismus).[55]
- Das verhaltenstheoretische Menschenbild der Neuen Institutionenökonomik geht von eigennutzmaximierenden Individuen aus. Zusätzlich nimmt sie an, dass Individuen ihr Eigeninteresse uneingeschränkt opportunistisch verfolgen, d.h. auch unter Zuhilfenahme von Arglist, Täuschung und Betrug. Insbesondere geben Individuen Informationen unvollständig oder verzerrt weiter, wenn es ihrem Nutzen dient.[56]
- Wirtschaftliche Aktivitäten verlaufen nicht ohne Reibungsverluste, d. h. die Benutzung unterschiedlicher Interaktionsformen ist nicht kostenlos. Die anfallenden Kosten werden als Transaktionskosten bezeichnet.[57] Eine Transaktion findet statt, wenn ein Gut oder eine Leistung über eine technisch separierbare Schnittstelle transferiert wird. Eine Tätigkeitsphase wird beendet und eine andere beginnt.[58] Die Transaktionskostenökonomik beschäftigt sich mit

---

53 Vgl. Erlei/Leschke/Sauerland (1999), S. 74.
54 Vgl. Richter (1994), S. 3.
55 Vgl. Erlei (1998), S. 5; Pitlik (1997), S. 30; Richter (1994), S. 4.
56 Vgl. Williamson (1996), S. 6.
57 Vgl. Richter (1994), S. 4.
58 Vgl. Williamson (1996), S. 12. Die Theorie der Transaktionskosten beschreibt die Tatsache, dass die Koordinationsinstrumente Markt und Hierarchie nicht kostenlos sind. Diese Idee basiert auf den Werken von Coase (1937) und Williamson (1975). Das primäre Untersuchungsziel von Coase ist die optimale Größe einer Unternehmung. Nach seinen Überlegungen hängt die Größe einer Firma von drei Faktoren ab: Die Höhe der Organisationskosten und der Verlauf ihrer Kostenfunktion in Abhängigkeit der getätigten Transaktion, der Wahrscheinlichkeit des Auftretens von Fehlern und die Steigerungsrate der Fehler pro getätiger Transaktion und den Skalenerträgen der Unternehmensgröße. Auf diesen Erkenntnissen baut Williamson auf. Er überlegt, welchen optimalen vertikalen Integrations-

bilateralen Abhängigkeitsbeziehungen und leitet für diese Effizienzbedingungen ab.[59]

Informationsasymmetrien treten auf, wenn zu einem bestimmten Zeitpunkt der Prinzipal einen vom Agent abweichenden Wissenstand über das Entscheidungsproblem hat. Die Wissensstände können sich im Zeitlauf der Prinzipal-Agent-Beziehung verändern, wobei grundsätzlich ausgeschlossen wird, dass der Prinzipal einen Wissensvorsprung besitzt. Der Agent ist mindestens zu einem Zeitpunkt besser informiert als der Prinzipal.[60] Asymmetrische Information vor einer Transaktion wird als Adverse Selektion bezeichnet.[61] Ursache sind verborgene Informationen (hidden information), über welche der Prinzipal im Gegensatz zum Agenten nicht verfügt. Asymmetrische Informationen im Anschluss an eine Transaktion betreffen Verhaltensänderungen des Agenten, welche der Prinzipal aufgrund fehlender Informationen ex ante Vertragsabschluss nicht erkennen kann (hidden action). Dieser Fall wird als moral hazard bezeichnet.

Der besser informierte Agent ist in der Lage, seinen Informationsvorsprung in Eigennutz umzuwandeln. Seine privaten Informationen ermöglichen es, eine Leistung zu unbeobachtbaren Kosten zu erbringen. Ist die Leistungserbringung effizienter als die Einschätzung des Prinzipals, kann der Agent Zusatznutzen zu Lasten des Prinzipals erwirtschaften. Ein Zusatznutzen aufgrund asymmetrischer Informationen stellt eine Informationsrente dar.[62] Die Gewährung einer Informationsrente kann aber auch für den Prinzipal vorteilhaft sein, wenn die Informationsgewinnungskosten des Prinzipals höher sind als die Informationsrente des Agenten.

---

grad Unternehmen aufweisen sollen und wann das Koordinationsinstrument Hierarchie durch den Markt ersetzt werden soll. Williamson reduziert dabei die gesamtwirtschaftliche Effizienzbetrachtung von Coase auf eine einzelwirtschaftliche Sichtweise, was keine allgemeine Schlüsse auf die Wohlfahrt zulässt. Zu einer Zusammenstellung der Erkenntnisse von Coase vgl. ders. (1988). Vgl. Pies (2000) zu einer Würdigung. Einen Überblick über Kritikpunkte am Transaktionskostenansatz liefert Schneider (1984, 1985 und 1987, S. 480ff.)

59 Vgl. Williamson (1996), S. 12.

60 Vgl. Kiener (1990), S. 22.

61 Vgl. dazu Akerlof (1970), welcher mit seiner Market-of-Lemons-Bezeichnung für den Gebrauchtwagenmarkt wichtige Grundlagen für diesen Forschungsansatz geschaffen hat.

62 Vgl. Macho-Stadler/Pérez-Castrillo (2001), S. 113. Zu einer modelltheoretischen Erklärung der Informationsrente vgl. auch Erlei/Leschke/Sauerland (1999), S. 145ff.

In Bezug auf die Fragestellung dieser Untersuchung wird die Agency-Problematik zwischen Unternehmen und Finanzverwaltung betrachtet. Multinationale Unternehmen sind verpflichtet, nationale Steuergesetze zu befolgen, deren Einhaltung die Finanzbehörde kontrolliert. Die Finanzverwaltung kann dem Unternehmen verbindliche Weisungen über die Steuerzahlung erteilen, welche das Unternehmen zu befolgen hat. Im Gegenzug besitzen die Unternehmen einen Informationsvorsprung über die tatsächliche Steuerbemessungsgrundlage und können den Informationsvorsprung in eine Informationsrente umwandeln, wenn sie steuerrelevante Sachverhalte gegenüber der Finanzverwaltung vorteilhaft darstellen. Unternehmen und Finanzverwaltungen stehen deshalb in einem Prinzipal-Agent-Verhältnis. Finanzverwaltungen können als Prinzipale charakterisiert werden, Unternehmen sind die Agenten.[63]

Informationsasymmetrien zwischen internationalen Unternehmen und nationalen Finanzverwaltungen existieren insbesondere bei den Verrechnungspreisen. Internationale Verrechnungspreismethoden auf Basis des Fremdvergleichsprinzips können mit verschiedenen Einwänden konfrontiert werden, die aus ökonomischer Sicht und aus dem Blickwinkel des Steuervollzugs stammen.

2. Informationsasymmetrien bei Verrechnungspreisen

Das Fremdvergleichsprinzip ist unproblematisch, wenn tatsächlich ein Marktpreis für das gehandelte Gut existiert. Dies ist der Fall, wenn dasselbe Gut an ein unverbundenes Unternehmen geliefert wird. Der Transferpreis ist der Marktpreis abzüglich zusätzlicher Vertriebs- und Transportkosten, welche durch den Verkauf entstehen. Bei dem Fremdvergleichsprinzip werden grundsätzlich transaktionsbezogene Methoden angewendet. Für jede einzelne Transaktion wird versucht, einen Marktpreis zu ermitteln.

Ein Marktpreis einer vergleichbaren Transaktion existiert selten. Bei innerkonzernlichen Umsätzen handelt es sich oft um spezifische Produkte, die nur in der unternehmensinternen Wertschöpfung verwendbar und nicht auf einem freien

---

63 Vgl. Gresik (2001), S. 801.

Markt handelbar sind.[64] Die Ursache für solche spezifischen Produkte sind Internalisierungsvorteile bei innerkonzernlichen Lieferungen[65], welche das Ziel von horizontalen, vertikalen und diversifizierten Unternehmenszusammenschlüssen sind. Das Fehlen vergleichbarer Transaktionen kann theoretisch mit dem Transaktionskostenansatz[66] begründet werden.

Ein horizontal ausgerichtetes Unternehmen produziert an mehreren Standorten gleiche oder ähnliche Waren und Dienstleistungen. Die Standorte sind im Falle eines internationalen Unternehmens über mehrere Gebietskörperschaften verteilt. Der Vorteil einer solchen Unternehmensstruktur gegenüber einer gleichen Zahl unabhängiger Unternehmen liegt in geringeren Produktionskosten.[67] Die Kostenvorteile resultieren aus Skaleneffekten in der Produktion[68] und aus empirischer Sicht aus dem Vorhandensein von immateriellen Wirtschaftsgütern.[69] Diese bestehen aus Informationen innerhalb eines horizontal ausgerichteten internationalen Unternehmens, die nicht in produzierenden Unternehmenseinheiten zu finden sind.[70]
Die Informationen betreffen beispielsweise Kenntnisse über effiziente Produktionsformen und Innovationsmöglichkeiten oder spezielle Vermarktungsfähigkeiten wie einen Markennamen, um Produkt- und Preisdifferenzierungen durchsetzen zu können. Eine wichtige Eigenschaft solcher Informationen ist, dass diese auf einem Bündel von Fähigkeiten oder einem Repertoire routinierter Tätigkei-

---

64 Vgl. Gerken/Märkt/Schick (2000), S. 108.

65 Vgl. United States Treasury (1994), S. 205.

66 Der Transaktionskostenansatz lässt sich nur auf horizontale und vertikale Unternehmenszusammenschlüsse anwenden. Konglomerate bzw. diversifizierte Konzerne erklären sich über Risikostreuung. Vgl. Caves (1996), S. 19ff. Da Konglomerate aufgrund unterschiedlicher Produkte über einen weitaus geringeren Austausch an Vorprodukten oder immateriellen Wirtschaftsgütern als horizontale oder vertikale Konzerne verfügen, vermindert sich die Verrechnungspreisproblematik. Daher soll hier auf die Analyse von reinen Konglomeraten verzichtet werden.

67 Vgl. Caves (1996), S. 2.

68 Newlon (2000), S. 216 sieht in Skaleneffekten in der Produktion die Ursache für die Probleme des Fremdvergleichsgrundsatzes.

69 Als Synonym wird auch der Begriff immaterieller Vermögensgegenstand benutzt. Die angelsächsische Literatur verwendet neben intangible asstes ähnliche Ausdrücke wie z. B. proprietary assets und firm-specific assets.

70 Dieser Ansatz stammt aus der Arbeit zahlreicher Autoren. Vgl. stellvertretend für viele Caves (1971); Kindleberger (1969).

ten basieren, welche auf dem Produktionsfaktor Arbeit des Unternehmens beruhen.[71] Informationen sind Ursache dafür, dass international ausgerichtete Unternehmen auf horizontaler Ebene einen Transaktionskostenvorteil gegenüber unabhängigen Unternehmen besitzen.[72] Das Gut Information hat spezielle Eigenschaften, welche einen Informationshandel zwischen unabhängigen Unternehmen am freien Markt aufgrund von Marktversagen nicht zulassen:

- Informationen sind unteilbar.[73] Sobald Wissen in einem Teilunternehmen geschaffen und angewendet worden ist, kann es in einem beliebigen anderen Teilunternehmen eingesetzt werden, ohne die Anwendung im wissensgenerierenden Teilunternehmen zu beeinträchtigen. Die Grenzkosten der innerkonzernlichen Anwendung sind null.[74]
- Bei Informationen kann Marktversagen aufgrund adverser Selektion eintreten. Wenn ein Wissensanbieter einem potentiellen Nachfrager eine Problemlösung anbietet, wird er nur einen Teil seines Wissens offenbaren. Gibt der Anbieter sein ganzes Wissen preis, kann der Nachfrager die Problemlösung ohne den Anbieter umsetzen.[75] Er kann jedoch bei Offenbarung nur eines Teils der Information nicht deren Qualität einschätzen bzw. feststellen, ob die Information wirklich zur Problemlösung eingesetzt werden kann. Der Nachfrager ist nur bereit, einen Durchschnittspreis für die Information zu zahlen, welcher sich z. B. aus Erfahrungswerten der Vergangenheit ableitet. Der Anbieter ist jedoch nicht bereit, den niedrigeren Preis zu akzeptieren und bietet

---

71 Vgl. Caves (1996), S. 3; Nelson/Winter (1982), S. 308ff.

72 Caves (1996), S. 4 bezeichnet diese Herangehensweise zur Erklärung horizontaler Konzerne als eine Anwendungsform moderner Transaktionskostenanalyse. Im allgemeinen wird dieser Ansatz als die Internalisierungstheorie bezeichnet, welcher der dominante Erklärungsansatz für die Existenz multinationaler Unternehmen der letzten zwei Jahrzehnte ist. Vgl. Dunning (2001), S. 42. "Multinationals and internal markets go together. The internal market is the device which makes the multinational enterprise the dominant force in today's world." Rugman (1981), S. 22.

73 Vgl Arrow (1973/1984), S. 142.

74 Caves (1996), S. 4.

75 Arrow schreibt über das Gut Information, dass "...its value for the purchaser is not known until he has the information, but then he has in effect acquired it without cost." Arrow (1962/1985), S. 111.

sein Wissen deshalb zu diesem Preis nicht an. Der Marktprozess kann daher zu einer ineffizienten Allokation führen.[76]

- Der produktive Einsatz von Wissen in einem Unternehmensverbund garantiert nicht die vertragliche Übertragbarkeit des Wissens auf unabhängige Unternehmen. Umsetzungsprobleme und Unsicherheiten können den Verkauf verhindern.[77]

Die Eigenschaften des Gutes Information ermöglichen eine optimale Allokation immaterieller Vermögensgegenstände grundsätzlich nur bei zentralisierter Entscheidungsgewalt[78] bzw. innerhalb eines Unternehmensverbundes.[79] Nur in bestimmten Fällen existieren vergleichbare Transaktionen zwischen unabhängigen Unternehmen. *McLure* führt an, dass ein marktlicher Informationstransfer grundsätzlich nur dann existiert, wenn die Information rechtlich geschützt, die Anwendung nicht spezialisiert ist und die Information nicht ständig gehandelt wird.[80]

Vertikale Konzerne können ebenfalls Informationsrenten erzielen. Eine vertikale Integration von Unternehmen erfolgt, wenn die Kosten für interne Kontrolle und Koordination geringer sind als die Kosten der marktlichen Transaktionen für Suche, Informationen und Durchsetzung.[81] Ein vertikal integrierter Konzern internalisiert einen Markt für Zwischenprodukte, der mit der Internalisierung von Informationen in einem horizontalen Konzern vergleichbar ist und deshalb

---

76 Vgl. Arrow (1962/1985), S. 111.

77 "...know-how often cannot simply be transferred via blueprint or instruction manuals, because it involves an important element by learning-and-doing." McLure (1984), S. 98.

78 Vgl. Arrow (1962/1985), S. 111.

79 Vgl. Rugman (1981), S. 29. Eine effiziente Allokation ist jedoch auch außerhalb multinationaler Unternehmen möglich, wenn funktionierende Lizensierungskonstruktionen existieren. Vgl. ausführlich Caves (1982).

80 Vgl. McLure (1984), S. 98.

81 Vgl. Caves (1996), S. 2ff. und S. 193; Schmidt (2001), S. 83 ff. und S. 105 führt horizontale Unternehmenszusammenschlüsse hauptsächlich auf economies of scale und vertikale Unternehmenszusammenschlüsse auf economies of scope zurück. McLure (1984), S. 98 verwendet economies of scope sowohl für vertikale als auch für horizontale Unternehmenszusammenschlüsse. Zu einem Vergleich zwischen einer transaktionskostenorientierten Begründung vertikaler Unternehmen und einer Begründung aufgrund von economies of scale vgl. McLure (1984), S. 93f.

Transaktionskostenvorteile gegenüber unverbundenen Unternehmen verursacht.[82] Unverbundene Unternehmen mit ähnlichen Produkten scheiden entweder aus dem Markt aus oder entwickeln sich ebenfalls zu vertikalen Unternehmen.

Der Transaktionskostenansatz legt dar, dass für innerkonzernliche Lieferungen und Leistungen kein vergleichbarer Markt zwischen unabhängigen Unternehmen existiert. Er kommt bei vertikalen Konzernen bezüglich des Fremdvergleichsprinzips zu demselben theoretischen Ergebnis wie bei horizontalen Konzernen. Für Finanzverwaltungen gibt es nur in seltenen Fällen brauchbare Vergleiche, um Verrechnungspreise festsetzen zu können. Sie sind deshalb auf Angaben des Unternehmens angewiesen.[83] Das Fehlen eines Vergleichsmarktes verursacht aus diesem Grund Informationsasymmetrien, welche Verrechnungspreismanipulationen mit dem Ziel erlauben, Informationsrenten zu erwirtschaften.[84] Informationsrenten sind in diesem Zusammenhang Extragewinne aufgrund von Steuerminderungen, welche durch Veränderungen der Verrechnungspreise entstehen.[85]

IV. Internationaler Steuerwettbewerb

1. Allgemeine Charakteristik des Steuerwettbewerbs

Steuerwettbewerb ist ein Bestandteil des Systemwettbewerbs. Der Systemwettbewerb erstreckt sich auf die Angebots- und die Nachfrageseite des Staates und auf staatliche Regulierungstätigkeiten.[86] Dabei werden Trägern mobiler Faktoren Angebote in Form institutioneller Arrangements und Steuer-Leistungspakete

---

82 Vgl. Caves (1996), S. 13.

83 Vgl. Oestreicher (2003), S. 49f.; McLure/Weiner (2000), S. 248.

84 Weitere Probleme des Fremdvergleichsgrundsatzes finden sich bei Gerken/Märkt/Schick (2000), S. 110f.

85 Vgl. Gresik (2001), S. 827 und S. 829; Gresik/Nelson (1994).

86 Vgl. Büttner (1999), S. 111f.; Vanberg/Kerber (1994), S. 214. Steuerwettbewerb wird auch als Teil des Fiskalwettbewerbs aufgefasst. Der Fiskalwettbewerb bezieht sich auf die Einnahmen- und Ausgabenseite des öffentlichen Haushalts. Vgl. Fuest (1995; 1997).

gemacht, welche durch Ortswahl der mobilen Faktoren angenommen werden oder nicht.[87] Grundlage für die Ortswahl mobiler Faktoren ist, dass das Kapital in die Gebietskörperschaften fließt, in denen es die höchste Netto-Rendite erzielt.[88] Steuerwettbewerb ist daher der Wettbewerb der Staaten um mobiles Kapital mit den Parametern des Steuerrechts.[89]

Gebietskörperschaften konkurrieren um mobile Produktionsfaktoren, indem sie deren Steuerbelastung senken.[90] Die Staaten befinden sich in einem Gefangenendilemma, da sie befürchten müssen, dass bei einer zu hohen Besteuerung mit einer Abwanderung des Kapitals zu rechnen ist.[91] Die Gebietskörperschaften senken ihre Steuersätze immer weiter, ohne dass die internationale Kapitalallokation in beträchtlichem Umfang verändert wird (race-to-the-bottom). Bei nicht kooperativem Verhalten zwischen wenigen Regionen kann ein Steuerwettbewerb letztlich zu einer Unterversorgung mit Kollektivgütern führen.[92] Der Steuerwettbewerb kann zudem die Existenz staatlicher Umverteilungssysteme bedrohen.[93] Bei harmonisierten Steuersystemen existiert kein Steuerwettbewerb zwischen Gebietskörperschaften, und es müssen keine Kosten für eine Koordination der Steuersysteme aufgebracht werden.[94] Eine internationale Koordination der Steuerpolitik kann somit Wohlfahrtsgewinne erzeugen.[95]

---

87 Vgl. Hansjürgens (2001b), S. 72.

88 Vgl. Ruffin (1984), S. 284; Siebert (1967), S. 68f.

89 Vgl. Gerken/Märkt/Schick (2000), S. 5. Neben der Steuerbelastung wird die Kapitalrendite auch von anderen Faktoren bestimmt. Vgl. ausführlich Bökemann (1982), S. 155. Steuerwettbewerb kann auch bei Transaktionen innerhalb einer Nation auftreten, wenn die Nation nach einer föderalistischen Verfassung mit geteilten Ertrags- und Aufgabenkompetenzen gegliedert ist.

90 Vgl. Huber (1997), S. 242.

91 Vgl. Boadway/Wildasin (1984), S. 504.

92 Vgl. Oates (2001); Taylor (1992); Wildasin (1988). "The result of tax competition may well be a tendency towards less than efficient levels of output of local services. In an attempt to keep taxes low to attract business investment, local officials may hold spending below those levels for which marginal benefits equal to marginal costs, particularly for those programs that do not offer direct benefits to local business." Oates (1972), S. 143. Zu Vertretern dieser These vgl. Sinn (1999); Janeba (1997).

93 Vgl. Sinn (1990).

94 Vgl. Haufler (2001), S. 5.

95 Vgl. Bucovetsky/Wilson (1991); Wildasin (1989); Zodrow/Mieszkowski (1986).

Die konstitutionelle Steuertheorie, welche auf den Überlegungen der Public Choice Theorie aufbaut, sieht hingegen wohlfahrtserhöhende Konsequenzen des Steuerwettbewerbs. Sie argumentiert, dass demokratische Wahlen ein ungeeignetes Mittel sind, den öffentlichen Sektor effizient zu kontrollieren. Die Bürger stehen politischen Entscheidungsträgern gegenüber, welche über einen monopolistischen Handlungsspielraum verfügen.[96] Daher ist ein kompetitiver Druck auf die Politik durch den Steuerwettbewerb ein geeignetes Mittel, eine ungebremste Expansion des öffentlichen Sektors zu verhindern. Vorausbedingung ist allerdings, dass die vom Steuerwettbewerb erzeugten Marktkräfte stärker als die politischen Kräfte sind, welche auf eine Beibehaltung des status quo hinwirken.[97] Dann verlieren Regierungen ihren monopolistischen Handlungsspielraum und haben den Anreiz, öffentliche Güter effizienter bereitzustellen, da eine ineffiziente Produktion von Kollektivgütern zu Nachteilen im zwischenstaatlichen Wettbewerb um mobiles Kapital führt.[98]

Mit Steuerwettbewerb beschäftigt sich auch die Interessengruppentheorie des Staates. Die Interessengruppentheorie geht davon aus, dass Regierungen in ihrem Handlungsspielraum durch Wahlen begrenzt werden. Um wiedergewählt zu werden, verteilen Regierungen Renten an kleine und effektiv organisierte Interessengruppen, während die Kosten von der Allgemeinheit zu tragen sind.[99] Steuerwettbewerb kann das Rentenstreben von Interessengruppen begrenzen, da den von der Umverteilung negativ betroffenen Individuen eine steuerlich vorteilhafte Abwanderungsmöglichkeit eröffnet wird. Aus dem gleichen Grund kann Steuerwettbewerb traditionelle Umverteilungskoalitionen aufbrechen. Im Gegenzug können jedoch neue entstehen, die mobile Faktoren vertreten und deshalb gegenüber Nationen über ein Drohpotential verfügen, welches zur Durchsetzung ihrer Umverteilungsforderungen eingesetzt werden kann. Steuerwettbewerb fördert auch protektionistische Verhaltensweisen. Interessengruppen, die aufgrund von Steuerwettbewerb an Renten verlieren, können Druck auf Regierungen ausüben mit dem Ziel, ihre Mitglieder durch neue Regulierungen

96 Vgl. Brennan/Buchanan (1977; 1980; 1990).
97 Vgl. Pitlik (2003a), S. 159f. Vgl. ders. (1999); Edwards/Keen (1996).
98 Vgl. Pitlik (2001), S. 185; Sinn (1992b).
99 Vgl. Olson (1982/1991).

vor weiteren Rentenverlusten zu schützen.[100] Die Interessengruppentheorie kommt aus diesen Gründen zu einem ambivalenten Urteil über den Steuerwettbewerb, wenn positive und negativ Effekte in Betracht gezogen werden.

2. Steuerwettbewerb bei der Unternehmensbesteuerung

Steuerwettbewerb erklärt, warum multinationale Unternehmen in der Lage sind, durch Standort- und Investitionsflexibilitäten internationale Steuergefälle ausnutzen zu können und warum solche Unterschiede in den Steuerbelastungen weiterhin existieren. Dafür eröffnet der Steuerwettbewerb zusätzliche strategische Möglichkeiten für die Unternehmen: Multinationale Unternehmen können nicht nur internationale Steuerdifferenzen ausnutzen, sondern sie können auch Gebietskörperschaften gegeneinander ausspielen, da die Gebietskörperschaften im Wettbewerb um das internationale Steueraufkommen stehen.[101] Gewinnverlagerungsstrategien durch multinationale Unternehmen sind eine besondere Erscheinungsform des internationalen Steuerwettbewerbs.[102]

Der Steuerwettbewerb kann im Rahmen der Kapitalbesteuerung primär in die Betrachtung mobiler Unternehmen und in die Betrachtung mobilen Kapitals unterteilt werden. Erstere kann als Wettbewerb der Staaten um Direktinvestitionen (Realkapital), letztere als Wettbewerb um mobiles Finanzkapital bezeichnet werden.[103] Gebietskörperschaften konkurrieren um Direktinvestitionen, da sich die staatlichen Entscheidungsträger von Unternehmensansiedelungen positive Wohlfahrtseffekte erhoffen, womit ein höherer Lebensstandard, eine Beschäftigungszunahme und wachsende Steuereinnahmen gemeint sind.[104] Das Finanz-

---

[100] Vgl. Pitlik (2001), S. 187ff.; ders. (1997), S. 251ff.

[101] Vgl. Gresik (2001), S. 801. Neben Instrumenten auf der Einnahmenseite bedienen sich Gebietskörperschaften auch der Ausgabenseite, um Unternehmen zu attrahieren. Die Praxis, lokale Subventionen für Investitionen zu gewähren, wird als Subventionswettlauf oder fiskalischer Ausgabenwettbewerb bezeichnet. Zu einem Überblick über den Subventionswettlauf vgl. Feld (2000), S. 71ff. Die Analyse des Steuerwettbewerbs gilt analog für den Subventionswettbewerb. Vgl. Wildasin (1988).

[102] Vgl. Feld (2000), S. 69.

[103] Vgl. Gerken/Märkt/Schick (2000), S. 136ff.

[104] Vgl. Apolte (1999), S. 22; Streit/Mussler (1995), S. 76ff.; Sachverständigenrat (1996), S. 178 – 180, Tz. 247 – 252; Oates/Schwab (1991), S. 129.

kapital wird insbesondere von kleineren Ländern umworben, so innerhalb Europa von Nationen wie die Schweiz, Luxemburg oder Österreich. Das Finanzkapital erhöht die inländische Wertschöpfung und vergrößert das Volumen des inländischen Kapitalmarkts, was eine verbilligte Schuldaufnahme inländischer Unternehmen ermöglicht.

Neben dem staatlichen Wettbewerb um Direktinvestitionen und um Finanzkapital versuchen Gebietskörperschaften auch, bestimmte Unternehmensfunktionen mit Hilfe der Steuerpolitik zu attrahieren. Solche Unternehmensfunktionen sind zum einen Tochtergesellschaften, deren betriebliche Funktion außerhalb der Wertschöpfungskette liegt und nur die Erzielung von Steuerersparnissen beabsichtigen, in dem sie z. B. Gewinne thesaurieren oder Verrechnungspreismanipulationen ermöglichen.[105] Zum anderen ist der geographische Sitz der Unternehmensführung Gegenstand des Steuerwettbewerbs, da das Sitzlandprinzip der entsprechenden Gebietskörperschaft ein Besteuerungsrecht über den Konzern zuspricht.

3. Empirische Untersuchungen über Steuerwettbewerb bei Körperschaftsteuersätzen

Die Existenz eines Steuerwettbewerbs bei Körperschaftsteuersätzen ist Gegenstand zahlreicher empirischer Untersuchungen. Ein oft verwendeter Indikator ist der effektive Durchschnittsteuersatz (effective average tax rate) für Unternehmensgewinne.[106] Mendoza, Razin und Tesar (1994) ermitteln damit eine Abnahme der Steuersätze in den G7-Staaten im Zeitraum von 1965 bis 1988. Die Ergebnisse werden von Bond und Chennells (2000) bestätigt. Bretschger und Hettich (2002) untersuchen effektive Durchschnittsteuersätze in 14 OECD Ländern im Zeitraum von 1967 bis 1996 und kommen zu dem Ergebnis, dass die Globalisierung einen signifikant negativen Einfluss auf die internationale Kör-

[105] Vgl. Gerken/Märkt/Schick (2000), S. 139f.
[106] Untersuchungen auf Basis des effektiven marginalen Steuersatzes bieten Chennells/Griffith (1997) und Schaden (1995). Einen Überblick über Methoden zur Berechnung der unternehmerischen Steuerbelastung bietet Büttner (2001), S. 54f.

perschaftsteuer hat, einen positiven Einfluss jedoch auf die Besteuerung der Arbeitseinkommen und die Höhe der Sozialabgaben.[107]

Andere Diskussionsbeiträge kommen zu weniger eindeutigen Ergebnissen. Danach ist die zunehmende Kapitalmobilität und zunehmende Liberalisierung der Finanzmärkte nicht verantwortlich für sinkende Unternehmenssteuern.[108] Swank (1998) argumentiert, dass dafür der Abbau von Handelsschranken verantwortlich ist. Garrett und Mitchell (2001) können für 16 OECD-Länder zwischen 1967 und 1992 nur einen sehr schwachen Zusammenhang dafür finden, dass Kapitalbesteuerung mit zunehmendem nationalem Handelsvolumen abnimmt.[109]

Dennoch hat insbesondere in der Europäischen Union in den letzen zwei Jahrzehnten eine Konvergenz der Körperschaftsteuersätze stattgefunden. Die Steuersätze weisen jedoch teilweise noch eine beträchtliche Heterogenität und signifikante Höhen auf, so dass sich momentan für die Europäische Union keine empirischen Hinweise für ein merkliches race-to-the-bottom finden.[110] Auch außerhalb der Europäischen Union ist eine Nullbesteuerung unternehmerischer Gewinne nicht zu erwarten.

---

107 Vgl. auch Rodrik (2000), S. 82. Ebenfalls mit dem effektiven Durchschnittsteuersatz arbeiten Carey/Tchilinguirian (2000). Sie finden Hinweise, dass seit den vergangenen 80er Jahren die relative Steuerlast auf dem Faktor Arbeit gestiegen ist. Die Autoren weisen darauf hin, dass der effektive Durchschnittsteuersatz nur mit Einschränkungen für wirtschafts- und steuerpolitische Entscheidungen zu gebrauchen ist. Martinez-Mongay (2000) findet eine zunehmende Belastung des Faktors Arbeit in den OECD-Mitgliedstaaten, während die Belastung von Kapital und Konsum relativ stabil geblieben sind.

108 Vgl. Quinn (1997); Garrett (1995).

109 Vgl. auch Pitlik (2003a).

110 Vgl. Spengel (2003), S. 299; Pitlik (2003a), S. 169f.; Feld (2001), S. 3; Genser/Haufler (1999), S. 323. Vgl. auch Huizinga/Nicodeme (2003). Bereits im Neumark-Bericht wird eingeräumt, dass eine Harmonisierung direkter Steuern in Europa ein langwieriger Prozess ist, der von dem Entwicklungsstand der Europäischen Gemeinschaft abhängt. Vgl. Neumark-Bericht (1962), S. 7ff.

C. Staatliche Maßnahmen gegen Steuerreduktionsstrategien internationaler Unternehmen

I. Begriffsabgrenzungen

Es gibt eine Vielzahl an Steuerreduktionsstrategien, deren sich internationale Unternehmen bedienen können. Der Großteil ist legal und entspringt aus der Anwendung und Interpretation komplexer nationaler Steuersysteme.
In der juristischen Literatur wird zwischen Steuerhinterziehung, -vermeidung und Steuerumgehung unterschieden. Steuerhinterziehung ist im Sinne der deutschen Abgabenordnung, wenn dem Finanzamt steuerlich erhebliche Tatsachen unrichtig, unvollständig oder gar nicht mitgeteilt werden.[111] Strafbare Steuerhinterziehung besteht nur bei vorsätzlichem Handeln. Unwissentliche Steuerhinterziehung, welche bei der Unkenntnis über einzelne Steuergesetze auftreten kann, ist nicht strafbar.[112] Steuerhinterziehung ist unter großen internationalen Unternehmen die Ausnahme und i. d. R. aus wissenschaftlicher Sicht nicht nachweisbar, da freiwillig publizierte Unternehmensdaten darüber keinen Aufschluss liefern.[113] Steuervermeidung ist die bewusste Vermeidung gesetzlicher Steuertatbestände, ohne dass unrichtige oder unvollständige Daten den Finanzbehörden übermittelt werden. Steuerumgehung ist eine missbräuchliche Gestaltung ökonomischer Vorgänge unter Auslegung rechtlicher Normen.[114] Die Steuerumgehung widerspricht dem Sinn, aber nicht dem Wortlaut des Steuergesetzes.[115] Kann eine Steuerumgehung nachgewiesen werden, muss der Zensit die umgangene Steuer nachzahlen. Es wird jedoch keine Strafe fällig. Steuerumgehung ist

---

[111] Vgl. § 370 AO.

[112] Vgl. Tipke/Lang (2002), S.165.

[113] Vgl. Gordon/Hines (2002), S. 1970.

[114] Vgl. Wrede (1993), S. 11f.

[115] Vgl. § 42 Abs. 1 AO, welcher anführt, dass durch Missbrauch von Gestaltungsmöglichkeiten ein Steuergesetz nicht umgangen werden kann. Die Möglichkeit für Steuerumgehungen nimmt freilich mit dem Detailliertheitsgrad eines Steuersystems ab, weil dann weniger Gesetzeslücken für steuerminimierende Gesetzesinterpretationen existieren. Vgl. Tipke/Lang (2002), S. 150.

beispielsweise die Gründung ausländischer Briefkastenfirmen mit dem alleinigen Ziel, die inländische Steuerlast zu senken.[116]
Steuervermeidung und -umgehung setzen in der Steuersystematik grundsätzlich am Steuerobjekt an, welchem entweder ausgewichen oder welches nicht sinngemäß ausgelegt wird. Bei dem Steuerobjekt handelt es sich um die Sache, Handlung oder Geldsumme, auf deren physische, ökonomische oder rechtliche Erscheinungsform sich der Steuertarif richtet. Das Steuerobjekt muss operationalisiert werden.[117] Die Bestimmung des Steuerobjektes ist "...eines der wichtigsten und zugleich schwierigsten Probleme der Steuertechnik"[118] und unabdingbare Grundlage des Besteuerungsverfahrens. Aus juristischer Perspektive ist das Steuerobjekt der Tatbestand, welcher der Gesetzgeber als besteuerungswürdig bezeichnet und rechtlich normiert.[119] Sind bestimmte sichtbare Objekte wie z. B. Grundstücke Anknüpfungsgegenstand der Steuer, ist die Bemessungsgrundlage relativ leicht festzustellen.[120] Wenn Einkommen, Vermögen oder Umsatz der Steuerbemessung zugrunde gelegt werden, hängt der Besteuerungserfolg davon ab, wie wirtschaftliche Prozesse und Situationen wirksam eingefangen und fixiert werden können.[121] Eine ungenügende Festlegung des Steuertatbestands stellt die Wirksamkeit der Steuergesetzgebung in Frage. Insofern muss der Tatbestand idealerweise so kodifiziert werden, dass eine Steuervermeidung unmöglich wird.[122]

Ökonomische Begriffsabgrenzungen gehen von der Entscheidungssituation eines Zensiten aus.[123] Erwartungen über zukünftige Ereignisse und Handlungsfolgen sind nach *Cowell* (1990) Grundlage ökonomischer Abgrenzungen.[124]

---

116 Vgl. Tipke/Lang (2002), S. 165; Bayer/Reichl (1997), S. 17. Zur juristischen Abgrenzung von Steuerumgehung und -vermeidung vgl. ausführlich Lee (2000), S. 46f.
117 Vgl. Brümmerhoff (2000), S. 369; Reding/Müller (1999), S. 79f.; Neumark (1977), S. 298.
118 Homburg (2000), S. 56.
119 Vgl. Tipke/Lang (2002), S. 166.
120 Vgl. Schmölders/Hansmeyer (1980), S. 78.
121 Vgl. Jäger (1977), S. 429.
122 Vgl. Schmölders/Hansmeyer (1980), S. 80f.; Jäger (1977), S. 429.
123 Vgl. Bayer/Reichl (1997), S. 17.
124 Wrede definiert Steuerhinterziehung entsprechend: "Steuerhinterziehung ist eine vom Steuerpflichtigen begangene Handlung, die dieser für geeignet hält, seine Steuerzahllast zu reduzieren, wenn der Steuerpflichtige zum Zeitpunkt der Entscheidung mit positive

Hauptunterschied zwischen der ökonomischen und der juristischen Sichtweise ist, dass die Ökonomik die Durchsetzungsprobleme der Besteuerung bzw. Entdeckungswahrscheinlichkeiten steuerlichen Fehlverhaltens in den Vordergrund stellt.[125] Für den Steuervollzug ist freilich nur die juristische Sichtweise relevant.[126]

Im folgenden ist die Unterscheidung zwischen der Steuerumgehung bei Unternehmensgewinnen und der Verlagerung von ökonomischen Einkommensquellen wichtig. Die Steuerumgehung bei Unternehmensgewinnen besitzt keinen realen ökonomischen Hintergrund, sondern basiert auf Veränderungen in steuerlich relevanten Abrechnungen und Zahlungsströmen. Nationale Regierungen versuchen, Steuerumgehung durch steuerliche Missbrauchsvorschriften einzuschränken.[127] Im Gegensatz werden bei Verlagerungen von Einkommensquellen realwirtschaftliche Vorgänge in eine andere Gebietskörperschaft transferiert. Einkommensquellen werden durch ausländische Direktinvestitionen verlagert. Das ist eine Steuervermeidung.

II. Staatliche Maßnahmen im Einzelnen

1. Maßnahmen ohne konkreten Bezug auf Niedrigsteuersysteme

Finanzbehörden versagen prinzipiell die Anerkennung scheinbar regulärer Vorgänge, deren äußere Form die Realität nicht richtig widerspiegelt. Es gilt der Grundsatz, dass im Zweifel der tatsächliche ökonomische Vorgang und nicht die juristische Erscheinungsform für die Steuerveranlagung relevant ist. Darunter fällt auch die Entscheidung internationaler Unternehmen, Gewinne solchen Ge-

---

Wahrscheinlichkeit erwartet, die Steuerzahlung leisten zu müssen, die sich ohne die Handlung ergeben hätte, und darüber hinaus mit einer positiven Wahrscheinlichkeit eine Bestrafung erwartet." Wrede (1993), S. 18.

125 Als weiteren Unterschied merkt Cowell an, dass die juristische Definition von Einkommen, auf welches der Staat ein Zugriffsrecht besitzt, sich von der ökonomischen Einkommensdefinition unterscheiden kann. Cowell (1990), S. 13.

126 Vgl. Cowell (1990), S. 10f.

127 Vgl. Arnold/Dibout (2001), S. 181f.

sellschaften zuzuweisen, die sich in Niedrigsteuerländern befinden. Transaktionen über Auslandsgesellschaften werden steuerlich nicht anerkannt, wenn die ausländische Gesellschaft eine Firma ohne Räumlichkeiten und Personal ist. Das deutsche Steuerrecht gewährt eine Anerkennung nur dann, wenn in der ausländischen Gebietskörperschaft eine echte unmittelbar wirtschaftliche Betätigung[128] ausgeführt wird.[129] Das australische und das neuseeländische Steuerrecht stufen alle komplexen Verfahren, die im Zusammenhang mit Niedrigsteuerländern stehen und deren Ziel die Steuerbefreiung von Gewinnen ist, als Rechtsmissbrauch ein.[130] Die holländischen Finanzbehörden erkennen rechtliche Konstruktionen nicht an, wenn die niederländische Steuerbemessungsgrundlage durch innerkonzernliche Verschuldungsstrategien reduziert wird.[131] In verschiedenen Staaten sehen die nationalen Steuersysteme Maßnahmen gegen Unterkapitalisierung vor. Unterkapitalisierung von Tochterunternehmen kann der Gewinnverlagerung dienen, da innerkonzernliche Zinsen in das Ausland abgeführt werden.[132]

Bei der Prüfung von Verrechnungspreisen wird versucht, Abweichungen vom Fremdvergleichsprinzip festzustellen. In einigen Ländern wird davon ausgegangen, dass schon die Nutzung eines Niedrigsteuersystems die Vermutung zulässt, dass vom Fremdvergleichsprinzip abgewichen wird. Das belgische Steuergesetz räumt den Finanzbehörden die Möglichkeit ein, überproportionale Gewinne einer ausländischen Tochtergesellschaft in einem Niedrigsteuerland dem inländischen Mutterunternehmen zuzuweisen, wenn zwischen den Unternehmen eine Leistungsverflechtung vorliegt.[133]

Verschiedene Staaten versuchen, durch Festlegung des Steuersitzes des ausländischen Unternehmens Steuerreduktionsstrategien zu unterbinden. Israel, Österreich, Dänemark und Luxemburg bestimmen das Sitzland des Unternehmens als

---

[128] Vgl. dazu die Ausführungen in dem "Gesetz über steuerliche Maßnahmen bei Auslandsinvestitionen der deutschen Wirtschaft" vom 18.8.1969, BGBL. 1969 I, S. 1211, in dem "Gesetz über den Vertrieb ausländischer Investmentanteile und über die Besteuerung der Erträge aus ausländischen Investmentanteilen" vom 28.7.1969, BGBL. 1969 I, S. 986 und Doppelbesteuerungsabkommen mit Schachtelprivilegien.

[129] Vgl. Arnold/Diebout (2001), S. 181f.; Dreßler (2000), S. 301.

[130] Vgl. ausführlich Niven (2001); Howe (2001).

[131] Vgl. ausführlich Barnard/Overgaauw/Weeghel (2001).

[132] Vgl. Arnold/Diebout (2001), S. 183; OECD (1998b), S. 62, Tz. 168.

[133] Vgl. ausführlich Docclo (2001).

dasjenige, in der die Unternehmensleitung und –kontrolle ausgeübt wird, und erkennen einen abweichenden rechtlichen Unternehmenssitz steuerlich nicht an.[134]

2. Maßnahmen mit konkretem Bezug auf Niedrigsteuersysteme

Eine in vielen Staaten angewendete Praxis gegen die Nutzung von Niedrigsteuersystemen geht auf das Konzept der Controlled Foreign Corporation (CFC) der Vereinigten Staaten von Amerika von 1962 zurück.[135] Das CFC-Konzept spricht das Besteuerungsrecht über Gewinne einer ausländischen Kapitalgesellschaft dem inländischen Fiskus zu, wobei es unerheblich ist, ob eine Gewinnabführung in das Inland erfolgt oder nicht. Resultat ist die gleiche Steuerbelastung ausländischer und inländischer Gewinne gemäss dem Sitzlandprinzip.[136] Die CFC-Vorschriften haben hauptsächlich zum Ziel, den Steueraufschub inländischer Steuern zu verhindern. Die Möglichkeit inländischer Unternehmen, Gewinne in Tochtergesellschaften mit Sitz in Niedrigsteuerländern einzulagern, soll reduziert werden.[137] Eine ausländische Gesellschaft fällt grundsätzlich unter die CFC-Vorschriften, wenn[138]

- Inländer eine ausländische Kapitalgesellschaft beherrschen und eine wesentliche Beteiligung an ihr halten,
- es sich bei den Gewinnen nicht um echte gewerbliche Gewinne handelt und
- der Steuersatz im Sitzland der CFC niedrig ist.

Die exakte Definition der CFC ist im internationalen Umfeld unterschiedlich, was insbesondere das Kriterium der Beherrschung bzw. der wesentlichen Betei-

---

[134] Vgl. ausführlich Klugman (2001); Bendlinger/Schuch (2001); Sörensen (2001); Steichen/Duro (2001).

[135] Vgl. Spengel (2003), S. 284. Das Konzept wird von 16 OECD Ländern angewendet, darunter auch in Deutschland, Dänemark, Frankreich, Großbritannien und Italien. Vgl. Endres/Thies (1998), S. 297f.

[136] Vgl. Spengel (2003), S. 284. In der deutschen Steuerliteratur wird die CFC auch unter dem Stichwort Hinzurechnungsbesteuerung und Zwischengesellschaften diskutiert. Vgl. Dreßler (2000), S. 370.

[137] Vgl. OECD (1998b), S. 41, Tz. 97.

[138] Die folgende Aufzählung ist entnommen aus Arnold/Diebout (2001), S. 188.

ligung betrifft. Australien, Kanada und Neuseeland stellen eine Beherrschung dann fest, wenn ein CFC durch eine kleine Gruppe von Inländern kontrolliert wird, i. d. R. von fünf oder weniger Anteilseignern. Dänemark, Frankreich und Portugal richten sich nach dem Kriterium der wesentlichen Beteiligung, die ab einem Anteilsbesitz eines Inländers von 25 Prozent in Dänemark und Portugal bzw. von 10 Prozent in Frankreich als gegeben gilt.[139] Im deutschen Steuerrecht müssen Inländer zusammen mehr als 50 Prozent der Gesellschaftsanteile besitzen.[140]

Als weitere Maßnahmen mit konkretem Bezug auf Niedrigsteuersysteme dienen die Verweigerung der steuerlichen Anerkennung diverser Zahlungen in Länder mit Niedrigsteuersystemen und Veräußerungen oder Verlagerungen von Vermögenswerten in das Ausland.[141]

III. Internationaler Informationsaustausch als Maßnahme gegen Steuerreduktionsstrategien

1. Theoretische Ansätze

Ein kritischer Erfolgsfaktor für den Vollzug internationaler Sitzlandbesteuerung von Unternehmensgewinnen und damit Kapitaleinkommen i. w. S. ist der In-

---

[139] Vgl. ausführlich Niven (2001); Pantaleo/Zylberberg (2001); Howe (2001); Sörensen (2001); Douvier (2001); Sousa da Châmara (2001).

[140] Die Beteiligungsvoraussetzungen sind geregelt in § 7 Abs. 1 und 2 AStG. Vgl. ausführlich Schumacher (2001).

[141] Vgl. Arnold/Diebout (2001), S. 221ff. Neben unilateralen Maßnahmen in nationalen Steuergesetzen wird auch versucht, dem Missbrauch von Steuergesetzen auf bilateraler Ebene mit Doppelbesteuerungsabkommen zu entgegnen. Im wesentlichen können drei Bestimmungen unterschieden werden, die in den internationalen Doppelbesteuerungsabkommen angewendet werden. Erstens können bestimmte rechtliche Konstruktionen, welche von Niedrigsteuersystemen profitieren, von der Nutzung von Abkommensvorteilen ausgeschlossen werden oder die Nutzung von Abkommenvorteilen wird nur bei der Erfüllung bestimmter Voraussetzungen gewährt. Zweitens können Steuerbefreiungen bei Doppelbesteuerungsabkommen nur eingeschränkt gültig sein und drittens kann Amtshilfe bei grenzüberschreitenden Steuerfragen vereinbart werden. Vgl. Arnold/Diebout (2001), S. 231ff. Multilaterale Doppelbesteuerungsabkommen haben den Nachteil, dass die Einigungskosten höher sind als bei bilateralen Vereinbarungen, wenn keine homogene Interessenslage existiert. Deshalb sind solche internationale Verträge in der Zukunft selten zu erwarten. Vgl. Mattson (1999), S. 249 und S. 257f.

formationsaustausch zwischen nationalen Finanzverwaltungen.[142] Simultaner Informationsaustausch ist ein wirksames Mittel, den Missbrauch steuerrechtlicher Regelungen zu bekämpfen, wenn eine Besteuerung nach dem Sitzlandprinzip erfolgt.[143] Die Finanzbehörden müssen sich nicht allein auf Unternehmensangaben verlassen, sondern können Informationen anderer Finanzbehörden zur Kontrolle heranziehen.[144]

Die Auswirkung eines ungenügenden Informationsaustausches kann einfach modelliert werden.[145] Ein Steuersubjekt j in A bezieht Einkünfte aus den Ländern A und B, die Besteuerung erfolgt in A nach dem Sitzlandprinzip. Land B meldet nur den Teil ι_j des lokalen Einkommens bzw. der örtlichen Investition an die Finanzbehörde in A, $0 \leq \iota_j \leq 1$. Unter dem Sitzlandprinzip gilt:

(3.12) $$r^A(1-t^A)=r^B(1-t^A) \Rightarrow r^A=r^B.$$

Die Bruttorenditen des Kapitals gleichen sich international aus. Unter Berücksichtigung von ι_j ergibt sich

(3.13) $$r^A(1-t^A)=\iota_j r^B(1-t^A)$$

und damit

(3.14) $$r^A=\iota_j r^B.$$

Für $0 \leq \iota_j < 1$ gilt $r^B > r^A$. Land B kann durch restriktive Informationspolitik die inländische Bruttorendite des Kapitals erhöhen. Bei $\iota_j = 0$ fließt das gesamte Kapital nach B, so dass diese Gebietskörperschaft den Anreiz hat, Informationsasymmetrien zwischen den nationalen Finanzverwaltungen aufzubauen. Die Er-

---

142 Zu weiteren Funktionen des internationalen Informationsaustausches vgl. Wisselink (1997), S. 108.
143 Vgl. Eggert/Kolmar (2002), S. 466; Tanzi/Zee (1999), S. 321f. und S. 327.
144 Vgl. Newlon (2000), S. 231.
145 Vgl. zum Folgenden Bacchetta/Espinosa (1995).

höhung der inländischen Bruttorendite kann als Informationsrente charakterisiert werden.

Die theoretische Auseinandersetzung mit dem internationalen Informationsaustausch wird grundlegend von *Bacchetta* und *Espinosa* (1995) geprägt.[146] Sie analysieren die Anreize für Regierungen zweier symmetrischer Gebietskörperschaften, Informationen über ausländische Direktinvestitionen auszutauschen. Der Informationsaustausch hängt von der institutionellen Ausgestaltung der internationalen Besteuerung ab. Informationen werden freiwillig ausgetauscht, wenn die Gebietskörperschaften nicht auf eine Quellenbesteuerung zurückgreifen können. Liegt eine Quellenbesteuerung vor, besteht der Anreiz, Informationen zurückzuhalten, um ausländische Investitionen zu attrahieren.[147] *Huizinga* und *Nielsen* (2003) vergleichen Quellenland- und Sitzlandprinzip bei Kapitaleinkünften in Verbindung mit Informationsaustausch in einem Zwei-Länder Modell. Aus Vereinfachungsgründen abstrahieren *Huizinga* und *Nielsen* in ihrem Basismodell von den Kosten internationalen Informationsaustausches und der Existenz dritter Gebietskörperschaften. Die Regierungen versuchen in einem wiederholten Spiel, die Wohlfahrt der Bürger, die Gewinne der Finanzintermediäre und das nationale Steueraufkommen zu maximieren. Sie kommen zu dem Ergebnis, dass ein bilateraler Informationsaustausch wohlfahrtstheoretisch superior gegenüber einer bilateralen Quellenbesteuerung ist, wenn zwei symmetrische Gebietskörperschaften betrachtet werden. Bei signifikant asymmetrischen Gebietskörperschaften ist die wohlfahrtstheoretisch überlegene Lösung, dass die kleine Gebietskörperschaft eine Quellenbesteuerung einführt und die große Gebietskörperschaft Informationsaustausch gewährt.

2. Empirische Regelungen auf dem Gebiet des internationalen Informationsaustausches

Auf internationaler Ebene existieren unterschiedliche Systeme, welche grenzüberschreitende Informationsflüsse zwischen Finanzverwaltungen ermöglichen.

---

146 Zu einer Weiterentwicklung ihres Grundmodells vgl. Bacchetta/Espinosa (2000).

147 Eine Diskussion des Modells von Bacchetta und Espinosa findet sich in Eggert/Kolmar (2002), S. 466f.

Wichtige Regelungen finden sich in (i) Doppelbesteuerungsabkommen und (ii) auf Ebene der Europäischen Union. Diese Regelungen haben das Ziel, die Ermittlungskompetenz der nationalen Finanzbehörden zu erweitern.[148]

(i) Bi- und multilaterale Doppelbesteuerungsabkommen enthalten auch Vereinbarungen darüber, welche Informationen über grenzüberschreitende Transaktionen zwischen den nationalen Finanzverwaltungen ausgetauscht werden. Wie die meisten Doppelbesteuerungsabkommen selbst sind auch Vereinbarungen über den Informationsaustausch dem OECD-Musterabkommen zur Doppelbesteuerung entnommen.[149] Ein Informationsaustausch kann im Rahmen des OECD-Musterabkommens in verschiedenen Ausprägungen stattfinden. Es sieht erstens einen automatischen und unaufgeforderten Informationsfluss über Transaktionen vor. Zweitens existiert auch die Regelung, auf Ersuchen einer ausländischen Finanzverwaltung konkrete Fragen zu beantworten. Drittens räumt das Musterabkommen der OECD auch die Möglichkeit ein, Steuerprüfer ins Ausland zu entsenden, die an Steuerprüfungen der ausländischen Finanzverwaltung teilnehmen dürfen.[150] Die Verpflichtung zum Informationsaustausch ist in dem Musterabkommen der OECD nur in Ausnahmefällen beschränkt, z. B. im Falle fehlender Gegenseitigkeit und bei Gefährdung wirtschaftlich relevanter Geheimnisse. Die Verpflichtung entfällt auch dann, wenn ein Staat nicht in der Lage ist, die relevanten Informationen zu beschaffen oder wenn nationale Schutzvorschriften gegenüber Steuerpflichtigen den Informationsaustausch erschweren.[151]

(ii) In der Europäischen Union ist eine Richtlinie in nationalen Gesetzen umgesetzt worden, welche den Informationsaustausch ausführlicher regelt als das OECD-Musterabkommen.[152] Darin werden drei unterschiedliche Arten des In-

---

148 Einen Überblick über die Regelungen des OECD-Musterabkommens bezüglich Informationsaustausch zwischen Mitgliedstaaten liefert OECD (1996). Zum internationalen Informationsaustausch mit den deutschen Finanzämtern vgl. Bilsdorfer (1999), S. 111ff. Zu weiteren Auskunftsverfahren, die jedoch nicht an die Bedeutung des OECD-Musterabkommens und der EU-Regelung heranreichen vgl. Tanzi/Zee (1999); Wisselink (1997).

149 Vgl. Tanzi/Zee (1999), S. 323. Eine weitere potentielle Quelle für Regelungen über Informationsaustausch ist das Musterabkommen der Vereinten Nationen, welches aber in diesem Bereich mit dem OECD-Musterabkommen weitgehend identisch ist. Vgl. United Nations (1980).

150 Vgl. OECD (1995a), S. 38. Zu weiteren praktischen Aspekten des Informationsaustauschs vgl. OECD (1995a), S. 70ff.

151 Vgl. OECD (1995a), S. 50.

152 Vgl. Tanzi/Zee (1999), S. 324.

formationsaustausches unterschieden: Erstens können Auskünfte auf Ersuchen einer ausländischen Finanzverwaltung erteilt werden oder automatisch bei bestimmten Sachverhalten. Zweitens existiert ein sogenannter spontaner Informationsaustausch, bei dem zufällig bekannt gewordene Informationen ebenfalls übermittelt werden dürfen. Die Beschränkung der Auskunftspflicht entspricht den Regelungen des OECD-Musterabkommens. Darüber hinaus können drittens ohne besondere Verpflichtung sogenannte Kulanzauskünfte im Rahmen der Amtshilfe auf Ersuchen erteilt werden, wenn keine Beschränkung der Auskunftspflicht vorliegt.[153]

IV. Bewertung der Maßnahmen

1. Ungenügende Charakterisierung von Niedrigsteuerländern und Steueroasen

Abwehrmaßnahmen gegenüber Niedrigsteuerländern und Steueroasen[154] setzen voraus, dass solche Gebietskörperschaften juristisch definiert werden. Eine exakte und einheitliche Abgrenzung im nationalen und internationalen Recht ist aber nicht vorhanden, was eine Ursache der unterschiedlichen Motivation und Vorgehensweise der nationalen Gesetzgeber ist.
Zum einen ist für diesen Umstand eine fehlende Problematik verantwortlich zu machen. Die Identifizierung ausländischer Niedrigsteuersysteme zielt darauf ab, die heimische Bemessungsgrundlage vor Erosion zu schützen. Allerdings ver-

---

153 Vgl. ausführlich dazu Bilsdorfer (1999), S. 116ff.; Runge (1986), S. 186f.

154 Der Begriff Steueroasenländer wird erstmals in einem Bericht des deutschen Bundesminister der Finanzen aus dem Jahre 1964 an den deutschen Bundestag erwähnt. (Bericht über die Wettbewerbsverfälschungen, die sich aus Sitzverlagerungen in das Ausland und aus dem zwischenstaatlichen Steuergefälle ergeben, Bundestags-Drucksache IV/2412, S. 3, Tz. I/3) Der Bericht führte zu dem Oasenerlass vom 14. Juni 1965 (BStBl. 1965 II, S. 74, Anlage 25 und 26). Der Erlass ist eine Verwaltungsanweisung zur steuerlichen Behandlung von Scheingeschäften und Missbrauchsfällen, deren Ziel die Verlagerung von Einkünften und Vermögen in Niedrigsteuerländer ist. Die Fortentwicklung des Oasenerlasses ist das Aussensteuergesetz von 1971, welches explizit der "...Verhinderung einer unangemessenen Ausnutzung des internationalen Steuergefälles" (Jacobs (2002), S. 85) dient. Über den wertenden Gehalt der Bezeichnung Steueroase soll mangels griffiger Alternative hinweg gesehen werden. Einen Überblick über die Entwicklung von Steueroasen bietet Adams (1999), S. 407ff.

folgen nur Länder mit relativ hoher Steuerbelastung solche Defensivstrategien. Für Länder mit relativ geringer Steuerlast existiert dagegen diese Notwendigkeit nicht. Ein internationaler Konsens über die Definition von Niedrigsteuerländern wird daher erschwert. Zum anderen identifizieren die betroffenen Länder Niedrigsteuersysteme auch anhand unterschiedlicher Rechtsbegriffe. Das deutsche Steuerrecht argumentiert beispielsweise mit Ausdrücken wie niedrigere oder unwesentliche Besteuerung. Belgien beurteilt Niedrigsteuerländer fallweise, ohne Niedrigsteuersysteme allgemein zu definieren. Neben einer Vielzahl an Definitionen werden auch unterschiedliche Verfahren zur konkreten Ermittlung von Steueroasen angewendet. Aus fiskalischer Sicht werden z. B. Steuersätze verglichen. Nicht-fiskalische Kriterien sind z. B. Regelungen über Informationsaustausch und Bankgeheimnis. Ebenfalls kommen zur Identifikation von Niedrigsteuerländern Listensysteme zum Tragen, bei denen Länder gemäß ihrer Besteuerungspraktiken auf weiße oder schwarze Listen gesetzt werden.[155]

2. Wirksamkeit der Missbrauchsvorschriften

Die international üblichen Missbrauchsbestimmungen haben den Charakter von unbestimmten Rechtsbegriffen. Sie sind für den einzelnen Fall nicht konkret gefasst und lassen Raum für Interpretationen.[156] Die juristischen Ungenauigkeiten führen in der Besteuerungspraxis zu faktischen Problemen in Form von Durchsetzungsschwierigkeiten und Umgehungsmöglichkeiten. Zum Beispiel sind deshalb die Maßnahmen gegen Unterkapitalisierung ausländischer Tochtergesellschaften, etwa durch erhöhte Steuerstrafen, als nicht besonders wirksam zu bezeichnen.[157]

Die CFC-Bestimmungen leiden ihrerseits unter uneinheitlichen Definitionen. So erschweren unterschiedliche Definitionen von Niedrigsteuerländern und Beherrschungsschwellen ihre internationale Anwendung und lassen Spielraum für Steuerreduktionsstrategien. Arnold und Diebout nennen einige Beispiele, wie CFC-Bestimmungen umgangen werden, z. B. durch Streubesitz ausländischer Kapitalgesellschaften oder durch Zwischenschaltung von Holdinggesellschaf-

---

[155] Vgl. Arnold/Diebout (2001), S. 172ff.
[156] Vgl. Dreßler (2000), S. 318.
[157] Vgl. Arnold/Diebout (2001), S. 183.

ten.[158] Aus verfassungsrechtlicher Perspektive kann außerdem die Zukunft von CFC-Bestimmungen in der Europäischen Union skeptisch beurteilt werden. Die Bestimmungen diskriminieren inländische gegenüber ausländischen Kapitalanlagen, tangieren Fragen der Niederlassungs- und Kapitalverkehrsfreiheit und arbeiten teilweise auch mit mangelnden Begründungen. So ist etwa ein niedrigerer ausländischer Steuersatz keine Rechtfertigung für eine Hinzurechnungsbesteuerung.[159]

Die Beschränkung unternehmerischer Steuerreduktionsstrategien durch Doppelbesteuerungsabkommen ist ebenfalls mit Schwierigkeiten verbunden. Doppelbesteuerungsabkommen sind mit Steueroasen dann zwecklos, wenn die Steueroasen keine Gewinnsteuern erheben. Zudem ist der Abschluss eines Doppelbesteuerungsabkommens von einer bilateralen Übereinkunft abhängig. Politisch gewollter Missbrauch von Steuergesetzen lässt sich auf diesem Wege nicht ausräumen.[160] Doppelbesteuerungsabkommen sind aus diesen Gründen nicht in der Lage, Steuerreduktionsstrategien wirksam auszuschalten.

3. Mängel des internationalen Informationsaustauschs

Der internationale Informationsaustausch ist von verschiedenen Faktoren abhängig.[161] In verschiedenen Ländern sind Finanzintermediäre zur automatischen Unterrichtung der Finanzbehörden verpflichtet, was teilweise erhebliche Kosten verursacht. In anderen Gebietskörperschaften existiert ein weitreichendes Bank-

---

[158] Vgl. Arnold/Diebout (2001), S. 192f. Umgehungsmöglichkeiten deutscher CFC-Bestimmungen schildert Dreßler (2000), S. 385f.

[159] Vgl. Spengel (2003), S. 286. So hat der Europäische Gerichtshof in einem niederländischen Fall am 18. September 2003 entschieden, dass Konzerne Kosten von Tochtergesellschaften steuerlich geltend machen können, auch wenn die Tochtergesellschaft ihren Sitz in einem Niedrigsteuerland außerhalb der EU hat (Vgl. EuGH, AZ: C-168/01). Diese Entscheidung zugunsten der Niederlassungsfreiheit bringt auch deutsche Missbrauchsvorschriften ins Wanken, da diese CFC-Vorschriften aufgrund des EuGH-Urteils schwer aufrecht zu erhalten sind. Vgl. Handelsblatt Nr. 181, 19./20. 9. 2003, S. 5.

[160] Voraussetzung für wirksame Missbrauchsbestimmungen ist außerdem das Interesse nationaler Finanzbehörden, den Missbrauch zu bekämpfen. Insbesondere bei Gewinnverlagerungen durch Verrechnungspreisabweichungen vom Fremdvergleichsprinzip bestehen in vielen Ländern Anwendungsdefizite entsprechender Missbrauchsvorschriften. Vgl. Arnold/Diebout (2001), S. 183.

[161] Vgl. zum Folgenden Alworth (1998), S. 526f.

geheimnis, so dass Finanzintermediäre keine Informationen an Finanzbehörden weiterleiten müssen. Eine international uneinheitliche Rolle der Finanzintermediäre erschwert das Funktionieren des internationalen Informationsaustausches, weil durch unterschiedliche Informationsvorschriften Verzerrungen bei den internationalen Kapitalströmen ausgelöst werden. Der internationale Informationsaustausch muss zudem nationalen Gesetzen entsprechen, die es Gebietskörperschaften ermöglichen, Informationen für andere Finanzverwaltungen zu sammeln. Nationale Datenschutzbestimmungen können aber verhindern, dass überhaupt die relevanten Informationen erhoben werden dürfen.

Technische Probleme[162] bei einer internationalen Kooperation zwischen Finanzverwaltungen ergeben sich erstens aufgrund aufgrund von Sprachbarrieren. Ein grenzüberschreitender Informationsfluss wird erschwert, selbst wenn die notwendigen Informationen über den Besteuerungsvorgang vorhanden sind. Zweitens können die relevanten Informationen bei der angefragten Finanzbehörde nicht vorhanden sein oder in unbrauchbaren Formatierungen bzw. mangelnder Qualität übermittelt werden. Die Informationsempfänger müssen dann selbst erhebliche Aufwendungen leisten, um verwertbare Informationen aus den übermittelten Daten zu generieren. Drittens kann die Brauchbarkeit der übermittelten Daten fraglich sein, so dass z. B. der Empfänger von Zahlungsströmen nicht identifizierbar ist.

In der Realität ist deshalb die Funktionsfähigkeit des internationalen Informationsaustausches beschränkt. So sammeln bspw. die Finanzbehörden Irlands und des Vereinigten Königreichs keine Informationen für fremde Finanzbehörden, es sei denn, das eigene Steueraufkommen steht zur Disposition. Das Bankgeheimnis in der Schweiz beschränkt ebenfalls den internationalen Informationsaustausch.[163] Der fehlende Austausch von steuerlich relevanten Informationen ist ein Parameter des internationalen Steuerwettbewerbs. Probleme des internatio-

---

[162] Die technischen Aspekte sind entnommen aus Tanzi/Zee (1999), S. 328f.; Tanzi (1995), S. 78ff.; vgl. auch Gerken/Märkt/Schick (2000), S. 130f.

[163] Vgl. Newlon (2000), S. 232. Zu weiteren internationalen Datenschutzrechten von Steuerzahlern vgl. ausführlich Caldéron (2000), S. 465ff.

nalen Informationsaustausches ergeben sich insbesondere dann, wenn bedeutende Staaten sich daran nicht beteiligen.[164]

Zusammenfassend besitzen die multinationalen Unternehmen bei der Allokation der Steuerbemessungsgrundlage einen diskretionären Handlungsspielraum. Die empirischen Untersuchungen weisen darauf hin, dass dieser genutzt wird, um die Steuerbelastung des Unternehmens zu reduzieren. Die Durchsetzungsprobleme der internationalen Unternehmensbesteuerung können unter folgenden Aussagen zusammengefasst werden:[165]

- Eine Zunahme internationaler Transaktionen, die sich nicht eindeutig bestimmten Gebietskörperschaften zurechnen lassen.
- Fehlende Kooperation zwischen Gebietskörperschaften bei der Allokation von Unternehmensgewinnen, insbesondere wenn es sich um die Unterscheidung tatsächlicher konzerninterner Zahlungen oder konzerninterner Umverteilung handelt. Die tatsächliche Quelle der Wertschöpfung ist dann nur schwer bestimmbar.
- Fiskalisches Trittbrettfahrerverhalten von Niedrigsteuerländern und Steueroasen.

D. Zusammenfassende Thesen zum dritten Kapitel

1. Multinationale Unternehmen versuchen, durch Ausnutzung internationaler Steuerdivergenzen ihre Steuerlast zu minimieren. Die Methoden beruhen auf der Verlagerung von Einkommensquellen und auf innerkonzernlicher Umverteilung. Im speziellen stehen ihnen dabei die Gestaltung der rechtlichen Unternehmensstruktur, die Gestaltung innerkonzernlicher Leistungsverflechtungen und das Instrument der Verrechnungspreise zur Verfügung. Die Empirie zeigt, dass diese Methoden auch angewendet werden.

---

164 Vgl. Feld (2001), S. 76.
165 Vgl. zum Folgenden Bird/Wilkie (2000), S. 80; Wolk (2000), S. 175.

2. Für den erfolgreichen Einsatz von Steuerreduktionsstrategien sind im wesentlichen drei Ursachen verantwortlich. Investitionsflexibilitäten von Real- und Finanzkapital ermöglichen die Abwanderung in steuerbevorteilte Gebietskörperschaften. Informationsasymmetrien zwischen Unternehmen und Finanzverwaltungen versetzen Unternehmen in die Lage, Informationsrenten zu erwirtschaften. Internationaler Steuerwettbewerb ermöglicht, dass Abwanderungsdrohungen multinationaler Unternehmen die Unternehmensbesteuerung begrenzen.

3. Die Nationalstaaten reagieren auf die Bedrohung ihrer Besteuerungsrechte mit Missbrauchsvorschriften. Diese können unilateral in nationalen Steuergesetzen verankert sein oder auf bilateralen Verträgen (Doppelbesteuerungsabkommen, Regelungen zum internationalen Informationsaustausch) beruhen. Die Wirkung der Missbrauchsvorschriften kann als begrenzt bezeichnet werden. Sie bewirken trotzdem, dass multinationale Unternehmen keinen unbegrenzten Handlungsspielraum bei der Allokation der Besteuerungsrechte besitzen.

4. Als Konsequenz besitzen multinationale Unternehmen einen diskretionären Handlungsspielraum bei der Gewinnallokation. Quellenland- und Sitzlandprinzip liefern nur noch Näherungsergebnisse.

Teil II: Einfluss der veränderten Rahmenbedingungen auf die Allokation der Besteuerungsrechte

Kapitel 4: Die veränderten Rahmenbedingungen und ihre Konsequenzen für die internationale Unternehmensbesteuerung

A. Veränderte Rahmenbedingungen: Digitalisierung und moderne Informations- und Kommunikationstechnologien

I. Digitalisierung und digitale Werte

1. Charakteristika der Digitalisierung

Der Unterschied zwischen klassischer Kommunikationstechnik und moderner Datenübertragungstechnik ist die Veränderung des Transportmediums.[1] In der klassischen Datenübertragungstechnik ist Kommunikation ein Austausch von Signalen. Signale sind Informationen, deren Inhalt nicht veränderbar ist. Sie sind wert- und zeitkontinuierlich und werden in der klassischen Kommunikationstechnik in elektrische Signale umgewandelt, welche in der Fachsprache als analoge Signale bezeichnet werden. Der Transport analoger Signale über Netze weist einige Nachteile auf. Elektrische Signale werden beim Transport gedämpft und müssen, je nach Entfernung, durch technische Maßnahmen verstärkt werden, womit Qualitätsverluste verbunden sind. Zusätzliche Qualitätsverluste treten ein, wenn ein Signal gestört und damit abgeändert wird. Ein analoges Signal ist zudem ungeeignet für Steuerungsinformationen. Diese sind Grundlage dafür, dass Informationen sich automatisch abrufen, transferieren, verarbeiten und verteilen lassen. Alle manuellen Vorgänge in der Informationsverarbeitung lassen sich dadurch potentiell automatisieren. Steuerungsinformationen regeln den Informationsverarbeitungsprozess.

---

[1] Vgl. zum Folgenden Manninger et. al. (2001), S. 2f.; Hansen/Neumann (2001), S. 9ff.

Die Nachteile analoger Signale können beseitigt werden, wenn Informationen in wert- und zeitdiskrete Signale umgewandelt werden. Die kleinste informationstechnische Einheit wird als Bit bezeichnet. Ein Bit kann nur den Wert 0 oder 1 annehmen. Bits werden in Bytes gebündelt, welche jeweils 8 Bits enthalten. Die Umwandlung von Informationen in Bytes wird als Digitalisierung bezeichnet. Digitale Daten werden durch Zeichen repräsentiert (Buchstaben, Ziffern, Interpunktionszeichen, Steuerzeichen). Die Digitalisierung unterliegt keinen Qualitätsverlusten bei Transport und Speicherung, und Steuerungsinformationen können in beliebigem Umfang hinzugefügt werden. Die Information wird lediglich um eine bestimmte Anzahl an Bytes erweitert, d. h. im Endeffekt nur um Nullen und Einsen. Diese einfache Veränderung ermöglicht eine abstrakte Verarbeitung durch Computer. Die Digitalisierung hat Computer in die Lage versetzt, Informationsverarbeitungsprozesse weitgehend eigenständig auszuführen. Digitale Daten können auch beliebig oft kopiert werden, ohne dass die Reproduktion die Dateneigenschaften negativ beeinträchtigt. Die dabei anfallenden Aufwendungen sind gering, da die Vervielfältigung auf elektronischem Wege erfolgt. Die Grenzkosten der Reproduktion sind annährend null.

2. Abgrenzung digitalisierbarer Werte

Die Begriffe digitale Waren, digitale Dienstleistungen, Informationen und immaterielle Wirtschaftsgüter werden oft in einem gemeinsamen Kontext verwendet. Die Begriffe sind jedoch nicht unbedingt Synonyme, so dass eine Abgrenzung notwendig ist.

Digitale Waren enthalten keinen physischen Anteil. Digitale Waren können auch unter Inanspruchnahme physischer Medien transportiert und gelagert werden, z. B. auf CDs oder DVDs. Es steht nicht der Wert des physischen Mediums im Vordergrund, sondern der Wert der darauf gespeicherten digitalen Ware. Digitale Waren lassen sich daher definieren als wert- und zeitdiskrete Signale, die ohne Bindung an ein physisches Trägermedium über Datennetze transportiert werden können.[2] Digitale Waren gehören zu den immateriellen Wirtschaftsgütern.[3]

---

[2] Vgl. Luxem (2000), S. 14f. und S. 24.

[3] Vgl. Altmann (2002), S. 43; Luxem (2000), S. 16.

Nicht alle immateriellen Wirtschaftsgüter sind aber immer digitalisierbar, wie es das Beispiel des Markennamens zeigt.[4] Eine Systematik immaterieller Wirtschaftsgüter zeigt Tabelle 4.1.

Tabelle 4.1: Systematisierung immaterieller Wirtschaftsgüter

I. Immaterielle Realgüter
1. Arbeitsleistungen
2. Dienstleistungen
3. Informationen
4. sonstige immaterielle Realgüter (z. B. Fachwissen)
II. Immaterielle Nominalgüter
1. Geld
2. Darlehenswerte
3. Beteiligungswerte

Quelle: in Anlehnung an Maleri (1997), S. 56.

Zu den immateriellen Realgütern zählen Arbeitsleistungen. Arbeitsleistung wird definiert als Faktoreinsatz privater Haushalte, der als immaterieller Produktionsfaktor in die Produktion anderer Sachgüter und Dienstleistungen einfließt.[5]
Alle Dienstleistungen gehören zu den immateriellen Gütern.[6] Dienstleistungen können sich digitalisieren lassen und raumunabhängig gehandelt werden, wenn nicht eine physische Nähe zwischen Leistungserbringer und Leistungsempfänger notwendig ist.
Einer technischen Definition zufolge sind Informationen alles, was digitalisierbar ist.[7] Informationsgüter sind dementsprechend Bücher, Zeitschriften, Filme, Musik, Börsenwerte und Internetseiten. Informationstechnologie ist die technische Infrastruktur, welche das Senden, Aufbewahren, Kopieren, Verändern und Empfangen von Informationen erlaubt. Informationstechnologien und Informationen sind komplementäre Güter.[8] Digitale Waren und Informationen können

[4] Vgl. Koppius (1999), S. 2.
[5] Vgl. Maleri (1997), S. 53.
[6] Vgl. Maleri (1999), S. 49.
[7] Vgl. Shapiro/Varian (1999), S. 3.
[8] Vgl. Shapiro/Varian (1999), S. 8f.

als Synonyme verwendet werden. Wenn digitale Waren Gegenstand wirtschaftlicher Aktivitäten sind, wird von digitalen Transaktionen gesprochen.
Sonstige immaterielle Realgüter sind Rechte, Patente, Lizenzen, Fachwissen etc. Sie können teilweise digitalisiert werden. Rechte und Lizenzen können sich auf die Nutzung von materiellen und immateriellen Gütern beziehen. Eine digitale Ware kann durch Erwerb eines Nutzungsrechts oder durch eine Lizenzvereinbarung genutzt werden. Das Nutzungsrecht oder die Lizenz stellt dann ebenfalls eine digitale Ware dar. Eine Nutzungsvereinbarung über materielle Güter wird nicht als digitale Ware bezeichnet, selbst wenn die Nutzungsvereinbarung über das Internet getroffen wird.[9]
Fachwissen befindet sich im Eigentum einer Person. Es handelt sich um Informationen und Kenntnisse, die eine Geschäftstätigkeit unterstützen oder verbessern und einen wirtschaftlichen Wert besitzen. Das Fachwissen kann Formeln und Verfahren oder sonstige Erfahrungen umfassen. Es ist nicht rechtlich geschützt wie ein Patent, kann dafür aber geheim sein.[10] Fachwissen ist digitalisierbar.
Zu den sonstigen immateriellen Realgütern gehören auch Nutzungsvereinbarungen über bestimmte Dienstleistungen, wie z. B. Eisenbahntickets oder Eintrittskarten. Der Wert der Nutzungsvereinbarungen bezieht sich hier auf die dazugehörige Dienstleistung und nicht auf die Erscheinungsform der Nutzungsvereinbarung in Papierform oder in Form einer digitalen Lizenz. Das Bezugsobjekt der Nutzungsvereinbarung ist eine Dienstleistung. Die Nutzungsvereinbarung ist daher ein immaterielles Realgut.[11] Ob die Nutzungsvereinbarung als digitale Ware einzustufen ist, hängt von der Einordnung der dazugehörigen Dienstleistung ab. Erfolgt die Dienstleistung auf digitalem Wege, so ist die Nutzungsvereinbarung eine digitale Ware. Ist die Dienstleistung hingegen nicht digitalisierbar, ist die Nutzungsvereinbarung ein immaterielles, nicht digitalisierbares Realgut.

---

[9] Vgl. Luxem (2000), S. 17.
[10] Vgl. OECD (2000a), S. 146f., Tz. 6.5.
[11] Vgl. Luxem (2000), S. 17.

Schaubild 4.1: Abgrenzung digitaler Waren

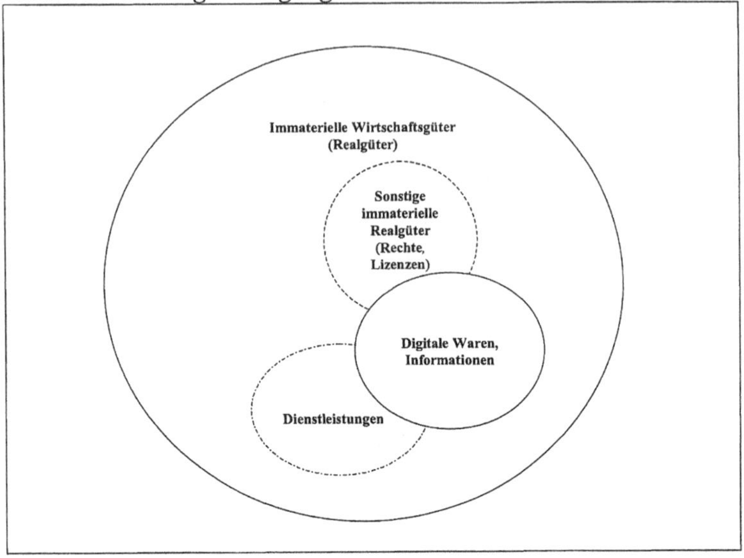

Quelle: Eigene Darstellung in Anlehnung an Luxem (1999), S. 20.

II. Das Internet als Anwendungsform der Digitalisierung

1. Entwicklungsgeschichte des Internets

Das Internet hat seinen Ursprung in der Zeit des kalten Krieges.[12] Nach den erfolgreichen Sputnik-Missionen der UdSSR herrschte in den Vereinigten Staaten von Amerika in den sechziger Jahren Angst vor militärischer Unterlegenheit. Im Rahmen eines Maßnahmenpaketes zur technologischen Aufrüstung gründete das amerikanische Verteidigungsministerium die Forschungsbehörde Advanced Research Projekt Agency (ARPA), deren Aufgabe in der Förderung innovativer Projekte zur Sicherung des Technologievorsprungs der Vereinigten Staaten bestand. Die ARPA führte keine eigenen Forschungsprojekte durch, sondern fi-

[12] Zur Geschichte des Internets vgl. ausführlich Mueller (2002), S. 73ff.; Neumann (2002), S. 420ff.; Koch/Loewenheim (1998) S. 1ff.; Hafner/Lyon (1997); Scheller et. al. (1994), S. 5ff.

nanzierte und koordinierte Projekte, die von industriellen und universitären Partnern durchgeführt wurden. Zur Koordination dieser Projekte war ein stetiger Datentransfer nötig, der zu Beginn mit physischen Datenträgern abgewickelt wurde. Da dieses Verfahren sehr aufwendig war, wurde nach möglichen elektronischen Übertragungsmöglichkeiten von Informationen gesucht, um die Effizienz des Datentransfers zu erhöhen. Im Mittelpunkt dieser Idee stand dabei ausdrücklich die Forderung nach einem dezentral organisierten System, das auch bei Ausfall einiger Elemente durch militärische Wirkungen (z. B. Atomschlag) in den unbeschädigten Teilbereichen noch funktionsfähig sein würde. Die Forderung wurde durch das 1969 eingeführte Advanced Research Program Agency Net (ARPANET) umgesetzt. Das ARPANET ist zwar nicht mit dem Internet in der heutigen Form vergleichbar, da es in seiner Anwendung kompliziert war und in seiner Hochphase nur etwa 200 Personen über 21 Knotenpunkte miteinander verband. Allerdings startete das ARPANET-Programm trotz seiner beschränkten Möglichkeiten den Entwicklungsprozess zu der modernen Informationsgesellschaft. Der erste Auslöser war die Absicht, Informationen dezentral zu lagern und über mehrere Transportwege an das jeweilige Ziel transportieren zu können. Die dezentrale Struktur ist heute uneingeschränkt Grundlage der modernen Informations- und Kommunikationswelt. Der zweite Auslöser war die Verbindung einer Reihe von Personen durch das ARPANET, welche mit großem persönlichen Einsatz und Interesse die Rechnerverbindungen über die nächsten Jahrzehnte kontinuierlich weiterentwickelten.[13]

Eines der Anfangsprobleme der ersten Netzwerke waren unterschiedliche Kommunikationsstandards zwischen dem ARPANET und zwischenzeitlich entstandenen anderen Netzen. Die 1972 gegründete Nachfolgeorganisation der ARPA, die Defense Advanced Research Project Agency (DARPA) wollte die dezentrale Organisation der unterschiedlichen Netze beibehalten. Sie strebte jedoch nach ungehindertem Kommunikationsfluss zwischen den Netzen, der durch technische Neuerungen umgesetzt werden konnte. Der nächste Schritt war die Einführung des Domain Name System (DNS). Im ARPANET wurden Ad-

---

[13] Insbesondere Robert Kahn, Steve Crocker, Vinton Cerf, John Postel und David Clark beeinflussten die Entwicklung des Internet maßgeblich. Vgl. ausführlich Neumann (2002).

ressen zentral aus einer Datenbank heraus vergeben. Der zentrale Vergabemechanismus entwickelte sich zunehmend zu einem Engpass des Rechnernetzes. Die Nutzerzunahme erforderte eine schnellere und flexiblere Vergabe von Internetadressen, als es das ARPANET ermöglichte. Das DNS wurde entwickelt, um den Mangel an Internetadressen zu beseitigen.

In seiner ursprünglichen Form war das Internet kompliziert und nur von Experten anwendbar. Der Durchbruch zum allgemeinem Kommunikations- und Informationsinstrument geschah 1989. Genfer Forscher entwickelten Kommunikationsprotokolle, welche die Vernetzung von Dokumenten und Computern im Internet ermöglichten. Mit einem einzigen Software-Programm (Browser) wurde es möglich, auf alle vernetzten Dokumente zuzugreifen. Am Anfang war dieses System nur für Textdateien möglich und wurde ausschließlich von Wissenschaftlern zum Informationsaustausch genutzt. Der endgültige Durchbruch kam mit der Einführung von graphischen Browsern im Jahr 1993: anklickbare Symbole (Icons) und Pull-Down Menüs ermöglichen die Nutzung des Internets für breite Massen.

2. Protokolle und Adressraum des Internets

Die Bedeutung des Internets ergibt sich aus der Fähigkeit, durch Computer und Netzwerke einen globalen Informationsaustausch zu ermöglichen.[14] Die technische Grundlage bildet eine einfache Idee: es gibt keinen zusammenhängenden Datenstrom zwischen Sender und Empfänger. Der Datenstrom wird beim Senden in verschiedene Datenpakete aufgeteilt, die gleichzeitig auf verschiedenen Pfaden weitergeleitet und am Zielort wieder zusammengesetzt werden. Das Internet besteht aus einer Reihe technischer Funktionen, die eine Verknüpfung und Adressierung von Computern erlauben. Diese Aufgabe erledigen die Kommunikations-Protokolle Transmission Control Protocol (TCP) und Internet Protocol (IP). Sie werden zusammengefasst TCP/IP genannt. Das Zusammenspiel der beiden Protokolle ermöglicht die Kommunikation über das Internet.

---

14 Vgl. zum Folgenden Mueller (2002); Stahlknecht/Hasenkamp (2002), S. 96ff.; Heinrich (2001), S. 160f.

Das TCP teilt die Informationen beim Senden in eine Vielzahl von Datenpakete auf. Das TCP gibt im Aufteilungsprozess jedem Datenpaket eine Art Briefkopf mit. Der Briefkopf enthält Informationen über Zielort, die Reihenfolge der Zusammensetzung der Datenpakete sowie eine Prüfsumme. Die einzelnen Datenpakete werden über unterschiedliche Verbindungen geleitet. Der Transport der einzelnen Datenpakete erfolgt unabhängig voneinander über eine Serie von Schaltstellen im Datennetz. Die Schaltstellen werden als Router bezeichnet. Die Router bestimmen dabei den schnellsten Übermittlungspfad. Da die Arbeitsbelastung des Internets und dessen Verarbeitungskapazität ständig wechseln, kann mit diesem flexiblen Übertragungssystem auf Schwankungen reagiert werden. Am Empfangsort der einzelnen Datenpakete überprüft das TCP anhand der Prüfsumme die vollständige Übertragung und setzt die gesendete Information in ihrer ursprünglichen Form wieder zusammen.

Das IP-Protokoll ist für die Zustellung der Information an den richtigen Empfänger verantwortlich. Die im Briefkopf enthaltene Information über den Zielort des Datenstroms ist eine numerische Adresse, welche als IP-Adresse bezeichnet wird. Jeder am Internet angeschlossene Computer besitzt eine eigene IP-Adresse. Obwohl die IP-Adresse derzeit ein zwölfstelliger Nummerncode ist, besitzt sie keine räumliche oder personelle Zuordnung wie z. B. eine Telefonnummer. Um die Anwenderfreundlichkeit zu erhöhen, wird der numerische Code in Namen umgewandelt.[15] Die Namen werden Domains genannt, das Namenvergabesystem Domain Name System (DNS). Zentral ist die einmalige Vergabe einer Internetadresse. Die Notwendigkeit der einmaligen Adressvergabe benötigt eine zentrale Koordination. Zunächst müssen alle Adressen normiert werden. Die Normierung muss allgemein akzeptiert und umgesetzt sein. Dieser Schritt ist ein einmaliger Standardisierungsvorgang. Im nächsten Schritt müssen exklusive Adressen oder Rechte zur Adressvergabe an bestimmte Nutzer oder Institutionen vergeben werden. Die Adressvergabe ist eine kontinuierliche Aufgabe und muss durch eine Organisation durchgeführt werden. Die grundlegende Idee des Vergabesystems DNS ist es, den möglichen Adressraum in Hierarchien zu unterteilen. Jede Hierarchieebene ist für einen bestimmten Adressraum zu-

---

[15] Z. B. www.google.de.

ständig. Die Größe des jeweils verwalteten Adressraums nimmt mit der Hierarchieebene ab. Die jeweils obere Ebene koordiniert einen Adressraum, welcher von untergeordneten Ebenen verwaltet wird. Das DNS ist letztendlich nur eine Datenbank, welche dezentral gelagert und verwaltet wird. Die höchste Hierarchiestufe im DNS sind die Top Level Domains (TLD). Die TLDs lassen sich in generische und in geographische TLDs unterteilen. Generische TLDs sind z. B. com, org, net, int, mil, edu und gov. Geographische TLDs sind de, uk etc. Die zweite Hierarchieebene bilden die Second Level Domains (SLD), welche Netzwerkbetreiber sind, z. B. Unternehmen wie amazon oder Behörden wie das Bundesfinanzministerium. Die SLDs werden i. d. R. in verschiedene Subdomains aufgeteilt, die der internen Organisation des Netzwerkbetreibers entsprechen. Beispielsweise besitzen Tochterunternehmen eines internationalen Konzerns oder Bibliotheken einer Universität einen Subdomain. Die unterste Ebene im DNS System bildet der einzelne Computer. Die Aktivitäten im Internet wie z. B. e-mail oder das Navigieren im Internet erfolgen zum großen Teil über die Domains. Für den elektronischen Transport ist jedoch nur die numerische IP-Adresse von Bedeutung. Die Domains müssen für die Transportabwicklung wieder in die numerischen IP-Adressen umgewandelt werden und sind nur für den menschlichen Nutzer des Internets relevant, die IP-Adresse für die rechnergestützte Abwicklung des Datentransfers. *Mueller* verdeutlicht die Bedeutung des TCP/IP Protokolls für das Internet:

> "We tend to speak of the Internet as a *thing* (d. A.: Hervorhebung im Original), but in reality the Internet is entirely virtual; it consists of nothing but a software protocol known as TCP/IP. The software enables any computer in the world to exchange information with any other computer, regardless of the particular physical networks to which they are attached or the hardware they use. It does this largely by giving computers addresses and names, and providing instructions about how to use them. Consistent and scalable naming and adressing protocols are the core of TCP/IPs design."[16]

Die IP-Adresse und der zugehörige Name stellen die einzige zentrale Ebene in dem ansonsten dezentral ausgerichteten Internet dar. Jede Adresse darf nur ein-

---

[16] Mueller (2002), S. 6.

mal vergeben werden. Eine mehrfach vergebene Internetadresse verhindert eine erfolgreiche Datenübertragung. Die Adressvergabe und Pflege der vergebenen Internetadressen ist entscheidend für die Frage, ob das Internet kontrolliert und regiert werden kann.
Zwar steht das TCP/IP Protokolls durch zunehmende Datenströme vor Herausforderungen, aber dennoch wird das TCP/IP Protokoll weiterhin auf absehbare Zeit Grundlage des Internets sein.[17] Die Digitalisierung ist Grundlage und Ursache des technischen Fortschritts in der Informations- und Kommunikationstechnik. Ohne Digitalisierung würde das Internet nicht existieren. [18]

3. Digitalisierung und Fortschritte in der Kommunikationstechnologie

Die Digitalisierung verändert auch die Kommunikation. Dieser Prozess verläuft entlang verschiedener Entwicklungslinien.[19] Ausgangspunkt ist die verbale Kommunikation über das Telefon, bei der zeitgleich Informationen zwischen zwei verschiedenen Individuen raumübergreifend übermittelt werden. Die Digitalisierung ermöglicht dreierlei. Neben der verbalen Kommunikation können auch kontextbezogene Informationen übermittelt werden, z. B. ein dreidimensionales Konstruktionsmodell, welches durch die Kommunikationsteilnehmer gleichzeitig weiterentwickelt werden kann. Die Qualität und Flexibilität der Kommunikationsteilnehmer nimmt zu. Die Kommunikation der Zukunft kann eine Vielzahl von mobilen und multimedialen Anwendungen umfassen, welche aufgrund großer Datenkapazitäten qualitativ höherwertig als die verbale Kommunikation sind. Die Zahl der Kommunikationsteilnehmer kann von der traditionellen eins-zu-eins Kommunikation je nach Bedarf beliebig erhöht werden.

Die nationale und internationale Kommunikation kann auch über das Internet ablaufen. Das Internet-Telefonieren basiert ebenfalls auf dem IP-Protokoll (voice-over IP) und ist insbesondere für Betreiber von Kabelfernsehen eine vielversprechende Entwicklungsoption, da sie ihr Geschäftsfeld um Telekommunikati-

---

17 Zur langfristigen Tauglichkeit des TCP/IP Protokolls vgl. Mansell/Steinmueller (2000), S. 127ff.
18 Vgl. Abrams/Doernberg (1997), S. 1574.
19 Vgl. zum Folgenden Walker (2000), S. 282.

on erweitern können. Für das Jahr 2005 wird geschätzt, dass weltweit etwa sechs Milliarden US-Dollar mit voice-over IP umgesetzt werden.[20] Die Fortschritte in der Kommunikation haben Auswirkungen auf das Privatleben von Individuen und verändern auch die Art und Weise, in der Unternehmen gelenkt und strukturiert werden.

III. Fiskalische Relevanz des Internets

1. Definition und Abgrenzung des Begriffs elektronischer Geschäftsverkehr

Das Internet an sich ist von geringer Relevanz für die Steuereinnahmen eines Staates. Anders verhält es sich mit Anwendungen des Internets. Über das Internet werden täglich immense Werte weltweit transferiert, wodurch die modernen Steuerstaaten[21] vor große Herausforderungen gestellt werden. Das neue Handelsmedium wird als elektronischer Geschäftsverkehr bezeichnet. Traditionelle Transaktionen können vollständig digital abgewickelt oder zumindest unterstützt werden.[22] Neben der Digitalisierung spielt für den elektronischen Geschäftsverkehr die Verarbeitungsgeschwindigkeit der Daten eine Rolle. Verantwortlich für die Geschwindigkeitszunahme sind die Entwicklung der Rechnerleistungen und die zunehmende Übertragungsgeschwindigkeit moderner Datenleitungen. Für den Begriff des elektronischen Geschäftsverkehrs[23] existiert keine einheitliche

---

20 Vgl. Welfens/Jungmittag (2003), S. 9.

21 Das Konzept des Steuerstaates findet sich erstmals in dem im Jahre 1860 erschienenen Lehrbuch für Finanzwissenschaft von Lorenz von Stein, ohne dass darin der Begriff des Steuerstaates selbst verwendet wird. Von Stein war der Auffassung, dass die Staatswirtschaft als Träger einer besonderen Leistung mit der Volkswirtschaft in einem organischen Kreislauf steht. Ebenfalls stellt er fest, dass sich die Steuern zur wichtigsten Form der Staatsfinanzierung entwickelt haben. Vgl. Heun (2000), S. 11; Kolms (1977), S. 318. Der Begriff des Steuerstaates wird m. W. n. zum ersten Mal von Schumpeter (1918) verwendet. Vor diesem zeitlichen Hintergrund und im Hinblick auf die historische Tradition der Besteuerung erscheint es gerechtfertigt, das Konzept des Steuerstaates als modern zu bezeichnen.

22 Vgl. Altmann (2002), S. 39.

23 Im englischen Sprachgebrauch werden die Begriffe electronic commerce bzw. e-commerce verwendet. Allgemein werden alle internetbasierten Aktivitäten mit dem Ausdruck electronic bzw. der Abkürzung 'e-' versehen (e-government, e-business).

Definition. *Abrams* und *Doernberg* bezeichnen als elektronischen Geschäftsverkehr

> "...the use of computer networks to facilitate transactions involving the production, distribution, and sale and delivery of goods and services in the marketplace."[24]

Bei Definitionen spielen auch unterschiedliche Transaktionsformen eine Rolle. Bei sogenannten offline-Geschäften werden physische Güter über das Internet bestellt. Offline-Geschäfte entsprechen Bestellungen über Fax oder Telefon. Das Internet ist bei offline-Transaktionen lediglich ein besonderes Informationsinstrument über die Eigenschaften des physischen Gutes. Online-Geschäfte finden hingegen ausschließlich im Internet statt. Die Ware oder Dienstleistung wird über das Internet bestellt und geliefert. *Coppel* formuliert:

> "In a loose sense it means doing business over the Internet, selling goods and services which are delivered offline as well as products that can be 'digitised' and delivered online, such as computer software."[25]

In der vorliegenden Arbeit von der Definition von *Westin* ausgegangen:

> "Electronic Commerce means digital transactions that cross state or national borders."[26]

Diese Definition betont zum einem die steuerliche Relevanz des elektronischen Geschäftsverkehrs, indem sie dessen globales Handelspotential hervorhebt. Zum anderen stellt sie den Zusammenhang zwischen elektronischem Geschäftsverkehr und Digitalisierung in den Vordergrund.
Für den elektronischen Geschäftsverkehr sind Entfernungen ohne Bedeutung. Der elektronische Geschäftsverkehr verwischt geographische Grenzen wie etwa den Bestimmungsort einer Transaktion oder Wohnort eines Wirtschaftssub-

---

24 Abrams/Doernberg (1997), S. 1573.
25 Coppel (2000), S. 4.
26 Westin (2000), S. 2.

jekts.[27] Datenpakete können über moderne Informationswege in beinahe Lichtgeschwindigkeit über die ganze Welt transportiert werden, so dass im Internet jeder Punkt von allen anderen Punkten gleich weit entfernt ist.[28] Es ist nicht von Bedeutung, ob die miteinander kommunizierenden Rechner physisch nebeneinander oder auf unterschiedlichen Kontinenten stehen.

Im Folgenden werden Wirtschaftsstrukturen, Produktionsprozesse und Handelsformen, die vor dem Auftreten des Internets existierten, als *traditionell* bezeichnet. Als *neu* werden alle diejenigen Prozesse bezeichnet, welche entweder durch das Internet entstanden sind oder die zwar bereits vorher existierten, durch das Internet und die Digitalisierung aber substantiell verändert wurden.

2. Fiskalstaat und elektronischer Geschäftsverkehr

Die Liberalisierung und Integration der einzelnen Volkswirtschaften hat in den letzten Jahrzehnten zu einer zunehmenden Verflechtung internationaler Wirtschaftsstrukturen geführt.[29] Dieser Prozess wird in der allgemeinen Diskussion als Globalisierung bezeichnet.[30] Die Intensität der Globalisierung kann mit folgenden Indikatoren erfasst werden:[31]

---

27 Vgl. Coppel (2000), S. 18; Kreienbaum (1999), S. 418.

28 Vgl. Kreienbaum (2000), S. 22.

29 Vgl. Klodt (2001), S. 78; OECD (1995a), S. 16.

30 "Als Globalisierung ist ein Prozess zu bezeichnen, in dessen Verlauf sich ein Netz von Handlungszusammenhängen gesellschaftlicher und/oder staatlicher Akteure über die ganze Erde ausbreitet." Schmidt (1994), S. 10. Held bezeichnet Globalisierung als einen Prozess, welcher "...can be taken to denote the stretching and deepening of social relations and institutions across space and time such that, on the one hand, day to day activities are increasingly influenced by events happening on the other side of the globe and, on the other hand, the practices and decisions of local groups have significant global reverberations." Held (1995), S. 20. Andere Definitionen für Globalisierung sind nach Dent (1997), S. 1 "...the highest form of internationalised economic activity" und nach Dicken (1992), S. 1 eine "...more advanced form of internalisation which implies a degree of functional integration between internationally dispersed economic activities." Die Existenz der Globalisierung wird von manchen Autoren angezweifelt. Es wird argumentiert, dass die internationale ökonomische Aktivität nur von etwa 500 Unternehmen aus den USA, Europa und Japan betrieben wird, welche jedoch nicht global, sondern im wesentlichen nur auf regionalen Märkten tätig sind. Vgl. hierzu ausführlich Rugman (2000); Oman (1999).

31 Vgl. zum Folgenden Weck-Hannemann (1998), S. 87; Meier (1997), S. 10.

- Zunahme von Direktinvestitionen und wachsende Internationalisierung der Unternehmen und Produktionsverlagerungen in andere Gebietskörperschaften.
- Wachstum grenzüberschreitender Unternehmenskoordinationen durch Fusionen, Übernahmen oder strategische Allianzen.
- Überproportionale Zunahme internationaler Handelsströme im Vergleich zum Wirtschaftswachstum.

Die Globalisierung hat Auswirkungen auf die Steuerstaaten. Aus fiskalischer Sicht ist die folgende Definition von Globalisierung relevant:

> "...'globalization' is little more than an imprecise code word for the fact that national tax authorities everywhere in the world are in trouble owing to the increasing irrelevance of national borders with respect to determining the location of economic activity in traditional tax policy terms."[32]

Ähnlich formuliert *Tanzi*:

> "...the globalization of income decreases the ability of the tax administration to verify the accuracy of the taxpayer's declarations".[33]

Globalisierung erzeugt das Problem für moderne Steuerstaaten, ihre Steuergesetze zu verwirklichen und Steueransprüche durchzusetzen. Diese Problematik bestand zwar schon immer bei grenzüberschreitenden Transaktionen, doch ist die quantitative Dimension nun anders. Der Anteil der Steuerbemessungsgrundlage, um die mehrere Gebietskörperschaften konkurrieren, hat stark zugenommen und wird weiter zunehmen.[34] Anders formuliert nimmt die Mobilität der Steuerbemessungsgrundlage zu. Das Internet ist maßgeblich für diese Entwicklung verantwortlich.

> "...perhaps the key issue that the Internet poses for tax policy is not so much its potential to create a world *without* (d. A.: Hervorhebungen im Orginal)

---

32 Bird/Wilkie (2000), S. 80.
33 Tanzi (1995), S. 69.
34 Vgl. Bird/Wilkie (2000), S. 80.

borders but rather to create a world of *only* borders – a world in which everyone is as responsive to local taxation as are the people who now live along geographic borders."[35]

B. Die internationale Diskussion um die Besteuerung des elektronischen Geschäftsverkehrs

I. Die wesentlichen Akteure der Diskussion

1. Die Diskussion auf Ebene der OECD

a) Die Konferenz von Ottawa

Als eine der ersten Institutionen beschäftigte sich die OECD mit den Auswirkungen des elektronischen Geschäftsverkehrs auf die Besteuerung. Das Committee on Fiscal Affairs erstellte im Juni 1996 einen Bericht, der sich mit der neuen Handelsform beschäftigte.[36] Im Vordergrund des Berichtes stehen ertragsteuerliche Aspekte, die sich auf das OECD-Musterabkommen zur Doppelbesteuerung auswirken. Insbesondere werden Probleme der Einkunftsartermittlung und der Betriebstättenbegründung diskutiert.[37] Ein weiteres Augenmerk legt der Bericht auf technische Probleme der Steuererhebung. Als Ursache für diese Probleme werden die Zunahme grenzüberschreitender Geschäftsvorfälle, die größere Anonymität und die mangelnde Nachvollziehbarkeit digitaler Transaktionen genannt.[38]

Die erste Ministerkonferenz, die sich daraufhin mit den fiskalischen Auswirkungen des Internets beschäftigte, wurde Oktober 1998 von der OECD in Ottawa veranstaltet.[39] Der Konferenztitel lautete: 'A Borderless World. Realising the Potential of Electronic Commerce.'

---

[35] Goolsbee (2000), S. 562.
[36] Vgl. OECD (1996).
[37] Vgl. OECD (1996), S. 17ff.
[38] Vgl OECD (1996), S. 22ff.
[39] Zu der Entwicklung vor Ottawa vgl. auch Korf/Sovinz (1999), S. 314.

Als Ergebnisse dieser Konferenz wurde eine Reihe von Grundsätzen aufgestellt, nach denen der elektronische Geschäftsverkehr besteuert werden soll.[40] Die Grundsätze zur Besteuerung des elektronischen Geschäftsverkehrs sind jedoch lediglich eine Wiederholung anerkannter Besteuerungsgrundsätze. Als konkrete Maßnahme wurden fünf verschiedene Technical Advisory Groups (TAGs) eingesetzt. Deren Aufgabe lag darin, sich mit den aufkommenden Fragen der Gewinn- und Verbrauchsbesteuerung durch elektronischen Geschäftsverkehr und der Steuerverwaltung zu beschäftigen.[41] Die TAGs sollen anderen Arbeitsgruppen und dem Fiskalausschuss beratend zur Seite stehen.

Tabelle 4.2: Besteuerungsgrundsätze für elektronischen Geschäftsverkehr nach der Konferenz von Ottawa

Neutrality	Taxation should seek to be neutral and equitable between forms of electronic commerce and between conventional and electronic forms of commerce. Business decisions should be motivated by economic rather than tax considerations. Taxpayers in similar situations carry out similar transactions should be subject to similar levels of taxation.
Efficiency	Compliance cost for taxpayers and administrative costs for the tax authorities should be minimised as far as possible.
Certainty and simplicity	The tax rules should be clear and simple to understand so that taxpayers can anticipate the tax consquences in advance of a transition, including knowing when, where and how the tax is to be accounted.
Effectiveness and Fairness	Taxation should produce the right amount of tax at the right time. The potential for tax evasion and avoidance should be minimised while keeping counter-acting measures proportionate to the risks involved.
Flexibility	The systems for the taxation should be flexible and dynamic to ensure that they keep pace with technological and commercial developments.

Quelle: OECD (1998a), S. 4

40 Vgl. Tabelle 4.2.
41 Vgl. Hinnekens (1999), S. 440 und S. 442.

b) Die Konferenz von Paris

Im Herbst 1999 wurde das 'OECD Forum on Electronic Commerce' in Paris abgehalten. Bei dieser Konferenz wurden die Arbeiten der einzelnen TAGs der Öffentlichkeit zur Diskussion gestellt, jedoch wurden keine neuen grundlegenden Ergebnisse erzielt.[42] Im Laufe weiterer Konferenzen und Treffen des CFA wurden die Berichte der TAGs überarbeitet und diskutiert. Seit April 2001 existieren drei grundlegende TAGs:[43]

- Die Arbeitsgruppe Business Profit TAG beschäftigt sich mit Fragen der Gewinnbesteuerung und berät das CFA in Fragen der internationalen Allokation von Besteuerungsrechten.
- Aufgabe der Consumption Tax TAG ist es, die Arbeit des CFA bei allen Fragen der Verbrauchsbesteuerung zu unterstützen. Insbesondere beschäftigt sie sich mit der Frage, wie elektronische Erhebungsmechanismen für Verbrauchsteuern implementiert werden können.
- Die Compliance, Information, and Documentation TAG hat die Aufgabe, wichtige Fragen der Steueradministration anzugehen. Darunter fallen Fragestellungen wie z. B. durch das Internet Steuerzahlern die Einhaltung der Steuervorschriften erleichtert werden kann.

Die Arbeit der TAGs wird von einem Technology Panel unterstützt, welches von Technologieexperten aus Wirtschaft, Wissenschaft, Regierungen und dem OECD Committee for Information, Computer and Communications Policy gebildet wird. Aufgabe des Technology Panels ist, die TAGs auf dem technologisch neuesten Stand zu halten und Implementierungsvorschläge und -möglichkeiten für steuerliche Regelungen zu liefern.[44]

---

42 Vgl. Fetzer (2000), S. 72.
43 Vgl. www.oecd.org (Januar 2002)
44 Vgl. OECD (2001a).

2. Die Diskussion im Rahmen der Europäischen Kommission

Die Europäische Kommission hat sich im Juni 1998 auf Rahmengrundsätze bezüglich der Besteuerung des elektronischen Geschäftsverkehrs verständigt.[45] Auf dieser Grundlage einigten sich die Mitgliedstaaten bei der Tagung des Ecofinrates im Juli 1998 auf Prinzipen, die eine gemeinsame europäische Haltung auf der OECD Ministerkonferenz in Ottawa ermöglichten.[46]

Die Grundsätze von Ottawa wurden von der Europäischen Union als grundlegende Prinzipen akzeptiert. Im Post Ottawa-Prozess fanden in Europa intensive Konsultationen zwischen Vertretern der Kommission, der Wirtschaft und der nationalen Steuerverwaltungen statt. Ziel dieses Prozesses war, die allgemeinen Prinzipen der Konferenz von Ottawa in praktisch anwendbare Maßnahmen und Rechtsetzungsmaßnahmen umzusetzen.[47]
Um ihre allgemeinen Ziele bezüglich der Wohlstandsentwicklung in Europa erreichen zu können[48], hält die Europäische Kommission eine vollständige Harmonisierung der Steuersysteme der Mitgliedstaaten nicht für nötig.[49] Nur in Bereichen mobiler Wirtschaftsfaktoren ist ein hohes Maß an Angleichung wichtig. Dies betrifft mobile Besteuerungsgrundlagen bei direkten Steuern (Zinserträge, Lizenzgebühren) und die Umsatzsteuer.[50] Die Kommission sieht zwar einen ge-

---

45 Vgl. Europäische Kommission (1998).
46 Vgl. Europäische Kommission (2000a), S. 4.
47 Zu diesem Prozess vgl. Europäische Kommission (2000a), S. 6f.
48 "Als oberstes Ziel sieht die Kommission, die Grundfreiheiten des Binnenmarktes einzuführen. Dazu zählen Freizügigkeit, freier Warenverkehr, freier Kapitalverkehr und Dienstleistungsfreiheit. Um diese Ziele erreichen zu können, müssen die europäischen Steuersysteme einfacher, transparenter und verzerrungsfrei sein." Europäische Kommission (2001a), S. 8f.
49 Vgl. Europäische Kommission (20001a), S. 9.
50 Vgl. Europäische Kommission (2001a), S. 10. Bei der Umsatzsteuerharmonisierung kann sich die Kommission auf den EG Vertrag berufen, welcher in Artikel 93 eine Harmonisierung indirekter Steuern explizit vorsieht. Artikel 93 räumt der Europäischen Gemeinschaft ausdrücklich die Kompetenz zur Harmonisierung der Verbrauchsteuern und insbesondere der Mehrwertsteuer ein. Vgl. Kuntze (1998), S. 111. Die Harmonisierungsvorschriften sind in Richtlinienform ergangen, wobei die 6. Mehrwertsteuerrichtlinie vom 17.5.1977 hervorzuheben ist.

wissen Fortschritt auf dem Gebiet der Steuerkoordinierung, allerdings sind aus ihrer Sicht weitere Schritte unumgänglich.[51]

3. Stellungnahmen von Nicht-Regierungsorganisationen

Da der elektronische Geschäftsverkehr für Unternehmen von großer Bedeutung ist, gehen bedeutende Impulse für die Gesetzgebung von Nicht-Regierungsorganisationen aus, die von Unternehmen finanziert und von Unternehmensvertretern geleitet werden.
Eine Interessengruppe ist der Global Business Dialogue on Electronic Commerce (GBDe).[52] Dieses Forum geht auf eine Initiative des früheren EU-Kommissars Martin Bangemann zurück. Im Juni 1998 lud er Führungskräfte weltweit agierender Unternehmen zu einem 'Runden Tisch' ein, um mit ihnen Fragen der globalen Kommunikation zu erörtern. Aus dieser Sitzung entstand der GBDe als Nicht-Regierungsorganisation, welche von international tätigen Unternehmen wie DaimlerChrysler, Deutsche Bank, Telefónica und Walt Disney betrieben wird. Der GBDe hat eine Vielzahl von Working Groups hervorgebracht, die sich neben Fragen der Besteuerung des elektronischen Geschäftsverkehrs mit Handels- und Verbraucherschutzbestimmungen, Datensicherheit und Urheberrechten beschäftigen.[53] 1999 wurden die 'Paris Recommendations' veröffentlicht, die sich u. a. auch mit Zöllen und Steuern befassen. Neben der Zollfreiheit digitaler Produkte wird grundlegend gefordert, keine neuen Steuern auf Produkte des elektronischen Geschäftsverkehrs zu erheben, die existierenden Steuerstrukturen in möglichst einfacher Form auf diese neue Handelsart zu übertragen und den elektronischen Geschäftsverkehr nicht gegenüber dem physischen Handel zu benachteiligen.[54] Am 29. Oktober 2002 wurden die 'Brussels

---

51 Um die Koordinierung voranzutreiben hält die Kommission es für unerlässlich, das in der Steuerpolitik vorgeschriebene Einstimmigkeitsprinzip durch das Prinzip der qualifizierten Mehrheit zu ersetzen. Vgl. Europäische Kommission (2001a), S. 11.

52 Vgl. www.gbde.org. (Februar 2002). Eine andere Nicht-Regierungsorganisation ist der Trans Atlantic Business Dialogue (TABD), eine gemeinsame Organisation amerikanischer und europäischer Unternehmen. Der TABD hat jedoch über allgemeine Formulierungen hinaus keine Diskussionsbeiträge zu der internationalen Diskussion beigesteuert. Vgl. Transatlantic Business Dialogue (1997), S. 12.

53 Als Beispiel für den Einfluss des GBDe vgl. Europäische Kommission (2000a), S. 6.

54 Vgl. GBDe (1999), S. 38ff.

Recommendations' veröffentlicht, welche die grundlegenden Forderungen von 1999 wiederholen.[55]

II. Die Betriebstättendefinition im Umfeld des elektronischen Geschäftsverkehrs

Das Committee on Fiscal Affairs der OECD ist Zentrum einer internationalen Diskussion über die Frage, ob ein Internetserver als Betriebstätte anerkannt wird oder nicht.

Die Frage, ob automatisierte Vorgänge auf einer leicht versetzbaren Rechenmaschine eine Betriebstätte begründen können, stellt sich nicht auf den ersten Blick. Eine Beschäftigung mit digitalen Wirtschaftsstrukturen sollte jedoch nachdenklich machen. Ein Unternehmen kann aus einem Server und der darauf installierten Software bestehen. Die Zahlungsströme können automatisch über ein unabhängiges Finanzinstitut abgewickelt werden. Die Gewinne werden an die Unternehmenseigner weitergeleitet, welche in unterschiedlichen Staaten residieren. Wenn in diesem Fall ein Server keine Betriebstätte begründet, kann der Unternehmensgewinn keiner Gebietskörperschaft zugeordnet werden.[56]

Das Committe on Fiscal Affairs veröffentlichte im Dezember 2001 eine Ergänzung des Kommentars des OECD-Musterabkommens zur Doppelbesteuerung, um die Betriebstättendefinition des Musterabkommens an die Anforderungen des elektronischen Geschäftsverkehrs anzunähern. Der entscheidende Satz lautet:

> "Having further examination of the issue, the conclusion has been reached that human intervention is not a requirement for the existence of a permanent establishment."[57]

---

[55] Vgl. GBDe (1999), S. 50f.
[56] Vgl. Westin (2000), S. 427.
[57] OECD (2000b), S. 3, Tz. 9.

Der Fiskalausschuss räumt ein, dass ein alleinstehender Internetserver oder eine automatisierte Tätigkeit unter bestimmten Umständen eine Betriebstätte begründen kann, und unterscheidet bei der Präsenz eines Unternehmens im Internet zwei Kriterien. Das erste ist der körperliche Gegenstand eines Internetservers. Das zweite Kriterium umfasst die zur Betreibung eines Servers notwendige Software und die auf einem Server abgelegten Informationen. Diese Unterteilung ist Grundlage für die Schlussfolgerung, dass eine Webseite allein keine Betriebstätte begründen kann.[58] Damit wird der Tatsache Rechnung getragen, dass sich Aktivitäten über eine Webseite nicht einem geographischen Raum zuordnen lassen.[59] Die OECD erteilt dem Gedanken einer virtuellen Betriebstätte eine Absage.[60] Notwendig ist als physische Grundvoraussetzung eine entsprechende Hardware (Internetserver), aber nicht der dauernde Einsatz des Produktionsfaktors Arbeit.[61] Außerdem hängt die Anerkennung eines Servers als Betriebstätte nach Meinung des Fiskalausschusses davon ab, ob eine feste Verbindung zu einer Gebietskörperschaft existiert.[62]

> "Computer Equipment at a given location may only constitute a permanent establishment if it meets the requirement of being fixed. ...In order to constitute a fixed place of business, a server will need to be located at a certain place for a sufficient period of time so as to become fixed... ."[63]

Als Ergebnis der Arbeit des Committee on Fiscal Affairs lässt sich festhalten, dass ein Internetserver nur dann eine Betriebstätte begründen kann, wenn er räumlich fixiert ist, von dem Unternehmen selber betrieben wird und eine wirtschaftlich bedeutsame Funktion innerhalb des Unternehmens ausführt.[64] Die OECD macht wenig Angaben darüber, warum der Faktor Arbeit nicht zur Begründung einer Betriebstätte notwendig ist. Sie gibt in erster Linie (i) eine juris-

58 Vgl. OECD (2000b), S. 5, Tz. 42.2.
59 Vgl. Haiß (2000), S. 304.
60 Vgl. Kessler (2002), Tz. 5/5.1.7.7.
61 Vgl. OECD (2000b), S. 3.
62 Vgl. Kessler (2002), Tz. 5/5.1.7.2.
63 OECD (2000b), S. 5, Tz. 42.2. Die notwendige Zeitgrenze ist derzeit nicht konkretisiert.
64 Vgl. Wichmann (2003), S. 135; Kessler (2002), Tz. 5/5.1.7.7.

tische Interpretation des OECD-Musterabkommens und verweist (ii) auf fiskalische Aspekte:

(i) Die Betriebstättendefinition des Artikels 5 Abs. 1 des OECD-Musterabkommens nimmt keinen direkten Bezug auf die Frage, ob menschliche Arbeit notwendig ist, um eine Betriebstätte begründen zu können. Nur der bisherige Kommentar des OECD-Musterabkommens geht darauf ein und verlangt bei entsprechender Interpretation menschliche Arbeit als notwendiges Kriterium für die Anerkennung einer Betriebstätte. Der Fiskalausschuss folgt dieser Interpretation jedoch nicht, da der entsprechende Absatz eine 'kann'-Vorschrift enthält. Eine geschäftliche Tätigkeit kann nach Auffassung des Fiskalausschusses zumindest teilweise ohne menschliches Zutun ausgeführt werden.[65]

(ii) Neben der juristischen Interpretation nennt das Committe on Fiscal Affairs eine fiskalische Begründung für seine Auffassung:

> "Finally, the Committee believes that a requirement of human intervention could mean that, outside the electronic commerce evironment, important and essential business functions could be performed through fixed automated equipment locared permanently at a given location without a permanent establishment being found to exist, a result that would be contrary to the object and purpose of Article 5."[66]

Als konkretes Beispiel wird von der OECD nur ein Verweis auf traditionelle Wirtschaftsformen angeführt, in denen z. B. eine automatische Pumpstation zur Gewinnung von Bodenschätzen auch als Betriebstätte anerkannt werden kann:[67] Unternehmen erreichen auch außerhalb der digitalisierten Welt Wertschöpfungen, die auf automatisierten Vorgängen beruhen. In der Regel handelt es sich dabei um Unternehmen, deren Wertschöpfung leitfähig ist. Leitfähig bedeutet in diesem Zusammenhang, dass Güter durch Rohre oder Kabel transportiert werden können, z. B. Flüssigkeiten oder Elektrizität. Das meistzitierte Beispiel aus diesem Bereich sind Unternehmen der Mineralölindustrie. Rohöl wird über Pipelines von Erdölquellen zu Raffinerien und anschließend zu Verteilungszentren

---

65 Vgl. OECD (200d), S. 3, Tz. 10 und S. 3f, Tz. 12.
66 OECD (2000b), S. 4, Tz. 13.
67 Vgl. OECD (2000b), S. 6.

gepumpt. Pipelines durchqueren bei diesem Prozess in vielen Fällen mehrere Gebietskörperschaften. In den durchquerten Gebietskörperschaften bedarf es keines ständigen Personals, da automatische Pumpstationen den Ölfluss ermöglichen. Moderne Windkraftanlagen und Solargeneratoren leisten ebenfalls eine automatische Wertschöpfung. Energieerzeuger dieser Art funktionieren ohne ständiges Wartungspersonal. Die zunehmende Verwendung regenerativer Energieträger kann ihre fiskalische Bedeutung erhöhen. Weitere Beispiele für vollautomatische Wertschöpfungen können Unternehmen sein, die Leistungen auf dem Wasser- und Abwassermarkt anbieten.[68]

Eine Nichtanerkennung von Internetservern als Betriebstätte wird von den Vereinigten Staaten von Amerika befürwortet. Bereits 1996 hat das U.S.-amerikanische Finanzministerium das Betriebstättenprinzip in Frage gestellt.

> "In the world of cyberspace, it is often difficult, if not impossible, to apply traditional source concepts to link an item of income with a specific geographic location. Therefore, source-based taxation could lose its rationale and be rendered obsolete by electronic commerce. By contrast, almost all taxpayers are resident(s) somewhere. An individual is almost always a citizen or a resident of a given country, and, at least under U.S. law, all corporations must be established under the laws of a given jurisdiction."[69]

---

[68] Mit der Verneinung menschlicher Arbeit als notwendiges Kriterium steht der Fiskalausschuss der OECD im Einklang mit dem Pipeline-Urteil des Bundesfinanzhofs. In dieser Streitfrage ging es um die steuerliche Einordnung einer Ölpipeline, die im Besitz eines niederländischen Unternehmens Deutschland durchquert. Der BFH hat geurteilt, dass eine Betriebstätte auch ohne den Personal begründet werden kann. BFH vom 30.10.1996, II R 12/92, BStBl. 1997, S. 12 – 14. Zu kleineren Diskrepanzen zwischen der Meinung des Committee on Fiscal Affairs und dem BFH-Urteil vgl. Bach/Hubbert/Müller (2000), S. 15f. Obwohl das Pipeline-Urteil prinzipiell die Anerkennung eines Internetservers als Betriebstätte ermöglicht, hat die deutsche Finanzverwaltung noch keine Regelungen zur Anerkennung erlassen. Unbeantwortet sind auch Fragen im Bereich der innerkonzernlichen Gewinnallokation, wenn digitale Waren innerhalb eines internationalen Unternehmens gehandelt werden. Vgl. Strunk/Bös (2003), S. 353.

[69] U.S. Treasury Department (1996), Tz. 7.1.5.

Das U. S. Finanzministerium vertritt die Ansicht, dass eine Kontrolle von Internettransaktionen zu schwierig ist, um das Betriebstättenprinzip durchsetzen zu können.[70] Dieser Auffassung schliessen sich Unternehmerverbände an. Der GBDe lehnt ebenfalls die Einschätzung des Fiskalausschusses der OECD ab, dass ein Internetserver eine Betriebstätte begründen kann. Die Bedingung, dass der Server eine wesentliche Aufgabe im Rahmen der unternehmerischen Geschäftstätigkeit ausführt, sei zu undefiniert und lasse Raum für Unklarheiten. Der GBDe führt an, dass schon die Anwendung der Betriebstättenregelung im Rahmen traditioneller Transaktionen komplex ist. Eine Anerkennung eines Internetservers führe zu einer Reihe von unklaren Rechtsfällen, die dramatische Konsequenzen für Unternehmen haben können. Er lehnt daher die Änderung des Musterkommentars zum OECD-Musterabkommen durch den Fiskalausschuss ab. Bei den Verrechnungspreisen vermerkt der GBDe, dass die Vermeidung von Doppelbesteuerungen vorrangiges Ziel aller Reformbemühungen sein müsse und dass die unternehmerischen Aufwendungen durch die Steuerzahlungen minimiert werden.[71]

C. Konsequenzen der Digitalisierung für die Allokation der Besteuerungsrechte

I. Spezielle Bestimmungsprobleme bei Transaktionen mit digitalen Waren

Die Digitalisierung bewirkt, dass sich Hilfstatsachen der Besteuerung verändern. Hilfstatsachen der Besteuerung sind (i) Verprobungsmöglichkeiten durch Handel über Zwischenhändler, (ii) Dokumentationen über Warenbewegungen und (iii) Daten über Faktoreinsätze, welche zur Produktion von Gütern und Dienstleistungen benötigt werden.[72] Hilfstatsachen der Besteuerung sind ein wichtiges Instrument der Steuerkontrolle, da sie sowohl die Bestimmung des Steuerobjekts als auch die Kontrolle der Höhe der Steuerbemessungsgrundlage beeinflussen.

---

70 Vgl. Westin (2000), S. 554.
71 Vgl. GBDe (2002), S. 57f.
72 Vgl. Kreienbaum (1999), S 417.

(i) Die veränderte Rolle von Zwischenhändlern im elektronischen Geschäftsverkehr wird unter dem Stichwort Disintermediation geführt. Die Disintermediationsthese besagt, dass im elektronischen Geschäftsverkehr die Bedeutung von Zwischenhändlern abnehmen wird, da Endverbraucher und Unternehmen die Transaktion direkt mit dem Produzenten einer Ware oder Dienstleistung abwickeln können.[73] Die These wird mit abnehmenden Transaktionskosten begründet. Der Einsatz moderner Informations- und Kommunikationstechniken, insbesondere des Internets, reduziert Such-, Informations- und Überwachungskosten.[74] Produzenten und Konsumenten können den Zwischenhandel umgehen und die Kosten der Intermediation einsparen.[75] Die Disintermediation entzieht der Finanzverwaltung wirkungsvolle Anknüpfungspunkte der Besteuerung ("taxing points"[76]), wodurch sie gezwungen wird, kleinere Steuerbeträge von einer grö-

---

[73] Vgl. Latzer/Schmitz (2002), S. 129; Luxem (2000), S. 48; Bakos (2001), S. 75. Wigand (1997), S. 4 definiert Disintermediation als "...displacement or elimination of market intermediaries, enabling direct trade with buyers and consumers without agents."

[74] Bakos (1997), S. 25 bezeichnet die Suchkostenreduktion als hervorstechendes Merkmal elektronischer Marktplätze.

[75] Vgl. Latzer/Schmitz, (2002), S. 129. Die Disintermediationsthese muss in ihrem Aussagegehalt differenziert betrachtet werden. Bakos (1997; 2001) argumentiert, dass zweifellos Transaktionskosten (insbesondere Suchkosten) durch das Internet reduziert werden. Die Folge ist höhere Wettbewerbsintensität, da Konsumenten in der Lage sind, eine Mehrzahl an Angeboten miteinander zu vergleichen. Vgl. Bakos (2001), S. 70. Daher intensivieren gesunkene Suchkosten den Preiswettbewerb. Vgl. Bakos (1997), S. 25. Dieses Ergebnis gilt uneingeschränkt nur für Handel mit homogenen Gütern. Die Suchkosten reduzieren sich hingegen auch für Anbieter, so dass "...on-line retailers can increase the number of product offerings and the information provided about each product, because they are not constrained by physical shelf space. This will be particularly true as merchants improve on-line store layouts, and as consumers acquire high speed Internet connections. The resulting increase in variety offers the possibility of customization – that is, the ability to let each customer choose the desired set of product characteristics." Bakos (2001), S. 71. Die Anbieter können verstärkt Produktdifferenzierung betreiben, was die Anbietergewinne erhöht. Vgl. Bakos (1997), S. 22. Aufgrund der Produktdifferenzierung entsteht Nachfrage nach Informationsintermediären, welche Produktinformationen sammeln und anbieten. Im Ergebnis scheiden bestimmte Handelsintermediäre aus dem Markt aus, werden jedoch durch andere ersetzt. Vgl. Bakos (2001), S. 77. Die Reduktion der Suchkosten verändert demnach die Aufgabe der Handelsintermediäre. Vgl. Bakos (2001), S. 75. Der elektronische Geschäftsverkehr verursacht sowohl Disintermediation als auch Reintermediation. Eine ausführliche Diskussion der Dekonstruktionsthese bietet Schuler (2002).

[76] Owens (1997), S. 1838

ßeren Zahl an Steuerzahlern einzuziehen. Die Verwaltungskosten des Steuersystems erhöhen sich für Finanzverwaltungen und für Unternehmen.[77]
(ii) Im traditionellen Handel mit physischen Gütern werden Wareneingangs- und Warenausgangsaufzeichnungen angefertigt. Auch sind Unternehmen verpflichtet, regelmäßig den Bestand an Waren aufzunehmen. Die Inventur dient als Kontrolle der laufenden Dokumentation über Warenbewegungen.[78] Im elektronischen Geschäftsverkehr verändert sich das Dokumentationsumfeld, da eine physische Kontrolle der gehandelten oder produzierten Waren nicht möglich ist. Digitale Waren oder Dienstleistungen können zudem im nachhinein verändert oder verschlüsselt werden.[79] Ferner existiert die Möglichkeit, digitale Transaktionen mit ihren Buchungsnachweisen aus dem betrieblichen Rechnungswesen zu löschen. Die Digitalisierung erschwert auch die Überprüfung der Frage, was für eine Ware oder Dienstleistung bewegt wurde. Digitale Waren bestehen aus binären Zahlen. Es sind direkt keine Informationen ableitbar, ob das versendete Datenpaket z. B. ein Film oder eine Übersetzungsleistung ist. Die steuerliche Einordnung als Warenlieferung oder Dienstleistung wird erschwert.
(iii) Im Gegensatz zu physischen Gütern können digitale Waren in Form von Informationen beliebig oft reproduziert werden und sind daher oftmals teuer in der Produktion (z. B. Filme, Forschungsergebnisse), aber billig in der Reproduktion.[80] Die Reproduktion wird ermöglicht, indem die entsprechenden Daten auf einem Internetserver hinterlegt werden. Der Server erzeugt ein mit dem Original identisches Datenpaket, und es fallen neben den pauschalen Serveraufwendungen i. d. R. keine Faktorverbräuche an.[81] Für die Finanzverwaltung entstehen daraus mehrere Probleme. Ein Steuerkontrolleur kann Gehaltsabrechnungen, die Abnahme an Vorprodukten oder die dazugehörigen nicht Zahlungsströme über-

---

77 Vgl. Owens (1997), S. 1838. Eine umfassende Reintermediation entschärft diese Problematik nicht. Neue Intermediäre sind nach Bakos (2001), S. 78 vornehmlich Anbieter von Informationen. Informationen sind digitalisierbar. Die neuen Internetintermediäre sind aus diesem Grund weder geographisch gebunden noch aktiv am Vertriebsprozess beteiligt. Daher entfallen Verprobungsmöglichkeiten für Finanzverwaltungen.

78 Das deutsche Handelsgesetzbuch spricht in diesem Zusammenhang von einer "körperlichen Bestandsaufnahme". § 240 Abs. 3 S. 2. HGB.

79 Vgl. Altmann (2002), S. 123.

80 Vgl. Arrow (1962/1985), S. 112f.

81 Vgl. Kessler (2002), Tz. 5/6.5.1.1.; Boehme-Neßler (2001), S. 207; Kreienbaum (1999), S 417.

prüfen. Die Steuerkontrolle ist darauf angewiesen, dass die mit digitalen Transaktionen beschäftigten Programme Daten hinterlegen, aus denen eine Dokumentation erstellt werden kann. Da Transportkosten und Transportgeschwindigkeit digitaler Waren im Vergleich zu physischen Waren ungleich höher sind, kann eine Vielzahl an Gebietskörperschaften mit einer digitalen Transaktion in Verbindung stehen.[82] Die Anforderungen an eine internationale Zusammenarbeit von Finanzverwaltungen erhöhen sich, weil eine wirksame Steuerprüfung einen Vergleich in- und ausländischer Daten erfordert.

Zusammengefasst: Traditionelle Kontrollverfahren können daher in der elektronischen Geschäftswelt überfordert sein. Das Grundproblem ist das Fehlen von überprüfbaren Verbindungen zwischen Transaktionspartnern.[83] Gelingt die Steuerkontrolle im digitalen Umfeld nicht oder nur ungenügend, kann das Transaktionsvolumen oder die Höhe der Steuerbemessungsgrundlage nur an monetären Strömen gemessen werden. Eine physische Gegenkontrolle ist nicht möglich.

II. Konsequenzen für positive Aspekte der internationalen Unternehmensbesteuerung

1. Investitions- und Standortflexibilitäten

a) Vorbemerkungen

Die Wertschöpfungskette international tätiger Unternehmen ist auf mehrere Gebietskörperschaften verteilt. Nach dem Quellenlandprinzip besteuern die Gebietskörperschaften ihren geographischen Anteil an der Wertschöpfung. Bei traditionellen Wertschöpfungsketten ist es beispielsweise üblich, dass ein Unternehmen in Land A Waren oder Dienstleistungen produziert und in Land B über eine Verkaufsniederlassung absetzt, welche auch verkaufsfördernde Maßnahmen übernimmt. In diesem Fall hat Land A das Besteuerungsrecht über Erträge

---

[82] Owens (1997), S. 1837f.

[83] Vgl. Mahnke/Venzin (2002), S. 7; Owens (1997), S. 1837f.

aus der Produktion, während Land B Erträge besteuern darf, welche der Verkaufsniederlassung zugewiesen werden. Der elektronische Geschäftsverkehr als Anwendungsform der Digitalisierung kann solche traditionellen Wertschöpfungsketten und damit die Verteilung der Besteuerungsrechte auf dic Gebietskörperschaften wesentlich verändern. Das Unternehmen kann z. B. Waren oder Dienstleistungen in B zu verkaufen, ohne in B eine Verkaufsniederlassung zu unterhalten. Bei diesem Beispiel verliert B sein Besteuerungsrecht an dem Unternehmensgewinn, während A hinzugewinnt. Selbst unter der Annahme, dass in B eine Betriebstätte unterhalten wird (wenn z. B. ein Internetserver in B als Betriebstätte anerkannt wird), kann B an Besteuerungsrecht im Vergleich zu traditionellen Wertschöpfungsprozessen verlieren: Da der Erfolg des elektronischen Geschäftsverkehrs auf Kosteneinsparungen beruht, sind Verkaufsaktivitäten über einen Internetserver günstiger als über eine physische Betriebstätte. Wenn die Kosteneinsparungen über Preissenkungen an die Nachfrager weitergegeben werden, kann der Steuerertrag von B sinken unter der Voraussetzung, dass der Verrechnungspreis zwischen A und B unverändert bleibt (und damit den Steuerertrag von A), während der gesunkene Verkaufspreis den Steuerertrag von B reduziert.[84]

Die Digitalisierung erzeugt unterschiedliche Auswirkungen, welche die Ursachen für Steuererhebungsprobleme bei der internationalen Unternehmensbesteuerung beeinflussen. Die erste Auswirkung ist der Bereich digitaler Transaktionen, welcher über Internetserver abgewickelt wird. Die zweite ergibt sich bei traditionellen Wertschöpfungen, deren Leistungserstellungsprozess durch die Digitalisierung verändert wird.

b) Investitionsflexibilitäten bei digitalen Transaktionen

Die Anerkennung eines Internetservers als Betriebstätte ermöglicht flexible Verlagerungen realwirtschaftlicher Einkommensquellen. Ein Internetserver ist eine bewegliche Investition, welche ohne große Aufwendungen in eine andere Gebietskörperschaft verbracht werden kann. Der Server ist dann Anknüpfungs-

84 Vgl. Doernberg et. al. (2001), S. 342f.

punkt der Besteuerung und kann Gewinne zugewiesen bekommen. Folgendes Beispiel soll diesen Sachverhalt illustrieren.

Unternehmen setzen das Internet zur Abwicklung von Einkaufs- und Beschaffungsprozessen ein.[85] Die Informationstechnologie wird benutzt, um elektronische Märkte zu bilden, bei der Käufer und Verkäufer über eine zentrale Datenbank verbunden werden. Der elektronische Marktplatz überprüft die Angebote und übernimmt die Verwaltung des Einkaufsvorganges. Die entsprechenden Waren- und Zahlungsströme können über die Internetplattform abgewickelt werden, oder Dritte werden automatisch mit der Abwicklung der entsprechenden Vorgänge beauftragt.[86] Die Einrichtung von Internetmarktplätzen erzeugt Effizienzgewinne bei den beteiligten Unternehmen. Effizienzgewinne resultieren aus der Abnahme der Geschäftsprozesskosten und aus der Reduktion von Informationskosten.[87] Die Prozesskosten können in zweierlei Hinsicht reduziert werden. Zum einen werden Geschäftsprozesse automatisiert, indem Transaktionen via Telefon oder Telefax durch Datenverarbeitungsprogramme ersetzt werden.[88] Zum anderen bieten elektronische Marktplätze die Möglichkeit, Effizienzgewinne durch Umgestaltung bestehender Einkaufsprozesse zu erzielen. Die Informationskosten reduzieren sich, da Preisvergleiche und die Gewinnung von Produktinformationen erleichtert werden.[89] Die Effizienzverbesserungen im Geschäftsprozess erzeugen die größten Einsparpotentiale. Untersuchungen der Einkaufsplattformen von Automobilherstellern haben ergeben, dass die gesamten Einspa-

85 In der betriebswirtschaftlichen Literatur werden diese Prozesse als e-procurement bezeichnet.

86 Vgl. Wirtz/Mathieu (2001), S. 825.

87 Effizienzgewinne sind "...related to the need to determine prices and other details of the transaction, to make the existence and location of potential buyers and sellers known to one another, and to bring the buyers and sellers together to transact." Milgrom/Roberts (1992), S. 28.

88 "E-Commerce innovations aim to reduce the cost of procurement before, during and after the transaction. At every stage, e-commerce avoids the need to translate computer files into paper documents, a process that generally involves errors, delay and costly clercical personnel. E-Commerce automates this process by mediating transactions through websites and electronic data interchange." Lucking-Reiley/Spulber (2001), S. 56.

89 Vgl. Garciano/Kaplan (2000), S. 4f.

rungen durch elektronische Marktplätze bis zu 25% der Beschaffungskosten betragen können.[90]
Daraus ergeben sich Folgen für den Steuerstaat. Der Internetserver, welcher die Einkaufsplattform betreibt, kann zur Erzielung von Steuerersparnissen in ein Niedrigsteuerland verlegt werden, wenn ein Internetserver als Betriebstätte anerkannt wird. Ein traditioneller Wertschöpfungsprozess wird durch die Digitalisierung verändert und kann infolgedessen international mobil werden, wodurch Auswirkungen auf die internationale Allokation der Besteuerungsrechte entstehen.

c) Investitionsflexibilitäten traditioneller Unternehmenstätigkeiten durch die Digitalisierung

Neben neuer Investitionsflexibilitäten im Bereich digitaler Transaktionen verändert die Digitalisierung auch die internationale Mobilität traditioneller Wertschöpfungen. Digitale Informations- und Kommunikationstechnologien werden innerhalb von Unternehmen angewendet, um die Koordination der einzelnen Unternehmensteile zu verbessern. Der konzerninterne Informationsfluss ist somit grundlegend für eine effiziente Leistungserstellung. Die Organisationsstruktur und die geographische Verteilung der Unternehmensteile hängen zusätzlich von dem Informationsfluss ab, damit diese unabhängig von nationalen Grenzen vernetzt werden können.[91] Unternehmen sind mit den technischen Möglichkeiten digitaler Informations- und Kommunikationstechnologien auch in der Lage, traditionelle Wertschöpfungsketten im größeren Umfang international zu verteilen, als es vor dem Eintreten der Digitalisierung der Fall war. Konkret verantwortlich für diese Entwicklung sind[92]

- digitale Telekommunikation mit Bild, Ton und weiteren Zusatzinformationen,
- weltweites e-mail und digitale Netzwerke,
- Videokonferenzen und andere Multimedianwendungen über das Internet.

90 Vgl. Dudenhöffer (2001), S. 202.
91 Vgl. Ferguson/Khandelwal (2000), S. 215.
92 Vgl. zum Folgenden Bakis/Roche (2000), S. 151.

Der Bereich Forschung und Entwicklung benötigt in vielen Fällen eine Mitarbeit von Personen, die in verschiedenen Abteilungen eines Unternehmens tätig sind. Eine räumliche und zeitliche Trennung kann die Koordination zwischen den beteiligten Personen erschweren. Die Benutzung moderner Kommunikationssysteme in Form von Internet- und Intranetanwendungen[93], verringert diese Hindernisse. Die zunehmende Zahl an internationalen Unternehmenszusammenschlüssen stellt die Unternehmen auch vor die Herausforderung, Forschungs- und Entwicklungsressourcen und –aufgaben innerhalb eines Konzerns zu alloziieren und zu vernetzen.[94] Die zunehmende Leistungsfähigkeit informationsverarbeitender Systeme kann damit als Triebkraft bei der Internationalisierung von Forschungs- und Entwicklungstätigkeiten angesehen werden. Als Beispiel kann der Ford-Konzern dienen, in dem die Entwicklungszentren in Asien, Europa und den USA über ein Intranet kommunizieren. So sind die Ingenieure in Detroit in der Lage, ein Problem in Indien bearbeiten zu lassen. Aufgrund der Zeitdifferenz geschieht die Lösung für die amerikanischen Ingenieure gewissermaßen über Nacht. Am Morgen des nächsten Werktags können die Amerikaner mit der Antwort aus Indien weiterarbeiten.[95] Forschungsinvestitionen werden durch die Digitalisierung zunehmend flexibel, und Entwicklungsabteilungen können dezentral strukturiert sein. So müssen z. B. bei Unternehmenskäufen die verschiedenen Entwicklungsabteilungen nicht zentralisiert werden.

---

93 Ein Intranet unterscheidet sich von dem Internet dadurch, dass der Nutzerkreis durch Softwareprogramme eingeschränkt ist, z. B. auf Computer eines Unternehmens.

94 Vgl. Wichmann (2003), S. 140; Specht/Beckmann/Amelingmeyer (2002), S. 290. Zu weiteren Bestimmungsgründen für die Internationalisierung von Forschungs- und Entwicklungstätigkeiten vgl. Specht/Beckmann/Amelingmeyer (2002) S. 418ff und Schlenker (2000), S. 17ff. Einen ausführlichen Überblick über die Auswirkung moderner Informations- und Kommunikationstechnologien auf die Internationalisierung von Forschung und Entwicklungstätigkeiten innerhalb multinationaler Unternehmen gibt Cantwell (2001), S. 442ff.

95 Vgl. Li (2001), S. 778. "...this role of ICT (d. A.: Information- and Communication Technology) as a promoter of innovation within the MNE (d. A.: Multinational Enterprise) is a further key factor in the shift from the MNE as an institution for technology transfer between established activities frequently organized along miniature replica lines in different locations, and towards the MNE as a developer of international networks for technology creation, which combine formerly unconnected streams of informations." Cantwell (2001), S. 449f.

In der Vergangenheit waren international tätige Unternehmens in der Regel in verschiedene Betriebsabteilungen aufgegliedert. Die einzelnen Betriebsabteilungen wurden jeweils von spezifischen Dienstleistungsabteilungen bei der Ausführung ihrer Tätigkeit unterstützt.[96] In den USA entstanden Mitte der 80-iger und in Europa Mitte der 90-iger Jahre die ersten Shared Services-Strukturen. Der Shared Services-Ansatz ist ein Organisationskonzept, bei dem organisationsinterne Dienstleistungen für mehrere Organisationseinheiten zur Verfügung gestellt werden. Ziel ist die gemeinsame Nutzung von Ressourcen innerhalb eines Konzerns. Diese internen Dienstleistungen sind entweder ständig wiederkehrende, standardisierbare und in großen Mengen anfallende Prozesse oder auch seltenere Dienstleistungen, die stark wissensorientiert sind.[97] Der Shared Services-Ansatz hat das Ziel, die Konzernorganisation zu straffen und Skaleneffekte zu erzielen. Auslöser dieser Entwicklung waren Globalisierung, Intensivierung des Wettbewerbs und Funktionsprobleme der klassischen Organisationsformen.[98] Entscheidend für die Realisierung des Shared Services Ansatzes ist technischer Fortschritt bei modernen Informations- und Kommunikationstechniken in Form von Internet und Intranet. Der dezentrale Zugriff auf Informationen sowie deren Austausch und problemorientierte Weiterverarbeitung werden zeit- und raumunabhängig ermöglicht, wodurch die unternehmensinterne Koordination entscheidend erleichtert wird.[99] Die Entwicklung dezentraler Organisationsstrukturen wird gefördert.[100] Der Shared Services Ansatz wird besonders häufig im betrieblichen Rechnungswesen umgesetzt. Bis auf die Lohn- und Gehaltsbuchhaltung sind grundsätzlich alle wesentlichen Prozesse im Rechnungswesen für Shared Services geeignet. In den Bereichen Finanzen, Controlling, Steuern und Zölle wird der Shared Services-Ansatz selektiv angewendet, wobei vor allem das Liquiditätsmanagement, die Planung, Kontrolle und Berichterstattung

---

96 Vgl. Li (2001), S. 779.

97 Vgl. Kagelmann (2001), S. 188f.

98 Vgl. Kagelmann (2001), S. 188; Li (2001), S. 799.

99 Vgl. Picot/Reichwald/Wigand (2001), S. 274f. Unterstützt wird diese Entwicklung durch den zunehmenden Einsatz an Standardsoftwareprodukten wie z. B. SAP R/3. Die Standardprogramme werden den Anforderungen des jeweiligen Konzerns angepasst und ermöglichen integrierte Informationsflüsse und Informationsverwaltung. Vgl. Kagelmann (2001), S. 68. Zum Verhältnis von Shared Services und Informationsrückflüsse vgl. auch Schulman et. al. (1999), S. 87ff.

100 Vgl. Kagelmann (2001), S. 68; Sprague/Boyle (2001), S. 138.

der Finanzmittelströme, die Umsatzsteuerabwicklung sowie das Management Reporting betroffen sind. Weitere Einsatzbereiche für Shared Services sind Marketing und andere Verkaufsaktivitäten, die Wartung und Pflege innerkonzernlicher Informationssysteme, Logistikaufgaben und Teilbereiche der Personalverwaltung.[101]

d) Standortflexibilitäten

Wenn ein Internetserver als Betriebstätte nicht anerkannt wird, erzeugt die Digitalisierung nur bei einer Verlagerung des rechtlichen Unternehmenssitzes fiskalische Konsequenzen. Der Sitzort des Internetservers ist steuerlich irrelevant. Das Besteuerungsrecht fällt derjenigen Gebietskörperschaft zu, in welcher das Mutterunternehmen seinen rechtlichen Standort hat. Die fiskalische Bedeutung ergibt sich damit aus der Standortflexibilität des rechtlichen Unternehmenssitzes.

Standortflexibilität ist kein neues Phänomen bei der internationalen Unternehmensbesteuerung, wenn Wertschöpfungen nicht eindeutig bestimmten Gebietskörperschaften zugerechnet werden können. So berührt der laufende Geschäftsbetrieb von Seeschifffahrtsunternehmen eine Vielzahl ausländischer Staaten, da während einer Schiffspassage in vielen Fällen mehrere Häfen angelaufen werden. Bei Geltung des Betriebstättenprinzips müsste regelmässig eine umständliche Aufteilung des Geschäftsergebnisses auf die einzelnen Häfen vorgenommen werden.[102] Das Gleiche gilt für Luftfahrtunternehmen. Beide benutzen seit langem die Möglichkeit der Standortflexibilität, um ihre Steuerbelastung zu senken. Die OECD hat für diese Fälle, bei denen die Aufteilung des Unternehmensgewinns auf zahlreiche Betriebstätten prohibitiv hohe Administrationskosten verursachen würde, eine besondere Regelung aufgestellt.[103] Das OECD-Musterabkommen regelt in Artikel 8 Abs. 1, dass die Gewinne solcher Unternehmen in derjenigen Gebietskörperschaft besteuert werden, in welcher sich der

[101] Vgl. Kagelmann (2001), S. 189; Li (2001), S. 780.
[102] Vgl. Brons (1990), S. 107.
[103] Die OECD spricht in diesem Zusammenhang von einer "Tie Breaker Rule". OECD (2001d).

Ort der tatsächlichen Geschäftsleitung (place of effective management) befindet.[104] Der OECD-Kommentar zum Musterabkommen definiert in Paragraph 24 zu Artikel 4 Abs. 3 des OECD-Musterabkommens zur Doppelbesteuerung den Ort der tatsächlichen Geschäftsleitung als denjenigen, in dem grundlegende Entscheidungen über die Führung der Gesellschaft getroffen werden. In der Regel ist dort die höchstrangige Person oder Personengruppe ansässig, welche eine Entscheidungsbefugnis über das gesamte Unternehmen besitzt. Alternativ ist die Sitzlandbesteuerung der Gesellschaft möglich, wenn der Ort der tatsächlichen Geschäftsleitung nicht mit dem rechtlichen Sitzland der Gesellschaft übereinstimmt.[105] De facto gilt bei der Besteuerung des Luft- und Schiffsverkehrs das Sitzlandprinzip, und dem Sitzstaat des Unternehmens fällt das Besteuerungsrecht zu. Die Konsequenz ist das Ausflaggen von Schiffen und Luftfahrzeugen: In Niedrigsteuerländern werden Gesellschaften gegründet, welchen insbesondere das Eigentum an Schiffen bzw. Flugzeugen zugewiesen wird. Die in Niedrigsteuerländern registrierten Schiffe fahren unter sogenannten Billigflaggen (flags of convenience).[106] Von einem Billigflaggenschiff spricht man, wenn das betreffende Schiff unter der Flagge eines anderen Landes als des Landes fährt, in dem sich die tatsächliche Eigentümerschaft befindet, und die Besteuerung im Billigflaggenland niedriger ist. Geringe oder keine Steuern sind damit ein wichtiger Einflussfaktor beim Ausflaggen.[107] Die UNO schätzt, dass im Jahr 2002 etwa 60 Prozent aller Handelschiffe auf den Weltmeeren unter Billigflaggen fahren.[108]

Unternehmen mit digitaler Wertschöpfung weisen ähnliche Charakteristiken wie Schifffahrtsunternehmen auf. Bei beiden kann der Ort der tatsächlichen Gewinnentstehung nicht zweifelsfrei oder nur mit sehr großem Aufwand festgestellt werden. Bei beiden gilt, dass das Besteuerungsrecht derjenigen Gebiets-

---

[104] Das Musterabkommen geht in Artikel 8 Abs. 3 auch auf den Fall ein, dass sich der Ort der tatsächlichen Geschäftsleitung selbst an Bord eines Schiffes befindet. Das Besteuerungsrecht fällt derjenigen Gebietskörperschaft zu, in der sich der Heimathafen des Schiffes befindet. Ist kein Heimathafen vorhanden, so ist der Ansässigkeitsort des Schiffsbetreibers entscheidend für das Besteuerungsrecht.

[105] OECD-MA Art 8, Musterkommentar § 2f.

[106] Eine Übersicht über die Möglichkeiten des Ausflaggens bietet http://www.flagsofconvenience.com/ (Februar 2004).

[107] Vgl. Barett (1997).

[108] Vgl. UNO (2002).

körperschaft zugestanden wird, in der sich der Ort der tatsächlichen Geschäftsführung befindet. Im Rahmen des digitalen Handels zwischen Unternehmen und Endverbrauchern sind kostenintensive physische Präsenzen auf den Absatzmärkten nicht mehr notwendig, so dass in besonderem Maße grenzüberschreitende Unternehmensaktivitäten verbilligt werden.[109] Das Internet bietet insbesondere durch einen raumunabhängigen Produktvertrieb umfassende Anwendungspotentiale, angefangen bei der Informationsgewinnung und -bereitstellung über Verhandlung und Vereinbarung bis zur eigentlichen Abwicklung der Transaktion.[110] Für das Unternehmen eröffnet sich die Möglichkeit, seine Betriebstätten geographisch unabhängig von seinem Absatzmarkt wählen zu können. Die Elastizität von Unternehmensstandorten in Bezug auf Absatzwege ist somit potentiell hoch, so dass die Investitions- und Standortflexibilität[111] zunimmt. Die Konsequenz der Nichtanerkennung eines Internetservers als Betriebstätte ist der Übergang zu dem Sitzlandprinzip in der internationalen Unternehmensbesteuerung, wenn das entsprechende internationale Unternehmen vornehmlich im Bereich digitaler Wertschöpfungen tätig ist. Eine Besteuerung von Internetunternehmen nach dem Sitzlandprinzip oder nach dem Ort der tatsächlichen Geschäftsführung lässt darauf schliessen, dass ebenfalls ein steuerlicher Anreiz zum Ausflaggen solcher Unternehmen eintritt.

Ein Beispiel für Standortflexibilitäten bei digitalen Transaktionen ist das amerikanische Internetauktionshaus eBay, welches auf seiner Internetplattform Auktionen für private Wirtschaftssubjekte ermöglicht. Internetbenutzer können über eBay Gegenstände zum Verkauf anbieten, die von einem Mindestgebot ausgehend, einem Auktionsprozess unterworfen werden. An dem Verkaufsprozess können nur bei eBay registrierte Nutzer teilnehmen. Kommt eine Transaktion zustande, vermittelt eBay den Kontakt zwischen Anbieter und Käufer, wobei die privaten Wirtschaftssubjekte für die Bezahlung und den Warenübergang selbst

---

[109] Vgl. Bacchetta et. al. (1998), S. 32f. Die notwendige Nähe zum Konsumenten wird über das Internet erreicht. Vgl. Sprague/Boyle (2001), S. 139; Kreienbaum (1999), S. 418.

[110] Vgl. Brandstetter/Fries (2002), S. 19.

[111] Prinzipiell stehen in diesem Abschnitt die Standortflexibilitäten im Vordergrund. Der Miteinbezug der Investitionsflexibilitäten soll dem Umstand Rechnung tragen, dass der rechtliche Unternehmensstandort mit dem geographischen Ort der Wertschöpfung übereinstimmen kann.

verantwortlich sind. Für die Bereitstellung und Nutzung der Verkaufsplattform erhebt eBay Provisionen in Abhängigkeit von dem jeweiligen Verkaufspreis. eBay ist letztendlich eine Software auf einem Internetserver, ergänzt durch einen Markennamen.[112] Für das Jahr 2003 erwartet das Unternehmen einen Gesamtumsatz von 2,75 Milliarden US-Dollar.[113] Die europäische Konzernzentrale des Unternehmens und damit der rechtliche Standort des europäischen Mutterunternehmens befindet sich in der Schweiz, so dass z. B. eBay Deutschland bis zum 1. Juli 2003 keine Umsatzsteuer auf Provisionen für Transaktionen in Deutschland zahlen musste.[114] Ab 1. Juli 2003 gilt aufgrund der EU-Richtlinie 2002/38/EG, dass elektronische Dienstleistungen wie die Bereitstellung einer Internetplattform von Firmen mit Sitz außerhalb Deutschlands auch im Inland umsatzsteuerpflichtig sind.[115]

Die Digitalisierung hat neben der einfacheren Verlagerung des Unternehmenssitzes auch Einfluss auf die Ortsbestimmung der tatsächlichen Geschäftsführung. Das Internet weicht die physischen Anknüpfungspunkte auf, anhand derer der Ort der tatsächlichen Geschäftsführung bestimmt wird. Moderne Kommunikationsmöglichkeiten, wie z. B. das Abhalten von Videokonferenzen über das Internet, reduzieren die Notwendigkeit, dass sich die unternehmerischen Entscheidungsträger an einem Ort treffen müssen.[116] Dieselbe Technologie, welche ökonomische Tätigkeiten in einer Gebietskörperschaft ohne physische Präsenz ermöglicht, erlaubt auch die Leitung eines Unternehmens von einem entfernten Standort aus. Die Herausforderungen durch moderne Technologien betreffen das Quellenland- und das Sitzlandprinzip im gleichen Maße.[117]

---

[112] Vgl. Mahnke/Venzin (2003), S. 124.
[113] Vgl. o. V., Financial Times Deutschland, 25.Juli 2003.
[114] Vgl. Schmid (2003).
[115] Vgl. ausführlich Kessler (2002), Tz. 5/4.3.3.5.4.2.
[116] Vgl. OECD (2001d), S. 8, Tz. 37. Ähnlich äußern sich Doernberg et. al. (2001), S. 165 und Wolk (2000), S. 178.
[117] Vgl. Doernberg et. al. (2001), S. 367.

e) Zwischenfazit: globale Integration von Unternehmenstätigkeiten

Die globale Vernetzung erleichtert zusammenfassend die Möglichkeit, Einzelbeiträge einzelner Unternehmen oder Unternehmensteile weltweit zusammentragen zu lassen. Die Wertschöpfungskette einer Unternehmung muss nicht mehr physisch zentralisiert werden. Der Spezialisierungsgrad der Leistungserstellung kann dadurch erhöht werden.[118] Konzerne haben die Möglichkeit, Skalenvorteile mittels einer internationalen Streuung von Produktions- und Vertriebskapazitäten auszuschöpfen.[119] Es kommt zu einer globalen Integration von Unternehmenstätigkeiten: Die Tätigkeiten ausländischer Tochterunternehmen lassen sich besser koordinieren und in die konzernliche Wertschöpfungskette einfügen.[120]

Als Resultat ergibt sich, dass durch Digitalisierung das Potential an unternehmerischer Flexibilität zunimmt, womit nationale Grenzen zunehmend an Bedeutung verlieren.[121] Die Konsequenz ist die Verteilung von Aufgabenbereichen auf eine zunehmende Zahl an Rechtsgebieten, was zu einer größeren Zahl an Vorgängen zwischen einzelnen Unternehmensstandorten führt, welche steuerlich behandelt werden müssen.[122]

Zusätzliche Folgen ergeben sich, wenn digitale Waren durch multinationale Unternehmen gehandelt werden. Die Anerkennung eines Internetservers als Betriebstätte erzeugt den Anreiz, Internetserver in steuerbegünstigte Gebietskörperschaften auszulagern, wodurch Hochsteuerländer Besteuerungsrechte einbüßen. Gewinne können von dem Sitzland in andere Gebietskörperschaften verlagert werden.[123] Unabhängig davon können digitale Kommunikations- und Koordinationsmöglichkeiten bei traditionellen Wertschöpfungen die Allokation der

---

118 Vgl. Kreienbaum (1999), S. 420. Krugman spricht in diesem Zusammenhang von einer Entwicklung "...to slice up the value chain." Krugman (1995a), S. 334. Vgl. auch Mattson (1997), S. 75f.

119 OECD (1997), S. 22.

120 Vgl. Dunning/Narula (1996), S. 8f.

121 Vgl. Portner (2001), S. 9.

122 Vgl. Sprague/Boyle (2001), S. 138.

123 Vgl. Cockfield (2002), S. 609.

Besteuerungsrechte beeinflussen, wenn der rechtliche Unternehmenssitz leichter in steuerbegünstigte Gebietskörperschaften verlagert werden kann. Bei physischen Wertschöpfungen treten insgesamt geringere fiskalische Effekte auf als bei digitalen Transaktionen, da die Mobilität physischer Wertschöpfungen trotz des Einflusses der Digitalisierung geringer als die Mobilität digitaler Wertschöpfungen ist. Letztere ist mit der Kapitalmobilität vergleichbar.
Digitale Waren und global integrierte Geschäftstätigkeiten von multinationalen Unternehmen verändern damit schlussendlich die Rahmenbedingungen der internationalen Allokation der Besteuerungsrechte.

2. Potentielle Informationsasymmetrien bei digitalen Waren

a) Identifikation einzelner Transaktionen

Die Grundlage des Fremdvergleichsgrundsatzes und seiner Anwendung mittels transaktionsbezogener Standardansätze[124] ist der jeweilige einzelne Geschäftsvorfall. Ohne das Vorliegen einer einzelnen Transaktion kann keine Gewinnverteilung erfolgen. Das Hauptproblem im Zusammenhang mit digitalen Waren ist die Identifikation der einzelnen Transaktion.[125] Im Idealfall sollte der Fremdvergleichsgrundsatz auf jede Transaktion gesondert angewendet werden.[126] Die OECD räumt in diesem Zusammenhang aber ein, dass es Fälle gibt, in denen die Anwendung des Fremdvergleichsgrundsatzes schwierig und kompliziert ist. Beispiel sind multinationale Konzerne, die sich mit der integrierten Produktion von hochspezialisierten Waren beschäftigen, mit einzigartigen immateriellen Wirtschaftsgütern handeln oder sich mit der Erbringung von spezialisierten Dienstleistungen befassen.[127] Die OECD argumentiert ferner, dass häufig einzelne Geschäfte so eng miteinander verbunden sind oder so eng aufeinander folgen, dass eine sachgerechte Beurteilung jedes einzelnen Geschäftes nicht möglich ist. Beispiele sind

---

[124] Alternativ wird auch der Begriff geschäftsfallbezogene Standardansätze verwendet.
[125] Vgl. Schwarz (1999), S. 287.
[126] Vgl. OECD (2000a), S. 35.
[127] Vgl. OECD (2000a), S. 23.

- langfristige Verträge über Warenlieferungen und Dienstleistungen,
- Rechte auf Nutzung immaterieller Wirtschaftsgüter und
- die Preisgestaltung bei einer Palette eng miteinander verbundener Produkte (z. B. in einem Sortiment), wo eine gesonderte Preisermittlung für jedes einzelne Produkt oder Geschäft nicht praktikabel ist.[128]

Die Probleme ergeben sich bei Lieferungen von wichtigen Vorprodukten und auch bei Lizenzvergaben von Herstellungswissen an ein verbundenes Unternehmen. Eine gemeinsame Bewertung der Transaktionen liefert zweckmäßigere Ergebnisse als eine getrennte Betrachtung.[129]

Diese Schwierigkeiten werden von *Li* auf das Potential des elektronischen Geschäftsverkehrs übertragen, welcher folgert, dass die genannten Probleme möglicherweise an Komplexität und wahrscheinlich an Quantität zunehmen. Die Komplexität nimmt zu, wenn im zunehmenden Maße Dienstleistungen und immaterielle Wirtschaftsgüter innerhalb von Konzernen gehandelt werden und die Transaktionen unter Inanspruchnahme ausländischer Tochterunternehmen erfolgen, die rechtlich Eigentümer der immateriellen Wirtschaftsgüter sind. Die Quantität nimmt zu, da optimierte Unternehmensformen sich in größerem Umfang grenzüberschreitender Transaktionen bedienen, als es bei traditionellen Wirtschaftsformen der Fall ist.[130] Der elektronische Geschäftsverkehr ersetzt die traditionellen Leistungsketten durch Leistungsnetze. Ein Leistungsbeitrag kann nicht mehr eindeutig einer Ware oder Dienstleistung zugerechnet werden, da keine klaren Leistungsstrukturen vorliegen.[131] Auch lassen sich einzelne Transaktionen aufgrund der hohen Geschwindigkeit schwer identifizieren, welche bei der Übertragung digitaler Informationen möglich ist. Dasselbe Problem entsteht durch die augenblickliche Überbrückung beliebiger Entfernungen, welche neue Verteilungs- und Trennungsmöglichkeiten der Aktivitäten innerhalb eines Un-

---

[128] Vgl. OECD (2000a), S. 35f.
[129] Vgl. OECD (2000a), S. 36.
[130] Vgl. Li (2001), S. 798.
[131] Vgl. Kaminski (2000), S. 147; Kaminski/Strunk (1999), S. 218.

ternehmens bedeuten kann.[132] An der Leistungserstellung kann eine weitaus größere Anzahl von Unternehmen beteiligt werden, als es bei traditionellen Wertschöpfungsprozessen der Fall ist. Die quantitative Zunahme von zu beurteilenden Transaktionen vervielfacht das Verrechnungspreisproblem, zumal der jeweils erbrachte Wertschöpfungsbeitrag sehr klein werden kann.[133]

Die Probleme des Fremdvergleichsgrundsatzes, welche von der OECD angeführt werden, sind direkt durch die Digitalisierung betroffen. Eine Anwendung des Fremdvergleichsgrundsatzes auf jede einzelne Transaktion ist nicht mit der Realität digitaler Wirtschaftsstrukturen vereinbar. Allenfalls können Transaktionen gruppenweise zusammengefasst und beurteilt werden.[134]

b) Vergleichbarkeit von Transaktionen

Die Vergleichbarkeit von Transaktionen zwischen abhängigen und unabhängigen Unternehmen ist ein weiterer Grundbaustein der transaktionsorientierten Verrechnungspreismethoden. Digitalisierbare Waren können über das Internet oder über physische Datenträger (z. B. CD, DVD) gehandelt werden. Trotz gleichen Wareninhalts sind auf physischem Wege vertriebene Waren nicht mit Transaktionen vergleichbar, welche über digitale Vertriebswege abgewickelt werden. Bei physischen Datenträgern wird die digitale Ware auf ein Speichermedium übertragen, verpackt und versandt, was Kosten verursacht und den Wert der digitalen Ware erhöht. Diese Kosten fallen nicht an, wenn die digitale Ware über das Internet vertrieben wird. Der Warenwert einer Internettransaktion ist deshalb nicht mit einer physischen Transaktion vergleichbar, selbst wenn daraus dem Konsumenten derselbe Nutzen entspringt.[135] Weitere Unterschiede des Wa-

---

[132] Vgl. Li (2001), S. 798f. "In fact, e-commerce creates a great potential for explosive growth in cross-border trade in services and information products." Li (2001), S. 799.

[133] Vgl. Kaminski (2000), S. 147f.; Kaminski/Strunk (1999), S. 218f.

[134] Die OECD räumt ein, dass bei solchen Problemen eine gruppenweise Betrachtung der isolierten Bewertungsweise vorzuziehen ist. Vgl. OECD (2000a), S. 36.

[135] Siehe dazu auch das Beispiel bei Li (2001), S. 799. Lukas (1999), S. 8, argumentiert ähnlich: "However, determining which products are functionally equivalent is a tricky proposition. Is text that is displayed on a computer screen really the same thing as a printed book? Is a movie that is downloaded to a computer hard drive really the same as a video that is rented? The answer is not obvious." Kaminski (2000), S. 145 nennt folgendes Bei-

renwert zwischen physischen und digitalen Transaktionen ergeben sich, wenn digitale Waren aus dem Internet nur für eine einmalige Nutzung bezogen werden (beispielsweise bei einer online Anwendung), während der Bezug der entsprechenden Ware auf einem physischen Datenträger eine mehrmalige Nutzung ermöglicht.[136]

Die Identifikation vergleichbarer Transaktionen ist bei gewinnorientierten Verrechnungspreismethoden von der Funktionsanalyse[137] abhängig. Die Funktionsanalyse ist mit Schwierigkeiten behaftet, wenn es um die Beurteilung von betrieblichen Funktionen geht, die von Computern übernommen werden: Individuen programmieren Computer und weisen ihnen damit bestimmte Funktionen zu. Die Digitalisierung ermöglicht, dass Unterschiede zwischen dem Standort des Computers und dem Standort desjenigen Individuums existieren können, welches den Computer nutzt und kontrolliert.[138] Die Funktionsanalyse führt deshalb bei digitalen Transaktionen zu folgender Frage:

> "...how much credit should be given to a computer for its processing functions, even though the functions are being directed by a human?"[139]

Diese Frage ist dann relevant, wenn Einnahmen und Ausgaben zwischen einem Unternehmensteil und einer Server-Betriebstätte alloziiert werden müssen.[140] Auf Ebene der OECD ist die Allokation der Besteuerungsrechte zwischen Internetserver-Betriebstätten nach Artikel 7 des OECD-Musterabkommens Gegenstand intensiver Diskussionen. Das Ziel ist die Umsetzung des Fremdvergleichs-

---

spiel: "Insoweit sind z. B. eine Zeitung und ein Nachrichtenangebot über das Internet nicht vergleichbar, wenn bei letzterem die Möglichkeit besteht, auf Knopfdruck weiterführende Informationen zu erhalten. Hier liegen eigentlich zwei Leistungen vor: einerseits die Informationsbeschaffung und andererseits das Angebot einer Dienstleistung auf Abruf. Insoweit kann nur bezüglich des einen Teils der Leistung die Vergleichbarkeit bejaht werden. Der Service on call ist gesondert zu beurteilen und erfordert eine entsprechende Anpassung des Entgelts."

136 Vgl. Schwarz (1999), S. 288.

137 Vgl. Kapitel 2 Abschnitt B.II.

138 Vgl. Li (2001), S. 800.

139 Owens (1997), S. 1849.

140 Vgl. Li (2001), S. 800.

prinzips bei digitalen Transaktionen. Grundsätzlich wird angestrebt, unter Inanspruchnahme einer Funktionsanalyse die Relevanz des Internetservers für die unternehmerische Wertschöpfung zu bestimmen. Bei einem kleinen Beitrag zu der betrieblichen Tätigkeit sollte die Internetserver-Betriebstätte einen geringen Anteil am Gesamtgewinn zugewiesen bekommen, bei einem bedeutenden Beitrag einen entsprechend hohen.[141] Die Funktionsanalyse ist bei digitalen Waren jedoch heikel und z. Zt. noch Gegenstand intensiver Diskussionen, da die Anforderungen des Fremdvergleichsprinzips mit den Eigenschaften digitaler Waren konfrontiert werden.

Die Funktionsanalyse wird ebenfalls vor neue Herausforderungen gestellt, wenn für vergleichbare Transaktionen einzelne betriebliche Funktionen identifiziert werden müssen. Die bereits erläuterte Integration von Wertschöpfungsprozessen bei digitalen Wirtschaftsstrukturen erschwert die Zuordnung von einzelnen Funktionen auf unterschiedliche Tochterunternehmen.[142] Ein weiterer Problembereich der Funktionsanalyse besteht in der Anforderung, immaterielle Vermögensgegenstände einzelnen Tochterunternehmen zuordnen zu müssen. Die Zuordnung wird insbesondere dann erschwert, wenn immaterielle Vermögensgegenstände zwischen verbundenen Unternehmen transferiert und in ihrem Wert verändert werden. Beispielsweise stellt sich im Rahmen einer weltweiten Zusammenarbeit bei Forschung und Entwicklung die Frage, welches Tochterunternehmen welchen Anteil an dem erstellten immateriellen Forschungsergebnis besitzt.[143] Zusammengefasst lässt sich feststellen, dass digitale Transaktionen

---

[141] Vgl. OECD (2001b), S. 104f.; OECD (2001c).

[142] Vgl. Li (2001), S. 799. Die International Fiscal Association stellt in ihrem Generalbericht 2001 über Besteuerungsprobleme des elektronischen Geschäftsverkehrs die Erfahrungen einzelner Nationen zu diesem Sachverhalt dar: "Im allgemeinen sind die Nationalberichterstatter der Ansicht, dass die Entwicklung von Geschäftsmodellen, die auf eine breitere Streuung intensiv wertschöpfender Tätigkeiten über mehrere Rechtsgebiete, eine verstärkte Bündelung von Vorgängen auf verbundene Unternehmensteile und eine stärkere Spezialisierung der Aufgaben abzielen, die Ermittlung vergleichbarer Vorgänge wesentlich erschweren dürfte." Sprague/Boyle (2001), S. 138.

[143] Vgl. Li (2001), S. 800. "Given the importance of intangible assets in the earning of profits from e-commerce activities, it is also be essential to determine which part of the enterprise economically 'owns' or has created the intangible asset used by the permanent establishment." OECD (2001c), S. 4.

die Aufgabe erschweren, vergleichbare Transaktionen zu identifizieren und zu bewerten.[144]

c) Dokumentations- und Informationsanforderungen

Aus Sicht der Finanzverwaltung ergibt sich durch die Digitalisierung ein Problem in der Dokumentation von Transaktionen. Die Anwendung von Steuergesetzen erfordert vollständige und prüfbare Daten, welche z. B. die Identität und das Sitzland eines Unternehmens sowie den Zeitpunkt der Transaktion belegen.[145] Die Finanzverwaltung muss auch im Rahmen des elektronischen Geschäftsverkehrs sicherstellen, dass alle Leistungen und deren Wert erfasst werden. Diese Anforderung ist nur umsetzbar, wenn Datenprotokolle entsprechende Dokumentationen in der Buchhaltung erstellen. Die technologischen Möglichkeiten des Internets sind jedoch relativ neu, so dass noch keine Erfahrungen vorhanden sind, wie die Dokumentation der unterschiedlichen Verrechnungspreissysteme zu erfolgen hat.[146] Bezüglich der Erfahrungswerte kann eine Stellungnahme der International Fiscal Association angeführt werden, die sich in einem Generalbericht über Verrechnungspreisprobleme äußert, welche bei elektronischem Geschäftsverkehr auftreten:

> "Das zweite wichtige Thema, das in den Nationalberichten behandelt wurde, war die Frage der Anwendung von Verrechnungspreisgrundsätzen auf E-Commerce Vorgänge. ...Die praktischen Erfahrungen oder Richtlinien, die bisher in den 31 Rechtsgebieten, aus denen Nationalberichte vorgelegt wurden, gesammelt werden konnten, lassen sich in zwei Worten zusammenfassen: praktisch keine."[147]

Die Finanzverwaltung muss eigene Softwareprogramme zur Steuerprüfung entwickeln, wozu die staatlichen Behörden entsprechende Mittel benötigen. So ist z. B. die Situation der deutschen Finanzverwaltung gekennzeichnet durch eine

144 Vgl. Schwarz (1999), S. 287.
145 Vgl. Wichmann (2003), S. 137.
146 Vgl. Kaminski (2000), S. 149.
147 Sprague/Boyle (2001), S. 137f.

geringe Anzahl an EDV-Spezialisten, neue und unerprobte Prüfungssoftware, hohen Schulungsaufwand und neue Prüfungsmethoden ohne Erfahrungswerte.[148]

Zusätzlich können Streitfragen zwischen der Finanzverwaltung und den Steuerpflichtigen bei der Prüfung vertikaler Konzerne entstehen, die einen Markt für Zwischenprodukte internalisieren. Wenn die Digitalisierung die Kosten interner Koordination und Kontrolle durch neue Informations- und Kommunikationstechniken reduziert, dehnen sich die Grenzen vertikaler Unternehmen aus. Es können Unternehmen dem Konzernverbund angeschlossen werden, bei denen die Koordinationskosten ohne die technischen Möglichkeiten der Digitalisierung über den Markttransaktionskosten liegen würden. Die Zahl der vertikal integrierten Unternehmen und damit der innerkonzernliche Handel nehmen zu. Die Finanzverwaltungen werden deshalb mit einer steigenden Zahl an Verrechnungspreisfällen konfrontiert, die im ansteigenden Masse auch digitale Transaktionen betreffen können.

d) Abschied vom Fremdvergleichsprinzip?

Die Bestimmung der Verrechnungspreise ist schon bei traditionellem Handel mit Waren und Dienstleistungen schwierig, und in vielen Teilbereichen existieren ungelöste Fragen.[149] Die Digitalisierung verändert nun die Rahmenbedingungen für die Verrechnungspreiskontrolle. Bei der Identifikation der Transaktion und des Serverstandorts, bei Transaktionen mit intangiblen Gütern und bei Dienstleistungen über das Internet treten neue Probleme auf.[150]

Zusammenfassend beeinträchtigt die Digitalisierung zusätzlich die traditionellen Schwachpunkte der Verrechnungspreissysteme nach dem Fremdvergleichsprinzips. Der erste Problembereich liegt in der Fragestellung, ob überhaupt ver-

---

148 Vgl. Hantzsch (2001), S. 29. Zu den Bemühungen der Finanzverwaltung, Kontrollen im Bereich des elektronischen Geschäftsverkehrs zu intensivieren vgl. ausführlich Kessler (2002), Tz. 5/6.5.2.

149 Vgl. Schwarz (1999), S. 290.

150 Dagegen ergeben sich keine neuen Probleme für die Verrechnungspreisbestimmung, wenn mit digitalen Kommunikations- und Koordinationsmöglichkeiten lediglich der Austausch von physischen Gütern koordiniert und gesteuert wird, Vgl. Kaminski (2000), S. 144.

gleichbare Verrechnungspreise existieren. Der zweite Bereich besteht in der Anforderung an die Finanzverwaltungen, die von den Unternehmen angesetzten Verrechnungspreise zu kontrollieren. Der elektronische Geschäftsverkehr verschärft daher die traditionellen Grundprobleme der angewandten Verrechnungspreise.[151]

> "The speed, frequency, and integration of exchanges over the Internet and the development of private networks whithin MNEs will require an innovative approach in applying a separate transaction analysis. In terms of comparability, it becomes more difficult to determine what the transaction actually is, and even greater difficulties apply to finding a third party transaction about which enough is known to conclude that is comparable. And transactions can be hard to discover and trace, particularly those which take place in private networks. The OECD guidelines direct a functional analysis to assess comparability, but with electronic commerce and private networks, it can be difficult to know who is doing what. Transfer pricing will increase in complexity, particularly if the MNE is purposefully attempting to shift income among related parties."[152]

Die transaktionsorientierten Standardansätze als Grundpfeiler des Fremdvergleichsgrundsatzes werden durch das Auftreten des elektronischen Geschäftsverkehrs unter zusätzlichen Druck gesetzt.[153] Es besteht die Möglichkeit, dass das Fremdvergleichsprinzip bei digitalen Transaktionen nicht mehr anwendbar wird, was aufgrund der zunehmenden Bedeutung des elektronischen Geschäftsverkehrs auch das Fremdvergleichsprinzip im Rahmen traditioneller Transaktionen in Frage stellen könnte.[154] Als Konsequenz nehmen die Informationsasymmetrien zwischen Finanzverwaltungen und internationalen Unternehmen zu, da die Kontrollmöglichkeiten der Finanzverwaltung abnehmen. Für die Unternehmen steigt der diskretionäre Handlungsspielraum im Rahmen der Verrechnungspreisgestaltung.

---

151 Vgl. Li (2001), S. 781.
152 Horner/Owens (1996), S. 520.
153 Vgl. Owens (1997), S. 1833.
154 Vgl. Wichmann (2003), S. 139.

3. Steuerwettbewerb bei digitalen Waren

a) Steuerwettbewerb durch elektronischen Geschäftsverkehr

Die Digitalisierung erhöht die Mobilität ökonomischer Aktivitäten. Die Auswirkungen der Digitalisierung auf den Steuerwettbewerb können bei der Gewinnbesteuerung an einem einfachen Modell unter Berücksichtigung von Mobilitätskosten demonstriert werden.[155] Ausgangspunkt ist eine räumliche Verteilungsfunktion nach *Hotelling* (1929), welche eine gleichmäßig lineare Verteilung auf einer Skala zwischen 0 und 1 darstellt.[156] In dem folgenden Modell existieren zwei Gebietskörperschaften, A und B, wobei sich A in Schaubild 4.1 auf die Strecke $0 < a \leq 1$ erstreckt, während sich B lediglich in dem Punkt 0 befindet. Die Gebietskörperschaft A erhebt Steuern von einer Vielzahl an Unternehmen, welche auf ihrem Hoheitsgebiet angesiedelt sind. Die Unternehmen sind gleichmäßig über die Strecke zwischen 0 und 1 verteilt und befinden sich an einem Punkt x, wobei $0 < x \leq 1$. Der Umzugskostenparameter ist s, so dass die Umzugskosten eines Unternehmens sx sind, um zu dem Punkt 0 zu gelangen. Das Land A erhebt eine Gewinnsteuer mit dem Steuersatz t_A. Vereinfachend soll angenommen werden, dass jede Outputeinheit eines Unternehmens einen konstanten Gewinnbeitrag liefert. Die Gewinnsteuer entspricht folglich einer Besteuerung des Outputs.

Die Gebietskörperschaft B befindet sich an dem Punkt 0 und versucht, die eigenen Steuereinnahmen zu maximieren, indem Unternehmen in A zu einem Umzug nach B bewegt werden. Die Unternehmen ziehen nach B um, wenn die Mobilitätskosten, bestehend aus den Umzugskosten sx und dem Steuersatz t_B, niedriger sind als der Steuersatz t_A in A, d. h. $sx + t_B < t_A$.[157] Zuerst soll angenommen

---

155 Vgl. zum Folgenden Watanabe (2000; 1997). Marsh (2000) untersucht mit einem ähnlichen Modell den Steuerwettbewerb bei der Umsatzbesteuerung. Die umsatzsteuerliche Problematik des elektronischen Geschäftsverkehrs spielt in den USA ein Rolle, in der EU ist dieses Problem insignifikant. Vgl. McLure (2003).

156 Die Verteilungsfunktion von Hotelling hat einen erheblichen Einfluss auf die Theorie der Dyopole, auf die Standorttheorie und auf die Dynamik des Zweiparteiensystems hat. Vgl. Hirschman (1970/1974), S. 56ff.

157 Bei einer Gewinnbesteuerung sind eigentlich die Umzugskosten sx von der Steuerbemessungsgrundlage abziehbar, d. h. Unternehmen würden nach B umziehen wenn $sx + t_B$ -

werden, dass A seinen Steuersatz unverändert hält. Der einnahmenmaximierende Steuersatz für B ist von der Höhe des Parameters s für die Umzugskosten abhängig, was anhand Schaubild 4.2 gezeigt werden kann.

Schaubild 4.2: Steuerwettbewerb zwischen A und B bei sinkenden Mobilitätskosten

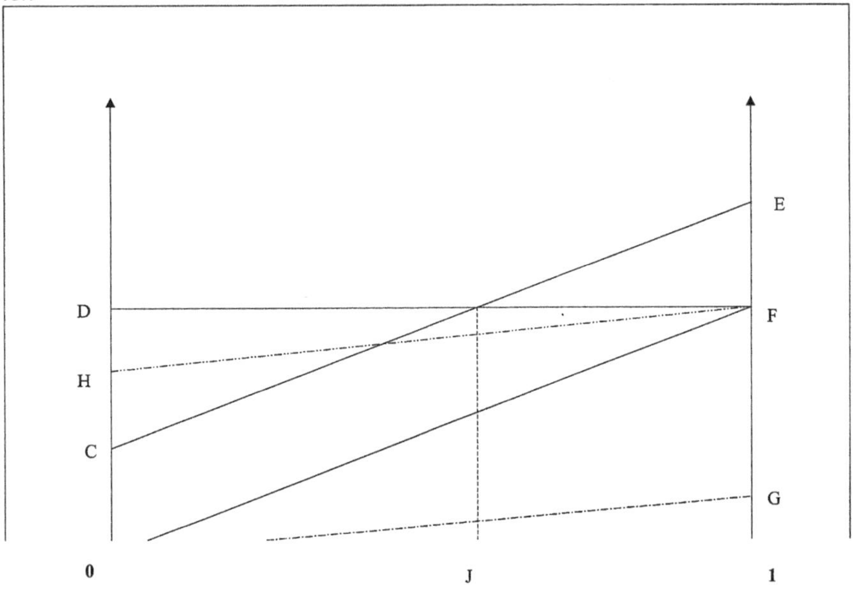

Quelle: Watanabe (2000).

Die Strecke 0D oder 1F entspricht dem Steuersatz t_A. Die Kurve 0F stellt die Umzugskosten sx dar, wobei die Strecke 1F dem Umzugskostenparameter s entspricht, da in diesem Punkt x = 1 ist. Die Gebietskörperschaft B in 0 kann in diesem Fall nur dann alle Unternehmen attrahieren, wenn $t_B = 0$. Entspricht t_B der Strecke 0C, d. h. $t_B > 0$, kann B nur die Unternehmen zwischen 0 und J zu einem Umzug nach B bewegen, da die Mobilitätskostenkurve CE mit $sx + t_B$ in diesem Bereich unter der Stecke DF liegt. Im Punkt J sind die Unternehmen indifferent

$t_B sx < t_A$. Die Berücksichtigung dieses Steuerabzugs würde jedoch die Darstellung verkomplizieren, ohne den Aussagegehalt des Modells zu verändern.

zwischen Produktion in A oder B, d. h. $sx + t_B = t_A$. Die Strecke 0J entspricht folglich $x = (t_A - t_B)/s$ und bedeutet für die Gebietskörperschaft B ein Steueraufkommen R_B i. H. v. $t_B(t_A - t_B)/s$. Das Steueraufkommen R_B ist folglich maximiert, wenn $t_B = t_A/2$.

Durch die Digitalisierung sinken die Umzugskosten. Der Parameter s beläuft sich nun auf 1G ist damit kleiner als die Stecke 1F. Die Gebietskörperschaft B ist jetzt in der Lage, alle Unternehmen von A nach B zu ziehen, da die gesamten Mobilitätskosten bei einem positiven Steuersatz t_B unter DF liegen können. Die Gebietskörperschaft B kann maximal den Steuersatz 0H = 0D – HD = $t_A - s$ verlangen. A verliert seine gesamte Steuerbemessungsgrundlage, wenn t_A i. d. H. von 0D konstant ist.

Wenn s nicht als Umzugskostenparameter, sondern als Parameter einer bestimmten Unternehmensbranche interpretiert wird, ergibt sich, dass Branchen mit geringen Umzugskosten auf Steuerbelastungsunterschiede elastischer reagieren als solche mit hohen. Wenn die Digitalisierung die Umzugskosten aller Branchen senkt, ergibt sich eine umfangreiche Reallokation der Besteuerungsrechte. Schaubild 4.3 zeigt den Verlauf von $t_B = t_B(s)$. Bei s_1 ist $s > t_A/2$, und die Gebietskörperschaft B wählt den einnahmemaximierenden Steuersatz $t_B = t_A/2$. Ein Sinken von s unter s_1 lässt t_B solange unverändert, bis $s = t_A/2$. Dann kann B sogar seinen Steuersatz erhöhen und attrahiert trotzdem alle Unternehmen von A. Bei s = 0 sind alle Unternehmen indifferent zwischen A und B.

Schaubild 4.3: Steuersatz in Abhängigkeit von den Umzugskosten

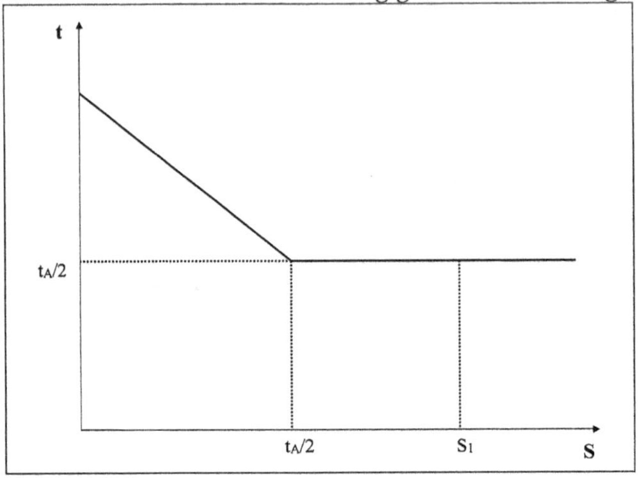

Quelle: Watanabe (2000).

Bisher wurde angenommen, dass die Gebietskörperschaft A ihren Steuersatz unverändert lässt, obwohl ihr Besteuerungsrecht durch B erodiert wird. Die Gebietskörperschaft A wird jedoch ihren Steuersatz verringern, bevor $s < t_A/2$. Unter den getroffenen Annahmen gilt für A die Maximierungsbedingung

(4.1) $$R_A = t_A\left[1 - \frac{t_A - t_B}{s}\right]$$

und für die Gebietskörperschaft B

(4.2) $$R_B = t_B \frac{t_A - t_B}{s}$$

Durch partielles Ableiten erhält man das Nash-Gleichgewicht mit $t_A = 2s/3$ und $t_B = s/3$ und die korrespondierenden Steuereinnahmen $R_A = 4s/9$ und $R_B = s/3$. Aus den Funktionen ist ersichtlich, dass sich bei Steuerwettbewerb die Steuereinnahmen proportional zu s verhalten. Wenn s abnimmt, sinken sie bei beiden Gebietskörperschaften. Sind die Umzugskosten null, erzielen die Gebietskörperschaften A und B keine Steuereinnahmen mehr, da die Steuersätze ebenfalls null sind. Wird s nun wieder als Branchenparameter interpretiert, wenden beide Gebietskörperschaften unterschiedliche Steuersätze für unterschiedliche Branchen an, und der Steuersatz ist für die Branche geringer, welche geringere Umzugskosten aufweist.

Wird das Modell auf den Fall von Niedrigsteuerländern und Steueroasen angewendet, dann lässt sich die geographisch kleine Gebietskörperschaft B als eine Steueroase interpretieren, welche einen negativen externen Effekt für A erzeugt. Die Interpretation von s als Branchenparameter weist darauf hin, dass auch traditionelle Wertschöpfungen eine verstärkte Abwanderungsdrohung erhalten, wenn die Digitalisierung ihre Umzugskosten senkt.

b) Niedrigsteuerländer und Steueroasen im Bereich digitaler Wertschöpfungen

(1) Irland als Niedrigsteuerland

Als Beispiel für ein Niedrigsteuerland innerhalb der Europäischen Union kann Irland angeführt werden. Irland versucht, sich mit Hilfe seines Steuersystems und durch aktive Teilnahme an der internationalen Diskussion über die Besteuerung von Internettransaktionen zu einem Zentrum für elektronischen Geschäftsverkehr zu entwickeln.[158] Der Vorteil Irlands gegenüber anderen Nationen besteht bei diesem Vorhaben darin, dass das irische Steuersystem gezielt auf das Attrahieren ausländischer Direktinvestitionen ausgerichtet worden ist. So wurden seit 1960 immer wieder neue Regelungen eingeführt, welche steuerliche Anreize für ausländische Unternehmen schaffen, wenn diese geschäftliche Aktivitäten von Irland aus betreiben. In den 80er Jahren wurden steuerliche Anreize für Hersteller im Bereich der Hochtechnologie eingeführt, insbesondere ab Mitte der 80er Jahre für Softwareunternehmen. Der Erfolg der steuerpolitischen Anstrengungen Irlands lässt sich daran ablesen, dass Irland über einen längeren Zeitraum der zweitgrößte Softwareexporteur nach den USA war. Im Jahr 2000 hat Irland in diesem Bereich die USA sogar übertroffen.[159]

---

[158] Vgl. Irish Revenue Commissioner (2000), S. 43.
[159] Vgl. Keane (2000), S. 599f.

Die zur Zeit in Irland geltenden Ermäßigungen für die Körperschaftsteuer[160] laufen aufgrund einer Vereinbarung mit der Europäischen Kommission spätestens zum 31. Dezember 2010 aus.[161] Bis dahin werden Gewinne aus bestimmten Tätigkeiten mit einem ermäßigten Steuersatz von zehn Prozent versteuert. Zum Beispiel sind dies Gewinne aus bestimmten Computerdienstleistungen, Gewinne von Unternehmen, die als Spezialhandelshäuser für den Export von im Land hergestellten Waren zugelassen sind und Gewinne von Finanzdienstleistern, die sich in den Dublin Docks niedergelassenen haben. Veräußerungsgewinne, welche durch den Verkauf von Kapitalanlagen entstehen, unterliegen einer Besteuerung von 20 Prozent.[162] Für Handelsunternehmen beträgt der Körperschaftsteuersatz ab Januar 2002 16 Prozent. Andere Unternehmen[163] werden mit 25 Prozent normal besteuert.

Seit 2003 beträgt der Steuersatz für Handelsunternehmen 12,5 Prozent. Für Unternehmen, die im Bereich des elektronischen Geschäftsverkehrs agieren, sind die niedrigen Steuersätze vorteilhaft für Direktinvestitionen in Irland. Alle Aktivitäten im Bereich Software, Handel mit immateriellen Wirtschaftsgütern und andere Transaktionen des elektronischen Geschäftsverkehrs fallen unter den Steuersatz von 12,5 Prozent, selbst wenn die signifikante Infrastruktur des jeweiligen Unternehmens nicht in Irland angesiedelt ist.[164] Ein weiterer Vorteil Irlands als Unternehmensstandort ist ein umfangreiches Netz an Doppelbesteuerungsabkommen. Das Zusammenspiel niedriger Steuersätze und der großen Zahl an Doppelbesteuerungsabkommen verleiht Irland eine besondere Anziehungskraft innerhalb Europas, wenn Standortentscheidungen internationaler Unternehmen getroffen werden.[165]

---

160 Die irische Körperschaftsteuersystem ist mit der inländischen Einkommensteuer durch ein Teilanrechnungsverfahren verbunden.

161 Amtsblatt der Europäischen Gemeinschaften, C 395 vom 31.12.1998.

162 Vgl. Europäische Kommission (2000b), S. 234.

163 Unternehmen der Finanzbranche, Rohstoffgewinnung und Grundstückshandel.

164 Vgl. Ernst & Young (2001), S. 3.

165 Vgl. Westin (2000), S. 620.

(2) Die Steueroase Anguilla

Als Beispiel für erweiterte Gewinnverlagerungsstrategien durch die Digitalisierung bzw. durch das Internet kann die karibische Insel Anguilla dienen. Anguilla hat in den letzten Jahren besondere Anstrengungen unternommen, internetbasierte Transaktionen zu attrahieren.[166] Anguilla erhebt keine Steuern. Alle staatlichen Einnahmen stammen aus Übernachtungsgebühren, Importzöllen, Lizenzgebühren und Unternehmensregistrierungen.[167] Das Volumen des öffentlichen Haushalts liegt bei etwa 95 Millionen US-Dollar.[168] Die langfristige fiskalische Planung zieht explizit mögliche Einnahmen aus der Teilnahme am elektronischen Geschäftsverkehr in Betracht.[169]

Zur Umsetzung des Vorhabens, eine Steueroase im Bereich digitaler Wirtschaftsstrukturen zu sein, hat die Regierung von Anguilla unter finanzieller und technischer Mithilfe der Regierung von Großbritannien im November 1998 das Anguilla's Commercial Online Registration Network System (ACORN) eröffnet. Das ACORN erlaubt eine online Gesellschaftseröffnung in Anguilla rund um die Uhr in etwa fünf Minuten. Es bedarf nur des Ausfüllens eines Online-Formulars. Die Gesellschaftsanmeldung wird elektronisch bestätigt. Die Kosten einer online Gesellschaftsgründung setzen sich zusammen aus Anmeldegebüh-

---

166 Vgl. Westin (2000), S. 384. Anguilla ist die nördlichste der karibischen Leewardinseln und liegt etwa 110km südöstlich von Miami. Die Insel ist Teil des Commonwealths als British Overseas Territory und umfasst 102 Quadratkilometer. Der Gouverneur wird von London ernannt, die Legislative wird von dem gewählten House of Assembly gebildet. Die vier Minister von Anguilla werden aus dem House of Assembly durch den Gouverneur ernannt. Alle Gesetze bedürfen der Zustimmung des Gouverneurs als Vertreter der Königin von England, welche das offizielle Staatsoberhaupt ist. Die Bevölkerungszahl liegt knapp über 10.000, welche in der Mehrzahl afro-karibischen Ursprungs sind. Die Amtssprache ist Englisch. Vgl. Mitchell (2002). Die Insel besitzt wenig natürliche Ressourcen. Die Wirtschaft ist abhängig von Luxustourismus, Hummerfang, Überweisungen von Emigranten und Offshore-Bankgeschäften. Letztere werden als klein, aber wachsend bezeichnet. Die Währung ist der Ostkaribische Dollar, welcher seit 1976 an den US-Dollar gebunden ist. Das Rechtssystem ist an das britische Recht angelehnt. Vgl. CIA (2004).

167 Vgl. o. V. (2002).

168 Vgl. Government of Anguilla (2002a).

169 "There are...important social reasons for promoting the development of telecommunications in Anguilla, which because of its limited resources is dependent on outside revenue sources to support education and health services.". Government of Anguilla (Oktober 2002b). Siehe dazu auch Äusserungen in Government of Anguilla (2002a).

ren und Kosten, die durch eine notwendigen Inanspruchnahme eines Agenten als Gesellschaftsvertreter in Anguilla entstehen. Das Honorar eines Agenten richten sich nach dem Volumen der unternommenen Transaktionen, sind jedoch in ihrer Höhe Gegenstand individueller Vereinbarungen.[170]

Die technischen Möglichkeiten der Digitalisierung prädestinieren Steueroasen wie Anguilla für den elektronischen Geschäftsverkehr.[171] Zumindest theoretisch können Unternehmen Steuern umgehen und dadurch Wettbewerbsvorteile erzielen. Eine Steuerumgehung ist jedoch mit einer Reihe von Hindernissen konfrontiert. Die konkrete Ausgestaltung muss z. B. individuell unter Beachtung der relevanten Steuergesetze in den Hochsteuerländern und der zugrundeliegenden Transaktionen geschehen.[172] Im Allgemeinen muss deshalb darauf hingewiesen werden, dass Steuerumgehung nicht so einfach ist, wie es von Vertretern der Steueroasen behauptet wird.[173] Die Steuerminimierung durch Offshore Transaktionen über das Internet wird durch den Umstand erschwert, dass die internationale Diskussion über die Besteuerung des elektronischen Geschäftsverkehrs noch keine klare Rechtslage geschaffen hat. Die Charakteristika digitaler Transaktionen legen jedoch nahe, die Internetstrategien von Steueroasen weiterhin aufmerksam zu beobachten.

c) Fallbeispiel: Fiskalische Auswirkungen von Internetwetten

Ein Beispiel für Steuerwettbewerb bei digitalen Wertschöpfungen ist die Wettindustrie, welche in den letzen Jahren durch das Auftreten des Internets verändert wurde. Wetteinsätze sind in einigen Staaten, so insbesondere in Großbritannien, Australien und Kanada, sehr populär. Wetten werden i. d. R. auf Pferde- und Hunderennen sowie auf Fußballspiele abgeschlossen. Die Charakteristika eines Wettbüros eignen sich dazu, die Wettabgabe zu digitalisieren und über Homepages im Internet abzuwickeln. Der Konsument kann im Internet seine

---

170 Vgl. Government of Anguilla (2002c).

171 Ein Beispiel für elektronischen Geschäftsverkehr unter Inanspruchnahme des ACORN findet sich in Westin (2000), S. 393ff.

172 Zu Problemen bei offshore e-commerce vgl. ausführlich Westin (2000), S. 393ff.

173 Vgl. Westin (2000), S. 396.

Wette platzieren, und die Bezahlung erfolgt elektronisch über Kreditkarten oder andere Zahlungswege. Die Internetwetten haben damit einen Kostenvorteil gegenüber traditionellen Formen der Wettabgabe, was zu einer Zunahme der Internetwetten in Großbritannien geführt hat. Die Anbieter von Internetwetten können sich zusätzlich in Niedrigsteuerländern niederlassen, um einen weiteren Wettbewerbsvorteil durch eine geringe Besteuerung zu erreichen. Die britischen Wettanbieter wurden mit internationaler Konkurrenz mit niedrigerer Steuerbelastung konfrontiert.[174] Die marktbeherrschenden Wettanbieter im Vereinigten Königreich, Ladbrokes, William Hill, Coral and the Tote gründeten daraufhin ebenfalls Offshore-Gesellschaften in Niedrigsteuerländern und Steueroasen, um Internetwetten durchzuführen.[175]

Eine Übersicht über Webseiten von Wettanbietern, welche Informationen über das Sitzland des Unternehmens offenbaren, liefert das United States General Accounting Office und ist in Tabelle 4.3 dargestellt. Insgesamt 88 Webseiten geben Informationen über die lizenzerteilende Gebietskörperschaft oder das Sitzland der Gesellschaft. 69 von 88 Wettanbietern befinden sich in klassischen Steueroasen (Antigua, Barbuda, Costa Rica, Grenada, Isle of Man, Niederländische Antillen, Trinidad, Tobago), was einem Anteil von knapp 80 Prozent entspricht. Dazu existiert eine Vielzahl anderer Internetseiten ohne Information über die lizenzerteilende Gebietskörperschaft. Daher kann gefolgert werden, dass sich Internetwettanbieter vornehmlich in Steueroasen ansiedeln. Die fiskalische Bedeutung der Wettindustrie betrifft zwar vornehmlich spezielle Verbrauchsteuern,[176] doch sind über die Verlagerung von Betriebstätten in steu-

---

[174] Konsumenten von Wettangeboten reagieren mit ihrer Wettabgabe relativ elastisch in Bezug zu Änderung von Steuersätzen. (Die Elastizitäten wurden in Untersuchungen über Veränderungen bei speziellen Verbrauchsteuern ermittelt.) Vgl. Paton/Siegel/Williams (2002); Suits (1979); Suits (1977).

[175] Vgl. Paton/Siegel/Williams (2002), S. F303ff.

[176] In Deutschland wird eine Rennwett-, Lotterie und Sportwettsteuer erhoben, welche den Landeshaushalten zufließt. Das Steueraufkommen betrug im Jahr 2002 immerhin 1,844 Milliarden Euro (vgl. Bundesministerium der Finanzen (2003b), S. 273), obwohl das Wetten in Deutschland nicht die Tradition besitzt wie in angelsächsischen Nationen. Die fiskalische Bedeutung von Internetwetten kann anhand einer Politikreaktion z. B. in Grossbritannien aufgezeigt werden. Im Jahr 2001 kam es zu einer Änderung der speziellen Verbrauchsteuer (General Betting Duty) i. H. v. 6,75% des Wetteinsatzes als direkte Reaktion auf sogenanntes offshore betting im Internet. Als Ersatz für die General Betting Duty wurde eine prozentuale Gewinnsteuer für Wettanbieter i. H. v. 15% der Bruttoge-

erbevorteilte Gebietskörperschaften auch Rückschlüsse auf eine Reallokation des Gewinnsteueraufkommens möglich. Wettanbieter unterliegen z. B. in Deutschland der Körperschaftsteuer.[177]

Tabelle 4.3: Geographische Verteilung von registrierten Internet-Wettanbietern

Lizenzerteilte Gebietskörperschaft	Anzahl der Internetseiten
Antigua	**27**
Australien	**2**
Barbuda	**8**
Canada, Kahnawake	4
Costa Rica	8
Curacao	21
Dominika	3
Grenada	1
Isle of Man	1
Niederländische Antillen	1
Südafrika	1
Trinidad	1
Tobago	1
Grossbritannien	7
USA	1
Venzuela	1
Summe	**88**

Quelle: United States General Accounting Office (2002), S. 52.

winne eingeführt. Vgl. H. M. Treasury (2001). Vorausgegangen war eine Diskussion mit den marktbeherrschenden Unternehmen, welche für die Steueränderung versprachen, ihre Offshore-Gesellschaften aufzugeben und die Geschäfte ins Inland zurückzuverlagern. Vgl. Paton/Siegel/Williams (2002), S. F297. Ähnliche Debatten wurden auch in Australien geführt. Vgl. Smith (2000).

177 Eine Homepage in deutscher Sprache, über die Wettangebote im Internet für den deutschen Markt platziert werden, begründet keine Betriebstätte im Inland. Deshalb können Wettanbieter Einkünfte in Deutschland erzielen, ohne der deutschen Steuerpflicht zu unterliegen. Das inländische Besteuerungsrecht ist im Abkommensrecht an das Vorhandensein einer Betriebstätte geknüpft. Die Besteuerung der Internet-Wettanbieter ähnelt somit der Besteuerung ausländischer Versandhandelsgesellschaften, welche ebenfalls auf dem deutschen Markt tätig sind, ohne der deutschen Körperschaftsteuer zu unterliegen. Vgl. Kessler (2002), Tz. 5/3.2.3.

D. Zusammenfassende Thesen zum vierten Kapitel

1. Die Umwandlung von Informationen in binäre Zahlen wird als Digitalisierung bezeichnet, was die Rahmenbedingungen der internationalen Unternehmensbesteuerung verändert. Die Digitalisierung ermöglicht neuartige ökonomische Transaktionen und Kommunikationsmöglichkeiten, die auf dem Internet beruhen. Kennzeichen dieser Entwicklung ist die zunehmende Bedeutungslosigkeit nationaler Grenzen für ökonomische Aktivitäten.

2. Die fiskalische Relevanz der Digitalisierung resultiert daraus, dass Finanzverwaltungen zunehmend Probleme haben, nationale Besteuerungsansprüche durchzusetzen. Die Digitalisierung erhöht die Mobilität der internationalen Besteuerungsrechte bei elektronischen und physischen Wertschöpfungen.

3. Die internationale Diskussion um die Besteuerung digitaler Wirtschaftsprozesse wird maßgeblich von der OECD geprägt. Die OECD erkennt unter gewissen Voraussetzungen einen Internetserver als Betriebstätte an.

4. Die Digitalisierung erhöht Investitions- und Standortflexibilitäten im Vergleich zu traditionellen Wertschöpfungen, da digitale Waren auf einem globalen Markt gehandelt werden und digitale Informationssysteme im allgemeinen eine internationale Dezentralisierung der Leistungserstellung ermöglichen.

5. Digitale Waren erhöhen die Informationsasymmetrien zwischen Unternehmen und Finanzverwaltungen, da das Fremdvergleichsprinzip als Instrument zur unternehmensinternern Allokation der Besteuerungsrechte bei digitalen Waren an Aussagefähigkeit verliert. Die Unternehmen haben bei digitalen Waren im Vergleich zu traditionellen Wertschöpfungen eine größere Möglichkeit, Informationsrenten zu erzielen.

6. Als Standorte für digitale Wertschöpfungen bieten sich Niedrigsteuerländer und Steueroasen an, da die Mobilität digitaler Wertschöpfungen mit der Kapitalmobilität vergleichbar ist. Die Digitalisierung erhöht die Mobilität

wirtschaftlicher Aktivitäten, so dass der internationale Steuerwettbewerb zunimmt.

Kapitel 5: Normative Konsequenzen der veränderten Rahmenbedingungen

A. Bedeutung des historischen Hintergrunds der Besteuerungsprinzipien für die normativen Konsequenzen

Die Besteuerungsprinzipien (Quellenland- und Sitzlandprinzip) werden herausgefordert, weil digitale Wirtschaftsstrukturen die Rahmenbedingungen der internationalen Unternehmensbesteuerung verändern. Die Digitalisierung verschärft die vorhandenen Probleme, multinationale Unternehmen einer inländischen Gewinnbesteuerung zu unterwerfen. In Bezug auf das Quellenland- und das Sitzlandprinzip ergibt sich daraus die Fragestellung, wie den Besteuerungsproblemen zu entgegnen ist. Eine Weiterentwicklung von Quellenland- und Sitzlandprinzip sollte den nationalen Finanzverwaltungen eine konsequentere Gewinnbesteuerung ermöglichen, beispielsweise durch alternative steuertechnische Instrumente in Form veränderter Betriebstättendefinitionen, Sitzlanddefinitionen und Verrechnungspreissysteme.

Bevor steuertechnische Weiterentwicklungen auf Basis des Quellenland- und des Sitzlandprinzips diskutiert werden können, sind jedoch die Grundlagen der Besteuerungsprinzipien zu untersuchen. Dieses sind die Konstruktionsannahmen, welche den Besteuerungsprinzipien und damit auch den steuertechnischen Instrumenten zugrunde liegen. Die Besteuerungsprinzipien wurden im 19. Jahrhundert vor einem wirtschaftlichen Umfeld begründet, welches sich von dem heutigen unterscheidet. Institutionelle Regelungen werden immer unter Beachtung des zeitlichen Hintergrunds eingeführt und gehen darauf ein, weshalb an dieser Stelle überprüft werden muss, ob die Konstruktionsannahmen noch den veränderten ökonomischen Rahmenbedingungen entsprechen. Der historische Hintergrund der Besteuerungsprinzipien ist infolgedessen in diesem Zusammenhang von großer Bedeutung. Deshalb wird in Kapitel 5 Abschnitt B die Entwicklung der Besteuerungsprinzipien und die ökonomischen Rahmenbedingungen in der maßgeblichen Entwicklungsphase des 19. Jahrhunderts dargestellt. Die Darstellung des historischen Hintergrunds ermöglicht die Ableitung der Konstruktionsannahmen von Quellenland- und Sitzlandprinzip. Die Konstruktionsannahmen werden dann den veränderten Rahmenbedingungen der internationalen Unternehmensbesteuerung gegenübergestellt. Stimmen die Konstruktionsannahmen der Besteuerungsprinzipien nicht mit dem heutigen ökonomischen Umfeld überein, wird die Besteuerungsrealität nicht mehr angemessen erfasst. Die Besteuerungsprinzipien sind in diesem Fall ungeeignet, die normativen Zielsetzungen der Besteuerungsgrundsätze unter den veränderten Rahmenbedingungen umzusetzen.

B. Entwicklung der Besteuerungsprinzipien

I. Quellenlandprinzip

Die Entwicklung des Quellenlandprinzips ist gleichbedeutend mit der historischen Entwicklung des Betriebstättenbegriffs, da dieser den zentralen Anknüpfungspunkt der Unternehmensbesteuerung im Quellenland darstellt. Da die Betriebstätte auf diese Weise die Quellenlandbesteuerung von Unternehmen begründet, sind die Konstruktionsannahmen der Besteuerungsprinzipien analog ableitbar. Die Grundlagen der internationalen Besteuerungsprinzipien finden sich demnach in der Diskussion um das Betriebstättenprinzip.
Der Betriebstättenbegriff entstand Mitte des 19. Jahrhunderts in Preußen.[1] Das preußische Gewerberecht legte fest, dass eine Betriebstätte der gesamte zur Ausübung des Gewerbes benutzte Raum mit allem Zubehör ist. Die Besteuerung in den preußischen Kommunen hatte damals das Problem der Doppelbesteuerung gewerblicher Tätigkeiten. Die notwendige Aufteilung der Besteuerungsrechte führte dazu, dass der Betriebstättenbegriff aus dem Gewerberecht in das Abgabenrecht übernommen wurde. Auf der Ebene der Gemeinden wurde damit das Abgabenrecht gegeneinander abgegrenzt, aber es existierte dennoch keine gesetzliche Definition der Betriebstätte. Vielmehr entwickelte die damalige Rechtsprechung den Betriebstättenbegriff auf der Grundlage des Gewerberechts weiter, so dass dessen Sichtweise entscheidend für die Ausprägung des Betriebstättenbegriffs war. Im Mittelpunkt standen die Forderungen nach einer festen

---

[1] Vgl. Buchanan (2002), S. 1102f.; Skaar (1991), S. 71ff.; Kolck (1974), S. 9ff.

Örtlichkeit und nach einer Stetigkeit des Betriebs, womit eine erkennbare Absicht zur kontinuierlichen Tätigkeit ersichtlich sein sollte. Daraus wurde gefolgert, dass eine Betriebstätte im engeren Sinne kein Ort sein könne, an dem das Unternehmen geleitet oder die Waren abgesetzt werden. Sie sei vielmehr ein Ort, an dem die Waren oder Leistungen entstehen, welche Gegenstand des Unternehmens sind. In einer weiten Begriffsauslegung sollte jedoch die Betriebstätte dort sein, wo irgendeine Tätigkeit für das Unternehmen verrichtet wird. Eine Definition des Betriebstättenbegriffs findet sich erstmals in dem preußisch-österreichischen Doppelbesteuerungsvertrag vom 21.6.1899. Dazu legte Artikel 2 Abs. 1. Satz fest:

> "Als Betriebstätten gelten Zweigniederlassungen, Fabrikationsstätten, Niederlagen, Kontore, Ein- oder Verkaufstellen und sonstige Geschäftseinrichtungen zur Ausübung des stehenden Gewerbes durch den Unternehmer selbst, Geschäftsteilhaber, Prokuristen oder andere ständige Vertreter."

Das Doppelbesteuerungsabkommen zwischen Österreich-Ungarn und dem Deutschen Reich war das erste internationale Besteuerungsabkommen. Diese Begriffsbestimmung wurde im Jahr 1909 durch das Doppelsteuergesetz in das deutsche Steuerrecht übernommen. Die Definition der Betriebstätte war in § 3 Abs. 2 Doppelsteuergesetz geregelt und umfasste zum ersten Mal die Forderung nach einer festen und stetigen örtlichen Anlage, welche zur Ausübung eines Gewerbebetriebes dient.

> "Betriebstätte im Sinne dieses Gesetzes ist jede feste örtliche Anlage oder Einrichtung, die der Ausübung des Betriebs eines stehenden Gewerbes dient. Außer dem Hauptsitz eines Betriebs gelten hiernach als Betriebstätten:
> Zweigniederlassungen,
> Fabrikationsstätten, Ein- und Verkaufstellen,
> Niederlagen,

> Kontore und sonstige zur Ausübung des Gewerbes durch den Unternehmer selbst, dessen Geschäftsteilhaber, Prokuristen oder andere ständige Vertreter unterhaltene Geschäftseinrichtungen."

Das Doppelsteuergesetz vom 22. März 1909 hat damit die allgemeine gesetzliche Begriffsbestimmung des Betriebstättenbegriffs geschaffen.[2] Der heutige Betriebstättenbegriff im deutschen Steuerrecht, welcher in § 12 Satz 1 der Abgabenordnung kodifiziert ist, baut auf diesen Forderungen auf.

> "Betriebstätte ist jede feste Geschäftseinrichtung oder Anlage, die der Tätigkeit eines Unternehmens dient."

Dasselbe gilt für den Betriebstättenbegriff (permanent establishment) in Artikel 5 Abs. 1 des OECD-Musterabkommens zur Doppelbesteuerung, welcher die zumindest temporäre Immobilität der Betriebstätte in den Vordergrund stellt.

> "For the purposes of this Convention, the term 'permanent establishment' means a fixed place of business through which the business of an enterprise ist partly or wholly carried on."

II. Sitzlandprinzip

Die historische Entwicklung des Sitzlandprinzips ist als die umgekehrte Entwicklung des Betriebstättenprinzips zu verstehen.[3] Jede Präzisierung des Betriebstättenbegriffs bedeutet eine Ausweitung der Quellenbesteuerung und damit eine Reduktion der Sitzlandbesteuerung. Die zunehmende internationale Anwendung des Quellenlandprinzips führte in den ersten Jahrzehnten des 20. Jahrhunderts zu einer zunehmenden Doppelbesteuerung der Unternehmensgewinne, wenn sie zwischen den Gebietskörperschaften transferiert wurden. Der Völker-

---

2 Vgl. Kolck (1974), S. 17f. Zur historischen Entwicklung des Betriebstättenprinzips im 20. Jahrhundert vgl. ausführlich Skaar (1991), S. 71ff.; Kolck (1974), S. 9ff. und S. 139ff.

3 Vgl. zum Folgenden Skaar (1991), S. 77ff.; Richman (1963), S. 43f.

bund veranlasste daraufhin eine Überprüfung des Quellenlandprinzips.[4] Dabei sollten Besteuerungsprinzipien gefunden werden, welche eine Doppelbesteuerung vermeiden. Das Ziel der Einmalbesteuerung unternehmerischer Einkünfte wirft die Frage der gerechten Verteilung der internationalen Steuerbemessungsgrundlage auf. Als Antwort propagierten die Ökonomen des Völkerbunds, dass diejenige Gebietskörperschaft das Besteuerungsrecht haben soll, in der das betreffende Individuum sein Domizil hat, da dieser das Wirtschaftssubjekt mit seinem Vermögen und seinem Konsum wirtschaftlich zugehörig sei. Damit stand die Forderung nach dem Sitzlandprinzip im Raum. Der League of Nations-Bericht von 1923 leitete eine Wende von der internationalen Befürwortung des Quellenlandprinzips zu einer Befürwortung des Sitzlandprinzips ein. Erst ab Mitte der 50er Jahre des letzten Jahrhunderts wurde wieder das Quellenlandprinzip stärker favorisiert.[5]

III. Ökonomische Rahmenbedingungen des 19. Jahrhunderts und Entwicklung multinationaler Unternehmen

Da der Betriebstättenbegriff aus dem 19. Jahrhundert stammt, muss zum Verständnis der Konstruktionsannahmen der Besteuerungsprinzipien auf die Situation der Volkswirtschaften und Unternehmen in der damaligen Zeit eingegangen werden. Der historische wie auch der ökonomische Hintergrund der Entstehungszeit des Betriebstättenprinzips liegt im Zeitraum von 1870 bis 1920, in dem die zweite industrielle Revolution stattfand. Mit dem zunehmenden Bau von Eisenbahnlinien zur Verbesserung der industriellen Infrastruktur entstanden neue Unternehmensbranchen, beispielsweise die Chemie- und die Automobilindustrie, was eine Zunahme des internationalen Handels auslöste.[6] Damit war auch die Entstehung erster multinationaler Unternehmen verbunden, was zum ersten Mal die Problematik der internationalen Allokation der Besteuerungsrech-

---

4 Vgl. League of Nations (1923).

5 Diese Entwicklung beruhte auf Bestrebungen der Vereinten Nationen, Kapitalflüsse zu ärmeren Gebietskörperschaften nach dem II. Weltkrieg zu fördern, in dem ausländische Einkommen von der inländischen Steuer befreit wurden. Vgl. Richman (1963), S. 46.

6 Vgl. Skaar (1991), S. 65ff.; Cantwell (1989), S. 16.

te aufwarf. Grenzüberschreitende Direktinvestitionen von multinationalen Unternehmen konzentrierten sich damals auf Nationen, welche verkehrstechnisch leicht zu erreichen waren und zusätzlich über eine ähnliche Sprache, Kultur und Mentalität verfügen. Beispielsweise investierten U.S.-amerikanische Unternehmen bis 1914 vornehmlich in Großbritannien und Kanada, Unternehmen aus den südlichen Bundesstaaten auch in Mexiko.[7] Daher existieren multinationale Unternehmen keineswegs erst seit der zweiten Hälfte des 20. Jahrhunderts, sondern bereits seit der zweiten Hälfte des 19. Jahrhunderts.[8] Trotz der frühen Existenz multinationaler Unternehmen entstand jedoch keine lineare Entwicklung in der volkswirtschaftlichen Bedeutung multinationaler Unternehmen.[9] So gehörten schweizer Unternehmen zu den ersten, welche ab etwa 1830 im Ausland Produktionsstätten unterhielten. Im Jahr 1870 gab es aber lediglich etwa ein Dutzend schweizer Unternehmen, vornehmlich Textilunternehmen, welche als internationales Unternehmen bezeichnet werden können.[10] Internationale Produktionen wurden damals ausschließlich von individuellen Unternehmern betrieben.[11] Erst in jüngerer Zeit, etwa ab 1970, hat eine neue Entwicklungsphase begonnen, welche den Einfluss internationaler Unternehmen auf die Weltwirtschaft erhöht.[12]

Trotz einzelner internationaler Unternehmen war die internationale Mobilität von Kapital und Arbeit in der Periode der zweiten industriellen Revolution gering, bei der Arbeit abgesehen von Emigrationsströmen in die Vereinigten Staaten von Amerika.[13] Die Wertschöpfung konzentrierte sich auf die Güterproduktion, und Dienstleistungen wurden raumgebunden vollzogen. Die Kapitalinvestitionen bezogen sich vornehmlich auf fixes Realkapital. Die zeitgenössische

---

7 Vgl. Schröter (1994), S. 205f.

8 Der Begriff multinationaler Unternehmen wurde von Ökonomen freilich erst in den 60er Jahren des 20. Jahrhunderts geprägt. Vgl. Jones/Schröter (1993), S. 3.

9 Vgl. Supple (1989), S. 2. Für die meisten Teile des 19. und des 20. Jahrhunderts ist der Umfang ausländischer Direktinvestitionen weitgehend unbekannt. Exaktere Schätzungen, welche einigermaßen verlässliche Ergebnisse liefern, sind erst ab etwa 1950 möglich. Vgl. Schröter (1994), S. 209f.

10 Vgl. Schröter (1994), S. 205.

11 Vgl. Cantwell (1989), S. 19.

12 Vgl. Scherer (2003), S. 98f.; Supple (1989), S. 2.

13 Vgl. Williamson (1998) zur volkswirtschaftlichen Bedeutung der Auswanderungsströme in die Neue Welt

ökonomische Theorie vertrat dementsprechend die Meinung, dass Arbeit und Kapital zwar national mobil, aber international immobil sei.[14]

Entsprechend stellen sich die Rahmenbedingungen für die Unternehmensbesteuerung im 19. Jahrhundert dar, wenn die Anknüpfungspunkte der Besteuerung betrachtet werden. Die zweifelsfreie Identifikation des Orts der tatsächlichen Wertschöpfung war in der Phase der zweiten industriellen Revolution grundsätzlich erfüllt, da die Konzentration auf physischen Tätigkeiten lag und Dienstleistungen ortsgebunden waren. Die unternehmerische Wertschöpfung war i. d. R. auf wenige Orte begrenzt. Die Aufteilung der Steuerbemessungsgrundlage auf die unterschiedlichen Betriebstätten war verhältnismässig einfach. Ähnliches gilt für den rechtlichen Unternehmenssitz. Im 19. Jahrhundert war der Sitz der Geschäftsleitung eindeutig bestimmbar. Der Ort der unternehmerischen Willensbildung war der Sitz des Unternehmenseigners, welcher in vielen Fällen als Patriarch die uneingeschränkte Entscheidungs- und Weisungsbefugnis besaß. In der Entstehungsphase des Betriebstättenprinzips war die einzige grenzüberschreitende mobile Wertschöpfung die des internationalen Schiffsverkehrs. Dementsprechend wurde diese Branche steuerlich gesondert behandelt, und die Besteuerung wird seitdem im Sitzland der Reederei vollzogen.

Die Immobilität der steuerlichen Anknüpfungspunkte hatte auch Einfluss auf die Steuerpolitik der Nationalstaaten. Internationaler Steuerwettbewerb tritt nicht auf, wenn immobile Wirtschaftsstrukturen besteuert werden. Dementsprechend spielten diesbezügliche Überlegungen im 19. Jahrhundert keine Rolle. Die fehlende Vorstellungskraft über steuerlich induzierte Investitionsverlagerungen zeigt sich bei der Quellenlandbesteuerung in der Weise, dass seit Beginn der Betriebstättendiskussion von einer ständigen oder stetigen Verbindung der Betriebstätte zu der entsprechenden Gebietskörperschaft die Rede ist.[15] Dasselbe gilt für den rechtlichen Unternehmenssitz. So war es beispielweise undenkbar, dass ein preußisches Unternehmen diesen aus steuerlichen Gründen nach Frankreich ver-

---

14 Vgl. zur damaligen Außenwirtschaftstheorie Niehans (1995), S. 114f.

15 Als Konkretisierung des Stetigkeitsbegriffs wurde beispielsweise im Landessteuergesetz des Deutschen Reiches eine 12-Monats-Frist angeführt. Vgl. Kolck (1974), S. 19f.

legt und umgekehrt, selbst wenn die technischen Voraussetzungen erfüllt waren und keine prohibitiv hohe Umzugskosten anfallen würden. Als Begründung können allein die kriegerischen Auseinandersetzungen zwischen Preußen und Frankreich im 19. Jahrhundert angeführt werden. Insofern entstand das Quellenlandprinzip in einer Zeit, welche von der internationalen Immobilität der Produktionsfaktoren Arbeit und Kapital geprägt und in welcher die Mobilität einzelner Bereiche volkswirtschaftlich und fiskalisch von untergeordneter Bedeutung war.

IV. Konstruktionsannahmen der Besteuerungsprinzipien

Das Ziel der Besteuerungsprinzipien kann nur erreicht werden, wenn bestimmte Voraussetzungen in Form von Konstruktionsannahmen erfüllt sind. Nur wenn diese erfüllt sind, können Gebietskörperschaften eine Gewinnbesteuerung multinationaler Unternehmen ohne Erhebungsprobleme durchsetzen. Die Konstruktionsannahmen der Besteuerungsprinzipien sind:

- *Identifikation der Anknüpfungspunkte*: Die geographischen Einkommensquellen lassen sich durch Anknüpfungspunkte der Besteuerung beim Quellenlandprinzip eindeutig bestimmen. Das Sitzlandprinzip geht davon aus, dass der tatsächliche Unternehmenssitz zweifelsfrei identifizierbar ist.
- *Quantifizierung der steuerbaren Wertschöpfung*: Die Steuerbemessungsgrundlage lässt sich in Höhe der tatsächlichen Wertschöpfung beim Quellenlandprinzip und beim Sitzlandprinzip eindeutig feststellen. Ersteres setzt bei der internationalen Unternehmensbesteuerung ein entsprechendes Verrechnungspreissystem voraus, das zweite einen vollständigen internationalen Informationsaustausch zwischen den Finanzverwaltungen.
- *Immobilität der Anknüpfungspunkte der Besteuerung*: Die Einkommensquellen eines Unternehmens und der rechtliche Unternehmenssitz werden international nicht verlagert, so dass kein internationaler Steuerwettbewerb auftritt.

Die Konstruktionsannahmen der Besteuerungsprinzipien sind vor dem Hintergrund immobiler Wirtschaftsstrukturen des 19. Jahrhunderts zu verstehen und stellten zu dieser Zeit eine zweckmäßige Methode dar, Unternehmen mit grenzüberschreitender Tätigkeit zu besteuern.
Das Auftreten der Digitalisierung Ende des 20. Jahrhunderts, als eine wichtige Ursache der Globalisierung, verändert die Mobilität der Unternehmen und ermöglicht neue Wertschöpfungen auf Basis digitaler Waren. Damit werden die Rahmenbedingungen verändert, mit denen die Konstruktionsannahmen der Besteuerungsprinzipien konfrontiert werden.

C. Die Besteuerungsprinzipien unter dem Einfluss der Digitalisierung

I. Identifikation der Anknüpfungspunkte

1. Identifikation des Quellenlandes

Die veränderten Rahmenbedingungen für die Besteuerung internationaler Unternehmen erschweren die Identifikation der tatsächlichen Gewinnquelle, wofür primär die Eigenschaften digitaler Transaktionen verantwortlich sind.
Mit der Zunahme von digitalisierbaren Dienstleistungen und wissensbasierten Tätigkeiten ist die eindeutige Identifikation der Wertschöpfungsquelle nicht mehr grundsätzlich gewährleistet, da eine digitale Ware simultan in mehreren Gebietskörperschaften entstehen kann. So ist es beispielsweise denkbar, dass verschiedene Entwicklungszentren eines Konzerns grenzüberschreitend an einem digitalen Projekt zusammenarbeiten. Der Beitrag eines Entwicklungszentrums in einem Hochsteuerland, z. B. Aufwendungen für die Arbeitszeit von Ingenieuren, muss nicht ausgewiesen werden. Die Aufwendungen reduzieren dann den Gewinn im Hochsteuerland, während die Gewinne aus der Entwicklung dem Niedrigsteuerland zugewiesen werden. Allein die zweifelsfreie Identifikation einer Betriebstätte in einer Gebietskörperschaft bedeutet nämlich nicht zwangsläufig, dass diese in einem bestimmten Umfang die ökonomische Quelle für bestimmte Unternehmensgewinne ist.

Die globale Integration von Unternehmenstätigkeiten[16] erzeugt darüber hinaus eine Vielzahl innerkonzernlicher Einkommensquellen, aus denen sich der Konzerngewinn zusammensetzt. Eine Identifikation einzelner Gewinnquellen wird infolgedessen zusätzlich erschwert.

Die Identifikation der realen Quellen des Unternehmensgewinns ist auch mit Problemen behaftet, wenn Transaktionen über einen Internetserver abgewickelt werden und dieser als Betriebstätte anerkannt wird. Die persönliche Verbindung zwischen Einkommen und Wirtschaftssubjekt wird durch das Quellenlandprinzip aufgehoben. Nach der angebotsorientierten Definition ist die geographische Einkommensquelle an dem Kapitaleinsatzort angesiedelt. Große physische Investitionen lassen sich leicht geographisch lokalisieren. Die Lokalisierung der Einkommensquelle ist dann schwierig, wenn nur geringe physische Investitionen wie bei einem Internetserver vonnöten sind.[17] Bei digitalen Transaktionen können demnach mit geringen Kosten Internetserver-Standorte als steuerlich deklarierte Gewinnquellen geschaffen werden, welche für den unternehmerischen Wertschöpfungsprozess keine Rolle spielen und demzufolge den Ort der tatsächlichen Wertschöpfung verschleiern. Der Internetserver ist nur eine Einkommensquelle aus Sicht der Steuergesetze.

2. Identifikation des Sitzlandes

Neben der Herausforderung, die realen Quellen von Unternehmensgewinnen zu identifizieren, gilt ähnliches für die Identifikation des Sitzlandes, in dem sich der rechtliche Unternehmenssitz befindet. Der Ansatzpunkt bei der Sitzlandbestimmung einer Kapitalgesellschaft ist der Gedanke, dass Individuen die grundlegenden Unternehmensentscheidungen treffen. Das Sitzland eines Unternehmens ist dann leicht bestimmbar, wenn sich die handelnden Personen grundsätzlich in

---

[16] Vgl. dazu Kapitel 4 Abschnitt C.II.1.

[17] Die Alternative der nachfrageorientierten Quellendefinition weist zusätzliche Schwierigkeiten auf. Der Konsumort muss im Rahmen dieser Abgrenzung lokalisiert werden, was aufgrund der Charakteristiken digitaler Waren und des Internets mit hohen administrativen Kosten verbunden ist. Die Argumentation gegen die Anwendung des Angebots-Nachfrage Ansatzes wird durch die Digitalisierung verstärkt. Vgl. Schäfer/Spengel (2002), S. 11f.

einer Gebietskörperschaft aufhalten.[18] Die personenbezogene Definition des Orts der tatsächlichen Geschäftsleitung reicht aber nicht für die Anforderungen aus, die aufgrund der Digitalisierung entstehen.[19]
Multinationale Unternehmen besitzen im 21. Jahrhundert eine Vielzahl an Entscheidungsebenen und –trägern sowie Kontroll- und Leitungsgremien, welche über eine Vielzahl an Gebietskörperschaften verstreut sein können. Obwohl es eine zentrale Leitungsinstanz gibt, können untergeordnete nationale Entscheidungsgremien einen Informationsvorteil ausschöpfen und die Entscheidungen des Vorstands als agenda setter beeinflussen. Auch wenn die tatsächliche unternehmerische Willensbildung auf der Ebene der Unternehmensführung stattfindet, bedeutet das im digitalen Umfeld des 21. Jahrhunderts nicht zwangsläufig, dass sich die Unternehmensführung gemeinsam an einem Ort aufhält.

Diese Probleme haben sich in der internationalen Diskussion um die Identifikation des Sitzlandes niedergeschlagen. Die OECD diskutiert Kriterien, welche den Ort der tatsächlichen Geschäftsleitung (place of effective management) und damit das Sitzland des Unternehmens bestimmen sollen. Die technischen Neuerungen erfordern genauere Bestimmungskriterien, da die handelnden Personen zunehmend mobiler sind. Deshalb werden zur Zeit (i) Präzisierungen erwogen, welche genauere Kriterien zur Beschreibung des Orts der tatsächlichen Geschäftsleitung nennen und alternativ wird (ii) eine neue Definition diskutiert.

(i) Grundsätzlich ist der Ort der tatsächlichen Geschäftsführung dort, wo sich die oberste Geschäftsführung aufhält oder sich üblicherweise trifft *und* die wichtigen Entscheidungen über die wirtschaftlichen Aktivitäten des Unternehmens gefällt werden.[20] Dieses Kriterium kann für eine Ortsbestimmung ungenügend sein, wenn den grundlegenden Entscheidungen formell in einer Gebietskörperschaft zugestimmt wird, die Entscheidungen aber tatsächlich in einer anderen Gebietskörperschaft entwickelt und getroffen werden. Für diesen Fall ist als Präzisierung möglich, die letztere Gebietskörperschaft als Ort der tatsächlichen

---

[18] Die Anknüpfung der Besteuerung an natürliche Personen ergibt keine Auswirkung bei digitalen Wirtschaftsstrukturen. Vgl. Brunsbach (2003), S. 167.
[19] Vgl. OECD (2001d), S. 4, Tz. 15.
[20] Vgl. Schaumburg (1998), S. 297; § 10 AO.

Geschäftsführung zu definieren. Werden die grundlegenden Entscheidungen von einer Anteilsgesellschaft getroffen, welche das Unternehmen beherrscht, dann entscheidet der Ort der tatsächlichen Geschäftsführung über den Sitzort der Anteilsgesellschaft.[21]
Die Kriteriendiskussion versucht, das Sitzland des Unternehmens durch eine verstärkte Anknüpfung an die handelnden Individuen zu bestimmen. Insofern reagiert die internationale Diskussion darauf, dass eine Kapitalgesellschaft eine rein rechtliche Existenz hat und lediglich ein Vertragskonstrukt zwischen Individuen darstellt. Bei den Definitionsversuchen wird aber immer noch unterstellt, dass sich die handelnden Individuen dauerhaft an einem Ort aufhalten. Gerade diese Unterstellung wird aber durch die technischen Möglichkeiten der Digitalisierung fraglich. Bei digitalen Wirtschaftsstrukturen kann ein einheitlicher Ort der unternehmerischen Willensbildung für Finanzverwaltungen schwer bestimmbar sein, was den Unternehmen einen zusätzlichen steuerlichen Handlungsspielraum eröffnet.

(ii) Der neue Definitionsvorschlag der OECD basiert auf mehreren Kriterien, die zueinander in einem hierarchischen Verhältnis stehen. Der Ort der tatsächlichen Geschäftsführung ist demnach dort, wo sich der primäre Ort der Geschäftstätigkeit befindet oder in derjenigen Gebietskörperschaft, mit der die engste ökonomische Verbindung besteht. Wenn dieses Kriterium keine exakte Ortsbestimmung ermöglicht, liegt der Ort der tatsächlichen Geschäftsführung in derjenigen Gebietskörperschaft, auf deren Recht sich die Gesellschaftsform des Unternehmens begründet. Sollte damit eine genaue Ortsbestimmung immer noch nicht möglich sein, muss der Ort der tatsächlichen Geschäftsführung durch bi- oder multilaterale Verhandlungen zwischen den betroffenen Nationen bestimmt werden.[22]
Der neue Definitionsvorschlag versucht, die Orientierung der Ansässigkeitskriterien an den handelnden Personen aufzuheben. Der primäre Ort der Geschäftstätigkeit kann jedoch aufgrund der Globalität digitaler Transaktionen genauso wenig bestimmbar sein wie der dauerhafte Aufenthaltsort der agierenden Ge-

---

21 Vgl. OECD (2003a), S. 2f., Tz. 24.2f.
22 Vgl. OECD (2003a). S. 3f., Tz. 8.

schäftsführung. Die sekundäre Sitzlandbestimmung nach der Rechtsform des Unternehmens schränkt die Mobilität des Sitzlandes nicht ein, da internationale Rechtsformwechsel möglich sind. Das Auffangkriterium bi- oder multilateraler Verhandlungen ist i. d. R. keine einfache Lösung, wenn bedeutende Steueraufkommen Gegenstand der Verhandlungen sind. Dann besteht die Gefahr langwieriger Kontroversen, welche u. U. zu keinem Ergebnis kommen.

II. Quantifizierung der steuerbaren Wertschöpfung

Bei der Quantifizierung der steuerbaren Wertschöpfung muss die Finanzverwaltung nicht feststellen, ob eine Quelle zum Unternehmensgewinn beiträgt, sondern in welchem Umfang sie dies tut. Dieses Problem ergibt sich beim (i) Quellenlandprinzip für jede einzelne Betriebstätte und in anderer Form beim (ii) Sitzlandprinzip, da bei diesem die gesamte unternehmerische Wertschöpfung über alle Betriebstätten korrekt quantifiziert werden muss.

(i) Aufgrund der Konstruktionsprobleme des Fremdvergleichsprinzips kann der tatsächliche Gewinnbeitrag einer Einkommensquelle zumindest teilweise verschleiert werden, und das Unternehmen ist dadurch in der Lage, Informationsrenten zu erzielen.[23] Die gegenwärtigen transaktionsorientierten Methoden sind in ihrer Anwendbarkeit bei digitalen Prozessen beschränkt, da weder eine einzelne Transaktion noch eine vergleichbare Transaktion identifizierbar ist.[24] Die Möglichkeit, die Quellenlandbesteuerung durch Verrechnungspreismanipulationen oder Steueroasen zu umgehen und damit die Quantifizierung der tatsächlichen Wertschöpfung zu verhindern, wird durch die Digitalisierung erhöht.[25]
Die Quantifizierungsproblematik wird zusätzlich verschärft, weil noch nicht geklärt ist, welche Bedeutung einem Internetserver für die unternehmerische Wertschöpfung zukommt. Die Diskussion auf Ebene der OECD hat ergeben, dass ein Internetserver eine Betriebstätte und damit eine Einkommensquelle begründen kann, wenn der Internetserver wesentliche Funktionen für das Unternehmen aus-

[23] Vgl. Kapitel 3 Abschnitt B.III.
[24] Vgl. Kapitel 4 Abschnitt C.II.2.
[25] Vgl. Doernberg et. al. (2001), S. 165.

führt.[26] Noch nicht geklärt ist, welche Funktionen ein Internetserver übernehmen muss, damit Werte und Funktionen dem Internetserver steuerlich zugerechnet werden können. Dabei stehen sich zwei Positionen gegenüber: Zum einen wird eine enge (technische) Funktionsauslegung vertreten, bei der ein Internetserver lediglich geringwertige technische Dienstleistungen wie z. B. Datenverarbeitung ausführt. Die Übernahme geringwertiger Leistungen verringert die steuerliche Bedeutung einer Internetserver-Betriebstätte. Zum anderen wird eine weite (wirtschaftliche) Betrachtungsweise zugrundegelegt.[27] In diesem Fall übernimmt ein Internetserver umfangreiche Funktionen, beispielsweise in Bereichen des Produktvertriebs und der Konsumentenberatung. Er erhöht damit seinen steuerlichen Wert.[28] Einige Staaten vertreten die enge (technische) Auslegung der Internetserverfunktion, um steuerliche Gestaltungsmöglichkeiten durch Verlagerung von Internetserver-Standorten in Niedrigsteuerländer einzuschränken.[29]
Der Quellenbegriff ist also nur insoweit in einem internationalen Zusammenhang eindeutig, als er geographische Orte definieren kann, die in irgendeinem Zusammenhang mit der Produktion oder Werterhöhung eines Gutes stehen. Offen bleibt, wie der konkrete Zusammenhang zwischen Gebietskörperschaft und Wertschöpfung bestimmt wird.[30]

(ii) Das Sitzlandprinzip ist nicht von Verrechnungspreisen und Betriebstättendefinitionen abhängig. Insofern entfällt das Problem, den Unternehmensgewinn exakt auf einzelne Betriebstätten aufteilen zu müssen. Es ist letztlich nicht von Bedeutung, ob die einzelne Betriebstätte mehr oder weniger zum Unternehmensgewinn beigetragen hat. Lediglich muss der ausgewiesene Gesamtgewinn die unternehmerische Wertschöpfung korrekt erfassen. Die richtige Bemessung des Gesamtgewinns ist jedoch von einer Voraussetzung abhängig: Bedingung für eine lückenlose Durchsetzung des Sitzlandprinzips ist ein funktionierender internationaler Informationsaustausch. Vor dem Hintergrund existierender Prob-

---

[26] Vgl. die Diskussion in Kapitel 4 Abschnitt B.II. Vgl. auch Bundesministerium der Finanzen (2003a), Fussnote 14, S. 153.
[27] Zur weiten Betrachtungsweise vgl. ausführlich OECD (2001c).
[28] Vgl. Wichmann (2003), S. 145ff.
[29] Vgl. Bundesministerium der Finanzen (2003a); Wichmann (2003), S. 147f.
[30] Vgl. Vogel (1990), S. 127f.

leme des internationalen Informationsaustauschs[31] kann in Bezug auf die Digitalisierung gefolgert werden, dass die zunehmende Verteilung der unternehmerischen Wertschöpfung auf unterschiedliche Gebietskörperschaften die Durchsetzbarkeit des Sitzlandprinzips erschwert. Eine zutreffende Quantifizierung des Gesamtgewinns wird somit auch unter dem Sitzlandprinzip problematischer.

III. Internationale Immobilität der Anknüpfungspunkte

Die Herausbildung der Besteuerungsprinzipien basiert auf der Annahme, dass sich die Besteuerung internationaler Unternehmen durchsetzen lässt, wenn an einem Anknüpfungspunkt (Betriebstätte) ökonomische Werte entstehen. Diese Vermutung ist jedoch nur dann zutreffend, wenn die Anknüpfungspunkte nicht mobil sind. Eine interjurisdiktionelle Mobilität der Anknüpfungspunkte erzeugt Steuerwettbewerb, welcher die Durchsetzbarkeit einer Unternehmensbesteuerung reduziert. Die Unternehmen besitzen eine Abwanderungsdrohung, mit der sie einen race-to-the-bottom-Effekt bei der internationalen Unternehmensbesteuerung auslösen können. Die Abwanderungsdrohung ist unter dem (i) Quellenland- und unter dem (ii) Sitzlandprinzip vorhanden.

(i) In der frühen Diskussion um Quellenlandbesteuerung, ausgelöst durch die Institutionalisierung des Betriebstättenprinzips, haben internationale Investitionsverlagerungen keine Rolle gespielt. In einem solchen Kontext konnte sich der Betriebstättenbegriff zwangsläufig an physischen Gegebenheiten orientieren, welche über einen längeren Zeitraum dauerhaft mit einer Gebietskörperschaft verbunden sind. Bei Wertschöpfungen durch elektronischen Geschäftsverkehr sind langfristige physische Anknüpfungspunkte problematisch. Mit der Mobilität internationaler Transaktionen nimmt die Bedeutung von Regeln ab, die auf physischen Präsenzen an einem bestimmten Ort über einen gewissen Zeitraum beruhen.[32] Selbst wenn eine adäquate Betriebstättendefinition gelingt, wird das Problem nicht gelöst, sondern nur auf die Ebene der Verrechnungspreise verla-

---

31 Vgl. Kapitel 3 Abschnitt C.III und Abschnitt C.IV.3.

32 Vgl. Skaar (1999), S. 320.

gert. Die Annahme immobiler Investitionen verursacht Erhebungsprobleme im Rahmen des Quellenlandprinzips, weil internationaler Steuerwettbewerb, welcher maßgeblich für die Durchsetzungsprobleme der internationalen Unternehmensbesteuerung verantwortlich ist, im Zeitraum der Entwicklung des Betriebstättenprinzips keine Rolle gespielt hat und deshalb auch nicht problematisiert wurde.

(ii) Das Sitzlandprinzip geht davon aus, dass Unternehmen einen dauerhaften und festen Bezug zu der Gebietskörperschaft aufweisen, in der sie ihren Sitz haben. Unternehmenssitze seien demnach nur beschränkt mobil, d. h., sie können ihren Ansässigkeitsstaat nicht aus rein steuerlichen Gesichtspunkten verändern. Heute minimieren internationale Unternehmen durch die Immobilitätsannahme ihre Steuerbelastung, wenn sie durch Standortflexibilitäten internationale Steuerunterschiede ausnutzen.[33] Die Gebietskörperschaften stehen damit im Steuerwettbewerb um die Ansiedlung von Unternehmenssitzen.

D. Konsequenzen der Digitalisierung für die Besteuerungsgrundsätze

I. Neutralität der Besteuerung

1. Konsequenzen für die Kapitalimportneutralität

Das Sitzlandprinzip wird i. d. R. dem Quellenlandprinzip vorgezogen, wenn allokative Erwägungen im Vordergrund stehen. Das Sitzlandprinzip erzeugt eine weltweite Angleichung der Bruttozinsen, da die Wirtschaftssubjekte die Nettoverzinsung des eingesetzten Kapitals maximieren wollen. Der weltweiten Angleichung der Bruttozinsen stehen allerdings ungleiche Nettozinsen gegenüber. Die Forderung nach einer Wettbewerbsneutralität der Besteuerung kommt im

[33] Dasselbe gilt für private Wirtschaftssubjekte, wenn die Besteuerung nach dem Wohnsitzlandprinzip erfolgt. Unter der Annahme eines vollständigen internationalen Informationsaustausches ist es für den Zensiten steuerlich unerheblich, in welchen Gebietskörperschaften das private Geldvermögen angelegt wird. Jedoch ist das Individuum in der Lage, durch eine entsprechende Wahl seines Sitzlandes die Steuerbelastung zu reduzieren.

Rahmen traditioneller Wertschöpfungsprozesse zu keiner klaren Hierarchie zwischen Kapitalexport- und Kapitalimportneutralität.[34]

Die Charakteristika digitaler Transaktionen unterscheiden sich jedoch von traditionellen Wirtschaftsstrukturen. Dadurch wird es möglich, eine Hierarchie bei Kapitalexport- und Kapitalimportneutralität abzuleiten, wenn eine zugrundeliegende Annahme der Kapitalimportneutralität mit der Digitalisierung konfrontiert wird. Die Kapitalimportneutralität beruht auf der Annahme, dass sich geographische Anknüpfungspunkte unternehmerischer Tätigkeit und folglich der Ort des Unternehmensgewinns identifizieren lassen.[35] Diese Vermutung lässt sich aber bei digitalen Transaktionen nicht mehr aufrecht erhalten:
Digitale Waren sind in der Lage, sekundenschnell eine beliebige Anzahl nationalstaatlicher Grenzen zu überwinden. Es ist keine räumliche Unterscheidung verschiedener Produktionsorte möglich, da sich das Internet nicht in geographische Regionen einteilen lässt. Es gibt demzufolge keine unterschiedlichen Märkte, bei denen in einen Markt Kapital importiert werden kann. Allenfalls lassen sich sprachliche Unterscheidungen treffen. Beispielweise ist das Internet zwar für norwegische Internetanbieter aufgrund der geringen internationalen Verbreitung der norwegischen Sprache auf die Grenzen des norwegischen Staates beschränkt. Eine sprachliche Abgrenzung unterschiedlicher Regionen ist jedoch bei der Weltsprache Englisch nicht möglich. Die Annahme separierbarer Produktionsorte ist deswegen im Kontext globaler digitaler Wirtschaftsstrukturen, welche auf der englischen Sprache beruhen, nicht mehr aufrecht zu erhalten. Produzenten digitaler Waren sind weltweit Konkurrenten, und die wettbewerblichen Beziehungen lassen sich nicht auf bestimmte Gebietskörperschaften eingrenzen. Diese Schlussfolgerung trifft auch auf multinationale Unternehmen zu, deren Geschäftstätigkeit sich aufgrund digitaler Informations- und Kommunikationstechniken weltweit integriert und bei denen sich der geographische Ort des Unternehmensgewinns nicht eindeutig identifizieren lässt.

---

[34] Vgl. Kapitel 2 Abschnitt C.II.3.
[35] Vgl. Kapitel 2 Abschnitt C.II.3.a.).

Wenn lediglich die Argumentation räumlich abgrenzbarer Märkte bei digitalen Waren betrachtet wird, sollte die Gewinnbesteuerung digitaler Transaktionen nach dem Kriterium der Kapitalexportneutralität erfolgen,. Das Ziel der Kapitalimportneutralität kann unter den veränderten Rahmenbedingungen der internationalen Unternehmensbesteuerung nicht aufrecht erhalten werden.[36] Dennoch muss auch die Kapitalexportneutralität daraufhin überprüft werden, ob sich Probleme durch die Digitalisierung ergeben.

2. Konsequenzen für die Kapitalexportneutralität

Der Vorteil der Kapitalexportneutralität gegenüber der Kapitalimportneutralität tritt bei der Besteuerung digitaler Transaktionen nur dann ein, wenn das Sitzland des Unternehmens identifizierbar ist. Die technischen Neuerungen, welche mit der Digitalisierung Einzug gehalten haben, weichen jedoch die Ansässigkeitskriterien eines Unternehmens auf. Es entsteht deshalb unter dem Sitzlandprinzip eine Steuerneutralität bei der Wahl des Investitionsstandortes, aber keine Neutralität bei der Sitzlandwahl, so dass sich steuerlich induzierte Verzerrungen bei unternehmerischen Entscheidungen ergeben.[37] Das Konzept der Kapitalexportneutralität führt nicht zu einer Neutralität bei der Standortwahl des rechtlichen Unternehmenssitzes. Zwischen der Kapitalexportneutralität und der Standortneutralität besteht deshalb ein Zielkonflikt. Die Stärke des Zielkonflikts ist positiv mit der Mobilität des Unternehmenssitzes korreliert. Bei immobilen Wirtschaftsstrukturen ist der Konflikt nicht vorhanden, da Kapitalexportneutralität verwirklicht ist, ohne dass fiskalische Auswirkungen durch Standortverlagerungen eintreten. Bei mobilen Unternehmenssitzen kann Kapitalexportneutralität nur verwirklicht werden, wenn gleichzeitig ein Abweichen von der Standortneutralität in Kauf genommen wird, also eine Verschiebung der internationalen

---

36 Vgl. Schäfer/Spengel (2002), S. 9. Das Ziel der Kapitalimportneutralität hat übrigens keine Rolle bei der Einführung der Besteuerungsprinzipien gespielt. Bei der frühen Entwicklung des Betriebstättenprinzips stand nicht der Gedanke der kapitalimportneutralen Besteuerung im Vordergrund, sondern die Abgrenzung der Besteuerungsrechte zwischen den preußischen Gemeinden. Vgl. Kolck (1974), S. 9ff.

37 Vgl. auch Brunsbach (2003), S. 171f.

Besteuerungsrechte stattfindet.[38] Bei digitalen Wirtschaftsstrukturen existiert deshalb ein großer Zielkonflikt zwischen Kapitalexport- und Standortneutralität.

Das Konzept der Kapitalexportneutralität erzeugt zusammenfassend Verzerrungen bei der unternehmerischen Standortwahl. Die Kapitalimportneutralität bietet ebenfalls aus Sicht der allokativen Effizienz der Besteuerung keine Alternative zu dem dargestellten Zielkonflikt zwischen Kapitalexport- und Standortneutralität, da keine unterschiedlichen Märkte identifizierbar sind. Diesbezüglich bietet keines der beiden Neutralitätskonzepte eine befriedigende Antwort auf die Veränderungen der Wirtschaftsstrukturen durch die Digitalisierung, so dass der Besteuerungsgrundsatz der Neutralität im gegenwärtigen System der internationalen Unternehmensbesteuerung nicht umgesetzt wird.

II. Gerechtigkeit der Besteuerung

Die Gerechtigkeit der Unternehmensbesteuerung kann zum Einen unter der Inanspruchnahme des Äquivalenzprinzips beurteilt werden.[39] Jede Gebietskörperschaft sollte demzufolge ein Besteuerungsrecht an dem Unternehmensgewinn in der Höhe haben, in welchem das Unternehmen in der Jurisdiktion soziale Kosten verursacht. Die Umsetzung dieses Vorhabens ist bei einer Gewinnbesteuerung problematisch. Verlusterleidende Unternehmen nehmen ebenfalls öffentliche Leistungen in Anspruch, dass dann keine Äquivalenz zwischen staatlichen Leistungen und privater Inanspruchnahme besteht. Das Gleiche gilt für Unternehmen, die keinen Gewinn erzielen. In vielen nationalen Steuersystemen existiert zudem ein Verlustausgleich: Verluste in einer Periode dürfen in folgende Perioden übertragen und auf dort entstehende Gewinne angerechnet werden. Zusätzlich verwässert der Verlustausgleich die Äquivalenz zwischen Periodengewinn

---

38 "Die sich aus dem Postulat nach einer neutralen Besteuerung ergebende Forderung an die Bestimmung der Ansässigkeit eines Steuerpflichtigen besteht somit lediglich darin, dass der Ansässigkeitsstaat nicht 'mobil' sein sollte, das heisst nicht in der steuerlichen Dispositionsbefugnis des unternehmerischen Entscheidungsträgers steht." Brunsbach (2003), S. 171.

39 Vgl. Kapitel 2 Abschnitt C.III.2.b.) und Abschnitt D.II.4.

des Unternehmens und Periodenleistungen des öffentlichen Sektors sowie den sozialen Kosten, welche durch die unternehmerische Wertschöpfung für die Allgemeinheit entstehen. Der Gewinn steht demzufolge nicht direkt im Zusammenhang mit der Inanspruchnahme öffentlicher Leistungen durch ein Unternehmen.[40] Insofern muss bereits der Status quo der internationalen Unternehmensbesteuerung aus Sicht der Gerechtigkeit als problematisch beurteilt werden, wenn die Gerechtigkeit der Besteuerung aus der Perspektive der Besteuerungsäquivalenz betrachtet wird.

Das Leistungsfähigkeitsprinzip rechtfertigt zum anderen eine Besteuerung von Unternehmensgewinnen, da ein Quellenabzug der Kapitalbesteuerung die Steuerhinterziehung privater Kapitaleinkünfte erschwert, so dass die Leistungsfähigkeit der Kapitaleigner besser erfasst wird.[41] Die Gerechtigkeit aus Sicht des Leistungsfähigkeitsprinzips ist abhängig von der Identifikation der Einkommensquelle. Im Rahmen digitaler Wirtschaftsstrukturen sprechen einige Anzeichen dafür, dass sich die bereits in traditionellen Wirtschaftsstrukturen existierende Problematik einer genauen Quellenbestimmung verschärft. Die gerechtigkeitstheoretische Beurteilung der internationalen Unternehmensbesteuerung nach dem Leistungsfähigkeitsprinzip hängt auch von der Fähigkeit ab, die tatsächliche Gewinnhöhe aus einer Einkommensquelle zu bestimmen. Die Ermittlung des konkreten Gewinnbeitrags einer Einkommensquelle ist die grössere Schwierigkeit als deren alleinige Identifikation. Die tatsächliche Höhe des Gewinnbeitrags ist eine Aufgabe für die Ermittlung der Verrechnungspreise, deren Funktionsmängel unter den veränderten Rahmenbedingungen zunehmen.

Zusammenfassend ergibt sich aufgrund der Digitalisierung von Wertschöpfungen eine Verschlechterung in Bezug auf das Postulat der Gerechtigkeit der Besteuerung, sowohl aus Perspektive des Äquivalenzprinzips als auch aus der des Leistungsfähigkeitsprinzips.

---

40 Vgl. Pogue (1999), S. 194; Hansjürgens (2001b), S. 83.

41 Ausserdem dient eine Besteuerung einbehaltener Unternehmensgewinne einer gleichmäßigeren Besteuerung und damit dem Leistungsfähigkeitsprinzip, wenn ansonsten Kapitalgesellschaften unversteuerte Gewinne thesaurierten könnten, Personengesellschaften hingegen der Einkommensbesteuerung unterworfen sind. Vgl. Reding/Müller (1999), S. 380.

III. Administrative Effizienz der Besteuerung

Für Finanzverwaltungen können sich durch die Digitalisierung auf der einen Seite Möglichkeiten ergeben, die Erhebungseffizienz zu erhöhen, z. B. durch eine Automatisierung in Teilbereichen der Steuererhebung oder durch neue Kommunikations- oder Informationsmöglichkeiten. Auf der anderen Seite erzeugt die Digitalisierung neue Administrationsprobleme.
Für eine Verbesserung der administrativen Effizienz existieren mehrere Anhaltspunkte. So kann ein digitaler internationalen Informationsaustausch zwischen den nationalen Finanzverwaltungen die Qualität und Quantität der übermittelten Informationen erhöhen. Zugriffe auf die EDV von Unternehmen oder die Digitalisierung des Veranlagungsprozesses können positive Auswirkungen auf die Arbeitseffizienz der Finanzbeamten haben.[42]
Auf der anderen Seite spricht für eine Abnahme der Erhebungseffizienz, dass die Finanzverwaltungen mit einer steigenden Anzahl multinationaler Unternehmen konfrontiert sind, deren wirtschaftliche Aktivität eine Vielzahl von Gebietskörperschaften betrifft. Die steigenden Anforderungen an den internationalen Informationsaustausch können aufgrund politischer Restriktionen nicht erfüllt werden: So ist die Einführung technischer Neuerungen nur möglich, wenn ein entsprechender politischer Wille und die notwendigen Mittel für Investitionen vorhanden sind. Ferner sind die Finanzbeamten mit einer Zunahme von zu beurteilenden Verrechnungspreisfällen konfrontiert. Damit erhöhen sich nicht nur die Erhebungskosten, sondern auch die Entrichtungskosten für die multinationalen Unternehmen.

E. Ergebnis

Die Probleme für die Nationalstaaten, internationale Unternehmen einer effektiven Besteuerung zu unterwerfen, resultieren aus Investitions- und Standortflexibilitäten, Informationsasymmetrien und aus dem Steuerwettbewerb zwischen

[42] So erlaubt bei den deutschen Steuergesetzen der neue § 147 Abs. 6 AO, dass der Betriebsprüfer seit Januar 2002 uneingeschränkten Zugang zu der EDV-Buchhaltung eines Unternehmens hat und auch die Buchhaltungsdaten zur Steuerprüfung verwenden darf.

unterschiedlichen Gebietskörperschaften. Die Schwierigkeiten nehmen zu, wenn das gegenwärtige System der internationalen Unternehmensbesteuerung mit den Eigenschaften digitaler Transaktionen und mit der zunehmenden internationalen Mobilität von Wirtschaftsstrukturen konfrontiert wird, welche durch die Digitalisierung ermöglicht werden. So ergibt sich, dass die Digitalisierung den diskretionären Handlungsspielraum der Unternehmen bei der unternehmensinternen Allokation der Besteuerungsrechte und damit deren Möglichkeit erhöht, durch Manipulationen des Steuerorts und der Steuerbemessungsgrundlage dem steuerlichen Zugriff auszuweichen.

Der Wirkungszusammenhang zwischen den traditionellen Ursachen der Besteuerungsprobleme bei internationalen Unternehmen, den steuertechnischen Konstruktionsannahmen und der Digitalisierung, ist in Schaubild 5.1 dargestellt.

Schaubild 5.1: Synthese der positiven Analyse internationaler Unternehmensbesteuerung

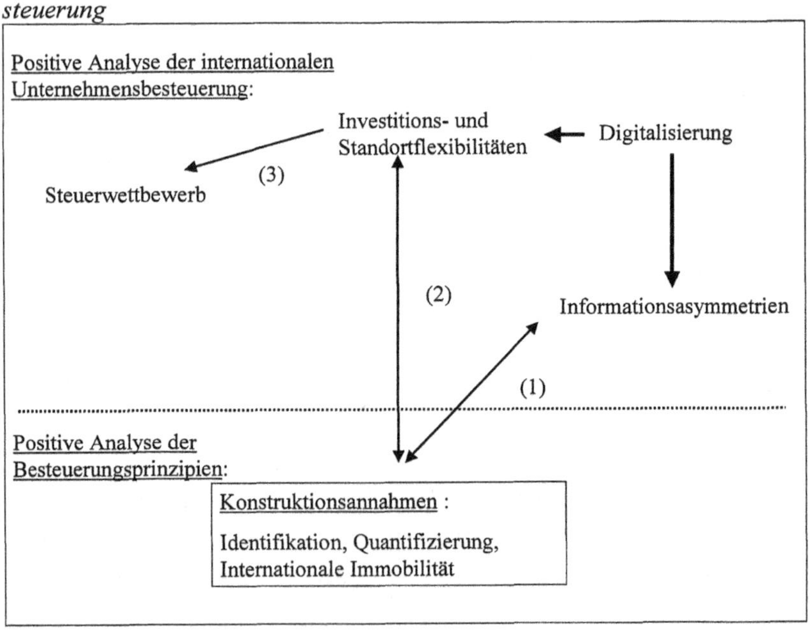

Quelle: eigene Darstellung

Im oberen Teil des Schaubilds sind die Ergebnisse der positiven Analyse der internationalen Unternehmensbesteuerung aufgelistet, nämlich Investitions- und Standortflexibilitäten, Informationsasymmetrien und Steuerwettbewerb als Ursachen für Schwierigkeiten bei der Besteuerung. Im unteren Teil ist das Ergebnis der positiven Analyse internationaler Besteuerungsprinzipien aufgeführt, dass Konstruktionsannahmen zu einer sinngemäßen Durchführung der Besteuerung entsprechend der Besteuerungsprinzipien erfüllt werden müssen.
Der im Schaubild 5.1 mit (1) bezeichnete Wirkungszusammenhang charakterisiert das Verhältnis zwischen Informationsasymmetrien und den Konstruktionsannahmen der Besteuerungsprinzipien. Das Quellenlandprinzip erzeugt Informationsasymmetrien, wenn die innerkonzernliche Allokation der Besteuerungsrechte mit Verrechnungspreisen auf Basis des Fremdvergleichsprinzips umgesetzt werden soll. Unter dem Sitzlandprinzip treten Informationsasymmetrien zwischen nationalen Finanzverwaltungen auf, wenn der internationale Informationsaustausch nicht reibungslos funktioniert. Die Informationsasymmetrien bewirken bei den Konstruktionsannahmen, dass eine zweifelsfreie Quantifizierung der steuerbaren Wertschöpfung mit Problemen behaftet ist. Die (2) Immobilitätsannahmen von Quellenland- und Sitzlandprinzip ermöglichen, dass internationale Unternehmen durch Standort- und Investitionsflexibilitäten Steuervorteile erzielen können. Die Standort- und Investitionsflexibilitäten ermöglichen aufgrund von potentiellen Abwanderungsdrohungen der Unternehmen wiederum (3) Steuerwettbewerb, welcher zusätzlich die Fähigkeit von Gebietskörperschaften verringert, multinationale Unternehmen zu besteuern.

An diesen Wirkungszusammenhängen setzen die Veränderungen durch die Digitalisierung an. Die Digitalisierung erhöht die Investitions- und Standortflexibilität, da die Mobilität unternehmerischer Wertschöpfungen zunimmt. Die Unternehmen besitzen deshalb verstärkte Abwanderungsdrohungen, mit denen sie Besteuerungsmaßnahmen abwehren können. Der internationale Steuerwettbewerb gewinnt an Intensität, und die Immobilitätsannahme des Quellenland- und des Sitzlandprinzips wird immer unrealistischer. Die digitalen Transaktionen erschweren auch die Anwendung von Verrechnungspreissystemen auf Basis des Fremdvergleichsprinzips, so dass die Finanzverwaltungen in diesem Bereich besondere Probleme haben, die tatsächliche Steuerbemessungsgrundlage bei den einzelnen Tochterunternehmen zu quantifizieren. Die Auswirkungen der Digitalisierung sind deshalb dafür verantwortlich, dass die Konstruktionsannahmen der Besteuerungsprinzipien immer weniger der Realität entsprechen.

Die Konstruktionsannahmen der Besteuerungsprinzipien, welche vor dem Hintergrund der ökonomischen und politischen Realität der Entstehungszeit formuliert wurden, sind die Ursache für die Durchsetzungsprobleme der internationalen Unternehmensbesteuerung. Die fiskalischen Folgen waren damals vernachlässigbar. Mit der wirtschaftlichen Entwicklung entfernen sich allerdings die Konstruktionsannahmen zunehmend von der ökonomischen Wirklichkeit. Erst die zunehmende Internationalisierung der Wirtschaftsstrukturen und der technische Fortschritt haben deshalb die Durchsetzungsprobleme relevant gemacht, welche durch die Einführung von Quellenland- und Sitzlandprinzip im vorletzten Jahrhundert entstanden sind. Die Digitalisierung hat das *Potential*, die traditionellen Durchsetzungsprobleme erheblich zu verstärken, wenn internationale Unternehmen ihre diskretionären Handlungsspielräume bei der internationalen Allokation der Besteuerungsrechte nützen. Sowohl Sitzland- als auch Quellenlandprinzip weisen vor dem Hintergrund digitaler Wirtschaftsstrukturen gravierende Durchsetzungsprobleme auf, so dass keines der Prinzipien aus Sicht der Steuererhebung eine vorteilhafte Alternative ist. Insofern ist fraglich, ob das Quellenlandprinzip oder das Sitzlandprinzip gemäss deren ursprünglichen Absicht umsetzbar sind, nämlich eine wirksame Gewinnbesteuerung im Sitz- oder Quellenland ohne gravierende Erhebungsprobleme durchzuführen. Die internationale Besteuerung befindet sich deshalb in einem Dilemma zwischen Quellenland- und Sitzlandprinzip, wenn die Erhebungsprobleme der Besteuerungsprinzipien im Bereich der internationalen Unternehmensbesteuerung gegeneinander abgewogen werden.

Die veränderten Rahmenbedingungen der internationalen Unternehmensbesteuerung beeinträchtigen auch die Besteuerungsgrundsätze der Neutralität, Gerechtigkeit und administrativen Effizienz der Besteuerung. Die Forderung nach Neutralität der Besteuerung benötigt die Identifikation von Sitz- und Quellenland. Da diese Konstruktionsannahme nicht mehr erfüllt ist, kann keine Besteuerungsneutralität im Bereich der internationalen Unternehmensbesteuerung existieren. Die Gerechtigkeit der Besteuerung kann sich einerseits an einer Besteuerungsäquivalenz orientieren. Die Umsetzung einer äquivalenten Besteuerung ist jedoch bei einer Gewinnbesteuerung nicht zwangsläufig gewährleistet. Eine gerechte Unternehmensbesteuerung scheitert andererseits aus der Perspcktive des Leistungsfähigkeitsprinzips daran, dass die Identifikation von Quellen- und Sitzland sowie die Quantifizierung der steuerbaren Wertschöpfung unter den veränderten Rahmenbedingungen der internationalen Unternehmensbesteuerung nicht mehr gewährleistet ist. Schlussendlich verlangt die Forderung nach einer administrativen Effizienz der Besteuerung, dass die Durchsetzungsprobleme der Unternehmensbesteuerung verringert werden. Durch technologische Neuerungen kann die Effizienz des Veranlagungsprozesses zunehmen.

Die Besteuerungsprinzipien sind deshalb nicht mehr in der Lage, eine interjurisdiktionelle Aufteilung des internationalen Steueraufkommens anhand ihrer normativen Absicht zu gewährleisten und die Besteuerungsgrundsätze der Neutralität und Gerechtigkeit zu verwirklichen. Da die Umsetzung der normativen Absichten durch die beiden Besteuerungsprinzipien scheitert, ist die allokative Diskussion Quellenlandprinzip versus Sitzlandprinzip die falsche Fragestellung. Sie führt aufgrund der Durchsetzungsprobleme der Besteuerungsprinzipien zwangsläufig zu dem Ergebnis, dass eine internationale Steuerharmonisierung vonnöten ist. Eine internationale Steuerharmonisierung ermöglicht eine effektive Unternehmensbesteuerung durch Sitz- und Quellenlandprinzip, da der Anreiz für Gewinnverlagerungsstrategien oder zur Ausschöpfung des diskretionären Handlungsspielraums bei der Allokation der Besteuerungsrechte entfällt. Investitions- und Standortflexibilitäten, Informationsasymmetrien und Steuerwettbewerb verlieren in diesem Fall ihre fiskalische Bedeutung. Die Diskussion um eine Steuerharmonisierung lenkt jedoch von der Tatsache ab, dass aufgrund von Steuerreduktionsstrategien bei der gegenwärtigen internationalen Unternehmensbesteuerung weder Quellenlandprinzip noch Sitzlandprinzip in der Lage sind, das Besteuerungsrecht aufgrund ökonomischer Aktivitäten bestimmten Gebietskörperschaften zuzuordnen.[43]

---

43 Vgl. auch dazu die Aussagen von Bird/Wilkie (2000), S. 94f.

F. Zusammenfassende Thesen zum fünften Kapitel

1. Quellenland- und Sitzlandprinzip beruhen auf der Konstruktionsannahme der eindeutigen Bestimmung der Einkommensquelle bzw. der zweifelsfreien Bestimmung des rechtlichen Unternehmenssitzes, der Quantifizierung der tatsächlichen steuerbaren Wertschöpfung und der internationalen Immobilität von Einkommensquellen und Sitzland des Unternehmenssitzes.

2. Das Zeitalter der Digitalisierung zeigt durch die Zunahme der Intensität von Investitions- und Standortflexibilitäten, Informationsasymmetrien und Steuerwettbewerb bei multinationalen Unternehmen, dass die Konstruktionsannahmen der Besteuerungsprinzipien nicht mehr erfüllt sind. Quellenland- und Sitzlandprinzip sind nicht in der Lage, ihre ursprüngliche Besteuerungsabsicht in die Tat umzusetzen, nämlich die Gewinnbesteuerung an der ökonomischen Quelle der Wertschöpfung oder dem Sitzland des Unternehmens.

3. Die Besteuerungsprinzipien setzen ebenfalls die normativen Forderungen der Besteuerungsgrundsätze nicht mehr um. Davon sind insbesondere die Neutralität und die Gerechtigkeit der Besteuerung betroffen.

4. Die Besteuerungsproblematik im Bereich der internationalen Unternehmensbesteuerung kann auf Basis von Quellenland- und Sitzlandprinzip nicht gelöst werden, da die althergebrachten Besteuerungsprinzipien keine wirksame Unternehmensbesteuerung ermöglichen können. Einen Lösungsansatz bietet eine internationale Steuerharmonisierung, die Nationalstaaten in die Lage versetzt, multinationale Unternehmen durch Quellen- und Sitzlandprinzip einer wirksamen Besteuerung zu unterwerfen.

Teil III: Reformalternativen für die internationale Unternehmensbesteuerung

Kapitel 6: Internationale Steuerharmonisierung bei der Unternehmensbesteuerung aus Sicht der Public Choice-Theorie

A. Die Perspektive der Public Choice-Theorie

I. Erkenntnisinteresse der Public Choice-Theorie

Die Public Choice-Theorie, auch als Ökonomische Theorie der Politik oder Neue Politische Ökonomie bezeichnet, analysiert politische Entscheidungsprozesse und die Interaktion zwischen Politik und Markt. Sie liefert einen Erklärungsansatz für das Wirken von Parteien, Regierungen, Interessengruppen und Wählern sowie normative Schlussfolgerungen für die effiziente Gestaltung von politischen Institutionen.

Der Ansatz der Public Choice-Theorie kann untersuchen, ob und wie internationale Verhandlungslösungen bei internationalen externen Effekten zustande kommen und welche Durchsetzungschancen sie auf nationaler und internationaler Ebene haben.[1] Sie nimmt damit Bezug zu dem im politischen Prozess herrschenden Kampf um Ressourcen, welcher bei der internationalen Unternehmensbesteuerung im Rahmen der intergesellschaftlichen Allokation der Besteuerungsrechte stattfindet.[2] Die Public Choice-Analyse internationaler Beziehungen betrachtet nicht primär das Verhältnis zwischen Regierung und Wählern, sondern sieht die Regierungen als die Hauptakteure an.[3] Dennoch ist der Ausgangspunkt internationaler Public Choice-Anwendungen die Betrachtung von

---

1 Frey (1991), S. 228, spricht von "International Bargaining".

2 Vgl. Weck-Hannemann (1998), S. 91f. und S. 101. Die Public Choice-Theorie wird insbesondere durch die Werke von Buchanan beeinflusst, welcher sich ausdrücklich an den 'Finanztheoretischen Untersuchungen' von Wicksell (1969/1896) orientiert. Da Wicksell versucht, ein gerechtes und effizientes Steuersystem auf Basis des Einstimmigkeits- und des Äquivalenzprinzips zu konstruieren, hat die Public Choice-Theorie einen Ursprung in der Besteuerungstheorie. Vgl. Hansjürgens (2001a), S. 53ff.; Hansjürgens (2000); Holcombe (1998), S. 361.

3 Vgl. Smith (1991), S. 55.

nationalen Individuen und Gruppen, deren Nutzen die nationale Regierungspolitik bestimmt.[4] Diese Mikroperspektive folgt aus dem Konzept des methodologischen Individualismus, auf welchem die Public Choice-Theorie aufbaut.[5] Die Public Choice-Analyse internationaler Steuerverhandlungen soll im Rahmen der Leviathantheorie des Staates von *Brennan* und *Buchanan* und der Interessengruppentheorie des Staates durchgeführt werden, welche die wichtigsten Theorierichtungen der Neuen Politischen Ökonomie darstellen.

II. Die Leviathantheorie des Staates

1. Grundzüge der Leviathantheorie

Geoffrey Brennan und *James M. Buchanan* begründeten die Leviathantheorie des Staates. Eine Demokratie entwickelt sich zu einem Leviathan[6], wenn keine konstitutionellen Restriktionen für den politischen Entscheidungsprozess aufgestellt und durchgesetzt werden.[7] Die demokratischen Prozesse, die in bestimmten Fällen das Regierungshandeln begrenzen sollen, sind dazu nicht unbedingt in ausreichendem Maße geeignet.[8] Kennzeichen des Leviathans ist deshalb, dass es einer Regierung aufgrund fehlender konstitutioneller Beschränkungen ermög-

---

4 Vgl. Kaempfer/Lowenberg (1992), S. 36.

5 Vgl. zum methodologischen Individualismus die Ausführungen in Kapitel 3 Abschnitt B.III.1.

6 Hier bedienen sich Brennan und Buchanan der Terminologie von Thomas Hobbes. Hobbes benutzt ein biblisches Bild aus dem Buche Hiob, in dem der Leviathan als gewaltiges Wassertier (Krokodil, Walfisch) bezeichnet wird. Der Gegenspieler des Leviathan ist das Landtier Behemoth, welches als Elefant oder Stier abgebildet wird. Der Ursprung dieser Darstellung wird in der babylonischen Urflutsage vermutet. Hobbes fasst den Behemoth als das Symbol der Anarchie auf, gegen dessen Bedrohung allein der Leviathan etwas ausrichten vermag. Vgl. Fetscher (1966), S. XLf.

7 Vgl. Buchanan (1984/1975), S. 230.

8 Vgl. Brennan/Buchanan (1980), S. 17. Brennan/Buchanan führen für diese Behauptung drei Beobachtungen an: Erstens führen bestimmte politische Entscheidungen zu einem unangemessen hohen Ressourcenaufwand, selbst wenn das Entscheidungsergebnis mit den Wählerwünschen übereinstimmt. Zweitens bestehen theoretische Zweifel darüber, ob Mehrheitsentscheidungen eine effiziente Restriktion für politische Entscheidungsprozesse sind und drittens die historische Tatsache, dass westliche Demokratien durch einen Zuwachs des öffentlichen Sektors gekennzeichnet sind. Vgl. Brennan/Buchanan (1980), S. 17.

licht wird, die Steuereinnahmen zu maximieren.[9] Verbunden mit fehlenden Restriktionen über die Verwendung der Staatseinnahmen wird das Steueraufkommen zum privaten Einkommen der politischen Entscheidungsträger, da diese das Steueraufkommen zur persönlichen Nutzenmaximierung einsetzen können.[10] Die Leviathantheorie weist deshalb eine große Nähe zu ökonomischen Marktmodellen auf, da sie den Politiker wie einen gewinnmaximierenden Unternehmer in der Privatwirtschaft betrachtet.[11]

Das gilt uneingeschränkt allerdings nur in einer geschlossenen Volkswirtschaft. In einer offenen Volkswirtschaft mit mobilen Individuen existiert dagegen ein anderes Besteuerungsumfeld als in geschlossenen, in denen die Politiker einnahmenmaximierende Regeln aufstellen können.[12] Freier Handel und individuelle Mobilität können ein Substitut der konstitutionellen Beschränkungen der Staatstätigkeit sein.[13]

Brennan und *Buchanan* argumentieren unter Inanspruchnahme einer idealisierten Tiebout-Welt[14], in der die Nutzenreichweite von Kollektivgütern an den Grenzen der jeweiligen Gebietskörperschaft endet. Die Individuen optimieren ihr "fiscal residuum"[15] als Differenz zwischen persönlichem Nutzen und Kosten öffentlicher Leistungen, wobei die Gebietskörperschaften ihre jeweiligen Steuereinnahmen maximieren wollen. Unter der Annahme kostenloser Migration reduziert sich jedoch der monopolistische Ausbeutungsspielraum[16] eines Levia-

---

9 Vgl. Pitlik (1997), S. 216.

10 Vgl. Brennan/Buchanan (1980), S. 26f. Die politischen Renten können dabei pekuniärer und nicht-pekuniärer Art sein. Vgl. Apolte (1999), S. 77.

11 Vgl. Apolte (1999), S. 77.

12 Vgl. zum Folgenden auch Brennan/Buchanan (1980), S. 172f.

13 Vgl. Brennan/Buchanan (1980), S. 177.

14 Nach dem einflussreichen Tiebout-Modell können individuelle Wanderungsbewegungen ein Substitut für demokratische und andere Methoden zur Präferenzoffenbarung für öffentliche Güter sein, da durch die Wohnortwahl eine Abstimmung über ein bestimmtes Angebot an Kollektivgütern durchgeführt wird. Die Individuen wandern dabei immer in die Gebietskörperschaft, deren Steuer-Leistungsangebot ihre Präferenzen am Besten erfüllt. Vgl. Tiebout (1956). Tiebout verweist darauf, dass dieser Denkansatz den marktlichen Auswahlprozess des optimalen Gutes auf den öffentlichen Sektor kopiert. Vgl. Tiebout (1956), S. 422.

15 Buchanan (1950), S. 588.

16 Der Begriff der Ausbeutung besitzt zwar einen moralischen Beigeschmack, aber da im allgemeinen ein Missverhältnis zwischen Vorteilen und Opfern verschiedener Individuen

thans auf null, da jedes Abweichen von der Äquivalenz individueller Steuerzahlungen und individuellen Konsum staatlicher Leistungen mit Abwanderung bestraft wird.[17] Das Tiebout-Modell verwirklicht das Äquivalenzprinzip.[18] Fiskalische Restriktionen werden dann für den Staat unnötig, weil die individuelle Mobilität eine wirksame Beschränkung des staatlichen Handelns ist. Jede potentielle Abweichung von der idealisierten Tiebout-Welt rechtfertigt normativ jedoch konstitutionelle Beschränkungen des staatlichen Ausbeutungsspielraumes, denn

> "...the person who has an option at the constitutional stage would presumably select some constraint on governmental taxing power even in a world that is predicted to be characterized as truly international or interjurisdictional."[19]

Brennan und *Buchanan* bezweifeln, dass Freihandel oder unbeschränkte Mobilität den Leviathan allein beschränken können. Sie begründen ihre Auffassung mit dem Vorhandensein ortspezifischer Produktionsrenten, auf welche bestimmte Individuen angewiesen sind: Es sind nämlich nur solche Individuen vor staatlicher Ausbeutung geschützt, welche nicht von örtlich gebundene Besonderheiten abhängig sind.[20] Somit sind nur mobile Produktionsfaktoren vor dem Leviathan geschützt, so dass in einer Gesellschaft grundlegende Schutzmechanismen gelten müssen, damit der staatliche Handlungsspielraum gegenüber immobilen Individuen begrenzt wird. Die damit beabsichtigte Reduktion des öffentlichen

---

so bezeichnet wird, kann dieser Begriff in einer logischen Analyse verwendet werden. Vgl. Olson (1965/1992), S. 28.

17 Vgl. Osterfeld (1989), S. 149. Freihandel kann ebenfalls dieselbe Funktion erfüllen, wenn bei einer Güterbesteuerung die Individuen die Waren aus dem Ausland beziehen. Vgl. Brennan/Buchanan (1980), S. 169f.

18 Vgl. Hansjürgens (2001a), S. 336.

19 Brennan/Buchanan (1980), S. 173.

20 Vgl. Brennan/Buchanan (1980), S. 172. Damit wenden sich Brennan und Buchanan von der idealisierten Tiebout-Welt ab. Eine Beschränkung des Leviathans ist auch durch eine föderative Staatsverfassung möglich. Vgl. Brennan/Buchanan (1980), S. 173ff. Zu der Dezentralisierungshypothese von Brennan und Buchanan, nach der die Macht des Staates mit kleinen, homogenen Gebietskörperschaften abnimmt, welche über keine ortspezifischen Produktionsrenten verfügen, vgl. auch Pitlik (1997), S. 216ff.

Ausbeutungsspielraumes wird mit dem Ausdruck "Zähmung des Leviathan"[21] umschrieben. Wenn Regeln zum Schutz der immobilen Bürger vor einer Ausbeutung aufgestellt sind, ergibt sich die Frage, wie die Regeln vor Veränderungen durch den Leviathan-Staat geschützt werden können.[22] Von grundlegender Bedeutung ist dabei eine Exit-Option, welche den Individuen eine Abwanderungsmöglichkeit eröffnet, wodurch sie sich dem Zugriff des Leviathanstaates entziehen können.[23] Abwanderung ist die Auflösung einer Beziehung zu einer Person oder einer Organisation. Eine Abwanderungsdrohung gegenüber einer Person oder einer Organisation ist nur dann vorhanden, wenn mit einer anderen Person oder Organisation eine ähnliche Beziehung eingegangen werden kann.[24] Exit-Optionen sichern interstaatlichen Wettbewerb und üben einen Anreiz auf Leviathanstaaten aus, effiziente Leistungsstrukturen einzuführen und aufrecht zu erhalten. Die staatlichen Überschüsse werden in diesem Fall auf null reduziert.[25] Der interstaatliche Konkurrenzdruck hängt dabei von den Abwanderungskosten und der Zahl der Abwanderungsalternativen ab.[26] Damit die Exit-Option ihre restriktive Wirkung auf Dauer entfalten kann, muss sie auf konstitutioneller Ebene verankert sein.[27]

---

21 Apolte (1999), S. 75; Pitlik (1998), S. 177. Im englischen "The Taming of Leviathan". Pitlik (2001), S. 184; Sinn (1992b), S. 177.

22 Vgl. Lowenberg/Yu (1992), S. 53. Wagner/Gwartney (1988), S. 35 formulieren: "While individuals have strong incentives to design a constitutional order prohibiting plunder, once government is established there is a strong incentive to cheat on the constitutional contract and use government as an instrument to gain advantage over others." Mit dieser Fragestellung beschäftigen sich eine Vielzahl an Veröffentlichungen, welche Prinzipien zur Zähmung des Leviathans aufstellen, so etwa Migué (1993); Niskanen (1990); Wildavsky (1990); Aranson (1988); Wagner/Gwartney (1988); Buchanan/Faith (1987).

23 Die Kategorien von exit und voice (Abwanderung und Widerspruch) gehen zurück auf Hirschman (1970/1974). Er propagiert Abwanderung und Widerspruch als grundsätzliche Instrumente zur Konfliktlösung und hat damit eine enorme Aufnahme in der Wissenschaft gefunden: "...the theory can be stated in a few words but at the same time has an unlimited range of application." Barry (1974), S. 82.

24 Vgl. Hirschman (1987), S. 219.

25 Vgl. Lowenberg/Yu (1992), S. 53; Brennan/Buchanan (1980), S. 178. "In a war between Leviathans, the citizenry could emerge as the winners." Perroni/Scharf (1999), S. 294.

26 Vgl. ausführlich Hirschman (1974/1970), S. 18ff.

27 Vgl. Brennan/Buchanan (1980), S. 173.

2. Beschränkungen der Abwanderungsoptionen

a) Erhöhung der Abwanderungskosten

Der Ausbeutungsspielraum eines Leviathans ist durch Abwanderungsmöglichkeiten der Individuen bedroht. Deshalb versucht der Leviathanstaat, die Exit-Optionen zu reduzieren.[28] Gemäß dem ökonomischen Entscheidungskalkül wandern die Individuen nur dann ab, wenn die Abwanderungskosten in Form von psychischen und physischen Kosten geringer sind als die damit verbundenen Nutzengewinne.

Die psychischen Kosten entstehen, weil sich Individuen mit ihrer Heimatregion identifizieren und sich dort verwurzelt fühlen. Dieses Loyalitätsgefühl mäßigt etwaige Abwanderungsüberlegungen, so dass ein Individuum trotz Meinungsverschiedenheiten mit der Organisationsführung zurückhaltend mit der Abwanderungsoption umgeht.[29] Physische Abwanderungskosten sind monetäre Aufwendungen für die geographische Ortverlagerung. Der Leviathan kann den Abwanderungsdruck reduzieren, indem er die Kosten einer Abwanderung erhöht. Die Veränderung der individuellen Entscheidungsbedingung ist ein wirkungsvolles Abwehrmittel gegen die Abwanderungsdrohung.[30] Die psychischen Mobilitätskosten nehmen zu, wenn der Leviathan die lokale Identität der Zensiten erhöht oder die Loyalität gegenüber der heimatlichen Gebietskörperschaft verstärkt. Die beabsichtigte Wirkungsweise der Loyalität kann mit der eines Schutzzolls verglichen werden: Ein Schutzzoll soll heimische Branchen vor ausländischer Konkurrenz schützen, wenn die inländischen Unternehmen ineffizienter als die ausländischen Unternehmen produzieren. Die inländische Industrie soll durch einen Schutzzoll Zeit gewinnen, den Effizienz- und damit den Wettbewerbsnachteil auszugleichen. Übertragen auf die öffentliche Hand verringert die Loyalität den Effizienzvorteil anderer Gebietskörperschaften und gibt der eigenen Jurisdiktion die Chance, den Effizienzvorteil aufzuholen oder

28 Ein monopolistischer Staat ermöglicht Abwanderung allenfalls regimekritischen Individuen, um sich nicht ständig ihrer Angriffe erwehren zu müssen. Vgl. Hirschman (1970/1974), S. 50f.

29 Vgl. Osterfeld (1989), S. 171; Hirschman (1970/1974), S. 83.

30 Vgl. Marlow (1992), S. 80; Hirschman (1970/1974), S. 82. Ein hoher Preis der Abwanderung erzeugt jedoch höheren Widerspruch gegenüber dem Wirken der Organisation. Vgl. Hirschman (1970/1974), S. 83.

der eigenen Jurisdiktion die Chance, den Effizienzvorteil aufzuholen oder zu kompensieren.[31]
Die Erhöhung physischer Abwanderungskosten erfolgt einerseits durch die Erhebung einer Austrittsgebühr, andererseits durch hohe Kosten bei einer Zuwanderung.[32] Die Abwanderung verursacht dann versunkene Kosten, welche den Austritt aus der Gebietskörperschaft verteuern.

b) Internationale Kooperationen

Die Abwanderungskosten sind auch von der geographischen Ausdehnung derjenigen Gebietskörperschaft abhängig, aus welcher abgewandert wird. Mit der zunehmenden Größe einer Jurisdiktion sinkt die Effektivität der Exit-Option.[33] Daraus ergibt sich, dass der Abwanderungsdruck mit der Zahl der Gebietskörperschaften zunimmt, in welche abgewandert werden kann. Wenn im Extremfall keine Abwanderungsmöglichkeit existiert, ist der Leviathan keinem Wettbewerbsdruck ausgesetzt und besitzt einen maximalen fiskalischen Ausbeutungsspielraum.[34] In internationalen Verhandlungen versuchen die auf Einnahmemaximierung ausgerichteten staatlichen Entscheidungsträger[35], ihre einnahmemaximierende Position abzusichern. Dies führt dann zu einer internationalen Kooperation, so dass im Extremfall den Bürgern keine Abwanderungsoption zur Verfügung steht, da die Gebietskörperschaften identische Leistungspakete anbieten und folglich keine Abwanderungsoption vorhanden ist.
Die Kooperationshypothese kann mit der Anwendung eines Modells für einen föderalen Staat demonstriert werden.[36] Eine Gebietskörperschaft i steht mit anderen Gebietskörperschaften im Wettbewerb um mobile Steuerzahler zur Finanzierung eines Kollektivgutes G, welches von den Gebietskörperschaften zu konstanten Grenzkosten MC bereitgestellt und von den Steuerzahlern mit der Funk-

---

31 Vgl. Hirschman (1970/1974), S. 68.
32 Vgl. Hirschman (1970/1974), S. 79.
33 Vgl. Osterfeld (1989), S. 154 und S. 164; Brennan/Buchanan (1980), S. 180.
34 Vgl. Brennan/Buchanan (1980), S. 180.
35 Im Grundmodell ist der Leviathan als Monolith konstruiert. Es existieren dennoch Politiker und Bürokraten als finanzpolitische Akteure, welche durch ihre individuellen Zielsetzungen ein einnahmemaximierendes Verhalten des Staates verursachen. Vgl. Raab (1995), S. 90.
36 Vgl. zum Folgenden Pitlik (1997), S. 234f.

tion D_i nachgefragt wird. Die Nutzenreichweite von G entspricht exakt den Grenzen der Gebietskörperschaften, so dass externe Effekte oder spillovers vernachlässigt werden können. Wenn unter den Gebietskörperschaften vollkommene Konkurrenz herrscht, können die Leviathanstaaten keine Einnahmenüberschüsse erzielen, da ein Abweichen von der steuerlichen Äquivalenz zu einer Abwanderung der mobilen Steuerzahler führt. Das Gleichgewicht im interjurisdiktionellen Wettbewerb ist gekennzeichnet durch die Bereitstellung des Kollektivgutes in Höhe von G* zu einem Preis von p*.[37]

Schaubild 6.1: Steuerharmonisierung und Kooperationshypothese

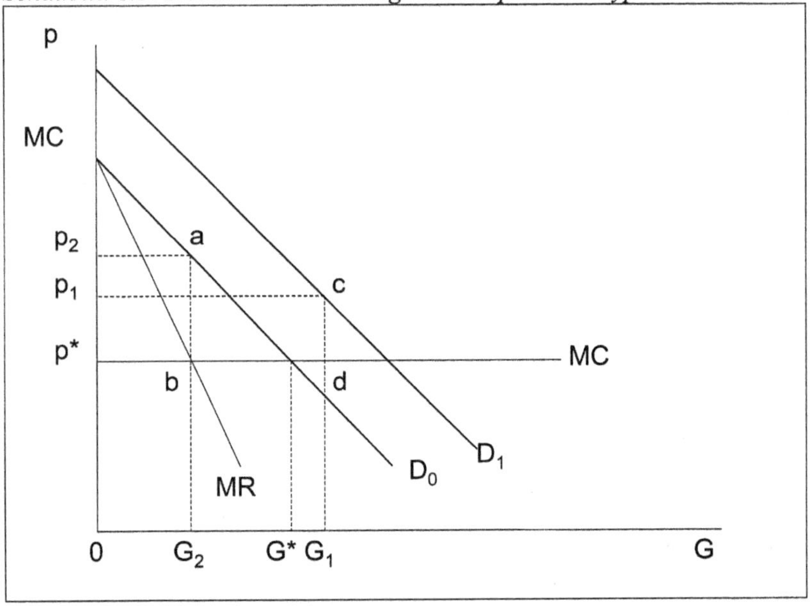

Quelle: Pitlik (1997), S. 234.

Eine internationale Steuerkooperation ermöglicht es den Gebietskörperschaften, den zwischenstaatlichen Wettbewerb auszuschalten.[38] Sie können sich als Mo-

[37] Vgl. dazu Schaubild 5.1.

[38] Neben internationalen Arrangements zur Teilung der Steuereinnahmen reduziert auch ein internationaler Finanzausgleich die Widerspruchsmöglichkeiten der Zensiten. Vgl. Marlow (1992), S. 77.

nopolisten verhalten und von den Steuerzahlern den Monopolpreis p_2 verlangen, bei dem die Grenzkosten MC den Grenzerträgen MR entsprechen. Die Menge des öffentlichen Gutes sinkt auf G_2, und die Gebietskörperschaften erzielen einen Monopolgewinn in Höhe von p^*p_2ab.

Eine internationale Steuerkooperation, z. B. in Form einer Harmonisierung der internationalen Unternehmensbesteuerung, wird in der Leviathantheorie als Analogie zu gewinnmaximierenden Unternehmen aufgefasst, welche untereinander Preisabsprachen treffen. Insofern werden internationale Steuerkooperationen als "Steuerkartell"[39] der Gebietskörperschaften bezeichnet. Während Unternehmen durch kollusives Verhalten den privaten Konkurrenzmarkt unterlaufen, versuchen Regierungen im Leviathanmodell des Staates, zwischenstaatliche Konkurrenz um mobile Besteuerungsrechte auszuschalten.

Die Stabilität eines Steuerkartells hängt von der Zahl der Kartellmitglieder ab. Mit einer steigenden Teilnehmerzahl wird es zunehmend problematischer, ein Kartell zu bilden und aufrecht zu erhalten. Die Schwierigkeit nimmt auch zu, wenn die Kartellmitglieder untereinander große Unterschiede bei spezifischen Standortrenten aufweisen. Der Kartellierungsdruck nimmt ab, da die Mobilität der Steuerzahler durch eine Abhängigkeit von spezifischen Standortrenten gehemmt ist.[40] Ursache für solche Kartellinstabilitäten ist der öffentliche Gutscharakter der Kartellvereinbarung. Diese Aussage kann ebenfalls anhand von Schaubild 6.1 demonstriert werden.[41] Die Gebietskörperschaft i kann mobile Steuerzahler attrahieren, indem sie den Monopolpreis auf p_1 senkt und die Menge G_1 anbietet. Der entstehende fiskalische Überschuss erhöht sich auf p^*p_1cd. Deshalb existiert für Kartellmitglieder immer ein Anreiz, von der Kooperationsvereinbarung abzuweichen. Der entstehende Extraüberschuss besteht jedoch nur dann, wenn die anderen Kartellmitglieder nicht von der Vereinbarung abrücken. Dann stellt sich nämlich das Gleichgewicht unter Wettbewerb ein, und der fiskalische Überschuss reduziert sich auf null.

---

39 Pitlik (1998), S. 179. Sinn (1992b), S. 192 spricht allgemeiner von einem "policy cartel", Brennan/Buchanan (1980), S. 186 von "tax collusion".

40 Vgl. Pitlik (1997), S. 235; Brennan/Buchanan (1980), S. 172.

41 Vgl. Pitlik (1997), S. 235.

Zusammenfassend lässt sich sagen, dass die Mobilität steuerbarer Faktoren[42] den Leviathan zähmt, da sein Ausbeutungsspielraum reduziert wird. Insofern kommt die Leviathantheorie zu der normativen Schlussfolgerung, dass Steuerwettbewerb zu befürworten und eine Steuerharmonisierung abzulehnen ist.[43] Diese Schlussfolgerung gilt auch für die Gewinnbesteuerung multinationaler Unternehmen.

III. Die Interessengruppentheorie der Demokratie

1. Grundzüge der Interessengruppentheorie

Die Leviathantheorie des Staates geht von einer unwirksamen Wiederwahlrestriktion aus. Die Interessengruppentheorie der Demokratie nimmt dagegen an, dass Regierungen einer wirksamen Wiederwahlrestriktion unterliegen. Der politische Willensbildungsprozess wird jedoch nicht von den Wählern, sondern von gut organisierbaren Partikularinteressen bestimmt. Verantwortlich dafür ist die rationale Ignoranz der Wähler.[44] Es wird davon ausgegangen, dass die Informationsgewinnung und –verarbeitung für die Individuen nicht kostenlos ist und sich die Wähler deshalb nur soweit informieren, bis die Grenznutzen der Informationsgewinnung den Grenzkosten entsprechen.[45] Die Individuen internalisieren die Kosten der Informationsgewinnung. Bei einer großen Zahl an Wahlberechtigten ist der Einfluss der einzelnen Stimme auf den Wahlausgang allerdings gering. Zudem stellt eine Stimmabgabe mit einem hohen individuellen Informationsstand ein öffentliches Gut dar, da niemand von dem Nutzen einer optimalen Stimmabgabe ausgeschlossen werden kann. Deshalb ist der Grenznutzen einer informierten Stimmabgabe gering, und die Grenzkosten sind hoch, so dass sich die Individuen keine umfangreiche Informationsbasis beschaffen.[46] Da die Wähler über die tatsächliche Politik nicht informiert sind, können die organisierten

---

42 Mit steuerbaren Faktoren sind grundsätzlich alle Steuerobjekte gemeint, die eine Steuerpflicht und damit ein Besteuerungsrecht begründen.

43 Vgl. Brennan/Buchanan (1980), S. 185f.

44 Zur rationalen Ignoranz vgl. grundlegend Downs (1986/1957), S. 255ff.; Tullock (1967).

45 Vgl. Downs (1968/1957), S. 209f.; Herder-Dorneich (1977), S. 154ff.

46 Zu einer formalen Darstellung vgl. Tullock (1967), S. 110ff.

Partikularinteressen die politischen Entscheidungen beeinflussen. Das Ziel der Interessengruppen liegt darin, spezielle Vorteile auf Kosten der Allgemeinheit zu erlangen.[47] Dieses Vorteilsstreben wird als rent-seeking bezeichnet.[48]

Das politische Wirken von Interessengruppen wird unter dem Aspekt der volkswirtschaftlichen Effizienz unterschiedlich beurteilt. Die Effizienzthese des Wettbewerbs von Interessengruppen um politische Einflussnahme geht auf *Galbraith* zurück. Danach ruft das Wirken einer Interessengruppe den Gegendruck einer anderen Interessengruppe hervor, so dass sich ein effizientes Gleichgewicht einstellt (countervailing power).[49]

Demgegenüber argumentiert die Ineffizienzthese von *Olson*, dass spezielle Interessen eine unterschiedliche Einflussfähigkeit besitzen, so dass Macht und Gegenmacht nicht gleich verteilt sind. Das Ungleichgewicht entsteht aus einer Reihe von Faktoren. Die Determinanten der Gruppenbildung sind unterschiedlich. Die Bildung einer Interessengruppe ist nach *Olson* umso leichter, je[50]

- kleiner die Zahl der potentiellen Mitglieder ist,
- homogener die jeweiligen Interessen sind,
- mehr selektive Anreize zum Gruppenbeitritt durch die Bereitstellung spezieller privater Güter für die Gruppenmitglieder bestehen.[51]

Daher sind die Interessen unterschiedlich organisationsfähig. Neben den unterschiedlichen Determinanten zur Gruppenbildung unterscheiden sich die Interessengruppen in ihrer Marktmacht oder in ihrer politischen Macht durch unter-

---

47 Vgl. Daumann (1999), S. 218; Olson (1965/1992), S. 124f.

48 "The term *rent-seeking* (d. A.: Hervorhebung im Original) is designed to describe behavior in institutional settings where individual efforts to maximize value generate social waste rather than social surplus." Buchanan (1980), S. 4.

49 Vgl. Galbraith (1952). Vgl. auch Kirsch (1997), S. 156. Zu einer formalen Ableitung der countervailing power-These vgl. Becker (1985; 1983). Diese Einstellung gegenüber Interessengruppen überträgt die Vorstellung der Unsichtbaren Hand von Adam Smith auf das Verhalten von Gruppen. Vgl. Mitchell/Simmons (1994), S. 29.

50 Vgl. zum Folgenden Olson (1982/1991), S. 28ff.; ders. (1965/1992), S. 32ff. und S. 52ff.

51 "Es wird keine Länder geben, die eine symmetrische Organisation aller Gruppen mit einem gemeinsamen Interesse erlangen und die dabei durch umfassende Verhandlungen optimale Ergebnisse erzielen." Olson (1982/1991), S. 48.

schiedliche Fähigkeiten, die staatlichen Entscheidungsprozesse zu beeinflussen. Die politische Macht von Interessengruppen resultiert aus verschiedenen Faktoren. Legislative und Exekutive weisen oftmals einen unzureichenden Informationsstand auf, weil selten aggregierte und themenspezifische Informationen über Notwendigkeiten und Konsequenzen politischen Handelns vorliegen.[52] Interessenverbände besitzen einen Informationsvorsprung gegenüber Politikern aufgrund von Daten, welche sie von Mitgliedern ihrer Gruppe über branchenrelevante Sachverhalte beziehen.[53] Wenn diese Informationen kostenlos abgegeben werden, wird die Informationsaufnahme der Politiker subventioniert und nimmt zu.[54] Die Interessengruppen stellen jedoch nur selektive Informationen bereit, so dass sie sich einen Vorteil gegenüber anderen Gesellschaftsmitgliedern verschaffen. Sie geben nur selektive Informationen über Auswirkungen auf ihre eigenen Gruppenmitglieder an die Politik und an die Öffentlichkeit weiter und vernachlässigen die gesamtwirtschaftlichen Auswirkungen.[55] Ein weiterer Faktor, welcher die Marktmacht von Interessenverbänden beeinflusst, ist die Finanzierung von Parteien und Politikern, die durch materielle und immaterielle Mitgliedsbeiträge der Verbandsmitglieder ermöglicht wird.[56] Die Finanzierung kann neben direkten monetären Transfers auch durch eine kostenlose Organisationshilfe bei Wahlkämpfen erfolgen.[57] Interessengruppen verfügen auch über Wählerstimmen, mit denen ein Drohpotential gegenüber Politikern aufgebaut werden kann.[58] Der Einsatz des Wählerstimmenpotentials ist jedoch kritisch zu betrachten, da die Verbandsmitglieder und nicht die Verbandsvertreter im Besitz des

---

52 Vgl. Vieler (1986), S. 135.

53 Vgl. Daumann (1999), S. 121; Naumann (1984) S. 21. Die erhobenen Daten beziehen sich beispielsweise auf ökonomische Rahmenbedingungen für die Aktivitäten der Mitglieder, deren ökonomisches Potential und auf wirtschaftliches Gebaren. Vgl. Daumann (1999), S. 121f.

54 Vgl. Herder-Dorneich/Groser (1977), S. 158.

55 Vgl. Frey/Kirchgässner (2002), S. 199; Tullock (1989), S. 21; Vieler (1986), S. 135.

56 Vgl. Daumann (1999), S. 120f. Oftmals sind die monetären Transfers vergleichsweise gering zu den gewährten Vorteilen. Vgl. Tullock (1989), S. 11f.

57 Vgl. Vieler (1986), S. 135. Eine indirekte Unterstützung ist für die Interessengruppen grundsätzlich vorteilhaft, da eine intransparente Aktivität keine Opposition anderer Interessengruppen oder der breiten Wählerschaft verursacht. Vgl. Frey/Kirchgässner (2002), S. 199. Die Lobbying-Technik beinhaltet auch rechtliche Schritte gegen administrative Regelanwendungen. Vgl. Smith (1991), S. 49.

58 Vgl. Becker (1985), S. 342.

Entscheidungsrechts über die Stimmabgabe sind.[59] Deshalb ist nicht die absolute Zahl der Verbandsmitglieder von entscheidender Bedeutung, sondern die Homogenität der Stimmabgabe bei einer Wahlempfehlung der Verbandsvertreter.[60]

Zusammenfassend werden die Bedingungen des Countervailing Power-Ansatzes von *Galbraith* nicht erfüllt, da Interessengruppen über unterschiedliche politische Macht verfügen. Der Interessengruppenstaat fungiert damit ausschließlich als ein Umverteilungsinstrument, durch welchen organisierte Interessen Transfers zu Lasten nicht-organisierter und anonymer Gesellschaftsgruppen erzielen.[61] Die Bereitstellung öffentlicher Leistungen ist lediglich ein Nebenprodukt.[62] Der Wettbewerb der Interessengruppen um Distributionsvorteile führt auf diese Weise zu einer Ressourcenverschwendung und zu Wohlfahrtsverlusten, da Ressourcen einer produktiven Verwendung entzogen werden.[63]
Das bedeutet für die internationale Unternehmensbesteuerung, dass nationale Interessengruppen entscheidenden Einfluss auf internationale Steuerverhandlungen haben und damit eine Umverteilung zu ihren Gunsten erzielen bzw. eine Umverteilung zu ihren Lasten vermeiden wollen. Die Effizienz staatlichen Handels ist kein Ziel der Interessengruppen.

---

59 Vgl. Daumann (1999), S. 122.

60 Vgl. Coughlin/Mueller/Murrell (1990), S. 307; Vieler (1986), S. 134.

61 Vgl. Rowley/Tollison/Tullock (1988); McCormick/Tollison (1981). "The entire federal budget can be viewed as a gigantic rent up for grabs for those who can exert the most political muscle." Mueller (2002), S. 354. Bereits im Jahre 1909 schlug Franz Oppenheimer (der Doktorvater von Ludwig Erhard) vor, den entgeltlichen Tausch eigener Arbeit gegen fremde Arbeit als das ökonomische Mittel zu bezeichnen, während die unentgeltliche Aneignung fremder Arbeit durch die Tätigkeit des Staates als das politische Mittel bezeichnet werden soll. Vgl. Oppenheimer (1954), S. 10.

62 Vgl. Bernholz/Breyer (1994), S. 109f., welche Politikern als Handlungsmaxime das Ziel der eigenen Bereicherung unterstellen. Vgl. auch Downs (1968/1957), S. 27ff. Die ineffizient große Inanspruchnahme des staatlichen Umverteilungspotentials kann dadurch erklärt werden, dass dieses ein Allmendegut ist: Keine Interessengruppe kann von der Nutzung des Allmendegutes ausgeschlossen werden, so dass die Nicht-Appropriierbarkeit der Erträge aus einem ressourcenschonenden Umgang mit dem Allmendegut zu einer Überbeanspruchung führt. Vgl. Perotti/Strauch/von Hagen (1998), S. 33. Zum Allmendegüterproblem vgl. grundlegend Gordon (1954).

63 Vgl. grundlegend Tullock (1967). "Indeed, the prisoners' dilemma model in conjunction with the special interests effect and rent-seeking theory of modern public choice analysis indicates that the substitution of plunder for trade is the 'natural' (unconstrained) outcome of majoritarian legislative processes." Wagner/Gwartney (1988), S. 36.

2. Internationale Steuerkooperationen aus Sicht der Interessengruppentheorie

a) Internationale Kooperationen bei der Unternehmensbesteuerung

Bei internationalen Verhandlungen besteht kein einheitliches nationales Interesse, da zwischen den nationalen Interessengruppen keine Einigkeit über die Politikziele der Regierung herrscht.[64] Die Verhandlungsposition ergibt sich vielmehr aus Druck und Gegendruck betroffener Interessengruppen. Internationale Steuervereinbarungen entstehen deswegen letztlich aus dem Zusammenspiel der Präferenzen nationaler Interessengruppen im politischen Entscheidungsprozess, in welchem gegensätzliche Einflüsse von Interessengruppen aufeinandertreffen und sich nach der jeweiligen politischen Stärke der Interessengruppe durchsetzen.[65] Dies gilt auch bei internationalen Verhandlungen über die Unternehmensbesteuerung. Beispielsweise schwächt die Abwanderung von Kapital die wirtschaftliche Leistungsfähigkeit eines Staates. Für die politischen Entscheidungsträger ist jedoch nicht die Schwächung der eigenen Volkswirtschaft von Bedeutung. Entscheidend ist vielmehr, welche internen politischen Sanktionen durch inländische Interessengruppen entstehen, welche von dem Kapitalabfluss betroffen sind. Die internen Sanktionen werden von den Regeln der politischen Entscheidungsfindung bestimmt.[66] Politische Kosten und Nutzen ergeben sich für Regierungen daraus, welche inländischen Interessengruppen positiv oder negativ von den internationalen Verhandlungen betroffen sind. In Bezug auf Abkommen über die internationale Unternehmensbesteuerung hängt die nationale Verhandlungsposition der Regierung davon ab, welche Interessengruppen in welcher Form von der Besteuerung betroffen sind.[67]

Der Nutzen einer Regierung durch eine Kooperation mit anderen Regierungen ist so groß wie die Differenz zwischen dem Nutzen aus einem unilateralen und einem multilateralen Vorgehen.[68] Entsprechendes ergibt sich für die Kosten. Nur

---

64 Vgl. Smith (1991), S. 47.
65 Vgl. Jing/Kaempfer/Lowenberg (2003), S. 137; Perroni/Scharf (1999), S. 297.
66 Vgl. Pitlik (1999), S. 14.
67 Vgl. Perroni/Scharf (1999), S. 296.
68 Vgl. Gygi (1991), S. 35.

wenn eine Gebietskörperschaft von der internationalen Kooperation positive Effekte erzielen kann, werden Vereinbarungen erzielt und auch eingehalten. Deren tatsächliche Umsetzung hängt nämlich davon ab, ob die nationalen Interessengruppen zum Zeitpunkt der Umsetzung negativ betroffen sind oder nicht.[69] Die Analyse der Anreize nationaler Interessengruppen kann die Nachfrage nach internationaler Kooperation bestimmen.[70] Die Kooperationsgewinne müssen merklich sein, damit die Gebietskörperschaften die internationale Vereinbarung auch einhalten.[71] Das Zustandekommen internationaler Vereinbarungen hängt auch von den Wahlzeitpunkten in den unterschiedlichen Ländern ab. Ein zeitlich großer Abstand zu den nächsten Wahlen spricht für eine schwache, eine Nähe für eine relativ starke Wiederwahlrestriktion.[72] Deshalb hängt auch das Kooperationsergebnis von einer symmetrischen oder asymmetrischen Verteilung der Wahlzeitpunkte ab. Bei zeitgleichen Wahlen ergeben sich andere Kooperationsformen als bei ungleichen Wahlterminen.[73]

Die politische Zielfunktion einer Regierung, welche auf die Wiederwahl ausgerichtet ist, hängt demnach bei internationalen Verhandlungen entscheidend von dem Zusammenspiel nationaler Interessengruppen ab. *Mintz* formuliert die steuerpolitische Zielfunktion einer Regierung, wenn über die internationale Allokation der Besteuerungsrechte verhandelt wird: In der Zusammenarbeit mit anderen Regierungen versuchen die souveränen Gebietskörperschaften, ihren eigenen Anteil an den Besteuerungsrechten über multinationale Unternehmen zu schützen mit dem gleichzeitigen Ziel, die Wettbewerbsfähigkeit der nationalen Industrie zu bewahren.[74] Die steuerpolitische Zielfunktion von *Mintz* wird im fol-

---

69 Vgl. Smith (1991), S. 53. Zu den Anfängen dieser Sichtweise vgl. Kindleberger (1951), welcher bei der Untersuchung der Zollgesetzgebung den Einfluss von Interessengruppen nachweist. Hirschman (1945) bezeichnet internationalen Handel als Instrument nationaler Machtausübung.

70 Vgl. Gygi (1991), S. 17. "Die Entstehung der Kooperation kann als eine Konsequenz der Verfolgung individueller Interessen...erklärt werden." Axelrod (1984/1991), S. 5.

71 Vgl. Lowenberg/Yu (1992), S. 545.

72 Wählern kann ein tendenziell kurzfristiges Erinnerungsvermögen für zurückliegende Ereignisse attestiert werden, so dass sie am Wahltag nur den gerade vergangenen Zeitraum betrachten. Länger zurückliegende politische Aktionen werden bei der Stimmabgabe nicht berücksichtigt Vgl. Nordhaus (1972/1977), S. 145.

73 Vgl. Gygi (1991), S. 19.

74 Vgl. Mintz (1999), S. 393.

genden erläutert und ergänzt, indem zuerst die Bedeutung des Schutzes der nationalen Besteuerungsrechte für die politischen Entscheidungsträger analysiert wird. Die Absicht nationaler Regierungen, die Wettbewerbsfähigkeit der heimischen Unternehmen zu bewahren und zu fördern, wird in den Kontext der Interessengruppentheorie gesetzt. Die Zielfunktion von *Mintz* wird dabei aus Sicht der Interessengruppentheorie um einige Elemente erweitert. Neben heimischen Produzenteninteressen beeinflussen auch solche Interessengruppen die nationale Politik, welche von Umverteilungspolitik profitieren. Diese können z. B. internationale Sanktionen und Protektionismus gegenüber Steueroasen befürworten, weil durch Steueroasen das nationale Umverteilungspotential bedroht werden kann. Neben umverteilungsorientierten Interessengruppen gibt es in Gebietskörperschaften auch andere traditionelle Rentenbesitzer, welche von Verteilungseffekten betroffen sein können, die von internationalen Steuerkooperationen ausgehen. Überlegenswert ist darüber hinaus, wie die Bürokratie als spezielle Interessengruppe internationale Steuerverhandlungen beeinflussen kann. Abschließend wird in Abschnitt A.III.3. auf wichtige Nebenbedingungen internationaler Kooperationen eingegangen, wie z. B. auf Bedeutung und Wirkung des Einstimmigkeitsprinzips bei länderübergreifenden Verhandlungen, da diese Abstimmungsregel einen entscheidenden Einfluss auf das Zustandekommen internationaler Kooperationen hat.
Die politische Zielfunktion bei internationalen Steuerverhandlungen und die Nebenbedingungen internationaler Kooperationen werden dann neben der Leviathantheorie des Staates als theoretischer Rahmen benutzt, um in Abschnitt B die steuerpolitische Diskussion auf Ebene der OECD zu analysieren und um die Wahrscheinlichkeit einer internationalen Steuerkooperation oder -harmonisierung abzuschätzen.

b) Politische Zielfunktion bei internationalen Steuerverhandlungen

(1) Schutz der nationalen Besteuerungsrechte

Ein wichtiges Ziel bei internationalen Steuerverhandlungen ist der Schutz der nationalen Besteuerungsrechte, welche grundlegend für die Steuereinnahmen einer Gebietskörperschaft sind. Die Gebietskörperschaften wollen das Steueraufkommen aus der Unternehmensbesteuerung beibehalten oder ausbauen. Einnahmeausfälle verursachen fiskalische Probleme, da die nationalen Budgets i. d. R. nur langsam veränderbar sind. Insbesondere die ausgabeseitige Haushaltskonsolidierung ist mit großen Problemen behaftet.[75] Theoretischer Untersuchungsansatz ist die Mikrobudgetierung, bei der der Einfluss von Institutionen mit ihren Entscheidungsträgern und Informationen auf den Budgetentstehungsprozess untersucht wird.[76] Es entsteht eine Dilemmasituation, da sich zum einen die Bürokratie als Ganze aufgrund der Nutzenmaximierungsstrategien einzelner Bürokraten[77] der Haushaltskonsolidierung mit einer "Sabotage"[78] der Kürzungsvorschläge gegenüberstellt.[79] Zum anderen schirmt die Legislative ihre Interessengruppen vor Ausgabekürzungen durch Stimmentausch ab.[80] Die theoretische Analyse ausgabeseitiger Haushaltskonsolidierung betont auch Probleme bei der Bildung und bei der Stabilisierung einer Kürzungskoalition.[81] Die Entstehung einer Kürzungskoalition stellt ein Gefangenendilemma dar, da der individuellen Kürzungszuordnung ein allgemeiner Nutzenzuwachs durch eine Gewinnung fiskalischen Handlungsspielraums gegenübersteht, von dessen Nutzung niemand

---

75 Öffentliche Haushalte reagieren auf Anpassungszwänge in kleinen Schritten. Dabei versuchen sie, gravierende Veränderungen in den inneren Strukturen möglichst lange zu vermeiden. Wenn kurzfristige Maßnahmen nicht ausreichen (z. B. Verkauf von Vermögensgegenständen), wird eine einnahmeseitige Haushaltskonsolidierung angestrebt, ggf. mit Anpassungen des öffentlichen Leistungsangebots in Randbereichen. Erst in einem dritten Schritt werden massive Kürzungsmaßnahmen vorgenommen. Vgl. Gitschier (1997), S. 50ff. Zur Haushaltskonsolidierung durch Ausgabekürzungen vgl. ausführlich May (2003).

76 Vgl. Schick (1994), S. 104. Zu einem internationalen Vergleich nationaler Budgetierungspraktiken vgl. ausführlich OECD (1995b).

77 Zu der Zielfunktion von Bürokraten vgl. Niskanen (1971), S. 36ff. Bürokraten streben genauso wie private Wirtschaftssubjekte nach Einkommen, Macht und Prestige.

78 May (2002), S. 167.

79 Als Sabotagestrategien stehen beispielsweise das Zurückhalten oder Manipulieren von Informationen über Kürzungsmöglichkeiten oder die Entwicklung politisch sensibler Kürzungsvorschläge zur Verfügung. Vgl. dazu und zu anderen Kürzungsstrategien May (2002), S. 167f. Schick (1971), S. 165ff., erläutert ausführlich Ursachen für eine Unzufriedenheit von Bürokraten, wenn sie mit Budgetkürzungen konfrontiert werden. Beispielsweise liegt eine Ursache in einer großen Identifikation mit der eigenen Arbeit und einer hohen Wichtigkeitseinschätzung der ausgeführten Aufgaben, so dass "...these officials are adapt to feel that they were unjustly treated, that much of their extra effort was wasted, and that they failed to communicate the importance of their programs to central authorities." Schick (1971), S. 166.

80 Vgl. Rubin (1982), S. 51ff.; Teuscher (1976), S. 155f.

81 Vgl. ausführlich May (2002), S. 185ff.

ausgeschlossen werden kann.[82] Die Stabilisierung einer Kürzungskoalition ist stets dadurch bedroht, dass Koalitionsmitglieder die Position eines Trittbrettfahrers einnehmen und damit Kürzungslasten vermeiden und Kürzungsvorteile nutzen können.[83]
Der Verlust staatlicher Einnahmen hat deshalb tendenziell ein Haushaltsdefizit bzw. dessen Erhöhung zur Folge (falls nicht in der Ausgabesituation ein Haushaltsüberschuss besteht). Dies reduziert die Wiederwahlwahrscheinlichkeit für die politischen Entscheidungsträger, da sich die Mittel zur Verteilung an die eigenen Interessengruppen verringern können, beispielsweise durch Zins- und Tilgungslasten oder aufgrund finanzwirtschaftlicher Restriktionen, welche eine Erhöhung der staatlichen Kreditaufnahme begrenzen.[84]

Ein Ziel nationaler Verhandlungsführer bei internationalen Besteuerungsabkommen ist deshalb, die heimischen Besteuerungsrechte im Bereich der Unternehmensbesteuerung vor einer Erosion zu schützen. Beispielsweise beeinflussen Steuerharmonisierungsvorschläge die internationale Allokation der Besteuerungsrechte sowie, als Folge rückläufiger Steuereinnahmen, die Verteilungsposition nationaler Interessengruppen, was für eine Regierung ein bedeutendes politisches Risiko bedeutet.[85] Infolgedessen werden bei internationalen Verhandlungen Maßnahmen mit unklaren Verteilungswirkungen abgelehnt, da sich die Gebietskörperschaften gegenüber etwaigen Einnahmeausfällen risikoavers verhalten. Internationale Vereinbarungen werden nicht getroffen, wenn keine eindeutigen Ergebnisse der neuen Regeln erkennbar sind.[86]

---

82 Vgl. Schwarzner (1991), S. 27ff.
83 Vgl. May (2003), S. 190f.
84 Zu finanzwirtschaftlichen Restriktionen zählen z. B. konstitutionelle Verschuldungsgrenzen, supranationale Vereinbarungen wie der europäische Stabilitäts- und Wachstumspakt oder Kreditrichtlinien des IWF.
85 Vgl. Pitlik (2003a), S. 171.
86 Vgl. Smith (1991), S. 52. Als Beispiel für die Ergebnisorientierung von Politikern kann die Diskussion um die Neuordnung des deutschen Länderfinanzausgleichs dienen. Das Bundesverfassungsgericht der Bundesrepublik Deutschland hat in einem Urteil den Gesetzgeber aufgefordert, Maßstäbe für eine Neuordnung des Länderfinanzausgleichs zu entwickeln. Vgl. BVerfG (1999). Darin wurde explizit gefordert, die Neuordnung ohne Kenntnis konkreter Ergebnisse vorzunehmen: "Deshalb muss dieses maßstabgebende Gesetz in zeitlichem Abstand vor seiner konkreten Anwendung im Finanzausgleichsgesetz beschlossen und sodann in Kontinuitätsverpflichtungen gebunden werden, die seine Maß-

(2) Berücksichtigung heimischer Interessengruppen

(a) Stärkung der Wettbewerbsfähigkeit durch Besteuerung

Das Ziel von Interessengruppen auf der Produzentenseite ist eine Unterstützung der internationalen Wettbewerbsfähigkeit der Unternehmen mit Hilfe steuerpolitischer Maßnahmen. Ein wichtiger Aspekt ist der Schutz vor einer Doppelbesteuerung ausländischer Einkünfte. Die betroffenen Produzentengruppen werden deshalb politische Aktivitäten mit dem Ziel entfalten, für sie vorteilhafte Doppelbesteuerungsverfahren durchzusetzen. Auch werden sie nach gezielten Steuerentlastungen durch Sondervorteile streben, um ihre Wettbewerbsfähigkeit zu verbessern.[87]

Die politischen Entscheidungsträger können die Wettbewerbsfähigkeit nationaler Unternehmen nicht uneingeschränkt durch steuerpolitische Maßnahmen unterstützen. Das Streben nach einer politischen Unterstützung der Wettbewerbsfähigkeit kann nämlich im Widerspruch zu den fiskalischen Interessen des Inlands stehen. So steht allein schon das Ziel der Wettbewerbsneutralität der Besteuerung und der Schutz der nationalen Besteuerungsrechte oftmals im Konflikt zueinander.[88] Ein Gegensatz tritt beispielsweise dann auf, wenn die Besteuerung im Quellenland höher als die Besteuerung im Inland ist, so dass für eine kapitalexportneutrale Besteuerung das Inland ausländische Steuern an das Unternehmen zurückzahlen muss, wenn ein unbeschränktes Anrechnungsverfahren gilt. Eine Steuerförderung über die Wettbewerbsneutralität der Besteuerung hinaus erfordert zusätzliche Mittel. Nationale Regierungen können deshalb den Wettbewerbsinteressen der Produzentengruppen nicht uneingeschränkt Folge leisten.

---

stäbe und Indikatoren gegen aktuelle Finanzierungsinteressen, Besitzstände und Privilegien abschirmen." BVerfG (1999), Absatz-Nr. 282. In der Bundestagsdebatte über das Maßstäbegesetz wurden die nicht konkret vorhersehbaren Verteilungswirkungen kritisiert. So meinte der SPD-Abgeordnete Horst Schild: "Wir werden die Anforderungen des Bundesverfassungsgerichts erfüllen, aber dennoch keine Gesetzgebung im Blindflug betreiben. Wir werden uns der Folgen dieses Maßstäbegesetzes vor der Verabschiedung bewusst sein." Deutscher Bundestag (2001), S. 16280 (C).

87 Heimische Industrien können auch durch den Einsatz spezieller Verbrauchsteuern auf importierte Konkurrenzprodukte geschützt werden. Vgl. Perroni/Scharf (1999), S. 296f.

88 Vgl. Mintz (1999), S. 393.

Arbeitnehmervertretungen haben das Ziel, Privilegien und Besitzstände für die beschäftigten Arbeitnehmer aufrechtzuerhalten oder deren Nettoeinkommen zu maximieren.[89] Gewerkschaften verschaffen ihrer Klientel beispielsweise durch Arbeitsmarktregulierungen politische Renten. Diese Renten werden durch internationalen Wettbewerb gefährdet, so dass Anstrengungen seitens der Gewerkschaften zur Rentensicherung unternommen werden. Rentenschaffende und rentenschützende Aktivitäten verstärken sich gegenseitig und können deshalb als komplementäre Strategieelemente aufgefasst werden.[90] Arbeitnehmervertretungen haben aus diesem Grund ebenfalls ein Interesse an der Verbesserung der Wettbewerbsfähigkeit heimischer Unternehmen mit Hilfe steuerpolitischer Instrumente. Eine Reduktion der unternehmerischen Steuerbelastung bedeutet, dass Mittel zur Umverteilung an Arbeitnehmerinteressen freigesetzt werden.

(b) Abbau von Steuerwettbewerb mittels Bekämpfung von Steueroasen

Ein Wettbewerbsdruck auf das staatliche und das private Leistungsangebot geht vor allem von solchen Gebietskörperschaften aus, welche sich durch selektive Maßnahmen und extreme Begünstigungen unternehmerischer Transaktionen einen Wettbewerbsvorteil um die Ansiedlung von Unternehmen verschaffen, wenn Gebietskörperschaften um mobile Besteuerungsrechte konkurrieren. Politische Entscheidungsträger haben bei internationalen Steuerverhandlungen das Ziel, diesen Wettbewerbsdruck zu verringern. Die begünstigenden Gebietskörperschaften bzw. Steueroasen sind i. d. R. bei internationalen Verhandlungen nicht bereit, die Sondervergünstigungen abzubauen, und weisen ein nichtkooperatives Verhalten auf. Nicht-kooperativen Gebietskörperschaften kann mit internationalen Wirtschaftssanktionen gedroht werden. Diese sind angedrohte oder nach einer Androhung umgesetzte Strafen für ein Land, welche durch dessen Versäumnis verursacht wird, internationale Standards oder Verpflichtungen zu erfüllen.[91] Da der Kapitalsektor mit der zunehmenden Internationalisierung

---

[89] Vgl. Lindbeck/Snower (1988), Kap. 7 und 8.

[90] Vgl. Saint-Paul (2000), S. 9.

[91] Vgl. Eaton/Engers (1992), S. 899; Doxey (1987), S. 4. Allgemein sind Sanktionen sämtliche Maßnahmen, welche die wirtschaftliche Gestaltungsfähigkeit einschränken oder Eingriffe in unternehmerische Entscheidungen darstellen und den Rahmen privater Investitionen verändern. Vgl. Hefeker/Menck (2002), S. 7. Gabriel (1995), S. 3 definiert Sanktionen

der unternehmerischen Wertschöpfung eine zentrale Rolle für die Volkswirtschaften spielt, gewinnen Finanzsanktionen an Bedeutung.[92] Diese haben das Ziel, den Kapitalfluss in die Zielländer der Sanktionen zu reduzieren, was im Zeitablauf deren Kapitalstock reduzieren kann. Sanktionen sollen deshalb über Wohlfahrtseinbussen in dem jeweiligen Zielland wirken und die entsprechenden Regierungen zu einer Kooperation mit den sanktionsausführenden Gebietskörperschaften zwingen.[93] Der Erfolg hängt jedoch letztlich von der politischen Wirksamkeit der Maßnahmen ab, indem durch wirtschaftliche Schäden das politische Gefüge eines Landes erschüttert wird, so dass sich die nationale Verhaltensweise ändert.[94] Internationale Sanktionen können in Form von Handelshemmnissen ausgeübt werden, welche ein Instrument des Protektionismus sind. Handelshemmnisse sind Zölle oder nicht-tarifäre Hemmnisse wie Importkontingente.[95] Die politökonomische Analyse von Sanktionen entspricht dann der des Protektionismus[96], obwohl die normativen Begründungen für Protektionismus und Sanktionen unterschiedlich sind. Protektionismus wird normativ mit inländischen Wohlfahrtssteigerungen begründet[97], Sanktionen werden mit Fehlverhalten des Ziellandes gerechtfertigt.[98]

---

unter Anwendung der Begriffe Zwangsmaßnahme, Selektivität und Verwundbarkeit des Ziellandes.

92 Vgl. Hefeker/Menck (2002), S. 11

93 Vgl. Kaempfer/Lowenberg (1992), S. 79ff. und S. 161.

94 Vgl. Hasse (1977), S. 21. Als prominenter Fall internationaler Sanktionen ist das Beispiel von Südafrika, gegen welches ein weites Spektrum an Sanktion verhängt wurde mit dem Ziel, Südafrika zur Aufgabe seiner Apartheidpolitik zu zwingen. Vgl. Hefeker/Menck (2002); Kaempfer et. al. (1995).

95 Vgl. Krugman/Obstfeld (2003), Kap. 8.

96 Vgl. zu Protektionismus aus Sicht der Public Choice-Theorie grundlegend Weck-Hannemann (1992); Baldwin (1982).

97 Unter bestimmten Umständen kann ein Land Wohlfahrtsgewinne durch protektionistische Maßnahmen erzielen, was allerdings negative externe Effekte für andere Nationen bedeutet. Zur Darstellung und Kritik der Wohlfahrtsgewinne durch Handelshemmnisse vgl. Rose/Sauernheimer (1999), IV. Teil. Die wohlfahrtssteigernde Wirkung des Freihandels ist jedoch in der ökonomischen Theorie weitgehend anerkannt. Vgl. Krugman/Obstfeld (2003), S. 218ff.; Göcke/Köhler (2002), Kap. 9; Frey (1985), S. 12ff.

98 Sanktionsbefürwortende Interessengruppen führen oftmals moralische Argumente an, um Sanktionen gegen ein Zielland zu rechtfertigen. Insbesondere werden die Menschenrechte als Begründung von Sanktionen eingesetzt, etwa bei der Rassendiskriminierung in Südafrika, Freilassung politischer Häftlinge in China, Folter unter der Pinochet-Diktatur in Chile oder Geiselbefreiung im Iran. Vgl. Gabriel (1995), S. 7. Dabei kann die tatsächliche Verfolgung ideologischer Ziele im Vordergrund stehen, wie beispielsweise bei Menschen-

Sanktionen lassen sich aus Sicht der Interessengruppentheorie analysieren, da sie bestimmte nationale Interessengruppen in der sanktionierenden Gebietskörperschaft betreffen. Sie sind ein Umverteilungsinstrument, welches aufgrund der politischen Macht von nationalen Interessengruppen eingeführt wird.[99] Aus Sicht der Public Choice-Theorie sind (kurzfristige) Wohlfahrtsgewinne und ein nicht-kooperatives Verhalten des Ziellandes nur eine vorgeschobene Begründung für handelshemmende Maßnahmen: Der eigentliche Grund für Protektionismus und Sanktionen ist das Rentenstreben bestimmter inländischer Interessengruppen.[100] Sie suchen Schutz vor ausländischen Konkurrenzunternehmen, welche z. B. durch steuerliche Begünstigungen einen Wettbewerbsvorteil erzielt. Der Schutz wird durch Politik und Verwaltung in Form von künstlichen Handelshemmnissen angeboten. Die konkrete Ausgestaltung der Handelshemmnisse ergibt sich endogen aus dem Wechselspiel zwischen Interessengruppen und staatlichen Entscheidungsträgern.[101] Die Sanktionshöhe oder deren Umfang ergibt sich aus dem Gleichgewicht, welches sich aus dem politischen Druck (i) inländischer Sanktionsprofiteure und aus dem politischen Gegendruck (ii) inländischer Sanktionsverlierer ergibt. Als unterschiedliche Interessengruppen können z. B. Kapitaleigner in importkonkurrierenden oder exportorientierten Branchen verstanden werden.[102]

(i) Sanktionsprofiteure sind solche Interessengruppen, welche sich über protektionistische Eingriffe der internationalen Konkurrenz erwehren möchten.[103] Inländische Sanktionsgewinner sind importkonkurrierende Interessengruppen auf der Produzenten- und auf der Arbeitnehmerseite, wenn die ausländische Konkurrenz politisch diskriminiert wird. Sanktionen werden auch gegen solche Ge-

---

rechtsorganisationen, welche keine pekuniären Vorteile für ihre Mitglieder erreichen wollen. Die Argumente werden dann eingesetzt, um andere Individuen und Interessengruppen für das Sanktionsanliegen zu gewinnen. Vgl. Kaempfer/Lowenberg (1992), S. 45. Eine Weitergabe von selektiven Informationen kann jedoch auch dazu führen, dass andere Individuen zu "forced riders" (Kaempfer/Lehman/Lowenberg (1987), S. 535) werden, d. h. sie vertreten ideologische Positionen, welche nicht notwendigerweise mit ihrer eigenen Weltanschauung übereinstimmen.

99 Vgl. Kaempfer/Loewenberg (1992), S. 37.

100 Vgl. Grossman/Helpman (2002); Weck-Hannemann (1991), S. 126; Frey (1985), S. 18ff.; Kaempfer/ Loewenberg (1992), Kap. 4.

101 Vgl. Weck-Hannemann (1998), S. 91.

102 Vgl. Weck/Hannemann (1998), S. 89.

103 Vgl. Weck-Hannemann (1992), S. 61.

bietskörperschaften erlassen, welche durch begünstigende Maßnahmen ausländisches Kapital attrahieren. Sanktionen gegenüber Steueroasen und Niedrigsteuerländern werden von denjenigen Interessengruppen befürwortet, welche ein Interesse an einer umfangreichen Umverteilungspolitik haben und es deshalb nicht wünschen, dass das Steueraufkommen aus der Unternehmensbesteuerung erodiert.. Insofern müssen diejenigen Interessengruppen betrachtet werden, welche von staatlicher Umverteilung profitieren.
Umverteilungsergebnisse weichen nicht notwendigerweise von Marktergebnissen ab, wenn diejenigen, die sich am Markt durchsetzen, sich auch in der Politik durchsetzen oder umgekehrt. Dann profitieren insbesondere solche Gesellschaftsschichten von staatlicher Umverteilungspolitik, welche aufgrund ihrer eigenen Einkommensposition aus marktlicher Aktivität keine positiven Transfers benötigen.[104] Interessengruppen, welche Sanktionen gegenüber Steueroasen befürworten, müssen daher zwei Bedingungen erfüllen. Zum einen profitieren sie von der Umverteilungspolitik. Zum anderen können solche Interessengruppen wegen fehlenden Kapitals nicht von Steueroasen, welche im Bereich der Unternehmensbesteuerung tätig sind, profitieren. Damit kommen primäre mittlere Einkommensschichten als sanktionsbefürwortende Interessengruppe in Betracht. Ebenso werden die schwachen Einkommensgruppen den Schutz staatlicher Umverteilungspolitik durch Wirtschaftssanktionen befürworten, aber nicht, weil sie davon profitieren, sondern weil sie aufgrund politischer Rhetorik die Auffassung haben, dass ihnen Umverteilung nützt.[105]

(ii) Sanktionen können auch Nutzenverluste für Interessengruppen verursachen, welche in der sanktionierenden Gebietskörperschaft tätig sind und bisher von

---

104 Vgl. Lee/McKenzie (1988), S. 389 und S. 391ff. Die wohlhabenden Gesellschaftsgruppen stimmen auch für staatliche Umverteilungsprogramme ab, da neben persönlichem Profit aus diesen Programmen (z. B beitragsfreie Hochschulausbildung) die Kosten auf die Allgemeinheit überwälzt werden. Vgl. dies., S. 399f. Dazu kommt noch ein psychologisches Element: "Expressing concern for the poor at the polls is much like expressing concern for the poor in polite conversation: it feels good and costs nothing." Dies., S. 400.

105 "The perception widely held is that the market generates poverty and the government has the ability to help the poor. The irony is that the market process is seen as the source of poverty for precisely the reason that it creates wealth and that the political process is seen as the cure for poverty for precisely the reason that it destroys wealth."Lee/McKenzie (1988), S. 402.

Transaktionen mit dem Zielland der Sanktionen profitieren. Diese Interessengruppen üben politischen Einfluss aus, um sich gegen die Nutzenverluste zu wehren oder um politische Kompensationen zu erreichen. Nationale Sanktionsverlierer sind exportorientierte Produzenten sowie die Konsumenten, welche Wohlfahrtsverluste erleiden, wenn die politischen Markteingriffe in die Unternehmensbesteuerung die Preise erhöhen. Die Konsumenten stellen jedoch eine große heterogene Gruppe dar, so dass bei marginal erhöhten Preisen oder Unkenntnis über die Kosten des politischen Eingriffs nur mit geringem Widerstand der Konsumenten zu rechnen ist. Bedeutender politischer Widerstand ist allerdings bei exportorientierten Produzenten zu erwarten, welche u. a. mit Abwanderung oder Stellenabbau drohen können. Die tatsächliche Umsetzung von Wirtschaftssanktionen ist somit abhängig von der volkswirtschaftlichen und/oder politischen Bedeutung der betroffenen Branche und dem Stellenwert des sanktionierten Absatzmarktes. Gegen die tatsächliche Sanktionierung einer Gebietskörperschaft spricht ferner, dass die normativen Sanktionsziele international ein öffentliches Gut darstellen. Niemand kann von dem entstehenden Nutzen ausgeschlossen werden, wenn die sanktionierte Gebietskörperschaft ihr Verhalten ändert. Deshalb existiert zwischen den sanktionsbefürwortenden Nationen ein Trittbrettfahrerproblem: Staaten fordern zwar Sanktionen, haben jedoch den Anreiz, eine dem Sanktionszweck zuwiderlaufende Politik zu betreiben. Trittbrettfahrernationen können an dem Sanktionsnutzen partizipieren, ohne die entsprechenden Kosten tragen zu müssen.

Wenn durchsetzungsstarke Interessengruppen von Sanktionen profitieren und die große heterogene Masse der Konsumenten verliert (etwa durch Preiserhöhungen), so ergibt sich eine politische Tendenz zur Einführung von Wirtschaftssanktionen. Bei großem politischen Gegendruck gegenüber Wirtschaftssanktionen kann der Fall eintreten, dass sie nur einen symbolischen Charakter haben ("...doing something..."[106]), da etwaige Sanktionen mit umfassenden Wohlfahrtswirkungen neben den Zielländern auch die sanktionsausführenden Staaten und inländische Interessengruppen negativ betreffen würden. Symbolische Sanktionen zeichnen sich dadurch aus, dass von ihnen Transaktionen mit einer

---

[106] Kaempfer/Lowenberg (1992), S. 44.

hohen Angebots- und Nachfrageelastizität betroffen sind, so dass sich die Wohlfahrtsverluste sowohl für das Zielland als auch für die sanktionsausführende Gebietskörperschaft in Grenzen halten.[107] Das bedeutet für die internationale Unternehmensbesteuerung, dass tatsächlich durchgeführte Sanktionen allenfalls gegen sehr kleine Steueroasen durchgeführt werden. Selektive Steuerbegünstigungen, welche in bedeutenden Volkswirtschaften existieren, können nicht mit Wirtschaftssanktionen bekämpft werden. Da Ziel, internationalen Steuerwettbewerb durch Sanktionen zu bekämpfen, ist lediglich in bestimmten Einzelfällen erreichbar.

(c) Nationale Steuersysteme und traditionelle Rentenbesitzer

Steuerreformen, auch im Bereich der internationalen Unternehmensbesteuerung, verursachen immer Verteilungseffekte. Interessengruppen laufen Gefahr, durch Steueränderungen politische Renten zu verlieren. Reformen sind dieser Auffassung nach Verhandlungsprozesse, die nur dann zu einem erfolgreichen Abschluss kommen, wenn Einigkeit über die Verteilung von Nutzen und Kosten der Reform besteht.[108] Politische Rentenbezieher können durch internationale Verhandlungen Nutzenverluste erleiden, wenn Sonderbegünstigungen zu ihren Lasten verändert werden. Sondervorteile können in Demokratien leicht eingeführt werden, wenn eine kleine Zahl Begünstigter einen merklichen Nutzen erzielt, während die Kosten auf eine große Gruppe verteilt werden.[109] Dagegen ist der Abbau oder der Umbau von Sondervorteilen, wovon bestimmte Interessengruppen negativ betroffen sind, ungleich schwieriger. Sondervorteile sind durch eine internationale Steuerharmonisierung bedroht, wenn eine internationale Anpassung der nationalen Steuerbemessungsgrundlagen erfolgt und deshalb selektive Vergünstigungen entweder international eingeführt oder abgeschafft werden müssen. Der politische Widerstand bei einem Abbau von Sondervorteilen ergibt sich analog zu der Einführung von selektiven Begünstigungen. Eine Rückführung der Sondervorteile verursacht einen besonders starken politischen Widerstand, da eine kleine Gruppe den merklichen Nutzenverlust trägt, während der

---

[107] Vgl. Kaempfer/Lowenberg (1992), S. 44.

[108] Vgl. Pitlik (2003b), S. 217.

[109] Vgl. ausführlich Mueller (2002), Kap. 15; Weingast/Shepsle/Johnsen, S. 648f.

Nutzenzuwachs unmerklich über die breite Wählerschicht gestreut wird. Die negativ betroffene Gruppe wird deshalb ihre Ressourcen mobilisieren, um dem Vorteilsabbau entgegenzuwirken. Eine Umverteilung zu Lasten der alten Rentenbesitzer findet dann statt, wenn die politischen Kosten aus dem entfalteten politischen Widerstand der alten Rentenbesitzer kleiner sind als die Unterstützung neuer Rentenprofiteure.[110] Eine internationale Steuerharmonisierung kann deshalb allgemein und im speziellen Bereich der internationalen Unternehmensbesteuerung nur dann erfolgreich sein, wenn die politische Unterstützung von Harmonisierungsprofiteuren größer ist als der Widerstand von Harmonisierungsverlierern.

Internationale Kooperationen reduzieren den politischen Widerspruch im Inland, da sich zum Einen der Widerstand solcher Gruppen abschwächt, welche das Regierungshandeln aufgrund gestiegener Informationskosten weniger beobachten können als auf nationaler Ebene. Zum Anderen sind nicht alle Interessengruppen in der Lage, auf internationaler Ebene ihren politischen Einfluss geltend zu machen, da der Zugang zu den Entscheidungsprozessen mit höheren Aufwendungen verbunden ist als auf nationaler Ebene. Die Renten von Interessengruppen, welche durch internationale Politikentscheidungen durchsetzungsschwächer werden, können dann teilweise zugunsten anderer Verbände umverteilt werden.[111]

Von einer allgemeinen Reduktion des politischen Widerstands kann jedoch auch bei Reformen aufgrund von internationalen Kooperationen nicht ausgegangen werden. Eine stabile Gesellschaft bildet im Zeitablauf eine Vielzahl an Interessengruppen heraus, die unter konstanten Umweltbedingungen dauerhaft existieren. Die Zahl der Gruppen ist mit dem Alter der Gesellschaft positiv korreliert, so dass ältere Gesellschaftsformen über mehr Partikularinteressen verfügen als relativ junge.[112] Der Widerstand traditioneller Verteilungskoalitionen gegen Veränderungen ist deshalb in "verkrusteten Demokratien"[113] groß, wenn bestimmte selektive Vorteile für organisierte Interessengruppen auf dem Spiel ste-

---

110 Vgl. Gygi (1991), S. 46.
111 Vgl. Gygi (1991), S. 41.
112 Vgl. Olson (1982/1991), S. 51f.
113 Gygi (1991), S. 47.

hen. Daher müssen für eine erfolgreiche generelle internationale Steuerharmonisierung und im Bereich der internationalen Unternehmensbesteuerung erhebliche Widerstände traditioneller Rentenbesitzer überwunden werden.

(d) Die nationale Steuerverwaltung

Die Bürokratie ist als staatlicher Monopolist wie der privatwirtschaftliche Monopolist an der Maximierung der Monopolrente interessiert. Der Monopolgewinn führt in der öffentlichen Verwaltung aufgrund des Gewinnaneignungsverbots[114] nicht zu einem monetären Einkommen, sondern zu einer angenehmen Existenz ohne das "...anstrengende und lästige Streben nach erstklassiger Qualität"[115] im Wettbewerb. Daher steht die Steuerverwaltung Veränderungen in den Rahmenbedingungen staatlichen Verwaltungshandelns kritisch gegenüber, was insbesondere die komplizierte Unternehmensbesteuerung betrifft. Grundlegende Reformen, etwa in der Steuergesetzgebung durch internationale Steuerharmonisierungen, entwerten beispielsweise spezifisches Humankapital, welches durch Sonderanstrengungen wieder aufgebaut werden muss.[116] Ziel der politischen Entscheidungsträger ist, nicht aufgrund von internationalen Verhandlungsergebnissen die politische Unterstützung durch die nationale Bürokratie zu verlieren. Die politische Macht der Bürokraten kann mit der Interessengruppentheorie des Staates analysiert werden. Die Bürokratie wird als besonders effektive Interessengruppe bezeichnet, da die Gruppenbildung nicht freiwillig, sondern durch das Wirken der staatlichen Autorität erfolgt. Die Trittbrettfahrerproblematik als entscheidende Durchsetzungsschwäche gesellschaftlicher Gruppen entfällt.[117] Die staatliche Bürokratie kann deshalb einen erheblichen Reformwiderstand erzeugen, wenn eine Beschneidung des eigenen Kompetenzbereichs droht. Der Wi-

---

114 Vgl. dazu Blankart (2003), S. 505.

115 Hirschman (1970/1974), S. 50. Ähnlich äussert auch Niskanen (1971), S. 127, zu der Zielfunktion bürokratischen Handelns, dass nämlich "...any further elaboration of a theory of the behavior of bureaus requires the relaxation of the assumption of the passive sponsor. The primary effect of this assumption is that bureaus have the opportunity to appropriate a part of the net benefits to the collective organization to finance the supply of an output larger than that which maximizes the total net benefits."

116 Vgl. Streit (1987).

117 Vgl. Rowley (1992), S. 85.

derstand reduziert sich allerdings, wenn die betroffenen Verwaltungsstellen durch politische Gewinne entschädigt werden.
Dieser generelle Blockademechanismus existiert nicht nur bei Reformen, die aus nationalen Erfordernissen angestoßen werden, sondern auch bei internationalen Reformvorhaben. Die Steuererhebung ist die traditionelle Kompetenz der öffentlichen Verwaltung, Grenzüberschreitende Kooperationen bei der Steuererhebung sind ein Tätigkeitsbereich für internationale Behörden, welche damit vormals nationale Regulierungsbereiche übernehmen. Die nationale Bürokratie widersetzt sich jedoch den Kompetenzabtretungen, da der Verlust an Verantwortungsbereichen Einkommen, Macht und Prestige der Bürokraten verringert. Der Widerstand nationaler Verwaltungen steigt mit dem Umfang der Kompetenzen, welche durch internationale Vereinbarungen von nationaler auf internationale Ebene verlagert werden sollen. Daher sind doppelte Zuständigkeitsbereiche (auf nationaler und auf internationaler Ebene) politisch günstiger als eine einseitige Kompetenzverlagerung. Dagegen können neue Kompetenzen leichter auf internationaler Ebene angesiedelt werden, da kein Widerstand einer negativ betroffenen Bürokratie im Inland zu befürchten ist.[118] Deshalb sind Überlegungen über internationale Aufgabenverlagerungen durch eine multilaterale Steuerkoordination mit einem politischen Widerstand der Bürokraten konfrontiert. Für die internationale Unternehmensbesteuerung entsteht daraus die Konsequenz, dass z. B. eine internationale Steuerbehörde, welche Kooperationsprobleme bei grenzüberschreitenden Steuerproblemen reduzieren kann, von der nationalen Steuerbürokratie abgelehnt wird. Eine Zustimmung ist nur bei einer Kompensation der Verluste möglich, welche durch die Kompetenzverlagerung für die Bürokraten auftreten.

(3) Diskretionärer Handlungsspielraum und Steuerharmonisierung

Ein diskretionärer, d. h. regelungebundener Handlungsspielraum hat grundsätzlich positive Konsequenzen für politische Entscheidungsträger, da sie ihrer Klientel politische Renten verschaffen können. Ist der diskretionäre Handlungsspielraum umfangreich, können Ressourcen, welche nicht zur Bedienung von Interessengruppen nötig sind, von den Regierenden zur Befriedigung des per-

---

[118] Vgl. Gygi (1991), S. 45f.

sönlichen Rentenstrebens eingesetzt werden. Politiker haben demnach ein Interesse an einem großen diskretionären Handlungsspielraum.[119] Ursächlich für diskretionäre Handlungsspielräume ist eine asymmetrische Informationsverteilung zwischen Politikern und Wählern. Politiker als Agenten besitzen einen Informationsvorsprung gegenüber den Wählern, dem Prinzipal in einer Demokratie. Die Prinzipale können durch Wahlen keine effektive Kontrolle der Agenten erreichen.[120] Insofern liegt es im Interesse der Politiker, ihren Informationsvorsprung gegenüber den Wählern konstant zu halten oder auszubauen, indem sie die politischen Entscheidungsprozesse entsprechend gestalten. Gestaltungsinstrumente sind die Intransparenz der Entscheidungsprozesse und ein Fehlen von Vergleichsmöglichkeiten (yardstick competition).[121] Bei internationalen Steuerverhandlungen ist es daher von Bedeutung, ob eine Steuerharmonisierung politische Freiräume schafft oder reduziert. Nimmt mit einer internationalen Steuerharmonisierung der diskretionäre Handlungsspielraum für die politischen Entscheidungsträger zu, besteht eine politische Tendenz zu entsprechenden Verhandlungslösungen. Im umgekehrten Fall reduziert sich die Wahrscheinlichkeit.

Die nationale Souveränität in der Steuerpolitik verschafft den Politikern in diesem Bereich einen diskretionären Handlungsspielraum. Die Steuerpolitik ist ein wichtiges Instrument zur Bedienung nationaler Gruppeninteressen, so dass auf politischer Ebene ein geringer Wille existiert, diesen Handlungsspielraum aufzugeben. Eine internationale Steuerharmonisierung würde dazu führen, dass politische Entscheidungsträger keine Renten über die Steuergesetzgebung an nationale Interessengruppen verteilen können. Eine vollständige internationale Steuerharmonisierung ist aus dieser Sicht unvorstellbar, allenfalls Annäherungen der Besteuerung in Teilbereichen der nationalen Steuersysteme. In den nichtharmonisierten Teilbereichen bleibt der diskretionäre Handlungsspielraum bestehen, so dass eine partielle Harmonisierung der Steuersätze tendenziell sogar

119 Vgl. Eichenberger (1994), S. 413.

120 Vgl. Daumann (1999), S. 76 und S. 73. Konkret ergibt sich mangelnde politische Kon trolle auf nationaler Ebene durch intransitive Wahlergebnisse und Stimmentausch, mangelnder politischer Wettbewerb und rationale Unwissenheit der Wähler. Somit sind institutionelle Rahmenbedingungen für den diskretionären Handlungsspielraum verantwortlich. Vgl. ausführlich Pitlik (1997), S. 155ff.

121 Vgl. Vaubel (2003), S. 3.

zu einem verstärkten Gebrauch von steuerlichen Ausnahmeregelungen führen kann.[122]
Ein diskretionärer Handlungsspielraum für Politiker öffnet seinerseits zusätzliche Einflussmöglichkeiten für Interessengruppen.[123] Nationale Interessengruppen sind daher ebenfalls daran interessiert, dass die politischen Entscheidungsträger ihren diskretionären Handlungsspielraum durch internationale Abkommen nicht verlieren. Nur dann können die Verbände ihren politischen Einfluss einsetzen, um Vergünstigungen für ihre Mitglieder zu erzielen. Zusammenfassend haben sowohl Politiker als auch Interessengruppen ein Interesse daran, diskretionäre Handlungsspielräume in der nationalen Steuerpolitik aufrecht zu erhalten.

Dennoch besteht auch im Interessengruppenstaat die Tendenz, eine internationale Steuerharmonisierung anzustreben. Innerhalb bestehender Wirtschaftsblöcke existiert eine allgemeine Neigung zur Zentralisierung politischer Aufgaben.[124] Zentralisierung erhöht den diskretionären Handlungsspielraum der nationalen Politik, da die Einflussmöglichkeiten der Bürger geringer als auf dezentraler Ebene sind.[125] Nationale Mitbestimmungsrechte greifen oftmals bei internationalen Verhandlungen nicht, so dass der Zugang zu den Entscheidungsprozessen nur über die nationale Regierung oder über Vertreter der Verwaltung möglich ist. Deshalb nehmen die Informationskosten für die Wähler und für die Opposition zu, so dass die Kontrolle der Regierungstätigkeit durch diese Gruppen abnimmt. Für die Politiker in der Regierung nehmen die politischen Kosten internationaler Verhandlungslösungen ab.[126] Dazu steigt mit der Zentralisierung auch der Umfang staatlicher Tätigkeit, was wiederum den Politikern einen Spielraum zur Verfolgung der eigenen Interessen eröffnet.[127]

---

122 Vgl. Pitlik (2003a), S. 170; Tanzi (1999), S. 183ff.
123 Vgl. Vaubel (2003), S. 13.
124 Vgl. Weck-Hannemann (1998), S. 101. Die Delegation nationaler Entscheidungsbefugnisse an die EU kann als Beispiel dienen. Vgl. Vaubel (1994); Peirce (1991).
125 Vgl. Eichenberger (1994), S. 413.
126 Vgl. Gygi (1991), S. 40f.
127 Vgl. dazu ausführlich Marlow (1988), welcher empirisch bestätigt, dass fiskalische Dezentralisierung ein wirksames Mittel zur Begrenzung des öffentlichen Sektors ist.

Die Vorstufe einer Zentralisierung der Politik ist eine internationale Politikharmonisierung.[128] Dabei spielt die Steuerpolitik eine wichtige Rolle. Die Harmonisierung erhöht die Ausweichkosten der Bürger und damit die Besteuerungs- und Regulierungsmacht des Staates, so dass Partikularinteressen leichter spezielle Begünstigungen erzielen können.[129] Durch die gestiegenen Ausweichkosten können zusätzliche Staatseinnahmen erzielt werden. Aus Sicht der Interessengruppentheorie werden die zusätzlichen Steuereinnahmen nicht der breiten und heterogenen Masse der Steuerzahler zur Verfügung gestellt, sondern zur Bedienung von speziellen Interessengruppen verwendet. Zusätzlich wird eine internationale Steuerharmonisierung dadurch gefördert, dass internationale Besteuerungsunterschiede als Indikator für gute oder schlechte Regierungsarbeit interpretiert werden. So kann eine hohe Besteuerung in Relation zu anderen Gebietskörperschaften den Eindruck ineffizienter öffentlicher Leistungsstrukturen erwecken.[130] Eine internationale Koordination reduziert den daraus entstehenden politischen Druck und verbessert die Wettbewerbsposition der Regierung, was den diskretionären Handlungsspielraum der politischen Entscheidungsträger erhöht.[131] Im Bereich der internationalen Unternehmensbesteuerung entsteht daraus die Konsequenz, dass das Ziel der politischen Entscheidungsträger, ihren diskretionären Handlungsspielraum zu erhalten, nicht zu einer eindeutigen Haltung gegenüber einer Harmonisierung der internationalen Unternehmensbesteuerung führt. Entscheidend ist der jeweilige nationale Einzelfall.

---

128 Vgl. Vaubel (2003), S. 7.

129 Vgl. Vaubel (2003), S. 6; Buchanan/Lee (1995).

130 Dies ist insbesondere dann der Fall, wenn der Wert der entgegengebrachten öffentlichen Leistungen unterschätzt wird.

131 Vgl. Gygi (1991), S. 43. Politische Freiräume haben jedoch für die Politiker bei internationalen Verhandlungen auch negative Konsequenzen. Die politischen Kosten eines Zugeständnisses sind bei einem großen diskretionären Handlungsspielraum relativ klein, so dass die Verhandlungspartner von einer Regierung mit großem diskretionären Handlungsspielraum ein relativ bedeutendes Zugeständnis verlangen können. Regierungen mit einer ausgeprägten inländischen Kontrolle werden Abweichungen von heimischen Wiederwahlrestriktionen mit hohen politischen Kosten bezahlen und sind deshalb in internationalen Verhandlungen relativ unflexibel. Vgl. Gygi (1991), S. 41. Putnam (1988) formuliert, "...including the paradoxical fact that institutional arrangements which strenghten decision-makers at home may weaken their international bargaining position, and vice versa;" Putnam (1988), S. 460.

3. Nebenbedingungen einer internationalen Steuerkooperation

a) Das Einstimmigkeitsprinzip

Das Prinzip der Einstimmigkeit spielt auf internationaler Ebene eine größere Rolle als auf nationaler Ebene, da internationale Vereinbarungen i. d. R. nur einstimmig getroffen werden können. Regierungen stimmen einer internationalen Vereinbarung nur dann zu, wenn sie eine Verbesserung ihres Status quo durch politische Nettogewinne erzeugt. Politische Nettogewinne sind insbesondere direkte Gewinne durch eine Verbesserung der innenpolitischen Wiederwahlposition, aber auch indirekte Gewinne, wenn beispielsweise in einem anderen Verhandlungsgebiet besondere Konzessionen durch internationalen Stimmentausch erreicht werden können.[132] Die Kosten des Einstimmigkeitsprinzips können anhand des Kalküls für optimale Mehrheiten nach *Buchanan* und *Tullock* aufgezeigt werden, welches in Schaubild 6.2 abgebildet ist.[133] Die Abszisse bildet die Prozentzahl der Ja-Stimmen ab, welche für eine Entscheidung notwendig sind. Die C-Kurve bezeichnet die erwarteten externen Kosten der Entscheidung: Die Entscheidungen des Kollektivs sind für alle Mitglieder verbindlich, auch wenn ein Individuum (Mitglied der Minderheit) nicht damit einverstanden ist. Für das in der Abstimmung unterlegene Individuum entstehen Kosten.

132 Vgl. Smith (1991), S. 51f.

133 Vgl. Buchanan/Tullock (1962), S. 68ff. Vgl. dazu auch Mueller (2002), S. 72ff.; Boadway/Wildasin (1984), S. 140ff.; Breton (1974), S. 145ff.

Schaubild 6.2: Optimale Mehrheiten nach Buchanan und Tullock

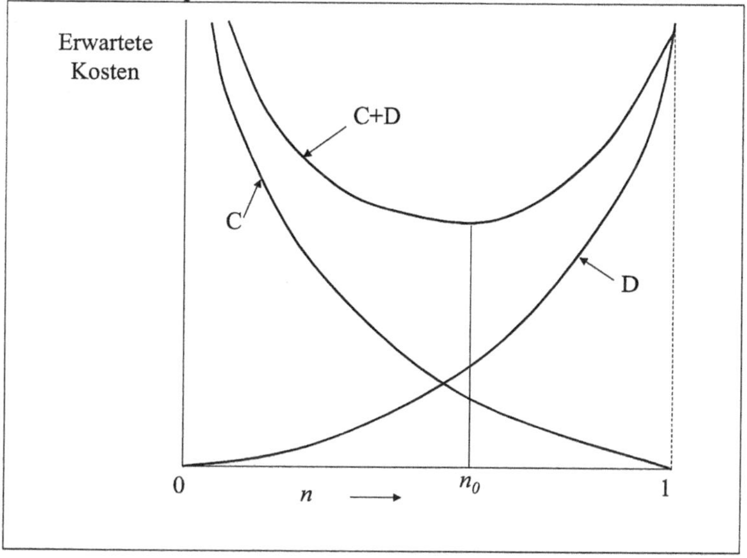

Quelle: Boadway/Wildasin (1984), S. 141.

Die C-Kurve hat eine negative Steigung, da mit der zunehmenden Mehrheitserfordernis die Zahl derjenigen abnimmt, welche von der Übereinkunft beeinträchtigt werden. Gilt das Einstimmigkeitsprinzip, so sind die externen Kosten gleich null, da keiner von der Entscheidung negativ betroffen ist. Umgekehrt verhält es sich mit den Einigungskosten, welche durch die D-Kurve abgebildet sind. Bei Einstimmigkeit hat jedes stimmberechtigte Individuum ein Vetorecht. Insofern entstehen dann Veto-Spieler, individuelle oder kollektive Akteure, deren Zustimmung bei einer Änderung des Status quo benötigt wird.[134] Die Einigungskosten sind deshalb bei dem Einstimmigkeitsprinzip am größten. Hat eine einzelne Person hingegen diktatorische Entscheidungsbefugnisse, sind die Einigungskosten null. Die C+D-Kurve ist die Addition der erläuterten Funktionen: Ihr Minimum kennzeichnet die optimale Entscheidungsregel, da dort die Summe aus externen Kosten und Einigungskosten ihr Minimum hat. Somit ist das Einstimmigkeitsprinzip keine optimale Entscheidungsregel, da es maximale Eini-

[134] Vgl. Tsebelis (2002), S.19.

gungskosten verursacht.[135] Es ist jedoch die einzige Entscheidungsregel, welche zu einer Pareto-effizienten Bereitstellungsmenge an öffentlichen Gütern und entsprechender Steuerfinanzierung führt.[136]
Das Einstimmigkeitsprinzip hat bei internationalen Verhandlungen zur Folge, dass internationale Steuerharmonisierungen nur bei der Einrichtung eines internationalen Transfersystems möglich sind.[137] Zudem garantiert nur eine institutionelle Verteilung der Kooperationsgewinne die Einhaltung der Kooperationsversprechen. Ein etwaiger Bruch der Verteilungsvereinbarung, was ohne festgelegte Regeln mit Garantie- und Sanktionsinstrumenten geschehen kann, löst mit großer Wahrscheinlichkeit die internationale Kooperation auf.[138]

b) Gemeinsames Kooperationsziel

Die Ausgangslage internationaler Verhandlungen wird davon bestimmt, ob die verschiedenen Gebietskörperschaften identische oder gegensätzliche Ziele verfolgen. Bei identischen Zielen ist eine Kooperation leichter zu erzielen als bei konfliktären. Die internationale Kooperation führt dann zu einer Pareto-optimalen Situation, welche auch die Stabilität und die Durchsetzung des Verhandlungsergebnisses garantiert.[139] Bei gegensätzlichen Zielen erzeugt eine Einigung Kosten, da die Regierungen von ihren jeweiligen Nutzenpositionen abweichen müssen. Die Einigungskosten über ein gemeinsames Kooperationsziel können wie folgt dargestellt werden:[140]

- Je identischer die Ausgangspositionen der Verhandlungspartner sind, desto geringer sind die Einigungskosten.
- Je mehr Ziele die einzelnen Verhandlungspartner verfolgen, desto billiger wird die Kooperation. Die Möglichkeit der miteinander zu vereinbarenden Ziele nimmt zu.

---

135 Vgl. auch Wicksell (1969/1896), S. 116.
136 Vgl. Mueller (2002), S. 72.
137 Vgl. Pitlik (2003a), S. 171.
138 Vgl. Gygi (1991), S. 65.
139 Die Stabilität der internationalen Kooperation ist jedoch gefährdet, wenn lukrative free-rider Positionen existieren.
140 Vgl. zum Folgenden Gygi (1991), S. 54.

Die erste Hypothese ist unmittelbar einsichtig. Wenn Verhandlungspartner extrem unterschiedliche Positionen aufweisen, so etwa Hochsteuer- und Niedrigsteuerländer, ist eine Kooperation unwahrscheinlich. Eine Einigung benötigt dann einen entsprechend starken Vorteil, damit die Verluste kompensiert werden. Schwieriger gestaltet es sich mit der zweiten Hypothese. Unmittelbar einsichtig wäre die Aussage, dass die Einigungskosten mit der Anzahl der unterschiedlichen Ziele zunehmen, da die Vereinbarkeit der Ziele abnimmt. Die obige These geht hingegen davon aus, dass sich die Entscheidungsträger auf die miteinander zu vereinbarenden Ziele konzentrieren und die konfligierenden Themenbereiche ausser Acht lassen. Diese Hypothese wird durch den grundsätzlichen Ablauf internationaler Verhandlungen bestätigt. In der Regel besprechen sich die entsprechenden Fachminister untereinander, so dass die Debatte nur innerhalb eines Politikbereichs stattfindet. Externe Effekte auf andere Politikbereiche werden grundsätzlich nicht in das Entscheidungskalkül einbezogen, so dass die Zahl möglicher Konflikte reduziert wird. Eine simultane Verhandlung über alle Politikbereiche erhöht hingegen die Einigungskosten.

c) Kompatibilität mit dem nationalen Steuersystem

Internationale Steuerkoordinierungen können hohe Anpassungskosten verursachen, wenn die Umgestaltungen nicht mit dem nationalen Steuersystem verträglich sind. Insbesondere die Unternehmensbesteuerung stellt ein komplexes System dar, welches nur mit einem entsprechenden Aufwand veränderbar ist. So betrifft beispielsweise in Deutschland die internationale Unternehmensbesteuerung, je nach Rechtsform des Unternehmens, die Einkommensteuer, die Körperschaftsteuer, die Gewerbesteuer und das Aussensteuergesetz. Zusätzlich können die legislativen und bürokratischen Kosten, einschließlich der staatlichen Aufwendungen aufgrund von Rechtsstreitigkeiten, erhebliche Aufwendungen für den öffentlichen Sektor erzeugen. Nationale Steuerpolitik ist aber das Ergebnis politischer Entscheidungsprozesse, bei denen ökonomische Überlegungen allenfalls eine geringe Rolle spielen.[141] Deshalb sind für die politischen Entscheidungsträger die politischen Kosten von Rechtsänderungen, welche durch den

---

[141] Vgl. Holcombe (1998), S. 359.

Widerstand von Interessengruppen entstehen, von größerer Bedeutung als die monetären Aufwendungen des Staatsapparats. Die Politiker müssen die politischen Kosten internalisieren, da ihre Wiederwahlchancen beeinträchtigt werden, während die monetären Kosten von allen Steuerzahlern finanziert werden. Die Bedeutung von politischen Anpassungskosten eines Steuersystems analysieren *van Velthoven* und *van Winden* (1991). Sie kommen zu dem Schluss, dass die Anpassungskosten negativ mit der Wahrscheinlichkeit von Steuerreformen korreliert sind.[142] Mit der Unvereinbarkeit der verschiedenen Steuersysteme steigen die Änderungskosten. Unterschiedliche nationale Steuerstrukturen sind daher ein schwerwiegendes Hindernis für internationale Steuerharmonisierungsversuche.[143]

Die Kosten von Steuerreformen hängen auch vom Staatsaufbau ab. In föderativ organisierten Staaten müssen bei internationalen Verhandlungen Rückwirkungen auf die Einnahmeposition der untergeordneten Gebietskörperschaften beachtet werden, wenn geteilte Ertragskompetenzen vorliegen. Die untergeordneten Gebietskörperschaften können sich genauso gegen eine Umverteilung ihrer regionalen Besteuerungsrechte wie die Nationalstaaten im internationalen Kontext wehren. In Zentralstaaten entfällt diese Problematik.

4. Konsequenzen für internationale Steuerkoordinationen

Den Politikern steht eine Reihe von Möglichkeiten zur Verfügung, Kosten internationaler Vereinbarungen zu reduzieren, sich aber gleichzeitig im internationalen Umfeld nicht als kooperationsunwillig darzustellen. Internationale Vereinbarungen besitzen deshalb oftmals einen Ausweg, der unerwünschte Wirkungen für nationale Interessengruppen zu vermeiden verspricht. Der Ausweg wird durch mehrdeutige Formulierungen in dem Vertragswerk kodifiziert, worunter beispielsweise Ausdrücke wie 'geeignete Maßnahmen' zu verstehen sind. Politi-

---

142 Steuerreformen definieren die Autoren als eine Umstrukturierung eines Steuersystems, nach der die Erosion der Besteuerungsrechte durch Steuerumgehung und –hinterziehung der Zensiten gestoppt oder rückgängig gemacht wird und die Erhebungs- und Entrichtungskosten reduziert werden. Vgl. van Velthoven/van Winden (1991). Zu diesem Modell vgl. auch Raab (1995), S. 352ff.

143 Vgl. Pitlik (2003a), S. 171.

sche Interpretationsspielräume werden daneben auch mit einer Kann-Formulierung geschaffen. Die nationalen Entscheidungsträger sind dann nicht gezwungen, unliebsame internationale Vereinbarungen im Inland umzusetzen.

Mehrdeutige Formulierungen erfüllen gleichzeitig eine andere Aufgabe. Sie werden verwendet, um einen Konsens zu erreichen, wenn das Einstimmigkeitsprinzip als Entscheidungsregel institutionalisiert ist und die Staaten bei den Verhandlungen von unterschiedlichen Positionen nicht abrücken. Das Einstimmigkeitsprinzip erzeugt in diesem Fall prohibitiv hohe Entscheidungsfindungskosten, so dass eine Einigung nicht zustande kommt. Interpretierbare Formulierungen dienen daher der Aushebelung des Einstimmigkeitsprinzips, da keine Entscheidungen mit klaren Konsequenzen gefällt werden. Die Gebietskörperschaften sind nach Vertragsschluss in der Lage, die internationale Vereinbarung entsprechend ihren Interessen zu interpretieren, so dass diese lediglich einen symbolischen Charakter hat.

Die politische Verbindlichkeit einer internationalen Vereinbarung kann auch von der jeweiligen nationalen Verfassung und deren Rang gegenüber der internationaler Vereinbarung abhängen. Internationale Vertragswerke können der Verfassung übergeordnet sein. Dann sind die Nationalstaaten gezwungen, die internationalen Regelungen im Inland anzuwenden. Hat jedoch die Verfassung Vorrang, ist die Umsetzung internationaler Vereinbarungen von dem politischen Willen der nationalen Entscheidungsträger abhängig. Der Verbindlichkeitscharakter des internationalen Vertrags ist begrenzt. Regierungen können ihre Zustimmung zu dem Vertrag auf internationaler Ebene signalisieren, um dann nach dem Vertragsabschluss die mangelnde Umsetzung mit konstitutionellen Restriktionen zu begründen. Beispielweise räumt die US-amerikanische Verfassung internationalen Vereinbarungen nur einen begrenzten Verbindlichkeitsgrad ein.[144] In anderen Mitgliedstaaten wie z. B. der Schweiz gilt der Plebiszitvorbehalt, so dass internationale Vereinbarungen einer Volksabstimmung unterworfen werden können oder müssen. Lehnt die Volksabstimmung ab, hat das internationale Verhandlungsergebnis für das Inland keine Gültigkeit.

[144] Vgl. Smith (1991), S. 53.

B. Internationale Steuerkoordination

I. Die Position der OECD

1. Institutionelle Regeln der Entscheidungsfindung

Der OECD steht eine Reihe von Rechtsakten zur Verfügung, mit denen sie ihre Ziele der internationalen Zusammenarbeit erreichen kann und die auch für steuerpolitische Maßnahmen gelten. Die Aktionen der OECD müssen durch die Mitgliedstaaten autorisiert werden. Die Konvention der OECD legt in Artikel 6 Abs. 1 fest, dass für alle Entscheidungen (decisions) und Empfehlungen (recommendations) das Einstimmigkeitsprinzip gilt, es sei denn, dass für spezielle Aufgabenbereiche einstimmig andere Mehrheitsverhältnisse festgelegt wurden. Jeder OECD-Mitgliedstaat besitzt bei Abstimmungen eine Stimme. Eine Stimmenthaltung führt nicht zu der Ablehnung einer Empfehlung oder Entscheidung. Diese ist jedoch nicht für den Mitgliedstaat gültig, welcher sich der Stimme enthält. Ausserdem braucht ein Mitgliedstaat Entscheidungen der OECD nicht umzusetzen, solange diese nicht die nationalen konstitutionellen Anforderungen erfüllen. In diesem Fall können sich die anderen Mitgliedstaaten untereinander verständigen, dass die Entscheidung lediglich für sie provisorisch gilt.[145] Angenommene Entscheidungen der OECD sind für die Mitgliedstaaten rechtsverbindlich. Die Mitgliedstaaten müssen dann entsprechende Maßnahmen ergreifen, um die Entscheidungen national umzusetzen. Die Empfehlungen der OECD sind hingegen nicht verbindlich und können ihre Wirkung nur über sozialen Zwang innerhalb der OECD-Gremien entfalten. Dennoch ist die Umsetzung der Empfehlungen i. d. R. dadurch gesichert, dass sich Mitgliedstaaten bei der Abstimmung über Empfehlungen der Stimme enthalten können und diese dann für das entsprechende Land nicht gültig ist.[146]

---

145 Vgl. Artikel 6 Abs. 2 und 3 der OECD-Konvention.

146 Vgl. Legal Instruments of the OECD, www.oecd.org (Juni 2004). Dort werden auch die anderen Instrumente der OECD erläutert, nämlich Deklarationen (Declarations), Arrangements und Übereinkünfte (Arrangements and Understandings) und Internationale Vereinbarungen (International Agreements). Die ersten beiden sind nicht legal bindend und sind für diese Untersuchung von untergeordneter Bedeutung. Internationale Vereinbarungen betreffen lediglich die Satzung der OECD.

2. Schädlicher Steuerwettbewerb

Auf supranationaler Ebene wurde eine Reihe von Versuchen unternommen, die internationale Besteuerung zu koordinieren oder sogar zu harmonisieren.[147] Auf der Ebene der OECD begannen die Bemühungen mit dem 1998 veröffentlichten Bericht "Harmful Tax Competition. An Emerging Global Issue" und wurden im Jahr 2000 durch den Bericht "Towards Global Tax Co-Operation. Progress in Identifying and Eliminating Harmful Tax Practices" vorangetrieben.[148] Die OECD hat hierbei versucht, eine trennscharfe Abgrenzung von Steueroasenländern gegenüber Ländern mit niedriger Steuerbelastung zu finden. Deshalb nennt sie drei Länderkategorien, welche Investoren mit einer bevorzugten steuerlichen Behandlung attrahieren:[149]

- Steueroasen, welche Einkommen generell keiner effektiven Steuerlast unterwerfen.
- Gebietskörperschaften mit privilegierenden Steuersystemen, in denen bestimmte Einkommen keiner oder nur einer geringen Besteuerung ausgesetzt sind (schädliche Privilegierung).
- Gebietskörperschaften mit bedeutsamen Steuereinnahmen durch Besteuerung von natürlichen und juristischen Personen, aber mit Steuersätzen, welche unter denen von Hochsteuerländern liegen.

Im Zentrum der OECD-Betrachtungen stehen die ersten beiden Kategorien.[150] Die OECD definiert Steueroasen anhand einer Reihe von Schlüsselfaktoren: Sie attrahieren ausländisches Kapital mit steuerlichen und nicht-steuerlichen Investitionsanreizen, wobei der steuerliche Investitionsanreiz im Fehlen einer effektiven Besteuerung liegt. Die Nichtbesteuerung kann zur Charakterisierung einer

---

[147] Für die Anfänge in Europa vgl. den Neumark-Bericht (1962).

[148] Ausgangspunkt war das Treffen der OECD-Finanzminister im Mai 1996, welche mit der zunehmenden Globalisierung eine Erosion nationaler Steuereinnahmen aufgrund bestimmter Gebietskörperschaften befürchteten. Diese Auffassung wurde von dem G7-Treffen 1996 in Lyon geteilt, so dass daraufhin eine OECD-Arbeitsgruppe unter dem geteilten Vorsitz von Japan und Frankreich den Bericht von 1998 erstellte. Vgl. Gerken/Märkt/Schick (2000), S. 200; Weiner/Ault (1998), S. 602.

[149] Vgl. zum Folgenden Pinto (2003), S. 271f.; OECD (1998b), S. 19f., Tz. 40.

[150] Vgl. OECD (1998b), S. 20, Tz. 42.

Gebietskörperschaft als Steueroase ausreichen. Weitere wichtige Kriterien für die Definition von Steueroasen sind Intransparenz bei der Anwendung von juristischen und administrativen Niederlassungsvorschriften für ausländisches Kapital[151] und das Fehlen der Erfordernis, dass substantielle ökonomische Aktivitäten im Inland vorgenommen werden.[152] Die Charakterisierung schädlicher Steuerprivilegierung folgt ähnlichen Kriterien.[153] Grundlegend ist eine geringe oder fehlende effektive Steuerbelastung von Einkommen, welches durch international mobile Transaktionen erzielt wird. Zudem zeichnet sich schädliche Privilegierung durch "ring-fencing"[154] innerhalb von Steuersystemen aus. Beispielsweise gelten selektive Steuervergünstigungen nur für ausländische Produzenten, welche nicht auf dem inländischen Markt als Wettbewerber auftreten, sondern alle erstellten Leistungen exportieren. Negative Externalitäten treten dann für die Besteuerungsrechte anderer Staaten ein, aber nicht oder nur in geringem Umfang für das Inland.[155] Weitere Kriterien für die Charakterisierung für schädliche Privilegierung sind fehlende Transparenz des Steuersystems, der Steueranwendung und der Finanzaufsicht, geringe Offenlegungspflichten sowie mangelnder effektiver Informationsaustausch mit ausländischen Finanzverwaltungen.[156]

---

151 Intransparenz in diesem Bereich kann zu einer künstlichen Reduktion der Besteuerung bestimmter Einkommen führen und schädlichen Steuerwettbewerb verursachen. Vgl. Weiner/Ault (1998), S. 604.

152 Vgl. OECD (1998b), S. 22f., Tz. 52 und Box 1, S. 23. "Because non-transparent administrative practices as well as the inability or unwillingness to provide information not only allow investors to avoid their taxes but also facilitate illegal activities such as tax evasion and money laundering, these factors are particularly troublesome". OECD (1998b), S. 23f., Tz. 53. Kriterien von geringerer Bedeutung sind das Betreiben von Werbemaßnahmen, welche vornehmlich mit steuerlichen Vorteilen argumentieren (vgl. OECD (1998b), S. 24, Tz. 55) und zusätzlich nicht-steuerliche Faktoren wie z. B. eine geringe Regulierungsdichte hervorheben. Vgl. OECD (1998b), S. 25, Tz. 56.

153 Vgl. zum Folgenden OECD (1998b), S. 26ff.

154 OECD (1998b), S. 26, Tz. 62.

155 Das ring-fencing ist auf bestimmte Branchen oder geographische Orte begrenzt. Vgl. Weiner/Ault (1998), S. 604f.

156 Neben den oben angeführten Hauptkriterien existiert auch eine Reihe von Hilfskriterien, welche die Identifizierung eines schädlichen Steuerregimes unterstützen, z. B. die Anwendung international nicht anerkannter Verrechnungspreisvorschriften, individuelle Verhandlungen über Steuersätze oder Besteuerungsrechte. Vgl. Gerken/Märkt/Schick (2000), S. 205; OECD (1998b), S. 30ff. Eine Übersicht über alle Kriterien bietet auch Pinto (2003), S. 269ff.

Der Unterschied zwischen Steueroasen und Gebietskörperschaften mit schädlicher Steuerprivilegierung besteht nach Auffassung der OECD darin, dass erstere generell keine Steuern erheben, während letztere über ein umfassendes Steuersystem mit einer Gewinnbesteuerung verfügen, darin jedoch bedeutende Ausnahmen gewähren.[157] Nationen der ersten Kategorie haben kein Interesse daran, ein weltweites Absinken der Gewinnsteuersätze zu verhindern, da sie über keine bedeutsamen Steuereinnahmen in diesem Bereich verfügen. Im Gegensatz dazu sind Gebietskörperschaften der zweiten Kategorie eher bereit, an einer konzertierten Aktion gegen eine Erosion der internationalen Steuersätze teilzunehmen, da ihre Steuereinnahmen genauso von dieser Entwicklung bedroht sind.[158]

Der OECD-Bericht über schädlichen Steuerwettbewerb konzentriert sich auf geographisch mobile Tätigkeiten im Dienstleistungsbereich, worunter auch Transaktionen mit immateriellen Waren fallen. Die Betrachtung international mobiler Realkapitalinvestitionen wird ausgeklammert.[159] Ferner wird keine Unterscheidung zwischen der Besteuerung von Individuen und von juristischen Personen getroffen.[160] Die Definition des schädlichen Steuerwettbewerbs basiert auf der Feststellung, dass für eine Standortentscheidung nicht primär steuerliche Faktoren, sondern allgemeine ökonomische Rahmenbedingungen relevant sein sollen.[161] Die OECD fordert ein "level playing field"[162] zwischen den Staaten und vergleicht den staatlichen Wettbewerb mit dem Wettbewerb zwischen Unternehmen.[163] Die Schädlichkeit eines internationalen Steuerwettbewerbs begründet der OECD-Bericht mit einer Enumeration von Fällen, welche teils aus ökonomischer und teils aus moralischer Perspektive als nachteilig bezeichnet werden. So wird das ökonomisch rationale Trittbrettfahrerverhalten kritisiert, bei dem öffentliche Güter einer Gebietskörperschaft ohne Finanzierungsbeitrag genutzt werden.[164] Zusätzliche Argumente sind Verzerrungen von Kapitalströmen,

---

157 Vgl. Weiner/Ault (1998), S. 603.
158 Vgl. OECD (1998b), S. 20, Tz. 43.
159 Vgl. Weiner/Ault (1998), S. 602.
160 Vgl. Gerken/Märkt/Schick (2000), S. 200f.
161 Vgl. OECD (1998b), S. 9.
162 OECD (1998b), S. 9.
163 Vgl. Gerken/Märkt/Schick (2000), S. 201.
164 Vgl. OECD (1998b), S. 14f., Tz. 24f.

Aushöhlung der Steuerehrlichkeit, Verlagerung der Besteuerung von mobilen auf immobile Faktoren und eine Erhöhung der administrativen Kosten der Besteuerung.[165] Die bewusste Erosion der Besteuerungsrechte anderer Staaten zu Gunsten der eigenen Steuererträge wird mit dem moralisch wertenden Begriff des "poaching"[166] (Wilderns) bezeichnet. Zusammengefasst ergibt sich, dass die Definition des schädlichen Steuerwettbewerbs zwischen einer ergebnisorientierten Sichtweise als negativer Einfluss auf Hochsteuerländer und einer prozessorientierten Betrachtung schwankt, bei der die bewusste Umlenkung nationaler Besteuerungsrechte wird.[167]

Der OECD-Bericht stellt einen ersten Schritt dar, um einen möglichen internationalen race-to-the-bottom bei der Besteuerung mobiler Faktoren durch politische Maßnahmen Einhalt zu gebieten[168], indem erstmals Kriterien für unterschiedliche Besteuerungspraktiken genannt werden. Die aufgestellten Kriterien sind jedoch lediglich eine Aufzählung und stellen keine konsistente Definition von Niedrigsteuerländern und Steueroasen dar. Die Kategorisierung des schädlichen Steuerwettbewerbs ist nicht greifbar, da insbesondere die Beurteilungskriterien mehrdeutig sind.[169]

3. Internationale Steuerkoordination und Sanktionen

Gebietskörperschaften, welchen die OECD schädliche Steuerpraktiken vorwirft, sollen zu einem kooperativen Verhalten gezwungen werden. Konkret droht die OECD damit, dass ihre Mitgliedstaaten "defensive Maßnahmen"[170] im Einklang mit ihrer jeweiligen nationalen Gesetzgebung gegenüber Gebietskörperschaften

---

165 Vgl. OECD (1998b), S. 16, Tz. 30.

166 OECD (1998b), S. 16, Tz. 29.

167 Vgl. Gerken/Märkt/Schick (2000), S. 202.

168 Vgl. Weiner/Ault (1998), S. 608.

169 Zu der Kritik an den OECD-Kriterien vgl. ausführlich Gerken/Märkt/Schick (2000), S. 206ff.; Pinto (1998), S. 394f.

170 OECD (2000c), S. 18, Tz. 20.

vornehmen dürfen, welche auf einer Liste nicht-kooperativer Staaten geführt werden. Solche defensiven Maßnahmen sind beispielsweise:[171]

- Versagen der steuerlichen Anerkennung von Transaktionen oder betrieblichen Aufwendungen mit Bezug auf unkooperative Steueroasen.
- Einführung umfassender Informationsvorschriften für Steuersubjekte bei Transaktionen mit unkooperativen Steueroasen und umfassende Strafen bei unvollständiger oder fehlender Informationsgewährung.
- Besondere steuerliche Überprüfung von Aktivitäten in Zusammenhang mit unkooperativen Steueroasen.
- Erhebung von Abgaben auf Transaktionen, welche über Steueroasen abgewickelt werden.

Die Defensivmaßnahmen sind als Sanktionen zu bezeichnen, da sie für die unkooperative Gebietskörperschaft einen Strafcharakter aufweisen und diese zu einem kooperativen Verhalten zwingen sollen. Die Anwendung der von der OECD vorgeschlagenen Sanktionen ist jedoch mit einem Vorbehalt versehen. Sie sind nicht vorgeschrieben, sondern stellen lediglich einen Katalog möglicher Handlungen dar.[172] Die Durchsetzung der OECD-Vereinbarung obliegt ausserdem nicht der OECD, sondern den Mitgliedstaaten. Die Kompetenz zur konkreten Umsetzung folgt damit dem grundsätzlichen Muster internationaler Vereinbarungen, bei denen die Verantwortung i. d. R. dezentralisiert ist.[173] Die tatsächliche Sanktionsanwendung ist auf diese Weise einem nationalen Politikvorbehalt unterworfen und stellt keinen Vertragsautomatismus dar. Daraus resultiert die Heterogenität innerhalb der OECD-Mitgliedstaaten, wenn bei Maßnahmen für internationale Steuerkoordination das Abstimmungsverhalten betrachtet wird. So wurde der Harmful Tax Competition-Bericht unter Enthaltungen der Schweiz und Luxemburgs angenommen.[174]

---

171 Vgl. zum Folgenden und zu weiteren Defensivmaßnahmen OECD (2000c), S. 25, Tz. 35. Vgl. auch Pinto (2003), S. 277.

172 Vgl. OECD (2000c), S. 25, Tz. 35.

173 Vgl. Martin (1999), S. 52f.

174 Vgl. OECD (2000c), S. 5, FN 1.

Die OECD unternimmt auch Anstrengungen, Nicht-Mitgliedstaaten in die Politik der OECD einzubinden. Da schädlicher Steuerwettbewerb überall in Erscheinung tritt, sieht sich die Organisation in der Position einer weltweiten Plattform für die Bekämpfung unfairer Steuerpraktiken. Nicht-Mitgliedstaaten sind nicht nur selbst von schädlichen Steuerpraktiken beeinträchtigt, sondern spielen auch eine wichtige Rolle bei deren Bekämpfung. Im Rahmen mehrerer Regionalkonferenzen wurden 30 Nicht-Mitgliedstaaten von der OECD-Position unterrichtet und zur Diskussionsteilnahme eingeladen.[175] Eine Vielzahl der als Steueroasen identifizierten Gebietskörperschaften haben auf Druck der OECD ihre Teilnahme an dieser Diskussion zugesagt und erwägen kooperative Maßnahmen. Mit Stand vom Juni 2004 umfasst die Liste unkooperativer Gebietskörperschaften der OECD nur noch folgende Nationen: Andorra, Liechtenstein, Liberia, Monaco, Nauru, Vanuatu und die Marshall-Inseln.[176] Dennoch ist der Kooperationsprozess auf internationaler Ebene ins Stocken geraten. So haben Antigua und Barbuda im Herbst 2003 ihre Kooperationszusage mit der Begründung zurückgezogen, dass der Kooperationsprozess unfair zu kleinen Gebietskörperschaften sei und diese benachteilige. Zudem zweifeln Vertreter der OECD daran, ob Österreich, Belgien, Luxemburg und die Schweiz sich tatsächlich dem Ziel des level-playing field nachhaltig verpflichtet fühlen.[177]

Die OECD stellt die Besteuerungsprinzipien nicht in Frage. Die Allokation der internationalen Besteuerungsrechte soll auch in Zukunft anhand von Quellenland- und Sitzlandprinzip erfolgen, ungeachtet technischer Neuerungen wie der Digitalisierung. Durch die Digitalisierung entstehende Besteuerungsprobleme sollen durch Modifikationen in der technischen Anwendung von Quellenland- und Sitzlandprinzip aufgefangen werden.[178] Die Anpassungen sollen die fiskalische Souveränität der Mitgliedstaaten unangetastet lassen, die internationalen Besteuerungsrechte fair verteilen und keine Doppelbesteuerung oder unbeabsichtigte Nicht-Besteuerung erzeugen.[179] Das steuertechnische Kernstück des

---

175 Vgl. OECD (2000c), S. 22, Tz. 28ff.
176 Vgl. www.oecd.org. (Juni 2004).
177 Vgl. James (2003).
178 Vgl. OECD (2001b), S. 17; OECD (1998a), S. 3, Tz. 4.
179 Vgl. OECD (1998a), S. 3, Tz. 6.

Quellenlandprinzips im Bereich der internationalen Unternehmensbesteuerung ist die Betriebstätte. Die OECD versucht, das Betriebstättenkonzept an die neuen Herausforderungen durch die Digitalisierung anzupassen, damit die Besteuerungsansprüche der Quellenländer gewahrt bleiben.

II. Die OECD-Position aus Sicht der Leviathantheorie des Staates

1. Internationale Sanktionen: Die OECD als Instrument der Leviathanstaaten?

Die Leviathantheorie kommt bezüglich des Verhaltens von Staaten in internationalen Steuerverhandlungen zu eindeutigen Schlussfolgerungen. Grundlegendes Ziel ist für die Leviathanstaaten, die Bürger auszubeuten und die Staatseinnahmen zu maximieren. Die Leviathantheorie prognostiziert die Bildung eines Steuerkartells der Staaten, um dem Konkurrenzdruck durch internationalen Steuerwettbewerb zu entgehen. Dann kann der Leviathan seine Politik der uneingeschränkten Einnahmemaximierung realisieren, da keine wirksamen Abwanderungsdrohungen seitens der Zensiten mehr existieren. Unter der Annahme begrenzt mobiler Faktoren kann ein regionales Steuerkartell für die Leviathanstaaten ausreichend sein. Mit der Mobilität der Faktoren vergrößern sich die Anforderungen an ein stabiles Steuerkartell, was dessen geographische Ausdehnung betrifft. Die Digitalisierung erhöht die Mobilität wirtschaftlicher Transaktionen und damit deren Abwanderungspotential, so dass eine Reihe vormals begrenzt mobiler Faktoren nun global mobil sind. Die globale Mobilität bedingt, dass sich der Kreis der Kartellmitglieder von einem regionalen Verbund auf eine globale Ebene ausdehnen muss. Die Leviathanstaaten können sich gegen die Abwanderungsdrohungen im Bereich digitaler Wirtschaftsstrukturen nur schützen, wenn ein globales Steuerkartell gebildet wird.

Aus Sicht der Leviathantheorie könnte der OECD der Versuch der Steuerkartellierung unterstellt werden, wenn die Mitgliedstaaten ausschließlich Leviathane wären, welche durch Niedrigsteuerländer und Steueroasen explizitem fiskalischen Druck ausgesetzt sind. Die Liste der Mitgliedstaaten müsste demnach ausschließlich Hochsteuerländer aufweisen. Sie umfasst jedoch auch Staaten, welche nicht als Hochsteuerländer zu betrachten sind.[180] Die Tabellen in Kapitel 3 Abschnitt A.I.1. lassen erkennen, dass zwischen den OECD-Mitgliedstaaten ein erhebliches Steuergefälle besteht. Andere Staaten, wie z. B. Irland und Luxemburg, weisen in ihren Steuersystemen selektive Steuerbegünstigungen auf.[181] Die Hochsteuerländer können lediglich durch Transferzahlungen an die Niedrigsteuerländer Anreize bieten, dass diese einem Steuerkartell beitreten. Ein solcher internationaler Finanzausgleich müsste jedoch aufgrund der Ungleichheiten zwischen den OECD-Mitgliedstaaten ein beträchtliches Volumen aufweisen.

Die Unterschiede zwischen den Nationen lassen darauf schließen, dass die OECD-Position nicht dem negativen Extrem entspricht, von dem die Leviathantheorie ausgeht. Die Abkehr von dem negativen Extrembild wird von fiskalischen Interessen solcher OECD-Mitgliedstaaten verursacht, welche sich durch eine eher niedrige Besteuerung kennzeichnen lassen oder signifikant positive Effekte durch die Attrahierung ausländischen Kapitals erzielen. Daneben ist zu beachten, dass die OECD zwar wichtige, aber nicht alle existierenden Volkswirtschaften umfasst. Die Wahrscheinlichkeit eines stabilen Steuerkartells ist abhängig von den Gebietskörperschaften, welche Vorteile aus einer Free-Rider-Position erzielen können. Selbst bei einer Steuerkartellierung zwischen den Mitgliedstaaten der OECD kann Wettbewerbsdruck durch dritte Nationen auftreten, was die Leviathanposition der OECD schwächen würde. Die extreme Sichtweise der Leviathantheorie des Staates ist also bereits bezüglich der OECD nicht haltbar und im Hinblick auf eine globale Steuerkartellierung noch weniger.

2. Die Betriebstättendiskussion bei digitalen Transaktionen

Die theoretische Möglichkeit von Hochsteuerländern, die OECD als ein Instrument des Leviathans zu benutzen, steht durch die Digitalisierung vor einem weiteren Dilemma. Die Nichteinstufung eines Internetservers als Betriebstätte kann

[180] Die Mitgliedstaaten sind Australien, Belgien, Dänemark, Deutschland, Finnland, Frankreich, Griechenland, Großbritannien, Irland, Island, Italien, Japan, Kanada, Luxemburg, Schweiz, Südkorea, Mexiko, Neuseeland, Niederlande, Norwegen, Österreich, Polen, Portugal, Schweden, Slowakische Republik, Spanien, Tschechische Republik, Türkei, Ungarn und die Vereinigten Staaten von Amerika.

[181] Zu Irland vgl. Kapitel 4 Abschnitt C.II.3.b).1.

zur Folge haben, dass Quellenstaaten Besteuerungsrechte verlieren, da digitale Wertschöpfungen dann nach dem Sitzlandprinzip besteuert werden. Kein Quellenstaat-Leviathan setzt sich dieser Gefahr aus. Eine Nichteinstufung hat aber auch Auswirkungen auf Sitzland-Leviathane, indem sie im Ausland erzielte Wertschöpfungen im Inland besteuern wollen. Dies ist nur bei einem funktionierenden internationalen Informationsaustausch möglich.
Deshalb kann sich für die Leviathanstaaten bei digitalen Transaktionen die Situation ergeben, dass Quellenstaaten kein Besteuerungsrecht mehr besitzen und Sitzlandstaaten nicht in der Lage sind, im Ausland entstandene Unternehmensgewinne konsequent zu besteuern. Den Unternehmen wird damit eine Exit-Option eröffnet, indem sie bedeutende Wertschöpfungen außerhalb des Sitzlandes vornehmen und die daraus entstehenden Besteuerungstatbestände dem Sitzland teilweise verheimlichen. Die Nichtanerkennung von Internetservern greift aus Sicht der Leviathantheorie die staatliche Monopolmacht an, weil Unternehmen Teile ihrer ausländischen Gewinne hinterziehen können. Die Leviathanstaaten können als Gegenreaktion ein Steuerkartell bilden, dessen Bestandteile harmonisierte Steuerbelastungen oder ein uneingeschränkter internationaler Informationsaustausch sind. Dann können die Leviathane die Sitzlandbesteuerung international durchsetzen und ihre Steuereinnahmen maximieren. Dennoch können die Leviathane auch in diesem Fall in ihrer Besteuerungshoheit bedroht sein, da für ein internationales Informationskartell die Trittbrettfahrerproblematik überwunden werden muss. Sind nämlich Unternehmenssitze international mobil, treten Trittbrettfahrerverhalten und Standortwettbewerb zwischen den Sitzland-Leviathanen auf.

Die Einstufung eines Internetservers als Betriebstätte schließt jedoch nicht alle Exit-Optionen aus, da für die Leviathane die Problematik auf die Ebene der Verrechnungspreise verlagert wird, deren Festlegung bei digitalen Transaktionen besonders schwierig ist.[182] Für Quellenstaat-Leviathane ist es jedoch vorteilhafter, ein aufgrund der Unzulänglichkeiten steuerlicher Verrechnungspreise eingeschränktes Besteuerungsrecht als gar keines zu besitzen. Dennoch hat die globale Trittbrettfahrerproblematik bei einer Anerkennung eines Internetservers als

---

182 Vgl. Kapitel 4 Abschnitt I.B.2.

Betriebstätte negative Konsequenzen für die Leviathanstaaten. Mobile Wertschöpfungen geben Anreize für Gebietskörperschaften, aus dem globalen Steuerkartell auszubrechen, so dass Unternehmen in der Lage sind, die Leviathane strategisch gegeneinander auszuspielen. Es entsteht Steuerwettbewerb durch Investitionsflexibilitäten, bei dem Leviathanstaaten steuerliche Zugeständnisse gewähren müssen, damit sich die mobile Wertschöpfung innerhalb ihrer Grenzen niederlässt.

Im Ergebnis sind die Gebietskörperschaften in einem institutionellen Wettbewerb um die internationalen Besteuerungsrechte, da ein globales und stabiles Steuerkartell aufgrund der Attraktivität der Free-Rider-Position und der großen Mitgliederzahl unwahrscheinlich ist. Die Leviathanstaaten werden in ihrer Existenz bedroht, da diese Entwicklung im Bereich digitaler Wirtschaftsstrukturen in jedem Fall, unabhängig von dem Ergebnis der Betriebstättendiskussion, eintritt: Bei einer Nichtanerkennung von Internetservern als Betriebstätte entsteht Standortwettbewerb um den rechtlichen Unternehmenssitz. Im Gegenzug entsteht Investitionswettbewerb um die mobilen Wertschöpfungen, wenn Internetserver anerkannt werden. Jede Alternative bedroht die Leviathanstaaten, wenn die fiskalische Bedeutung mobiler und digitaler Wertschöpfungen zunimmt.

3. Digitalisierung als endgültige Zähmung des Leviathans?

Die Annahme von *Brennan* und *Buchanan*, dass sich das Regierungsverhalten durch demokratische Entscheidungsprozesse überhaupt nicht einschränken lässt,[183] stellt zwar eine extreme Position dar, wird aber in der finanzwissenschaftlichen Literatur dennoch oft verwendet.[184] Manche Autoren vermuten, dass sich Staaten als beschränkte Leviathane verhalten. Der beschränkte Leviathan verfügt zwar über einen Handlungsspielraum gegenüber seinen Bürgern, welcher aber nicht monopolistisch ist. Die Regierung kann deshalb nicht vollständig den Wählerwillen vernachlässigen.

---

[183] Vgl. Brennan/Buchanan (1980), Kap. 2.

[184] Vgl. Keen/Kotsogiannis (2003); Haucap/Kirstein (2002); Frey (2002); Congleton (2002); Beckmann/Lackner-Frey (2002); Apolte (2001) als Beispiele jüngeren Datums.

Die Leviathantheorie des Staates von *Brennan* und *Buchanan* wird in ihrer praktischen Relevanz durch die Mobilität der Produktionsfaktoren Arbeit und Kapital herausgefordert. Die Digitalisierung kann die Mobilität der Wertschöpfungen global in einem solchen Umfang erhöhen, dass von einer endgültigen Zähmung des Leviathans gesprochen werden könnte. Die gestiegenen Abwanderungsdrohungen lassen ein einnahmemaximierendes Staatsverhalten nicht mehr zu, da die Mobilität die Wahrscheinlichkeit eines stabilen internationalen Steuerkartells verringert. In abgegrenzten Wirtschaftsblöcken wie beispielsweise der Europäischen Union könnte Trittbrettfahrerverhalten sanktioniert werden, so dass ein Kooperationszwang entsteht. Die Schwierigkeit eines solchen Unterfangens äußert sich jedoch bereits darin, dass trotz Druck von Hochsteuerländern innerhalb der Europäischen Union immer noch europäische Steueroasen wie die Kanalinseln, Monaco, Andorra, Malta und Gibraltar existieren. Deshalb ist ein Ende des Trittbrettfahrerverhaltens einzelner Nationen bei einer fortschreitenden internationalen Mobilität wirtschaftlicher Tätigkeiten wenig wahrscheinlich. Potentielle Trittbrettfahrer können zudem nicht nur kleine Steueroasen sein, sondern auch große Nationen von volkswirtschaftlicher Bedeutung, welche nicht Mitglied der OECD sind. Eine Sanktionierung dieser Länder ist kaum denkbar.[185] Die doppelte Kollektivgüterproblematik sowohl der internationalen Kartellvereinbarung als auch der Sanktionsdurchsetzung kann in Verbindung mit hochmobilen Wirtschaftsstrukturen zu einer endgültigen Zähmung des Leviathans führen. Neben Abwanderungsdrohungen wird der fiskalische Ausbeutungsspielraum auch durch die in einer digitalen Welt nicht mehr erfüllbaren Konstruktionsannahmen der Besteuerungsprinzipien beschränkt.

Gegen die endgültige Zähmung des Leviathans kann die These geäußert werden, dass die Staaten unverändert mächtig bleiben und der Erfindungsreichtum von Politikern und Bürokraten nicht unterschätzt werden darf, wenn es um die Einführung neuer Besteuerungsmöglichkeiten geht.[186] Die Neigung zur internationalen Steuerkartellierung nimmt mit der Erosion der Steuerbasen zu. Gerade offe-

---

185 So ist es unwahrscheinlich, dass Deutschland gegen China Wirtschaftssanktionen im Automobilsektor erlässt, um die Volksrepublik zur Einhaltung der Menschenrechte zu zwingen.

186 Vgl. Frey (2002), S. 364.

ne Volkswirtschaften mit einem großen Außenhandel weisen nämlich in der Realität einen hohen Staatsanteil am Bruttoinlandsprodukt auf.[187] Nach der These, dass mit den Abwanderungsmöglichkeiten durch wirtschaftliche Integration die Staatsinterventionen abnehmen, müsste jedoch eine negative Korrelation zwischen der Offenheit einer Volkswirtschaft und dem Umfang der Staatstätigkeit vorliegen. Eine schlüssige Erklärung dafür ist die Existenz externer Risiken, welche sich durch eine Verflechtung mit anderen Volkswirtschaften ergeben: Ein Land ist anfällig für Störungen auf dem Weltmarkt, wenn es über ein relativ großes Außenhandelsvolumen verfügt. Als Versicherung gegen die externen Risiken akzeptieren die Individuen umfangreiche staatliche Tätigkeiten, insbesondere im Bereich der Sozialversicherung. Der ausufernde Sozialstaat ist demnach der Preis für die gesellschaftliche Nicht-Akzeptanz externer Unwägbarkeiten.

Der Leviathanstaat kann auch durch die Einführung einer World Tax Organization überleben. Diese hätte die Funktion, die Steuerzahler als internationale Steuerbehörde in allen Gebietskörperschaften zu belangen, d. h. einen weltweiten Zugriff auf die Steuerzahler zu ermöglichen. Die Zuständigkeit einer solchen internationalen Steuerbehörde sollte sich auf Steuern erstrecken, welche einzelne Staaten nicht erheben können.[188] Als eine weltweite Leviathan-Steuer wäre beispielsweise eine Tobin-Steuer auf alle grenzüberschreitenden Finanztransaktionen zu betrachten.[189] Deren Erhebung würde in den Zuständigkeitsbereich der World Tax Organization fallen.

Das Überleben der Leviathane kann auch mit den Erkenntnissen der Neuen Ökonomischen Geographie begründet werden. Dieser Ansatz ist seit dem letzten Jahrzehnt Basis zahlreicher wissenschaftlicher Veröffentlichungen,[190] Danach verhindern Agglomerationskräfte die vollständige Mobilität des Kapitals, so dass die Nationalstaaten in der Lage sind, Preise für das Angebot öffentlicher Leistungen zu verlangen.

---

187 Vgl. zum Folgenden Rodrik (1998); Cameron (1978). Dieser Effekt wird als Kompensationshypothese bezeichnet.

188 Vgl. Tanzi (2000), S. 18f.; Tanzi (1988), S. 277.

189 Vgl. Tobin (1978). Zu ähnlichen Vorschlägen (z. B. Besteuerung von Flugtickets) zur Finanzierung der Vereinten Nationen vgl. Spahn (1995); Shome/Stotsky (1995).

190 Vgl. grundlegend Krugman (1995b; 1991). Vgl. zur Übersicht Neary (2001); Schmutzler (1999); Ottaviano/Puga (1998).

Dem Argument, dass die Leviathanstaaten durch die Digitalisierung in ihrer Existenz bedroht werden, kann die momentan geringe fiskalische Bedeutung rein digitaler Wertschöpfungen entgegengehalten werden. Beispielsweise würde die Einführung des Sitzlandprinzips das einnahmemaximierende Staatsverhalten nicht gravierend beeinträchtigen. Eine De-facto-Abschaffung des Quellenlandprinzips durch die Nichtanerkennung eines Internetservers als Betriebstätte kann zwar auf digitale Transaktionen beschränkt werden, jedoch ist davon auszugehen, dass die fiskalische Bedeutung solcher Wertschöpfungen im Zeitablauf zunehmen wird. Eine zunehmende Bedeutung der Digitalisierung für traditionelle Wertschöpfungen kann zudem das Quellenlandprinzip im allgemeinen unter Druck setzen. Ebenfalls können Verzerrungen zwischen digitalen und traditionellen Wertschöpfungen zugunsten digitaler Wertschöpfungen auftreten, wobei wiederum die Quellenstaat-Leviathane das Nachsehen haben.

Die Frage, ob das Auftreten der Digitalisierung das Ende der praktischen Bedeutung der Leviathantheorie von *Brennan* und *Buchanan* bedeutet, kann nicht eindeutig beantwortet werden. Trotz zunehmender Einschränkung des staatlichen Handlungsspielraums bestehen für die Leviathane noch Überlebensmöglichkeiten. Dennoch wird steuermaximierendes Staatsverhalten unter einen weitaus größeren Druck gesetzt, als es vor der Digitalisierung der Fall war.

III. Die Position der OECD aus Sicht der Interessengruppentheorie

1. Die Sanktionsdiskussion

Die Interessengruppentheorie des Staates kommt in Bezug auf die internationale Unternehmensbesteuerung zu einem differenzierteren Bild als die Leviathantheorie. Die staatliche Verhandlungsposition hängt in internationalen Verhandlungen von den nationalen Interessengruppen ab. Der Begriff des nationalen Interesses ist deshalb ein Widerspruch in sich, da ein einheitliches nationales Interesse aufgrund unterschiedlicher Präferenzen der Interessengruppen nicht existiert.[191] Die OECD bestätigt den Einfluss von Interessengruppen:

> "The Committee (d. A.: Committee on Fiscal Affairs) is aware that many of the preferential tax regimes referred to in this Report have been put in place in response to pressures by the business community on those parts of government that have the responsibility for economic development."[192]

Der Sanktionsnutzen von Maßnahmen gegen Niedrigsteuerländer umfasst aus der Perspektive der Interessengruppentheorie mehrere Bereiche. Die Sanktionen dienen dazu, dass die heimischen Besteuerungsrechte vor Konkurrenten geschützt werden. Die Schutzwirkung umfasst aus diesem Grund heimische Interessengruppen und deren politische Renten. In diesem Bereich geht es folglich um die Aufrechterhaltung der inländischen Umverteilungsspielräume, so dass Politiker Renten verteilen und Interessengruppen Renten erhalten können. Internationale Sanktionen dienen auch dem diskretionären Handlungsspielraum politischer Entscheidungsträger der sanktionsausführenden Staaten, da sich der Wettbewerbsdruck auf die nationale Politik reduziert, wenn das Zielland der Sanktionen kooperative Maßnahmen ergreift.

Die Sanktionen verursachen aber auch politische Kosten, welche sich in der Haltung der OECD widerspiegeln. Die unterschiedlichen Interessen der OECD-Mitgliedstaaten und das in der OECD-Konvention kodifizierte Einstimmigkeitsprinzip haben die theoretisch zu erwartende Wirkung, dass Interpretationsspielräume bei der Sanktionsausübung existieren. So besitzen die OECD-Mitgliedstaaten Wahlmöglichkeiten bei Art und Umfang der Sanktionsausführung. Die OECD-Mitgliedstaaten sind auch nicht verpflichtet, Defensivmaßnahmen gegenüber unkooperativen Steueroasen vorzunehmen.[193] Insofern besteht die Möglichkeit, dass die OECD-Mitgliedstaaten keine einheitliche Positi-

---

191 Vgl. Smith (1991), S. 47.
192 OECD (1998b), S. 17, Tz. 32.
193 "Moreover, each country may choose to enforce the defensive measures in a manner that is proportionate and prioritisied according to the degree of harm that a particular jurisdiction has the potential to inflict, and taking into account the effectiveness of its existing defensive measures." OECD (2000c), S. 24, Tz. 33.

on gegenüber dem Zielland einnehmen, sondern dass sich eine Gebietskörperschaft durch Trittbrettfahrerverhalten Vorteile bei der internationalen Allokation der Besteuerungsrechte verschaffen kann. Das Free-Rider-Verhalten kann gegenüber Steueroasen entstehen, wenn ansonsten solche inländische Interessengruppen, die das Angebot von Steueroasen nutzen, mit Einbußen rechnen müssen. Diese Interessengruppen werden ihren politischen Einfluss geltend machen, damit die Sanktionen keine Wirkung entfalten. Die tatsächliche Sanktionsausführung wird auch von Interessengruppen bedroht, welche in einer anderen Gebietskörperschaft ansässig sind und ihre eigene nationale Regierung zu einem Free-Rider Verhalten bewegen können. Dieser Anreiz besteht im besonderen Maße für solche Staaten, die jenes Kapital attrahieren können, das bisher in den nun sanktionsausführenden Staaten von Konstruktionen in Zusammenhang mit den Steueroasen profitiert hatte.

Unter den OECD-Mitgliedstaaten ist die Wahrscheinlichkeit eines Trittbrettfahrerverhaltens jedoch geringer als bei Nicht-Mitgliedstaaten, da die OECD eine kleine Ländergruppe ist. Die regelbrechende Gebietskörperschaft kann schnell und einfach identifiziert und in irgendeiner Form bestraft werden, auch wenn es nur die Ächtung des Fehlverhaltens ist.[194] Das Einstimmigkeitsprinzip garantiert auch bei der OECD, dass die Mitgliedstaaten nur bei einer Nutzenerhöhung für jede Gebietskörperschaft einer Vereinbarung zustimmen werden. Eine Abschwächung der OECD-Position ergibt sich hingegen, wenn Defensivmaßnahmen nur gegenüber solchen Gebietskörperschaften ergriffen werden sollen, denen schädlicher Steuerwettbewerb vorgeworfen wird. Die Nutzung von Niedrigsteuerländern bleibt davon unberührt. Multinationale Unternehmen können weiterhin steuerbevorteilende Gebietskörperschaften zur Reduktion der Steuerbelastung ausnutzen.

Internationale Institutionen wie die OECD können daher wegen ihrer geringen Durchsetzungskompetenz nur die Herausbildung einer internationalen Kooperation begünstigen. Sie können die Rahmenbedingungen bieten, welche eine

---

194 Vgl. Frey (1985), S. 117; Frey/Schneider (1984), S. 331.

Durchsetzung des Kooperationsabkommens ermöglichen.[195] Die Position der OECD ist letztlich relativ schwach, weil ihre heterogene Zusammensetzung das Erreichen einer gemeinsamen Handlungsposition erschwert, da aufgrund des Einstimmigkeitsprinzips kooperationsunwilligen Mitgliedstaaten kein bestimmter Politikkurs aufgezwungen werden kann. Mitglieder mit niedrigen Steuersätzen können sich deshalb gegen Steuerharmonisierungs- und Steuerkoordinationsversuche wehren. Infolgedessen ist nicht zu erwarten, dass die Maßnahmen der OECD dazu führen, internationalen Steuerwettbewerb zu unterbinden oder Steueroasen oder Länder mit einer Niedrigbesteuerung von Unternehmensgewinnen für unternehmerische Steuerplanungsmöglichkeiten nicht mehr in Frage kommen zu lassen.

2. Die Betriebstättendiskussion bei digitalen Transaktionen

a) Ziele relevanter Interessengruppen

Das Interesse multinationaler Unternehmen an einer Anerkennung oder einer Nichtanerkennung eines Internetservers als Betriebstätte hängt davon ab, ob sie eher Vorteile aus einer Sitzlandbesteuerung oder aus der Quellenbesteuerung erzielen. Aus wettbewerblicher Perspektive ergibt sich keine eindeutige Präferenz für eines der beiden Besteuerungsprinzipien. Jedoch kann für bestimmte Unternehmen oder Branchen das Sitzland- oder das Quellenlandprinzip in Abhängigkeit von den nationalen Steuersätzen einen Wettbewerbsvorteil erzeugen.[196] Aus Sicht der internationalen Unternehmen ergibt sich aber eine Hierarchie unter den Besteuerungsprinzipien, wenn die unternehmerischen Aufwendungen betrachtet werden, die bei der Beeinflussung steuerpolitischer Entscheidungsprozesse anfallen. Eine alleinige Sitzlandbesteuerung ist aus Unternehmenssicht interessant, wenn die Lobbyingkosten im Vergleich zur Quellenlandbesteuerung reduziert werden. Lobbyingtätigkeiten in unterschiedlichen Gebietskörperschaften sind teuer, da z. B. Informationskosten über unterschiedliche institutionelle Regelungen der Entscheidungsprozesse anfallen und zusätz-

---

195 Vgl. Martin (1999), S. 52.

196 Vgl. dazu die Gegenüberstellung von Kapitalexport- und Kapitalimportneutralität aus wettbewerbstheoretischer Sicht in Kapitel 2 Abschnitt C.II.3.a).

lich mehrere nationale Repräsentanzen zu unterhalten sind. Ausserdem muss eine Vielzahl politisch zuständiger Entscheidungsträger beeinflusst werden.[197] Bei einer reinen Sitzlandbesteuerung fallen diese Aufwendungen nur für eine Gebietskörperschaft an. Das Sitzlandprinzip weist neben reduzierten Lobbyingkosten auch andere Kostenvorteile gegenüber dem Quellenlandprinzip auf. Bei einem reinen Sitzlandprinzip verringern sich zusätzlich die Entrichtungskosten der Unternehmensbesteuerung, da die Unterhaltung eines steuerlichen Verrechnungspreissystems entfällt. Es muss lediglich ein betriebliches Verrechnungspreissystem zur Kosten- und Leistungssteuerung unterhalten werden. Das Sitzlandprinzip eröffnet den internationalen Unternehmen auch einen strategischen Vorteil. Sie erhalten eine starke Verhandlungsposition, da einer einzigen Gebietskörperschaft die gesamten Besteuerungsrechte zufallen. Diese Alles-oder-Nichts Position kann bei den Gebietskörperschaften Druck auf die politischen Entscheidungsträger ausüben, mit steuerlichen Anreizen die Unternehmenssitze multinationaler Unternehmen zu attrahieren. Im allgemeinen ist das Sitzlandprinzip für Unternehmen interessant, deren Unternehmenssitz sich in einem Niedrigsteuerland oder in einer Steueroase befindet oder die glaubhaft mit Abwanderung in eine solche Gebietskörperschaft drohen können.

Die alleinige Quellenbesteuerung ist aus Sicht der Lobbying- und Entrichtungskosten der Besteuerung für die Unternehmen also grundsätzlich unvorteilhaft gegenüber einer reinen Sitzlandbesteuerung.
Eine Quellenbesteuerung ist allerdings dann von Vorteil, wenn die Unternehmen ihre Wertschöpfung oder Teile ihrer Wertschöpfung flexibel und kostengünstig auf unterschiedliche Gebietskörperschaften verteilen können. Die Kosten der Investitionsverlagerung dürfen dabei nicht über den Kosten der Sitzlandverlagerung liegen. Der eintretende Steuerwettbewerb um die Ansiedelung der flexiblen Investitionen reduziert die Fähigkeit von Gebietskörperschaften, die Unternehmen einer effektiven Besteuerung zu unterwerfen. Prinzipiell ist die Quellensteuer für solche Unternehmen interessant, deren Unternehmenssitz sich in

[197] Zu unternehmerischen Lobbyingtätigkeiten von Unternehmen in mehreren Gebietskörperschaften vgl. Jing/Kaempfer/Lowenberg (2003).

einem Hochsteuerland befindet und nicht flexibel oder nur mit großen Kosten verlagerbar ist.

Die Interessen multinationaler Unternehmen sind folglich unterschiedlich und von dem Verhältnis zwischen Investitions- und Standortflexibilitäten abhängig. Internationale Unternehmen präferieren eine Sitzlandbesteuerung gegenüber einer Quellenbesteuerung unter der Voraussetzung, dass die Standortflexibilität höher als die Investitionsflexibilität ist. Dann ist der rechtliche Unternehmenssitz kostengünstiger zu verlagern als die unternehmerischen Einkommensquellen. Bei einer höheren Investitionsflexibilität sind die Wertschöpfungsquellen leichter zu verlagern, so dass sich Steuerersparnisse kostengünstiger realisieren lassen. Weisen Unternehmen hingegen unvollkommene Investitions- und Standortflexibilitäten auf, liegen ihre Interessen bei einer Mischung aus Sitzland- und Quellenlandprinzip. Ist dieser Besteuerungsmix realisiert, verlagern sich die Lobbyingtätigkeiten auf zwei Gebiete: Bei hybriden Steuersystemen ist es für die Unternehmensvertreter zum einen von Interesse, eine Doppelbesteuerung der Unternehmensgewinne zu vermeiden. Zum anderen treten sie für eine Minimierung der Entrichtungskosten ein, welche durch eine zunehmende Komplizierung der internationalen Unternehmensbesteuerung erhöht werden, wofür insbesondere die Institution der Verrechnungspreise verantwortlich ist. Für ein internationales Unternehmen mit unvollständiger Investitions- und Standortmobilität ist der steuerliche Idealzustand dann erreicht, wenn international ein hybrides Steuersystem ohne Doppelbesteuerung und mit nur geringen Entrichtungskosten existiert. Dann sind solche Unternehmen in der Lage, die Anwendung der beiden Besteuerungsprinzipien so zu kombinieren, dass sie ihre Steuerbelastung minimieren können.

Die Verhandlungsposition multinationaler Unternehmen zeigt sich in der Haltung des Global Business Dialogue on Electronic Commerce (GBDe) bezüglich der Anerkennung eines Internetservers als Betriebstätte. Er lehnt eine Anerkennung in dem Musterabkommen der OECD ab. Die Mitglieder des GBDe sind multinationale Unternehmen, welche über eine unvollständige Mobilität der eigenen Wertschöpfung und des Unternehmenssitzes verfügen. Daher treten sie für hybride Steuersysteme ein, bei denen es keine Doppelbesteuerung gibt und die Entrichtungskosten minimiert sind. Dann können sie ohne Nebenkosten steuerreduzierende Unternehmensstrukturen unter Inanspruchnahme des Quellenland- und des Sitzlandprinzips errichten, beispielsweise durch Finanzierungsgesellschaften oder Unternehmenssitz in Niedrigsteuerländern. Die Anerkennung eines Internetservers als Betriebstätte erhöht die Entrichtungskosten im Bereich der Verrechnungspreise, ohne dass sich für Unternehmen der GBDe die Steuervermeidungsmöglichkeiten bedeutend erhöhen, da es sich um Unternehmen aus dem Bereich der traditionellen Wertschöpfung handelt.

Die Neue Politische Ökonomie liefert Hinweise, dass gegenüber grundlegenden Reformen weiterer Widerstand von der staatlichen Bürokratie geleistet wird. Das Betriebstättenprinzip ist Kern der internationalen Unternehmensbesteuerung. Änderungen haben in diesem Gebiet für die Bürokratie hohe Anpassungskosten zur Folge, so z. B. im Bereich der Doppelbesteuerungsabkommen. Der Betriebstättenstatus für einen Internetserver beugt auch juristischen Einwendungen vor, da eine Abkehr vom Betriebstättenprinzip bei digitalen Transaktionen Einsprüche bei der Quellenbesteuerung traditioneller Wertschöpfungen hervorrufen kann. Die Finanzverwaltung kann zusätzlich steuertechnische Einwendungen gegen eine Abschaffung des Betriebstättenprinzips anführen: Das Betriebstättenprinzip ist ein zweckmäßiger Anknüpfungspunkt der Besteuerung bei traditionellen, physischen Wertschöpfungen. Eine Abkehr vom Betriebstättenprinzip bei digitalen Wertschöpfungen kann Auswirkungen auf das Betriebstättenprinzip bei traditionellen Produktionsprozessen haben, da der Einfluss der Digitalisierung auch die physischen Wertschöpfungen verändert. Eine Nichtanerkennung von Internetservern als Betriebstätte kann deshalb zusätzlich das Betriebstättenprinzip bei physischen Wertschöpfungen unter Druck setzen. Die Bürokraten können argumentieren, dass eine Abkehr von der gegenwärtigen Ausgestaltung des Betriebstättenprinzips die Erhebungskosten erhöht, wenn damit eine allgemeine Abkehr vom Quellenlandprinzip eintritt und den Finanzverwaltungen kontrollierbare Anknüpfungspunkte der Besteuerung im Inland entzogen werden.

Weiterer politischer Widerstand gegen eine Erosion des Betriebstättenprinzips wird von solchen Interessengruppen der Arbeitnehmerseite ausgehen, deren Mitglieder von gesellschaftlicher Umverteilung profitieren. Diese Verbände werden keiner Reform zustimmen, welche das nationale Umverteilungspotential verringert. Neben der Furcht vor materiellen Einbußen äussern Vertreter von umverteilungsorientierten Interessengruppen auch ideologische Vorbehalte gegenüber solchen Reformen, welche die Besteuerungsrechte über internationale Unternehmen im Inland reduzieren.

b) Veränderungen im nationalen Interessengruppeneinfluss

Politische Reformen entstehen aus der Veränderung des Lobbyinggleichgewichts nationaler Interessengruppen. Die Anerkennung oder Nicht-Anerkennung eines Internetservers als Betriebstätte verursacht für sich genommen keine Veränderung des Lobbyinggleichgewichts, ist aber das Ergebnis einer Gleichgewichtsveränderung durch das Auftreten der Digitalisierung. Reformimplikationen im Bereich der internationalen Unternehmensbesteuerung können deshalb nur dann diskutiert werden, wenn die Digitalisierung die Machtbalance zwischen Interessengruppen verändert und damit traditionelle Umverteilungskoalitionen in einer Gebietskörperschaft aufbricht.

Die Mobilität digitaler Wirtschaftsstrukturen verstärkt das Abwanderungspotential und folglich die Abwanderungsdrohung der Unternehmen, was den Produzenteninteressen eine neue Schlagkraft im internationalen Steuerwettbewerb verleiht. Im Gegenzug reduziert die Mobilität digitaler Wirtschaftsstrukturen die Verhandlungsmacht derjenigen Rentenbezieher, welche Renten zu Lasten der Kapitalinteressen beziehen. Davon sind in erster Linie Interessenorganisationen der Arbeitnehmerseite betroffen, welche als Konsequenz die verstärkte Protektion ihrer Rentenquellen fordern. Eine Verschiebung des Gleichgewichts kommt jedoch dann zustande, wenn die internationalen Unternehmen eine homogene Verhandlungsposition gegenüber der Anerkennung oder Nichtanerkennung eines Internetservers einnehmen oder bestimmte Interessengruppen innerhalb der multinationalen Unternehmen so durchsetzungsstark sind, dass sie ihre Interessen auf der politischen Ebene durchsetzen können.

c) Einfluss von Nebenbedingungen der internationalen Kooperation

Die hohen Einigungskosten durch das Einstimmigkeitsprinzip bei internationalen Verhandlungen lassen eine Einigung nur auf dem kleinsten gemeinsamen Nenner zu. So sind im Bereich der Unternehmensbesteuerung auch Niedrigsteuerländer und Steueroasen Verhandlungspartner und müssen einer Vereinbarung zustimmen, damit diese tatsächlich weltweit gültig ist. Die unterschiedlichen Ausgangspositionen von Hoch- und Niedrigsteuerländern machen eine Einigung auf ein gemeinsames Kooperationsziel kaum möglich. Darüber hinaus sind internationale Abkommen in ihrer Wirkung häufig beschränkt: Auch die kleinstmögliche Form einer internationalen Übereinkunft läuft Gefahr, mit unpräzisen Formulierungen versehen zu werden, so dass für die Verhandlungspartner eine Exit-Option offen steht. Der Einfluss des Einstimmigkeitsprinzips auf die internationalen Verhandlungen weist auf eine Beibehaltung des gegenwärtigen Systems der internationalen Unternehmensbesteuerung hin, d. h. hybride Steuersysteme unter Aufrechterhaltung des Betriebstättenprinzips und unterschiedliche nationale Steuerbelastungen.

Diese Prognose lässt sich auch damit begründen, dass Regierungen die Kosten der internationalen Kooperation minimieren wollen. Eine grundlegende Reform von Quellen- und Sitzlandprinzip würde hohe Kosten verursachen, weil ein solches Vorgehen schwer mit den nationalen Steuersystemen kompatibel ist. Die hohen politischen und bürokratischen Änderungskosten zwingen die politischen Entscheidungsträger, Lösungsvorschläge auf der Basis von Quellenland- und Sitzlandprinzip zu erarbeiten. Die Weiterentwicklung der traditionellen Besteuerungskonzepte entspricht auch der Furcht der Staaten vor einer Umverteilung der internationalen Besteuerungsrechte, welche durch eine Neuordnung der internationalen Unternehmensbesteuerung eintreten könnte.

C. Zusammenfassende Thesen zum sechsten Kapitel

1. Die Leviathantheorie des Staates prognostiziert, dass sich die Nationalstaaten zu einem internationalen Steuerkartell zusammenschließen. Der Ausbeutungsspielraum des Leviathans ist jedoch von Abwanderungsmöglichkeiten der Zensiten bedroht.

2. Die Interessengruppentheorie des Staates sieht internationale Abkommen als das Ergebnis von Kosten- und Nutzenüberlegungen nationaler Interessengruppen und deren Einfluss auf die Regierung. Nebenbedingungen der internationalen Kooperation sind das Einstimmigkeitsprinzip bei internationalen Steuerverhandlungen, die Bestimmung eines gemeinsamen Kooperationsziels und die Kompatibilität mit dem nationalen Steuersystem.

3. Die OECD versucht, eine internationale Steuerkoordination zu erreichen. Ziel ist das Eindämmen von Steuerwettbewerb, welcher eine Ursache für die Unfähigkeit von Gebietskörperschaften ist, multinationale Unternehmen einer wirksamen Besteuerung zu unterwerfen. Die internationale Steuerkoordination soll mit internationalen Sanktionen gegenüber unkooperativen Gebietskörperschaften durchgesetzt werden.

4. Sowohl aus Sicht der Leviathantheorie als auch aus Sicht der Interessengruppentheorie ist weder eine internationale Steuerharmonisierung noch eine Steuerkoordination in Sicht, da das globale Trittbrettfahrerproblem nicht überwindbar ist. Das Trittbrettfahrerproblem entsteht unabhängig von der Anerkennung eines Internetservers als Betriebstätte. Die Ergebnisse der OECD-Diskussion zeigen exemplarisch, dass bei den gegebenen Entscheidungsverfahren auf Basis des Einstimmigkeitsprinzips eine internationale Reform der Unternehmensbesteuerung nicht möglich ist.

5. Die Entscheidungsprozesse der internationalen Steuerpolitik lassen auf eine Beibehaltung hybrider Besteuerungssysteme schließen. Die internationale Unternehmensbesteuerung wird sich weiterhin an dem Quellenland- und Sitzlandprinzip orientieren, so dass die Erosion der Besteuerungsrechte fortschreitet, wenn mobile Faktoren das Ziel der Besteuerung sind.

Kapitel 7: Äquivalenzorientierung der internationalen Unternehmensbesteuerung

A. Vorbemerkungen

Die Ausführungen zur Public Choice-Theorie im vorangegangenen Kapitel haben gezeigt, dass eine internationale Steuerharmonisierung unwahrscheinlich ist und dass die internationale Diskussion weiterhin das Ziel hat, über eine Stärkung des Quellenland- und des Sitzlandprinzips die internationale Unternehmensbesteuerung durchzusetzen. Kapitel 5 argumentiert jedoch, dass diese Bemühungen im Zeitalter der Digitalisierung ungeeignet sind. Das Ergebnis der bisherigen Überlegungen ist deshalb, dass die Fähigkeit der Nationalstaaten weiter abnimmt, internationale Unternehmen einer wirksamen Besteuerung zu unterwerfen. Die Besteuerung von Kapitalgesellschaften ist jedoch nach Kapitel 2 Abschnitt D. grundsätzlich wohlfahrtserhöhend und kann mit dem Äquivalenzprinzip gerechtfertigt werden, so dass aus normativer Perspektive eine Reform der internationalen Unternehmensbesteuerung notwendig ist.

Aus diesem Grund werden im Folgenden Leitlinien für die internationale Unternehmensteuerreform diskutiert, welche Grundlage für eine internationale Reformdiskussion sein sollen. Die Voraussetzung für einen Umbau der internationalen Unternehmensbesteuerung ist eine allgemein akzeptierte Methode, die eine als gerecht bzw. fair aufgefasste internationale Allokation der Besteuerungsrechte erzeugen kann. Daher werden Überlegungen angestellt, welche Methode diese Anforderung erfüllt. Abschließend werden darauf aufbauend Reformvorschläge gemacht.

B. Reformleitlinien für die internationale Unternehmensbesteuerung

I. Allgemeine Fairness-Betrachtung als Grundvoraussetzung für Reformen

1. Fehlende allgemeine Fairness-Betrachtung als Reformhindernis

Der erfolgreiche Abschluss internationaler Verhandlungen wird in vielerlei Hinsicht beeinträchtigt. Die Erfolgsaussichten internationaler Verhandlungen sind insbesondere aus Sicht der Neuen Politischen Ökonomie negativ zu beurteilen, wie bereits ausgeführt wurde. Die Public Choice-Theorie führt einen Reformstau darauf zurück, dass politischer Widerstand von Reformverlierern eine Reformdurchsetzung verhindert. Eine Neugestaltung ist demnach nur möglich, wenn die Verluste von Reformverlierern kompensiert werden. Die Probleme in der Unternehmensbesteuerung können durchaus Anlass für eine internationale Reform sein, aber aus Sicht der Interessengruppentheorie des Staates nur dann, wenn eine Verschiebung der Lobbyinggleichgewichte erfolgt. Eine solche Verschiebung ist freilich nur erfolgreich, wenn die Kollektivgüterproblematik politischer Neugestaltungen überwunden werden kann. Aufgrund der Trittbrettfahrerproblematik nimmt diese Wahrscheinlichkeit mit der Zahl der Beteiligten ab, so dass nur fundamentale Krisen eine Reform auslösen können.[1]

Neben den Einwendungen der Public Choice-Theorie können auch psychologische Ursachen für das Scheitern internationaler Übereinkommen verantwortlich gemacht werden. Verhandlungen zwischen Individuen sind dann schwierig und langwierig, wenn ein self-serving bias existiert: Die Individuen setzen faire Ergebnisse mit Resultaten gleich, die für sie selbst einen Nutzenzuwachs bedeuten, und interpretieren somit Fairness als persönlichen Nutzengewinn.[2] Die psychologischen Ursachen für den self-serving bias sind zwar unklar, seine Existenz ist

---

[1] Zu den Reformaussagen der Public Choice-Theorie vgl. Pitlik (2003b), S. 286ff.
[2] Vgl. Babcock/Loewenstein (1997), S. 110.

jedoch in zahlreichen Untersuchungen nachgewiesen.[3] Verhandlungen werden durch einen self-serving bias in dreifacher Weise beeinträchtigt.[4] Erstens sind die Verhandlungspartner bei der Alternativenbewertung selbstsüchtig. Es kann deshalb u. U. kein Verhandlungsergebnis erzielt werden. Zweitens können die Verhandelnden den Eindruck haben, dass beide Seiten eine gemeinsame unparteiische Fairnessauffassung besitzen. Das davon abweichende Verhalten des anderen Verhandlungspartners wird dann als aggressiv und als bewusst unfair bewertet. Drittens sind die Verhandlungspartner unwillig, einer Einigung zuzustimmen, die auch nur gering von ihrer eigenen Fairnessauffassung abweicht.[5]

Aufgrund dieser Hindernisse erscheint eine Reform der internationalen Unternehmensbesteuerung wenig wahrscheinlich. Insofern ist entweder die Perspektivlosigkeit einer effektiven und wirksamen internationalen Unternehmensbesteuerung festzustellen, oder es müssen Möglichkeiten gesucht werden, wie trotzdem eine internationale Unternehmensteuerreform stattfinden kann.
Die Reformhindernisse, welche die Public Choice-Theorie anführt, können nur dann überwunden werden, wenn eine konsensoptimistische Haltung begründet werden kann. Dies benötigt die Erfüllung einer Grundbedingung: Eine internationale Einigung über die Allokation der Besteuerungsrechte und eine internationale Kooperation bei der Durchsetzung der Besteuerungsansprüche sind nur dann möglich, wenn der self-serving bias überwunden wird. Die Diskussionsgrundlage muss deshalb allgemein als fair oder als gerecht betrachtet werden, da das bei internationalen Verhandlungen geltende Einstimmigkeitsprinzip jeder Nation ein Veto erlaubt, wenn diese den Reformvorschlag als unfair betrachtet. Ein theoretischer Konsens über faire Regeln zur Allokation der Besteuerungsrechte erleichtert deshalb Reformbemühungen auf internationaler Ebene. Deshalb stellt sich die Frage, wann Allokationsregeln als fair und gerecht betrachtet werden können. Die Kernfrage der folgenden Ausführungen ist damit, wie das

---

3 So zählen sich beispielweise über die Hälfte aller Autofahrer zu den besseren 50% der Autofahrer (Vgl. Svenson (1981)), oder Erfolg wird mit Fähigkeit begründet und Misserfolg mit Pech (Vgl. Zuckermann (1979).

4 Vgl. zum Folgenden Babcock/Loewenstein (1997), S. 110.

5 Der self-serving bias existiert auch dann, wenn beide Verhandlungsseiten über denselben Informationsstand verfügen. Vgl. Babcock et. al. (1995), S. 1337.

Reformhindernis des self-serving bias durch eine allgemeine Gerechtigkeitsauffassung beseitigt werden kann.
Mit einer fairen Allokation der internationalen Besteuerungsrechte beschäftigt sich die in Kapitel 2 Abschnitt C.III. vorgestellte Theorie Interjurisdiktioneller Gerechtigkeit von *Peggy B. Musgrave*. Eine kritische Überprüfung dieser Theorie soll nun die Frage klären, ob damit eine faire Diskussionsgrundlage für eine gerechte Allokation der internationalen Besteuerungsrechte begründet werden kann.

2. Beurteilung der Theorie Interjurisdiktioneller Gerechtigkeit

Die Theorie Interjurisdiktioneller Gerechtigkeit zieht zur Rechtfertigung einer Quellenbesteuerung das Argument nationaler Souveränität heran. Gegen dieses Argument kann jedoch Kritik angeführt werden. Nationale Steuerpolitik ist ein wichtiger innenpolitischer Faktor und eine bedeutende Restriktion im Rahmen internationaler Kooperationen. Die weltwirtschaftlichen Entwicklungen der letzten Jahrzehnte haben allerdings die nationale Souveränität in der Steuerpolitik geschwächt. Wie in den vorangegangenen Kapiteln gezeigt, sind dafür marktliche und technische Prozesse verantwortlich, die in jüngerer Zeit aufgetreten sind. Die Internationalisierung geschäftlicher Transaktionen und das Auftreten des elektronischen Geschäftsverkehrs stärken die Marktkräfte, die Durchsetzung der Besteuerungsrechte ohne internationale Kooperation wird erschwert und das Potential von Steueroasen erhöht. Die nationale Souveränität wird reduziert.[6] Wenn nationale Souveränität im Bereich der Besteuerung nicht mehr existiert, entfällt diese Argumentation für eine Quellenbesteuerung.

Dessen ungeachtet ist der Hauptvorwurf gegenüber der Theorie Interjurisdiktioneller Gerechtigkeit, dass sich *Peggy B. Musgrave* in ihrem Ansatz nicht auf eine bestimmte Gerechtigkeitstheorie bezieht.[7] Aus dieser Sicht ist ihre Theorie nicht fundiert, was sich in den eher willkürlichen Aussagen zur Bestimmung gerechter Steuersätze widerspiegelt. Die Forderung *Musgraves*, der anzuwen-

---

6 Vgl. dazu auch McLure (2001), S. 341.
7 Vgl. Kaufman (1998), S. 194.

dende Steuersatz solle sich invers proportional zu dem pro Kopf-Einkommen in der kapitalimportierenden Gebietskörperschaft und direkt proportional zu dem pro Kopf-Einkommen der kapitalexportierenden Gebietskörperschaft verhalten, führt zu einer tiefgreifenden Umverteilung der internationalen Besteuerungsrechte. Deshalb wird diese Forderung von Verhandlungsführern aus wohlhabenden Gebietskörperschaften nicht akzeptiert. Das Prinzip der Gegenseitigkeit als weitere Möglichkeit zur Bestimmung gerechter Steuersätze nach *Musgrave* verursacht ebenfalls ungleiche Behandlungen, nämlich zwischen Inländern und ausländischen Wirtschaftssubjekten, welche im Inland tätig sind. Die Individuen fühlen sich ungerecht behandelt, wenn z. B. ein ausländisches Wirtschaftssubjekt für dieselbe Tätigkeit im Inland niedriger besteuert wird als ein Inländer. Eine solche Vorgehensweise widerspricht deshalb dem Prinzip der Nichtdiskriminierung, welches den gleichen Steuersatz für Unternehmensgewinne unabhängig davon fordert, ob dieser einem Inländer oder einem Ausländer zusteht. Weitere Diskriminierungen entstehen, weil ausländische Investoren im Inland unterschiedlich besteuert werden, wenn sie aus unterschiedlichen Gebietskörperschaften stammen.[8]

Diese Willkürlichkeit bei der Bestimmung gerechter Steuersätze führt dazu, dass mit dem Gerechtigkeitsansatz von *Musgrave* der self-serving bias schwer zu überwinden ist. Daher ist die Theorie Interjurisdiktioneller Gerechtigkeit nicht anwendbar, wenn konkrete Lösungen für die gegenwärtigen Probleme der internationalen Unternehmensbesteuerung gesucht werden. Die Allokation der Besteuerungsrechte benötigt eine andere gerechtigkeitstheoretische Fundierung. Die Anwendung und Durchsetzung konkreter Regeln kann den Eindruck widerlegen, dass Verhandlungsteilnehmer übervorteil werden. Eine Lösungsmöglichkeit könnte deshalb die normative Fairness-Theorie von *Rawls* sein, welche zum Ausgangspunkt moderner Gerechtigkeitsüberlegungen geworden ist.

---

8 Vgl. Musgrave (2000), S. 53.

II. Die normative Fairnesstheorie von *Rawls*

John Rawls entwickelt in seinem Hauptwerk "A Theory of Justice" endogene Prinzipien für eine gerechte Gesellschaftsordnung und damit für eine gerechte Einkommensverteilung zwischen Individuen.[9] Der Beitrag von *Rawls* ist von fundamentaler Bedeutung für die gesellschaftstheoretische Grundlage stabiler und gerechter Gesellschaften, deren Existenz von einem funktionierenden Steuersystem abhängt. Daher muss sich auch jede Gerechtigkeitsdebatte, wozu auch die Diskussion über die gerechte Verteilung der internationalen Besteuerungsrechte zählt, seiner Argumentation stellen. Ausgangspunkt der Rawlsschen Überlegungen ist ein Gerechtigkeitsbegriff, welcher das grundlegende Kriterium zur Beurteilung politischer Institutionen ist.[10] Gegenstand der Gerechtigkeit ist

> "...die Grundstruktur der Gesellschaft, genauer: die Art, wie die wichtigsten gesellschaftlichen Institutionen Grundrechte und -pflichten und die Früchte der gesellschaftlichen Zusammenarbeit, verteilen."[11]

Rawls unterscheidet, dass sich eine Gesellschaft einerseits kooperativ verhält, um in einer Zusammenarbeit einen wechselseitigen Vorteil zu erreichen, den einzelne Gesellschaftsmitglieder nicht erzielen können. Eine Gesellschaft ist andererseits auch konfliktär, wenn es um die Verteilung des erreichten Vorteils an die einzelnen Gesellschaftsmitglieder geht.[12]

Der Hauptgedanke der Theorie von *Rawls* besteht in einer Annahme über Gerechtigkeitsgrundsätze. Diese Grundsätze sind seiner Auffassung nach solche, die freie und vernünftige Menschen in einer anfänglichen Situation der Gleichheit annehmen würden, um die Grundverhältnisse ihrer kollektiven Vereinba-

---

9 Sein Hauptwerk baut auf einer Reihe von Aufsätzen auf. Vgl. Rawls (1969; 1967a; 1967b; 1963; 1958). Neben Rawls beschäftigen sich auch eine Reihe anderer Autoren mit normativen Gerechtigkeitstheorien, so beispielsweise Nozick (1974), deren Rezeption in der Wissenschaft jedoch nicht an die von Rawls aufgestellte Theorie heranreicht. Nozick vertritt die Vorstellung eines Minimalstaates, welcher nur über sehr begrenzte Kompetenzen verfügt.

10 Vgl. Pies (1995), S. 7; Höffe (1977), S. 13.

11 Rawls (1975/1971), S. 23.

12 Vgl. Höffe (1998), S. 9.

rung über die Formen der zukünftigen Kooperation zu bestimmen. Die Individuen handeln dabei eigennutzorientiert.[13] Die Annahme unterscheidet eine konstitutionelle und eine post-konstitutionelle Ebene. Die konstitutionelle Ebene ist die Entscheidungssituation eines fiktiven ursprünglichen Urzustandes, in der das Individuum über keine Informationen bezüglich der 'Welt', z. B. in Bezug auf sozialen Status, Intelligenz oder Körperkraft in der Zukunft, verfügt. Vor allem besitzt das Gesellschaftsmitglied keinerlei Informationen über die persönliche Nutzen- oder Einkommensposition in der Zukunft. *Rawls* bezeichnet diesen Zustand als "Schleier des Nichtwissens" ("veil of ignorance")[14]. Der Urzustand hat jedoch einen rein hypothetischen Charakter.[15] Hinter dem Schleier des Nichtwissens können sich die Individuen auf eine faire Umverteilungsnorm einigen, welche die Spielregeln eines Gesellschaftsvertrags darstellen.[16] Grundlage der individuellen Interaktionen ist der Preismechanismus, welcher damit auch Basis des Gesellschaftsvertrags ist. Der Markt wird aufgrund von Vorteilen gegenüber anderen Wirtschaftssystemen als primärer Allokationsmechanismus angesehen.[17] Nur durch den Preiswettbewerb lässt sich die Verteilung als ein Problem der reinen Verfahrensgerechtigkeit[18] behandeln.[19]
Die Individuen würden sich nach *Rawls* auf zwei Gerechtigkeitsgrundsätze verständigen. Der erste ist die Gleichheit der Grundrechte und –pflichten. *Rawls* meint damit, dass ein umfangreiches Gesamtsystem von Grundfreiheiten festgelegt wird[20], wie beispielsweise politische Freiheit und freie Meinungsäußerung.[21]

---

13 Vgl. Rawls (1975/1971), S. 28.
14 Rawls (1975/1971), S. 29.
15 Vgl. Rawls (1975/1971), S. 39. In diesem Sinne sollen sich die Individuen im Urzustand nach dem kategorischen Imperativ von Kant verhalten (Vgl. Rawls (1975/1971), S. 285), welcher sich in Kants 'Metaphysik der Sitten' findet. Zu Unterschieden zwischen Rawls und Kant, die im wesentlichen auf die Rawlsche Konstruktion des Urzustands zurückzuführen sind, vgl. Rawls (1975/1971), S. 287ff.
16 "Die Gerechtigkeit als Fairneß ist ein Beispiel für das, was ich Gesellschaftsvertragstheorie nenne." Rawls (1975/1971), S. 33.
17 Vgl. Höffe (1998), S. 11; Rawls (1975/1971), S. 306f.
18 Rawls versteht unter der Verfahrensgerechtigkeit, dass das Gesellschaftssystem so zu gestalten ist, "...daß die sich ergebende Verteilung unter allen Umständen gerecht ist. Dazu muß sich das gesellschaftliche und wirtschaftliche Leben im Rahmen passender politischer und juristischer Institutionen abspielen, sonst kommt keine gerechte Verteilung zustande, ..." Rawls (1975/1971), S. 308.
19 Vgl. Rawls (1975/1971), S. 308.
20 Vgl. Rawls (1992), S. 60; Rawls (1975/1971), S. 81.

Der zweite besagt, dass soziale und wirtschaftliche Ungleichheiten nur dann gerecht sind, wenn sich aus ihnen Vorteile für alle Gesellschaftsmitglieder ergeben, insbesondere auch für die schwächsten Mitglieder der Gesellschaft.[22] Die Umverteilungsforderung des zweiten Gerechtigkeitsgrundsatzes begründet *Rawls* damit, dass faire Chancengleichheit[23] nicht allein durch Marktregeln erreicht werden kann, sondern um institutionelle Vorkehrungen zu ergänzen ist. Nur bei Chancengleichheit ergeben sich relativ identische Startpositionen der Individuen und folglich annähernd gerechte Verteilungsresultate.[24]

Nach *Rawls* werden sich die Individuen auf das sogenannte Differenzprinzip als liberale Konzeption zur institutionellen Lösung von Verteilungsproblemen einigen.[25] *Rawls* unterstellt in seinem Hauptwerk eine soziale Wohlfahrtsfunktion des Maximin-Typs, bei der die Wohlfahrt der einzelnen Individuen perfekte Komplemente zueinander ist.[26] Das Kriterium ist die Maximierung des Nutzenniveaus des am schlechtesten gestellten Gesellschaftsmitglieds. Bei einem konstanten Umverteilungsvolumen bedeutet das Differenzprinzip deshalb eine Gleichverteilung des Einkommens, da nur damit aufgrund der Maximin-Funktion die gesamtgesellschaftliche Wohlfahrt maximiert wird. Das Differenzprinzip stellt jedoch explizit auf den Zielkonflikt zwischen Gerechtigkeit und ökonomischer Effizienz ab. Umverteilung verringert Leistungsanreize sowohl beim Transfergeber als auch beim Transferempfänger mit der Folge, dass das Umverteilungsvolumen sinkt. Das Differenzprinzip berücksichtigt diesen Zielkonflikt und sagt aus, dass eine ungleiche Einkommensverteilung Pareto-optimal sein kann und ein höheres Wohlfahrtsniveau erzeugt als eine Einkommensnivellierung. Es dient deshalb als institutionelle Versicherung gegen den

---

21 "Wichtig unter ihnen sind die politische Freiheit (das Recht, zu wählen und öffentliche Ämter zu bekleiden) und die Rede und Versammlungsfreiheit; die Gewissens- und Gedankenfreiheit; die persönliche Freiheit, zu der der Schutz vor psychologischer Unterdrückung und körperlicher Misshandlung und Verstümmelung gehört (Unverletzlichkeit der Person); das Recht auf persönliches Eigentum und der Schutz vor willkürlicher Festnahme und Haft, wie es durch den Begriff der Gesetzesherrschaft festgelegt ist." Rawls (1975/1971), S. 82.

22 Vgl. Rawls (1975/1971), S. 31f.

23 Zur Charakterisierung der Chancengleichheit vgl. Atkinson (1983), S. 78f.

24 Vgl. Schmidt (1995), S. 111.

25 Vgl. Schmidt (1995), S. 103.

26 Zu den Ausführungen bzgl. des Differenzprinzips vgl. ausführlich Hinsch (2002), S. 51ff.; Zajac (1996), S. 85f; Rawls (1975/1971), S. 81ff. und S. 95ff.

Eintritt des denkbar schlimmsten Falls für ein einzelnes Gesellschaftsmitglied in der Zukunft und leitet eine Einkommensumverteilung ab.[27]

Rawls liefert mit seiner Gerechtigkeitstheorie einen normativen Beitrag zu einer gerechten Gesellschaftsordnung und fasst Gerechtigkeit als prozessbezogene Fairness auf. Gesellschaftliche Entwicklungen sind in ihrem Ergebnis als fair zu betrachten, wenn sie aufgrund ex-ante einstimmig festgelegter Regeln entstehen, welche von den Gesellschaftsmitgliedern im Urzustand festgelegt worden sind. Die Gerechtigkeitstheorie von *Rawls* nimmt auch Bezug auf internationale Verteilungsprobleme. Die individuelle Gerechtigkeit ist auf die Beziehung zwischen Völkern übertragbar, wenn die Bürger jeweils durch demokratische Regierungen repräsentiert werden und die jeweiligen Regierungen die grundlegenden Interessen ihrer Bürger umsetzen.[28]

III. Fairness als Positive Theorie

1. Vorteile einer Positiven Fairness-Theorie

Die normative Fairness-Theorie von *Rawls* ist nicht auf praktische Fragestellungen in der Realität anwendbar, da die Theorie mit der Konzeption des Urzustandes argumentiert, in dem die Gesellschaftsmitglieder theoretisch definierte Menschen sind. Der fiktive Urzustand ist letztlich nur ein Gedankenexperiment. Deshalb kann die normative Fairness-Theorie keine anwendbare Übereinkunft über faire Allokationsregeln begründen. Es ist mehr als fraglich, ob sich reale Menschen gedanklich unter völliger Abstraktion aller Interessen in den Urzustand versetzen können. Dieses Problem räumt auch *Rawls* ein.[29] Daher kann die

---

[27] Eine Kritik aus utilitaristischer Sicht an dem Rawlsschen Differenzprinzip äußert Harsanyi (1975), welcher bei Verteilungsfragen das Prinzip der Maximierung des Erwartungsnutzens anwendet.

[28] Vgl. Rawls (1999), S. 23ff. und S. 113ff. "Basic Fairness among peoples is given by their being represented equally in the second original position with its veil of ignorance. Thus the representatives of peoples will want to preserve the independence of their own society and its equality in relation to others." Rawls (1999), S. 115.

[29] Vgl. Rawls (1975/1971), S. 171. Zu einer Kritik an Rawls' Theorie der Gerechtigkeit vgl. Koller (1987), S. 77ff.

normative Fairness-Theorie von *Rawls* auch nicht den self-serving bias überwinden, weil die Individuen in der Realität Informationen über ihre Fähigkeiten besitzen und deshalb für sie vorteilhafte Gesellschaftsregeln anstreben. Dasselbe gilt für internationale Verhandlungen über die Allokation der Besteuerungsrechte. Die Verhandlungspartner sind über die wirtschaftliche Situation der einzelnen Gebietskörperschaften informiert und zielen darauf ab, eventuelle negative Konsequenzen für das eigene nationale Steueraufkommen auszuschliessen. Deshalb soll im Folgenden eine Positive Fairness-Theorie zugrunde gelegt werden, welche im Gegensatz zur normativen Theorie versucht, umsetzbare Lösungen und Handlungsvorschläge zu entwickeln. Sie umgeht, wie im Folgenden erläutert wird, die Fiktion des Urzustandes und begründet unter der Inanspruchnahme von Institutionen vier Thesen, anhand derer sich die Fairnessauffassung eines Individuums ausrichtet. Wenn dieser Gedankengang auf den Anwendungsbereich der internationalen Unternehmensbesteuerung übertragbar ist, kann eine allgemeine Fairness-Auffassung begründet werden, welche den self-serving bias überwindet und damit die Grundlage für einen internationalen Reformkonsens bei der internationalen Unternehmensbesteuerung sein könnte. Die institutionelle Betrachtung von Verteilungskonflikten legt es nahe, die Konstitutionelle Ökonomik von *Buchanan* ergänzend in Anspruch zu nehmen.

2. Formalprinzip der Verteilungsgerechtigkeit

Die Überlegungen zu einer Positiven Fairness-Theorie finden ihren Ausgangspunkt in Grundgedanken über gerechte Verteilungen. Materielle Verteilungsnormen, etwa die Verteilung nach Bedürfnissen oder nach Leistungen, sind zwar ein traditioneller und vieldiskutierter Bereich der Finanzwissenschaft, aber dennoch schwierig zu interpretieren.[30] Neuere Grundüberlegungen zu einer handhabbaren Institutionalisierung von Verteilungsnormen bzw. des Fairness-Begriffs finden sich in *Isaac*, *Mathieu* und *Zajac* (1991) und in *Zajac* (1996). Ausgangspunkt ist das gebräuchliche Formalprinzip der Verteilungsgerechtigkeit ("Formal Principle of Distributive Justice"[31]). Es besagt, dass Gleiches

[30] Vgl. Krause-Junk (1974), S. 36.
[31] Isaac/Mathieu/Zajac (1991), S. 333.

gleich und Ungleiches ungleich behandelt werden soll, in Abhängigkeit von relevanten Ähnlichkeiten und Unterschieden.[32] Der individuelle Anteil an Nutzen oder Lasten ergibt sich aus materiellen Prinzipien wie Bedürfnis, Produktivität oder Verdienst. Das Formalprinzip benutzt dabei Begriffe wie gleich, ungleich und relevant, die einen bestimmten Auslegungsspielraum aufweisen, so dass die konkrete Anwendbarkeit des Formalprinzips beschränkt ist. Eine deutliche normative Aussage verbirgt sich hingegen hinter der Forderung, dass eine ungleiche Behandlung nur bei relevanten Unterschieden zwischen den Individuen zu rechtfertigen ist.

Die materiellen Prinzipien führen zu unterschiedlichen Ergebnissen. So wird sich eine Verteilung nach Produktivität von einer Verteilung nach Bedürfnis unterscheiden. Diesen theoretischen Allokationsmöglichkeiten steht das Formalprinzip ohne Differenzierung gegenüber. Ein greifbares Kriterium für Verteilungsgerechtigkeit ist deshalb aus dem Formalprinzip nicht ableitbar und auch bezüglich der Steuerverteilung kann kein ausschlaggebendes Urteil über die Alternativen Äquivalenz- oder Leistungsfähigkeitsprinzip getroffen werden. Die Schlussfolgerung, dass aufgrund der großen Bandbreite möglicher Allokationsmethoden auf Basis des Formalprinzips dieses im Sinne einer konkreten Umsetzung als wertlos anzusehen ist, ist allerdings nur bedingt richtig. Sie übersieht, dass das Fundamentalprinzip allen Allokationsmöglichkeiten zugrunde liegt.[33] Dennoch bleibt die Frage, welche Methode unter welchen Umständen angewendet werden soll, um spezifische Ressourcenverteilungen begründen zu können. Eine Lösung bietet eine institutionelle Betrachtungsweise auf der Grundlage der Institutionenökonomik.

---

[32] Dieser Ansatz beruht auf den Werken von Aristoteles, insbesondere 'Politik' und 'Nikomachische Ethik'. Vgl. Feinberg (1973). Ähnlich äussert sich Hayek (1991), S. 107: "Aus der Tatsache, daß die Menschen sehr verschieden sind, folgt, daß gleiche Behandlung zu einer Ungleichheit in ihren tatsächlichen Positionen führen muß und daß der einzige Weg, sie in gleiche Positionen zu bringen, wäre, sie ungleich zu behandeln. Gleichheit vor dem Gesetz und materielle Gleichheit sind daher nicht nur zwei verschiedene Dinge, sondern sie schließen einander aus; ... Die Gleichheit vor dem Gesetz, die die Freiheit fordert, führt zu materieller Ungleichheit. ... Wir sind nicht gegen Gleichheit als solche. Es ist nur einfach so, daß die Forderung nach Gleichheit das erklärte Motiv der meisten ist, die der Gesellschaft ein vorher zurechtgelegtes Verteilungsschema aufdrücken wollen."

[33] Vgl. Zajac (1996), S. 105; Isaac/Mathieu/Zajac (1991), S. 337f.

3. Institutionen und Fairness

Die Institutionenökonomik beruht auf dem Ansatz, dass marktlicher Wettbewerb ein Instrument der Kooperation und nicht der Konfrontation ist.[34] Sie baut in ihren Analysen auf den Grundannahmen der Prinzipal-Agenten-Theorie auf.[35] Nach *Richter* sind Institutionen

> "...auf ein bestimmtes Zielbündel abgestelltes System von Normen einschließlich deren Garantieinstrumente, mit dem Zweck, das individuelle Verhalten in eine bestimmte Richtung zu steuern."[36]

Institutionen lenken das tägliche Leben in eine strukturierte Ordnung und verringern die Unsicherheiten der menschlichen Existenz.[37] Sie sind demnach Regelsysteme, die sich als standardisierte Lösungen von dilemmabedingten Interaktionsproblemen verstehen.[38]

Isaac, *Mathieu* und *Zajac* argumentieren, dass Institutionen eine wichtige Rolle bei der individuellen Fairnesswahrnehmung haben.[39] Von Geburt an ist ein Individuum mit einer Vielzahl an Institutionen wie Familie, Religion, Arbeitsplatz, ethnischer Zugehörigkeit etc. konfrontiert, welche die individuelle Umweltwahrnehmung beeinflussen. Alle Institutionen beruhen in einem bestimmten Umfang auf dem Formalprinzip der Verteilungsgerechtigkeit. Sie erlauben Erwartungen darüber, wie ein Individuum in bestimmten Situationen behandelt wird, d. h., welche Nutzen dem Individuum zukommen und welche Lasten es im Gegenzug zu tragen hat.[40] Für die Erwartungsbildung müssen Informationen und

---

34 Vgl. Homann/Suchanek (2000), S. 18.

35 Vgl. Kapitel 3 Abschnitt B.III.1.

36 Richter (1994), S. 2.

37 Vgl. Richter (1994), S. 2.

38 Vgl. Homann/Suchanek (2000), S. 40f. und 51.

39 Vgl. zum Folgenden ausführlich Isaac/Mathieu/Zajac (1991), S. 335ff.; Zajac (1996), S. 105f.

40 Zajac (1996), S. 106, erläutert dies an einem Beispiel: Es ist allgemein akzeptiert, dass ein Vorstandsvorsitzender eines Unternehmens über ein anderes Arbeitsumfeld verfügt als ein Sachbearbeiter, z. B. in Form eines größeren Büros mit gehobener Ausstattung. Ungleiches wird damit ungleich behandelt, weil aus Sicht des Unternehmens relevante Unterschiede zwischen den beiden Personen existieren. Hingegen ist es aus Sicht des Formal-

Erfahrungen über die Regeln der relevanten Institution vorliegen. Die Erwartungen beeinflussen die Wahrnehmung eines fairen oder unfairen Ergebnisses. Daraus ergibt sich eine bedeutsame Konsequenz: Wenn ein Individuum entsprechend den Regeln der Institution behandelt wird oder ein Ergebnis mit den Ergebniserwartungen übereinstimmt, wird das Ergebnis als fair bezeichnet. Ergebnisse sind unfair, wenn sie aus einer ungleichen Anwendung institutioneller Regeln entstehen und die betroffenen Individuen keine wesentlichen Unterschiede aufweisen. Fairness begründet sich deshalb aus der *Einhaltung institutioneller Regeln*, wodurch das Formalprinzip distributiver Gerechtigkeit konkreter gefasst wird. Die allgemeine Durchsetzung institutioneller Regelungen, welche explizit oder implizit gelten können, bestimmt daher den Gerechtigkeitsbegriff.
Fairness ist daher auf zwei Ebenen zu beurteilen. Die erste Ebene bezieht sich auf die Anwendung und Durchsetzung institutionsinterner Regeln. Die zweite betrifft die Fairness der institutionellen Regeln selbst. Wenn eine Institution nicht legitimiert ist, so sind auch ihre Ergebnisse unfair, selbst wenn die Regeln der Institution korrekt angewendet werden. *Isaac*, *Mathieu* und *Zajac* nennen diesen Ansatz Institutional Framing. Fairnesswahrnehmungen hängen von ökonomischen Umweltsituationen und maßgeblichen Institutionen ab, wobei sich der Begriff des Framing auf die Entwicklung der Fairness-Wahrnehmung bezieht.[41] Beide Ebenen sind notwendige Bedingungen für faire Ergebnisse und bilden im Zusammenspiel ein hinreichendes Fairnesskriterium.

Die internationale Unternehmensbesteuerung ist deswegen aus Sicht der Positiven Fairness-Theorie in ihrer derzeitigen Ausgestaltung als unfair zu betrachten, da ihre institutionellen Regeln zur Allokation der Besteuerungsrechte nicht vollständig durchsetzbar sind. Die erste Fairness-Ebene wird nicht erfüllt.

Neben ökonomischen und institutionellen Bedingungen spielen beim Fairness Framing auch historische Erfahrungen eine Rolle. Historische Erfahrungen ent-

---

prinzips nicht hinnehmbar, dass ein Vorstandsvorsitzender bei einem Tennisspiel mit dem Sachbearbeiter einen Punktvorsprung erhält. Eine ungleiche berufliche Position ist kein relevanter Unterschied bei einem Tennisspiel. Tennisspieler sind gleiche Personen, die gleich behandelt werden müssen.

41 Vgl. Zajac (1996), S. 106.

stehen, weil sich Institutionen nicht täglich ändern, sondern einen stabilen Rahmen bilden. Stabilität wird durch ein komplexes Restriktionensystem erreicht. Alltägliche Tauschakte können vollzogen werden, ohne jedes mal Tauschbedingungen neu aushandeln zu müssen. Stabilität ist daher eine notwendige Bedingung für Interaktionen von Wirtschaftssubjekten.[42] Bestimmte Institutionen gewähren zudem Status-quo-Verfügungsrechte, bei denen Mitglieder einer Institution bestimmte Rechte für sich ableiten, einen gegenwärtigen Zustand fortzuführen. Beispiele für solche Institutionen sind Institutionen mit ausgeprägten Senioritätsprinzipien oder aristokratische Regierungsformen. Status quo-Verfügungsrechte existieren nicht in allen Institutionen. *Isaac*, *Mathieu* und *Zajac* unterscheiden zusätzlich Institutionen, die keine Status quo-Verfügungsrechte aufweisen, wie beispielweise der Markt.[43]

4. Vier Thesen zur Positiven Fairness-Theorie

Isaac, *Mathieu* und *Zajac* stellen vier Thesen auf:[44]

These 1: Fairness existiert: Individuen bewerten Allokationsergebnisse nicht willkürlich, sondern überprüfen diese anhand bestimmter legitimierter Fairnessmodelle oder -theorien.

Jedes Individuum beurteilt eine Situation unter der Inanspruchnahme einer bestimmten Fairnessauffassung. Fairness ist deshalb Grundlage von Ergebniswahrnehmungen und existiert bei allen Individuen. Wenn eine allgemeine Fairness-Auffassung gefunden werden kann, ist damit der self-serving bias überwindbar.

These 2: Fairness-Entwicklung: Individuen vergleichen ex ante vermutete Allokationsergebnisse mit Vorstellungen über faire Verteilungszustände und entwickeln Fairnesswahrnehmungen (Fairness Framing).

---

42 Vgl. North (1990/1992), S. 98f. Zu Stabilität und institutionellen Wandel vgl. ausführlich ders. (1990/1992), S. 98ff.

43 Vgl. Isaac/Mathieu/Zajac (1991), S. 342.

44 Vgl. zum Folgenden Isaac/Mathieu/Zajac (1991), S. 336f.

Die zweite These betont, dass die Ergebnisbeurteilung aufgrund von ex ante entwickelten ökonomischen Theorien für die Fairness-Beurteilung relevant ist und nicht aufgrund von ex post aufgestellten Theorien.

Die vorangegangenen beiden Thesen charakterisieren lediglich das Formalprinzip der Verteilungsgerechtigkeit vor einem Fairness-Hintergrund. Konkretere Maßstäbe für Verteilungsgerechtigkeit sind mit dem institutionellen Ansatz ableitbar:

These 3: Institutionelle Rahmenbedingungen: Die ökonomische Umweltsituation und die relevante Institution bestimmen die Fairnesswahrnehmung (Fairness Framing). Dieser Prozess ist abhängig von Institutionen (Institutional Framing).

Ein Allokationsergebnis ist folglich nur dann fair, wenn es aus der Anwendung institutioneller Regeln entstanden und die Institution selbst legitimiert ist. Ein Allokationsergebnis, welches aus Sicht einer Institution als fair aufgefasst wird, kann hingegen aus der Perspektive einer anderen Institution als unfair bezeichnet werden.

These 4: Geschichtliche Erfahrungen: Neben ökonomischen Situationen und Institutionen bestimmen auch historische Entwicklungen die Beurteilung unterschiedlicher Allokationsmodelle. Die Fairnesswahrnehmung wird anhand früherer Entwicklungen von Zuständen, Institutionen und Allokationsergebnissen beeinflusst.

Wirtschaftssubjekte benutzen ökonomische Situationen, maßgebliche Institutionen und historische Erfahrungen, um unbestimmte Begriffe wie Gleichheit, Ungleichheit und relevante Ähnlichkeiten und Unterschiede auszulegen.
Die Positive Fairness-Theorie beschreibt das Zustandekommen von individuellen Fairness-Auffassungen, was zu normativen Konsequenzen führt. Ergebnisse werden dann als fair betrachtet, wenn sie aus dem Wirken einer fairen Institution entstehen, deren Regeln durchgesetzt werden. In Bezug auf die Themenstellung dieser Arbeit ist es deshalb überlegenswert, wie eine faire Institution zur Alloka-

tion der internationalen Besteuerungsrechte entstehen kann, deren Allokationsregeln durchsetzbar sind. Insofern ist eine institutionelle Anwendung der Positiven Fairness-Theorie notwendig.

IV. Institutionelle Umsetzung der Positiven Fairness-Theorie

1. Institutional Framing durch Konstitutionelle Ökonomik

Konkrete Maßstäbe für eine gerechte Verteilung der internationalen Besteuerungsrechte können anhand der dritten These der Positiven Fairness-Theorie formuliert werden. Institutional Framing ist ein Prozess zur Ableitung fairer Institutionen, deren Regeln im Rahmen dieser Untersuchung zur Allokation der internationalen Besteuerungsrechte eingesetzt werden. Regeln können entweder Gesetzes- oder Verfassungscharakter haben, so dass diskutiert werden muss, ob sich Institutional Framing primär auf die Ableitung von Gesetzen oder Verfassungsregeln bezieht.

Gesetze sind ein wichtiger Baustein eines erfolgreichen kollektiven Handelns. Die Interaktion freier Individuen kann allerdings auch mit anderen Methoden erfolgen. Neben Gesetzen stehen z. B. Markt, freiwillige Vereinbarungen und individuelles Gewissen zur Verfügung. Diese Instrumentarien sind jedoch nur innerhalb bestimmter Grenzen anwendbar. Der Marktmechanismus versagt beispielsweise bei der Allokation öffentlicher Güter. Außerhalb der jeweiligen Anwendungsgebiete muss das zwischenmenschliche Verhalten infolgedessen durch Gesetze geregelt werden.[45] Die Finanzierung öffentlicher Güter kann z. B. nur durch eine Zwangsfinanzierung über Steuern verwirklicht werden, zu deren Erhebung Steuergesetze notwendig sind. Steuerzahlungen können nicht mit freiwilligen Vereinbarungen langfristig geregelt werden.
Über den Gesetzen steht eine Verfassung, welche durch eine Regierung i. d. R. nur durch Mitwirken der Opposition veränderbar ist.[46] Die Verfassungsregeln bestimmen als institutioneller Faktor die Ergebnisse des Gesetzgebungsprozes-

---

[45] Vgl. Kirsch (1997), S. 117.
[46] Vgl. Leschke (1993), S. 30.

ses. Grundlage fairer Gesetze ist demnach eine faire Verfassung. Das Institutional Framing lässt sich aus diesem Grunde durch die Ableitung allgemeinverbindlicher Verfassungsregeln ausfüllen, besonders wenn aus diesen konkrete Steuergesetze abgeleitet werden sollen. Die Bestimmung von Verfassungsregeln ist Gegenstand ökonomischer Verfassungstheorien, wozu die Konstitutionelle Ökonomik von *Buchanan* zählt. Sie versucht, institutionelle Regelungen zu begründen, welche von allen Individuen als fair anerkannt werden. Diese institutionellen Regelungen stehen dann als übergeordnete Leitkriterien über den einzelnen Gesetzen und begründen, ob die Gesetze fair sind oder nicht.

2. Die vertragstheoretische Verfassungstheorie von *Buchanan*

Die Vertragstheorie *Buchanans* ist beeinflusst durch *Thomas Hobbes*, durch die Lehre der Gewaltenteilung nach *John Locke* und *Montesquieu*, durch das Einstimmigkeitsprinzip nach *Knut Wicksell*, durch die Kollektivgüterbetrachtungen des akademischen Lehrers von *Buchanan*, *Frank Knight*, und durch Klassiker wie *David Hume* und *Adam Smith*. Wichtigen Einfluss hat auch die Gerechtigkeitstheorie von *John Rawls*. Die Konstitutionelle Ökonomik ist die normative Ergänzung der Public Choice-Theorie: beide wenden sich vom Konzept des wohlmeinenden Diktators ab. Gegenstand der Vertragstheorie sind Entscheidungen über einen Regelrahmen (Verfassung[47]), nicht aber Entscheidungen innerhalb eines Regelrahmens (Gesetze).[48]

Die Verfassungstheorie von *Buchanan* unterscheidet einen (i) Interessenkonflikt und einen (ii) Theoriekonflikt. Der Interessenkonflikt beschäftigt sich mit der Fragestellung, wie sich die unterschiedlichen Interessen der Individuen in eine gemeinsame Verfassung umsetzen lassen. Der Theoriekonflikt behandelt die Auswahl einer geeigneten Methode, um aus einer Vielzahl von Möglichkeiten ein optimales Ergebnis erreichen zu können.[49] Der Theoriekonflikt tritt i. d. R.

---

47 "..., a 'constitution' is conceived as the set of rules, or social institutions, within which individuals operate and interact with one another." Brennan/Buchanan (1980), S. 3.

48 Vgl. Buchanan (1984/1975), S. 7; Brennan/Buchanan (1980), S. 2f.

49 Vgl. Leschke (1993), S. 68f.; Vanberg/Buchanan (1991), S. 61. Zum Theorie- und Interessenskonflikt vgl. grundlegend Vanberg/Buchanan (1989).

gleichzeitig mit dem Interessenkonflikt auf. Dennoch sind diese Konflikte zu trennen, da sie zu unterschiedlichen Schlussfolgerungen führen.[50]

(i) Der Ausgangspunkt für den Verfassungsvertrag ist für *Buchanan* der Zustand der Anarchie nach den Vorstellungen von *Hobbes*. Die Abwesenheit einer kollektiven Durchsetzung privater Verfügungsrechte bewirkt, dass das Menschenleben "...nasty, brutish and short"[51] ist. In der Anarchie muss das Individuum Ressourcen für den Schutz des persönlichen Eigentums aufwenden, und es kann privates Eigentum anderer Individuen entwenden. Das Ergebnis ist eine Ressourcenverschwendung durch Verringerung des Niveaus der Netto-Transformationskurve der Individuen, weil nicht alle Ressourcen zur Produktion verwendet werden. Dennoch entsteht ein Gleichgewicht: Ein Individuum kann entweder Güter selbst produzieren oder einem anderen Individuum soviel rauben, bis die Grenzkosten durch Verteidigung dem Grenznutzen durch Diebstahl entsprechen. Das Gleichgewicht ist eine stabile Ressourcenaufteilung auf Produktion, Verteidigung und Raub.[52]

Die Individuen können allerdings eine Pareto-Verbesserung erreichen, wenn sie die aufgewendeten Ressourcen für Verteidigung und Raub für die Produktion von Gütern einsetzen. Dazu ist aber ein Abrüstungsabkommen notwendig, worin durch einen Waffenverzicht die Eigentumsrechte des anderen anerkannt werden.[53] Die Wirksamkeit des Abrüstungsvertrages ist jedoch von der Zustimmung aller Individuen abhängig. Behält nur ein Individuum seine Waffen, bleibt das alte Gleichgewicht unverändert, da die anderen Individuen zum Schutz ihres Eigentums vor Übergriffen ebenfalls nicht auf Bewaffnung verzichten. Eine allgemeine Zustimmung zum Abrüstungsvertrag ist nur dann erreichbar, wenn für alle Vertragspartner eine Pareto-superiore Situation entsteht. Eine Verbesserung

---

50 Vgl. Leschke (1993), S. 69.

51 Brennan/Buchanan (1980), S. 4. Dieser Ausdruck geht auf Thomas Hobbes zurück: "Daraus ergibt sich klar, dass die Menschen während der Zeit, in der sie ohne eine allgemeine, sie alle im Zaum haltende Macht leben, sich in einem Zustand befinden, der Krieg genannt wird, und zwar in einem Krieg eines jeden gegen jeden. ... In einer solchen Lage ist für Fleiß kein Raum, da man sich seiner Früchte nicht sicher sein kann; und folglich gibt es keinen Ackerbau, keine Schiffahrt, keine Waren ...und es herrscht, was das Schlimmste von allem ist, beständige Furcht und Gefahr eines gewaltsamen Todes – das menschliche Leben ist einsam, armselig, ekelhaft, tierisch und kurz." Hobbes (1651/1984), S. 96.

52 Vgl. Buchanan (1984/1975), S. 81ff.; Bund (1984), S. 18.

53 Vgl. zum Folgenden Buchanan (1984/1975), S. 84ff.

entsteht aber nicht für solche Individuen, die geschickte Räuber und ungeschickte Produzenten sind. Diese müssen mehr Ressourcen für die eigene Güterproduktion aufwenden als zum Raub von Gütern anderer Individuen. Ein alleiniger Waffenverzicht bedeutet deshalb für die talentierten Räuber eine Verschlechterung ihrer Situation, da sie mit demselben Ressourceneinsatz über eine geringere Zahl an Gütern verfügen. Deshalb muss der Abrüstungsvertrag um ein Distributionselement erweitert werden. Die talentierten Produzenten, welche im Gegensatz zu den talentierten Räubern von einer Abrüstung profitieren, müssen als Kompensation einen Teil ihrer zusätzlichen Produktion an die untalentierten Produzenten verteilen. Erst dann kann ein stabiles Abrüstungsgleichgewicht entstehen.[54] Dessen Durchsetzung muss einer Instanz mit der Fähigkeit zu Sanktionen anvertraut werden, um das Trittbrettfahrerproblem bei der Bereitstellung des Kollektivgutes öffentliche Sicherheit zu umgehen.[55] Die Individuen einigen sich demzufolge auf einen Rechtsschutzstaat (Judikative, Staatsanwaltschaft und Polizei), der als Schiedsrichter mit Sanktionsinstrumenten ausgestattet wird, aber ebenfalls den vertraglich vereinbarten Regeln unterworfen ist.[56]

Als optimales Kriterium für effiziente Entscheidungen und für die Beurteilung von Regeländerungen propagiert Buchanan das Einstimmigkeitsprinzip[57], welches er aus den Finanztheoretischen Untersuchungen von Wicksell übernimmt.[58] Buchanan betrachtet die Einstimmigkeit als einziges Legitimationskriterium für effiziente Kollektiventscheidungen, da keine externen Kosten auftreten. Weil

54 Genau dieses Beispiel mit talentierten Räubern handelt Buchanan den Vorwurf ein, dass aus dem Zustand der Anarchie auch ein Sklavenvertrag möglich ist (vgl. Bund (1984), S. 86f.), was auch Buchanan selbst einräumt, "...in dem die 'Schwachen' damit einverstanden sind, für die 'Starken' Güter zu produzieren im Austausch gegen ein wenig mehr als die nackte Existenz, die ihnen unter anarchistischen Zuständen nicht sicher ist." Buchanan (1984/1975), S. 86.

55 Vgl. ausführlich Buchanan (1984/1975), S. 186ff.

56 Vgl. Leschke (1993), S. 71; Buchanan (1977), S. 290.

57 "Die Einstimmigkeit und volle Freiwilligkeit der Beschlüsse ist zuletzt die einzige sichere und handgreifliche Garantie gegen Ungerechtigkeiten der Steuerverteilung; solange sie auch nicht annäherungsweise erfüllt ist, schwebt eigentlich die ganze Diskussion über Gerechtigkeit der Besteuerung in der Luft." Wicksell (1969/1896), S. 114.

58 Vgl. Pies (1996), S. 3; Folkers (1996), S. 111.

aber jedes Individuum die Rolle eines Veto-Spielers einnehmen kann,[59] stehen der Pareto-Optimalität des Einstimmigkeitsprinzips hohe Konsensfindungskosten gegenüber.[60] Diese können jedoch gesenkt werden, indem über allgemeine Gesellschaftsregeln und nicht über konkrete Ergebnisse abgestimmt wird. Die Individuen unterliegen dann einer Unsicherheit über die mögliche eigene Situation in der Zukunft, da sie einer Reihe von Entscheidungsmöglichkeiten gegenüberstehen. Deren Charakter beeinflusst die Unsicherheit.[61] Der Schleier der Unsicherheit[62] ermöglicht deshalb eine Übereinkunft über die verschiedenen Gesellschaftsregeln, und die theoretischen Argumente gegen die Umsetzbarkeit des Einstimmigkeitsprinzips werden abgeschwächt. Hinter diesem Schleier werden die Individuen keinen selektiv begünstigenden und diskriminierenden Regelungen zustimmen, da sie nicht wissen, ob sie in der Zukunft zu der gewinnenden oder verlierenden Personengruppe gehören werden.[63] Die Entscheidungsträger kennen daher die Allokationsregeln, aber nicht die konkrete Allokation in der Zukunft.[64]

Die Einführung eines Schleiers, hinter dem die Individuen ihre Entscheidungen treffen, verdeutlicht die theoretische Nähe der Vertragstheorie von Buchanan zu der Gerechtigkeitstheorie von Rawls.[65] Der Schleier der Unsicherheit unter-

---

59 "Selbst wenn man auf der abstrakt-philosophischen Ebene die Einstimmigkeit als Maßstab für die Frage der Legitimation gesellschaftlicher Institutionen anerkennt, mag das Einstimmigkeitserfordernis auf einer praktischen Ebene dennoch wie eine romantische Utopie erscheinen." Brennan/Buchanan (1993/1985), S. 36. Vgl. auch Boadway/Wildasin (1984), S. 140f.

60 Vgl. Brennan/Buchanan (1980), S. 7.

61 Vgl. Brennan/Buchanan (1993/1985), S. 40.

62 Manche Autoren sprechen auch von einem "Schleier der Ungewissheit". Leschke (1993), S. 73.

63 Vgl. Buchanan/Tullock (1962), S. 78. Die Individuen verabschieden die konstitutionellen Regelungen in einer logischen Sekunde. Der Zeitfaktor spielt bei der Verfassungsbegründung keine Rolle. Vgl. Leschke (1993), S. 74f.

64 Vgl. Folkers (1996), S. 123.

65 Darauf weisen Brennan und Buchanan hin. Vgl. Brennan/Buchanan (1993/1985), S. 40; Brennan/Buchanan (1980), S. 3. Die Grundzüge des Schleiers der Unsicherheit haben bereits Buchanan und Tullock in ihrem 1962 geschriebenen 'The Calculus of Consent' skizziert: "Recall that, under our assumptions, the individual, at the time of constitutional choice, is uncertain as to his own role on particular issues in the future. If the inference suggested here is correct, the individual, because of this uncertainty, ..., he will see that the

scheidet sich jedoch von dem Schleier des Nichtwissens von Rawls, einem rein theoretischen Konstrukt, bei dem die Individuen zur Entscheidungsfindung die eigenen Interessen und Fähigkeiten nicht kennen.[66] Buchanan greift hingegen auf den Hobbesschen Urzustand zurück, welcher seiner Auffassung nach ein realistischeres Konstrukt als das Gedankenexperiment von Rawls ist.[67] Unsicherheit über zukünftige Ereignisse ist bei der Anwendung abstrakter Regeln immer gegeben, womit es ein umsetzbares Konzept für die Entstehung von gesellschaftlichen Regeln ist, da Individuen ihre künftige Position nicht kennen können.[68]

Das Einstimmigkeitsprinzip soll nur auf Ebene der Verfassungsentscheidung eingesetzt werden.[69] Die post-konstitutionellen Entscheidungen ("sub-constitutional choice"[70]) sollen mit einer praktikableren Entscheidungsregel getroffen werden, um die Verhaltenskonsequenzen zu vermeiden, welche bei dem Einstimmigkeitsprinzip die hohen Konsensfindungskosten verursachen.[71] Der Leistungsstaat hat die Aufgabe, im post-konstitutionellen Prozess öffentliche Güter bereitzustellen, welche nicht über den privaten Markt alloziiert werden können.[72] Die Produktion und Finanzierung von Kollektivgütern soll mit derjenigen Mehrheitsregel gesteuert werden, bei der das Minimum der Interdependenzkosten erreicht ist, welche aus den externen Kosten der Entscheidung und den Konsensfindungskosten entstehen. Der Leistungsstaat übernimmt durch die Bereitstellung von Kollektivgütern wichtige Aufgaben für das Funktionieren einer Gesellschaft und darf deshalb die Individuen über Steuern zu der Finanzierung der Kollektivgüter heranziehen. Im Gegenzug stellt der Leistungsstaat aber

---

effects tend to balance out as he considers the whole sequence of possible redistributive transfers." Buchanan/Tullock (1962), S. 191f.

66 Vgl. Leschke (1993), S. 73; Brennan/Buchanan (1993/1985), S. 40f.

67 Darin kennen die Individuen ihre Position, z. B. als geschickter Produzent oder geschickter Räuber.

68 Vgl. Leschke (1995), S. 78.

69 Vgl. Buchanan/Tullock (1962), S. 6 und S. 77.

70 Vanberg/Buchanan (1991), S. 61

71 Vgl. Buchanan (1984/1975), S. 63.

72 Vgl. Buchanan (1984/1975), S. 50ff.

auch eine Bedrohung der Gesellschaft dar, indem er sich in einen Leviathan verwandeln kann.[73]

(ii) Der Kerngedanke des Theoriekonflikts besteht darin, dass auf konstitutioneller Ebene zwar Einstimmigkeit über das zu erreichende Ziel herrscht, jedoch Uneinigkeit über die anzuwendende Methode zur Zielerreichung.[74] Die Uneinigkeit resultiert aus uninformierten Teilnehmern der verfassungsgebenden Versammlung, wofür motivationale oder kognitive Grenzen der Individuen verantwortlich sind.[75] Die motivationalen Grenzen finden ihre Ursache in der rationalen Ignoranz stimmberechtigter Individuen.[76] Die Überwindung der rationalen Ignoranz kann durch den Einsatz konstitutioneller Experten erfolgen, denen Anreize zur Informationsgewinnung geliefert werden.[77] Die Gewinnung vollständiger Information ist jedoch aufgrund kognitiver Grenzen fraglich, welche Vanberg und Buchanan als "limits of reason"[78] bezeichnen.[79] Zum einen kann kein Individuum umfangreiche Informationen über alle Regeln und Institutionen besitzen. Zum anderen kann kein Wissen über Entwicklungen und Ergebnisse in der Zukunft existieren, weil sich die Probleme und entsprechende Wissensstände im Zeitablauf verändern.[80] Die Suche nach 'guten Regeln' muss deshalb über einen ergebnisoffenen trial and error-Prozess stattfinden.[81] Dieser Prozess ist

---

73 Zur Leviathantheorie des Staates vgl. die Ausführungen in Kapitel 6 Abschnitt A.II.

74 Vgl. Vanberg/Buchanan (1991), S. 62. "On the constitutional level, it should be obvious that people's *theories* (d. A.: Hervorhebung im Original) about the working porperties of alternative rules and rule-systems, and not just their interests in expected outcomes, are of crucial relevance of their choice behaviour." Vanberg/Buchanan (1989), S. 51.

75 Vgl. Vanberg/Buchanan (1991), S. 64.

76 Zur rationalen Ignoranz vgl. die Ausführungen in Kapitel 6 Abschnitt A.III.1.

77 Vgl. Vanberg/Buchanan (1991), S. 67ff. zu der kritischen Analyse des Einsatzes von konstitutionellen Experten.

78 Vanberg/Buchanan (1991), S. 64.

79 Die Behauptung, vollständiges Wissen zu besitzen, kritisiert Hayek als konstruktivistische Denkhaltung: "The characteristic error of the constructivist rationalists in their respect is that they tend to base their argument...on the fiction that all the relevant facts are known to some one mind, and that it is possible to construct from this knowledge of the particulars a desirable social order. ... They seem completely unaware that this dream simply assumes away the central problem which any effort towards the understanding or shaping of the order of society raises: our incapacity to assemble as a surveyable whole all the data which enter into the social order." Hayek (1973), S. 14f.

80 Vgl. Vanberg/Buchanan (1991), S. 71.

81 Vgl. Vanberg/Buchanan (1991), S. 71.

dann auf staatlicher Ebene möglich, wenn entweder unter dem Dach einer Meta-Verfassung unterschiedliche Gebietskörperschaften vorhanden sind, welche untereinander in einem territorialen Wettbewerb stehen. Eine solche föderalistische Konstruktion soll folglich den Individuen ermöglichen, durch Wanderungsbewegungen in einem evolutorischen Prozess jeweils optimale Gesellschaftsregeln zu finden.[82] Neben dem Föderalismus kann eine Regelentwicklung auch durch einen nicht-territorialen Leistungswettbewerb erfolgen, wenn kollektive Leistungen nicht gebietsgebunden sind, sondern auch von Bürgern anderer Gebietskörperschaften in Anspruch genommen werden können.[83]

Zusammenfassend fordert Buchanan auf der abstrakten Modellebene Einstimmigkeit zur Ableitung oder Veränderung von Verfassungsregeln, welche grundlegende Rechte des Individuums und des Staates (Rechtsschutzstaat, Leistungsstaat) exakt definieren. Mittelpunkt des Interessen- und Theoriekonflikt ist das Informationsproblem über Entwicklungen und Ergebnisse in der Zukunft.[84] Die Auflösung des Interessenkonflikts benötigt einen undurchsichtigen Schleier der Unsicherheit, während die Überwindung des Theoriekonflikts einen transparenten benötigt.[85] Die mangelnden kognitiven Fähigkeiten der Individuen erfordern marktähnliche Selektionsprozesse zur Bereitstellung öffentlicher Güter.[86]

---

82 Vgl. Vanberg/Buchanan (1991), S. 73f.

83 Vanberg und Buchanan beziehen sich dabei auf den Politikwissenschaftler Elazar (1985), der in diesem Zusammenhang von consociationalism spricht. Ein ähnliches Konzept entwickeln Casella/Frey (1992) und Frey/Eichenberger (1996) mit dem Begriff Functional Overlapping Competing Jurisdictions (FOCJs), bei dem Wirtschaftssubjekte, ohne ihren Sitzort verändern zu müssen, Kollektivgüter von unterschiedlichen Produzenten konsumieren können. Beispielweise könnte dann ein Unternehmen mit Sitz in Deutschland sich nach portugiesischen Recht gründen, ohne seinen Sitz nach Portugal zu verlegen.

84 Erstmals wurde dieser Gedanke ausführlich in Vanberg/Buchanan (1989) behandelt.

85 Vgl. Vanberg/Buchanan (1991), S. 63; Vanberg/Buchanan (1989), S. 60.

86 Vgl. Leschke (1993), S. 81ff. Zu einer kritischen Auseinandersetzung mit der Vertragstheorie von Buchanan vgl. ausführlich Leschke (1993), S. 84ff.; Bund (1984), S. 53ff.

V. Fairnesstheoretische Rechtfertigung des Äquivalenzprinzips

1. Theoretische Vereinbarkeit mit der Konstitutionellen Ökonomik

Die grundlegenden Prinzipien, welche die Finanzwissenschaft zur Bestimmung einer gerechten Steuerlastverteilung benutzt, sind das Äquivalenzprinzip und das Leistungsfähigkeitsprinzip. Eine institutionalisierte faire Besteuerung muss mit einem dieser beiden Prinzipien argumentieren, da nur diese eine gerechte Besteuerung rechtfertigen können. Daher stellt sich die Frage, welches der beiden Fundamentalprinzipien der Besteuerung mit der Positiven Fairness-Theorie und der Konstitutionellen Ökonomik vereinbar ist.

Buchanan und *Wicksell* orientieren sich in ihren Arbeiten am Äquivalenzprinzip.[87] Die individualistische Betrachtungsweise der Public Choice-Theorie und der Konstitutionellen Ökonomik unterstellt, dass sich Individuen nicht nur in marktlichen Prozessen, sondern auch in der Politik als Eigennutzmaximierer verhalten.[88] Deshalb wird die Politik als Tauschprozess aufgefasst nach dem Prinzip "...tu etwas, was mir nützt, und ich tu dir etwas, was dir nützt."[89] Bei staatlichen Aktivitäten handelt es sich demnach um komplexe Tauschgeschäfte, bei denen Leistung und Gegenleistung abgewogen werden.[90] Dabei muss es sich nach *Brennan* und *Buchanan* nicht primär um die Aufteilung von genau defi-

---

87 Vgl. Hansjürgens (2000). Wicksell entwickelt mit seiner Forderung nach institutioneller Kongruenz dabei die Ansätze von Mazzola, Sax und des Kameralismus weiter. Vgl. Blankart (2003), S. 25ff. und S. 33f. Die Kameralisten begründeten freilich nur teilweise die Besteuerung mit einer Rechtfertigungslehre. Erst im achtzehnten Jahrhundert traten unter dem Einfluss der Aufklärung Äquivalenz- und Assekuranzüberlegungen auf. Vgl. Jenetzky (1978), S. 73ff. Hansjürgens (2001a), S. 44ff. gibt einen Überblick über das Äquivalenzprinzip in den verschiedenen finanzwissenschaftlichen Lehrmeinungen.

88 Vgl. Kirsch (1997), S. 5ff.; Breton (1974), S. 123; Downs (1968/1957), S. 26f.

89 Herder-Dorneich/Groser (1977), S. 42.

90 Als Abgrenzung von der getrennten Sichtweise staatlicher Einnahmen und Ausgaben argumentiert bereits Buchanan (1949), dass Einnahmen und Ausgaben zusammen betrachtet werden sollen: in der privaten Wirtschaft wird ein Tauschgeschäft nur dann abgeschlossen, wenn die Transaktionspartner der Meinung sind, dass sich Leistung und Gegenleistung entsprechen. Deshalb sollten kollektive Tauschhandlungen nur bei Zustimmung aller Beteiligten vorgenommen werden. "The state has no ends other than those of its individual members and is not a seperate decision making unit. State decisions are, in the final analysis, the collective decisions of individuals." Buchanan (1949), S. 498.

nierten Gütern auf Personen handeln, sondern eher um ein Regelsystem mit kodifizierten Rechten und Pflichten.[91] Der Tauschcharakter zwischen Anbietern und Nachfragern politischer Programme ist entscheidend für die Nähe zum Äquivalenzprinzip.[92] Es orientiert sich explizit an der Gegenüberstellung von Leistung und Gegenleistung und stellt damit letztlich die Frage nach der effizienten Staatsgröße.[93]

Eine Abkehr vom Äquivalenzprinzip würde zudem die Eindeutigkeit des Einstimmigkeitsprinzips reduzieren. Einstimmige Einnahmebeschlüsse haben weniger Aussagekraft, wenn sie nicht mit konkreten Ausgaberegelungen verbunden sind. Die politische Entscheidungsregel muss um einen finanzwirtschaftlichen Grundsatz ergänzt werden, welcher Steuern und Ausgaben gegenüberstellt. Das Einstimmigkeitsprinzip als politische Entscheidungsregel ist deshalb durch die finanzwirtschaftliche Äquivalenz zu ergänzen, da nur in diesem Fall simultan über staatliche Einnahmen und Ausgaben entschieden wird und effiziente Entscheidungen hervorgebracht werden.[94]

Ein weiteres Argument für das Äquivalenzprinzip ergibt sich bei postkonstitutionellen Entscheidungen. Ein Abweichen von der Einstimmigkeitsregel, um das Minimum der Interdependenzkosten zu erreichen, muss unbedingt mit einer Beschränkung des Staates verbunden sein. Andernfalls kann die Freiheit des einzelnen eingeengt werden.[95] Das Äquivalenzprinzip ist eine zusätzliche Restriktion für die politischen Entscheidungsträger, welches bei einer globalen Reform der Unternehmensbesteuerung notwendig ist. Im Gegenzug besitzen Unternehmen keine Abwanderungsdrohung mehr.

---

91 Vgl. Brennan/Buchanan (1993/1985), S. 33.

92 Vgl. Hansjürgens (2001a), S. 53.

93 Vgl. Buchanan (1993), S. 402f. Das Äquivalenzprinzip ist auch mit der ökonomischen Föderalismustheorie verbunden, womit es sich deshalb auch allokationstheoretisch begründen lässt und nicht nur mit einer bestimmten Gerechtigkeits- oder Fairnessauffassung. Vgl. Müller (1998), S. 327; Olson (1969). Die Föderalismustheorie argumentiert mit dem Prinzip der fiskalischen Äquivalenz. Es fordert, dass die Zuordnung von Verfügungsrechten keine externen Effekte hervorrufen darf. Die Entscheidungsfolgen müssen bei den Entscheidungsträgern internalisiert werden, wozu Aufgaben- und Finanzierungskompetenzen zusammenfallen müssen. Vgl. Wust (1981), S. 31ff.

94 Vgl. Folkers (1996), S. 111f.

95 Vgl. Leschke (1993), S. 82.

Das Äquivalenzprinzip ist somit über die Konstitutionelle Ökonomik und das Institutional Framing mit der Positiven Fairness-Theorie verbunden und kann als Bestandteil dieser Theorien angesehen werden.

Das Leistungsfähigkeitsprinzip ist dagegen nicht mit der Konstitutionellen Ökonomik vereinbar. Die Steuerlastverteilung nach dem Leistungsfähigkeitsprinzip basiert auf den unklaren Ergebnissen der Opfertheorien, welche nur hypothetischen Charakter haben und empirisch unüberprüfbar sind.[96] Die politischen Entscheidungsträger besitzen deshalb einen diskretionären Handlungsspielraum bei der Festlegung des Steuertarifs. Das Leistungsfähigkeitsprinzip lädt daher zum Missbrauch ein und kann zur Ausbeutung von Individuen eingesetzt werden. Die fehlenden Aussagen des Leistungsfähigkeitsprinzips bezüglich der Staatsausgaben erhöhen zusätzlich den diskretionären Handlungsspielraum der politischen Entscheidungsträger. Die von den Vertretern der Konstitutionellen Ökonomik geforderte Beschränkung des Staates ist mit dem Leistungsfähigkeitsprinzip nicht möglich. Darüber hinaus sind die uneindeutigen Aussagen der Opfertheorie nicht in der Lage, den self-serving-bias zu überwinden: Jeder Verhandlungsteilnehmer befürchtet eine Übervorteilung und stimmt Einigungsvorschlägen nicht zu.

2. Mögliche Erfüllung des Einstimmigkeitserfordernis

Nach der theoretischen Vereinbarkeit von Äquivalenz- und Leistungsfähigkeitsprinzip mit dem Gerechtigkeitsansatz der Positiven Fairness-Theorie ist zu diskutieren, welches der beiden Prinzipien größere Chancen hat, bei internationalen Steuerverhandlungen als grundlegende Regel einstimmig anerkannt zu werden.
Die Gefahr, in der Zukunft des wirtschaftlichen Erfolgs beraubt zu werden, spricht für eine Ablehnung des Leistungsfähigkeitsprinzips, wenn Nationalstaaten sich zu Steuerverhandlungen zusammenschliessen. Die Anwendung des Leistungsfähigkeitsprinzips bei der internationalen Besteuerung führt nämlich zu einer umfangreichen Umverteilung des internationalen Steueraufkommens, wenn die Besteuerungsrechte ärmerer Gebietskörperschaften ausgedehnt wer-

---

96 Vgl. Littmann (1970), S. 124.

den. Die Einnahmeposition der wirtschaftlich starken Gebietskörperschaften wird verschlechtert, während ärmere profitieren. Die genaue Höhe der Umverteilung ist zudem nicht an konkreten Maßstäben bestimmbar, sondern ergibt sich durch politische Mehrheiten. *Müller* führt an, dass eine Umsetzung des Leistungsfähigkeitsprinzips wegen mangelnder Solidarität zwischen den Völkern illusorisch sei und außerdem den Nachteil habe, dass ändernde Wohlstandsverhältnisse andauernde Umgestaltungen der Steuergesetze zur Folge haben.[97] Die Verschlechterung der Position wohlhabender Gebietskörperschaften wird von deren Vertretern auch als unfair aufgefasst, da sich die Fairnessauffassung nach These vier der Positiven Fairness-Theorie ebenfalls anhand früherer Allokationsergebnisse bildet. Eine willkürliche und umfangreiche Umverteilung der Steueraufkommen durch das Leistungsfähigkeitsprinzip und die Gefahr dessen Missbrauchs kann den self-serving bias nicht überwinden und macht eine internationale Einstimmigkeit unmöglich.

Eine internationale Einstimmigkeit ist demzufolge allenfalls bei einer Orientierung am Äquivalenzprinzip erreichbar, da dessen Umverteilungswirkung nicht die gravierenden fiskalischen Auswirkungen des Leistungsfähigkeitsprinzips aufweist: In den Bereichen, in denen das Äquivalenzprinzip umsetzbar ist, entsteht kein Haushaltsdefizit, und die Finanzierung der öffentlichen Leistungen ist gesichert. Wohlhabende Gebietskörperschaften brauchen sich nicht vor einer etwaigen Ausbeutung zu fürchten. Das Äquivalenzprinzip ist deshalb ein möglicher Ausgangspunkt für konkrete Überlegungen für eine faire internationale Unternehmensbesteuerung. Das Äquivalenzprinzip konkretisiert das Formalprinzip der Verteilungsgerechtigkeit, womit eine eindeutige Allokation der Besteuerungsrechte erreicht ist, welche als fair betrachtet werden kann.

[97] Vgl. Müller (1998), S. 328.

3. Die Durchsetzbarkeit des Äquivalenzprinzips

a) Durchsetzbarkeit und Positive Fairnesstheorie

Eine fairnesstheoretische Begründung des Äquivalenzprinzips wird zusätzlich dadurch gestützt, indem die Durchsetzbarkeit von institutionellen Regelungen als notwendige Bedingung für eine faire internationale Unternehmensbesteuerung in den Vordergrund gerückt wird. Die Positive Fairness-Theorie fordert explizit die Regeleinhaltung. Natürlich ist die korrekte Regelanwendung auch als implizite Voraussetzung in dem Ansatz von *Buchanan* enthalten. Das Grundproblem der internationalen Unternehmensbesteuerung ist jedoch die mangelnde Durchsetzbarkeit, weshalb dieser Umstand durch eine Ergänzung der Konstitutionellen Ökonomik in den Vordergrund gestellt werden muss. Die notwendige Legitimation des Äquivalenzprinzips ergibt sich infolgedessen aus einer Untersuchung darüber, ob eine äquivalenzorientierte Unternehmensbesteuerung durchsetzbarer als eine gewinnorientierte ist. Erzeugt das Äquivalenzprinzip eine bessere Durchsetzbarkeit, d. h. werden die Unternehmen entsprechend den Besteuerungsregeln zur Finanzierung der öffentlichen Ausgaben herangezogen, ist eine notwendige Bedingung für eine faire Unternehmensbesteuerung erfüllt, was der Status quo der internationalen Unternehmensbesteuerung nicht erreicht. Die folgende Überprüfung orientiert sich an den Konstruktionsannahmen der Besteuerungsprinzipien, nämlich Identifikation der Anknüpfungspunkte, Quantifizierung der steuerbaren Wertschöpfung und internationale Immobilität der Anknüpfungspunkte. Damit soll festgestellt werden, ob das Äquivalenzprinzip in der Lage ist, eine bessere Durchsetzbarkeit in diesen Bereichen zu erzeugen. Wenn dies der Fall ist, kann das Äquivalenzprinzip als geeignetes Substitut für die Besteuerungsprinzipien dienen, da es die Konstruktionsannahmen von Sitzland- und Quellenlandprinzip erfüllt, was hingegen die beiden Besteuerungsprinzipien unter den veränderten Rahmenbedingungen nicht zu leisten vermögen.

b) Identifikation der Anknüpfungspunkte

Die Anforderung, die Wertschöpfungsquelle oder den rechtlichen Unternehmenssitz bestimmen zu müssen, entsteht, wenn ein Unternehmen in mehreren Gebietskörperschaften tätig ist. Diese Problematik tritt beim Äquivalenzprinzip in veränderter Form auf. Die Identifikation der Einkommensquelle beim Quellenlandprinzip ist damit vergleichbar, weil das Äquivalenzprinzip ebenfalls die Besteuerung an der Einkommensquelle beabsichtigt. Es benutzt jedoch eine andere Quellendefinition als das Quellenlandprinzip der gegenwärtigen Unternehmensbesteuerung.
Der Status quo der internationalen Unternehmensbesteuerung interpretiert das Quellenlandprinzip in der Weise, dass diejenige Gebietskörperschaft ein Besteuerungsrecht hat, in der die Gewinne entstehen bzw. ausgewiesen werden. Die konzerninterne Allokation des Unternehmensgewinns erfolgt durch Verrechnungspreise auf Basis des Fremdvergleichsprinzips. Dagegen liegt die Einkommensquelle unter dem Äquivalenzprinzip dort, wo für den öffentlichen Sektor Kosten entstehen. Eine Gebietskörperschaft muss daher feststellen, welches Unternehmen innerhalb seiner Hoheitsgrenzen öffentliche Leistungen in Anspruch nimmt. Diese Bedingung ist erfüllbar, wenn Unternehmen von der Nutzung öffentlicher Leistungen ausgeschlossen werden können. Eine Besteuerung nach der kostenmäßigen Äquivalenz ist von dem Identifikationsproblem folglich nicht betroffen, da die Allokation der Besteuerungsrechte gemäß den verursachten Kosten für den öffentlichen Sektor erfolgt. In diesem Fall, so argumentieren *Musgrave* und *Musgrave*, muss lediglich der Ort der gewährten Leistung bestimmt werden.[98]

Das Äquivalenzprinzip wird üblicherweise als nicht anwendbar eingestuft, wenn es als Kriterium für die Bereitstellung öffentlicher Güter dienen soll. Die Nicht-

---

[98] Vgl. Musgrave/Musgrave (1972), S. 82f. In diesem Zusammenhang muss betont werden, dass die getroffenen Aussagen nicht auf die nutzenmäßige Interpretation des Äquivalenzprinzips zutreffen. Bei diesem ist die Einkommensquelle dort, wo den Zensiten der Nutzen aus staatlicher Tätigkeit zufließt. Die nutzenmäßige Äquivalenz ist die Erstbestlösung, welche in der Realität aber nicht umsetzbar ist, weshalb auf die kostenmäßige als Zweitbestlösung zurückgegriffen wird. Vgl. Kapitel 2 Abschnitt C.III.1.c).

Ausschliessbarkeit bei öffentlichen Gütern ermöglicht es den Individuen, das öffentliche Gut ohne einen eigenen Finanzierungsbeitrag konsumieren zu können. Sie können auch ihren Nutzen aus dem Konsum des öffentlichen Gutes verschleiern, so dass die Besteuerung nach der Höhe des empfangenen Nutzens ausscheidet. Reine öffentliche Güter können nicht nach dem Äquivalenzprinzip besteuert werden, da die praktische Umsetzung einer äquivalenten Besteuerung in diesem Bereich nicht möglich ist. Aus dieser Perspektive ist das Äquivalenzprinzip im Hinblick auf die Identifikation der Wertschöpfungsquellen keine Verbesserung gegenüber der gewinnorientierten internationalen Unternehmensbesteuerung.

Diese Argumentation übersieht allerdings, dass die Ausschliessbarkeit keine Alles-oder-nichts-Eigenschaft ist, sondern in unterschiedlichen Intensitäten existiert. Die Gebietskörperschaften stellen selten reine öffentliche Güter bereit. Die staatliche Aktivität konzentriert sich vielmehr auf Güter, bei denen partielle Rivalität und partielle Nicht-Ausschliessbarkeit vorliegt. Bei vielen staatlich bereitgestellten Gütern ist eine technische Ausschliessbarkeit möglich, so dass eine äquivalente Besteuerung erfolgen kann. Eine kostenlose Ausschliessbarkeit konvertiert ein öffentliches Gut in ein privates Gut. Die Möglichkeit der effizienten Ausschliessbarkeit nimmt mit dem technischen Fortschritt einer Gesellschaft zu.[99] Die Liste kollektiv nutzbarer Güter, welche als öffentliche Zwischenprodukte in die unternehmerische Wertschöpfung einfließen, umfasst beispielweise die öffentliche Infrastruktur wie Autobahnen, Häfen, Brücken, Wasserwege etc. Andere Branchen nehmen z. B. Forschungsergebnisse öffentlicher Einrichtungen oder Polizeischutz zur Produktion von Waren und Dienstleistungen in Anspruch. Ein wichtiges Vorprodukt ist auch sozialer Frieden, welcher verlässliche Investitionsbedingungen in einer Gebietskörperschaft gewährt.[100] Trotz der umfangreichen Liste staatlicher Zwischenprodukte sind aber nicht alle Bereiche staatlicher Tätigkeit für eine äquivalente Besteuerung geeignet. Im Bereich distributionspolitischer Aufgaben ist das Prinzip der fiskalischen Äquivalenz nicht umsetzbar, da es keine Umverteilung zulässt. Dasselbe gilt für die

---

99 Vgl. Hansjürgens (1997), S. 285f.; Blümel/Pethig/Hagen (1986), S. 248; Bohley (1980), S. 922.

100 Vgl. Arnold (1992), S. 177.

Stabilisierungspolitik, wenn sie mit einer Umverteilung gesellschaftlicher Ressourcen verbunden ist. Die äquivalente Besteuerung lässt sich nur in dem Bereich allokativer Staatstätigkeit umsetzen, nämlich bei staatlicher Produktion von Waren und Dienstleistungen. Das Äquivalenzprinzip ist dabei weit über die kommunale Anwendung entgeltfinanzierter Staatsleistungen hinaus anwendbar.[101]
In Bereichen, in denen keine Ausschliessbarkeit herstellbar ist, müssen physische Gegebenheiten wie die Betriebstätte Anknüpfungspunkte der Besteuerung sein. Eine proportionale Beteiligung der Unternehmen an den Kosten der Leistungserstellung ist eine Annäherung an den Gedanken des Äquivalenzprinzips. Die Bereiche staatlicher Leistungen, in denen die Ausschliessbarkeit anwendbar ist, sind allerdings in der Mehrheit, so dass gegenüber der Identifikationsproblematik unter dem Quellenlandprinzip eine Verbesserung eintritt.

Äquivalenztheoretische Anknüpfungspunkte können sich auch bei der Inanspruchnahme von Umweltgütern ergeben. Problematisch ist in Bezug auf das Äquivalenzprinzip, eine entsprechende öffentliche Leistung zu identifizieren. Eine solche könnte sein, dass an das entsprechende Unternehmen eine Lizenz erteilt wird, negativ externe Effekte zu produzieren. Eine Lizenzerteilung ist aber insofern keine echte staatliche Leistung, weil lediglich ein staatliches Tolerieren einer Aktivität vorliegt. Die Besteuerung eines negativen externen Effektes kann nur dann äquivalenztheoretisch gerechtfertigt werden, wenn eine staatliche Beseitigung der Umweltschäden erfolgt. Ansonsten wird die Steuer voraussetzungslos erhoben. Mit den staatlichen Einnahmen kann auch die Gruppe kompensiert werden, welche durch den negativ externen Effekt belastet wird. Dieser Gedanke hat aber nichts mit Äquivalenz, sondern nur mit Umverteilung zwischen Gruppen zu tun.[102]

---

101 Vgl. Hansjürgens (1997), S. 286f.; Bohley (1977), S. 111.

102 Vgl. Caesar (1994), S. 98; Hansjürgens (1993), S. 32ff. Als problematisch wird auch betrachtet, welche gruppenmäßige Äquivalenz durch diese Konstruktion erreicht werden kann. Zwar ist ein bestimmtes Unternehmen Steuerdestinatar, aber der Kreis der durch die Steuer negativ betroffenen Wirtschaftssubjekten wird dann unklar, wenn Überwälzungsvorgänge mit in die Diskussion aufgenommen werden. Es kann davon ausgegangen werden, dass Steuern auf negativ externe Effekte zumindest zum Teil auf Endverbraucher überwälzt werden. Neben unerwünschten Entlastungen des Verursachers kann auch eine

c) Quantifizierung der steuerbaren Wertschöpfung

Wenn eine Gewinnbesteuerung erhoben wird, muss im Rahmen des Quellenlandprinzips die Steuerbemessungsgrundlage an dem entsprechenden Anknüpfungspunkt in Höhe der anfallenden Wertschöpfung quantifiziert werden. Das Äquivalenzprinzip verlangt hingegen, dass der Wert der hingegebenen öffentlichen Leistung korrekt quantifiziert wird. Diesem Problembereich ist die Indikatorenproblematik beim Äquivalenzprinzip zuzuordnen, welche sich mit der Erfassung und der Bewertung der in Anspruch genommenen öffentlichen Vorprodukte beschäftigt. Die äquivalente Unternehmensbesteuerung setzt bei substantiellen Werten oder Inputfaktoren an. Nur bei geeigneten Indikatoren kann die Steuerlastverteilung der Verteilung der Nutzen entsprechen, welche aus staatlichen Leistungen entspringen. Mögliche Hilfsindikatoren sind gewinnunabhängige Faktoren wie Beschäftigung (ausgedrückt z. B. durch die Zahl der Angestellten oder durch die Lohnsumme), Betriebsvermögen oder eine Mischungen dieser Faktoren. Eine weitere Möglichkeit besteht in der verstärkten Gebühren- und Beitragserhebung bei Unternehmen.[103] Diese sind geeignete Instrumente, um eine kostenmäßige Äquivalenz zu erzielen.[104] Dennoch muss eine Quantifi-

---

Steuerkumulation eintreten, wenn auf die spezielle Besteuerung einer Unternehmenstätigkeit eine allgemeine Besteuerung z. B. durch eine Umsatzbesteuerung erfolgt. Die Belastung des Endverbrauchers steigt zusätzlich an, und die Behauptung einer eindeutigen gruppenspezifischen Äquivalenz ist nicht mehr haltbar. Vgl. Caesar (1994), S. 97f.; vgl. ders. (1980), S. 405ff.

Das Überwälzungsargument ist für Zimmermann nicht schlagkräftig. Die Absicht von Unternehmen, eine Steuer soweit wie möglich zu überwälzen, widerspricht nicht der Zielsetzung einer Steuer auf negative externe Effekte. Wenn Unternehmen eine Steuer zu überwälzen versuchen, liegen die Grenzvermeidungskosten über dem Abgabesatz. Es entstehen für das Unternehmen Kosten in Höhe des Steuersatzes. Das Unternehmen hat einen Anreiz, nach günstigeren Vermeidungstechniken zu suchen. Liegen dann die Grenzvermeidungskosten unter dem Abgabesatz, so wird das Unternehmen den entsprechenden negativen externen Effekt vermeiden und die Vermeidungskosten tragen. Es tritt eine Einsparung für das Unternehmen in Höhe der Differenz zwischen Abgabesatz und neuen Vermeidungskosten ein. Jedoch ist es unerwünscht, dass eine vollständige Überwälzung eintritt. Eine Produktionsreduktion erfolgt nicht, und der negative externe Effekt wird nicht verringert. Vgl. Zimmermann (1994), S. 127.

103 Vgl. Hansjürgens (2001b), S. 85; Pogue (1999), S. 194.

104 Aus konjunktureller Sicht spricht gegen eine gewinnunabhängige Besteuerung, dass Unternehmen in rezessiven Zeiten zusätzlich belastet werden. Musgrave äußert den Gedanken, dass der Nutzenempfang durch gewährte öffentliche Leistungen teilweise äquivalent

zierungsproblematik beim Äquivalenzprinzip eingeräumt werden, so etwa bei der Besteuerung des Umweltverbrauchs, wenn dieser ein Anknüpfungspunkt der Besteuerung ist.[105]

Das Auffinden von Äquivalenzindikatoren ist nicht einfach, da diese vielfach nur in einem indirekten Zusammenhang mit den öffentlichen Kosten der erbrachten Leistungseinheiten stehen.[106] Das (i) Vermögen[107] kann aus äquivalenztheoretischer Sicht ein sinnvoller Indikator sein. Dazu muss den Vermögensgegenständen, die in ihrer Summe das Gesamtvermögen eines Unternehmens darstellen, ein entsprechender Wert zugewiesen werden. Die (ii) Lohnsumme kann ebenfalls ein adäquater Verteilungsindikator sein, um die ökonomischen Quellen des Unternehmensgewinns zu erfassen. Jede Wertschöpfung basiert in einem bestimmten Umfang auf menschlicher Arbeit, welche Kosten für den öffentlichen Sektor verursacht. Die Lohnsumme stellt den Beitrag des Produktionsfaktors Arbeit zu der Wertschöpfung dar. Schließlich kommt auch der (iii) Umsatz eines Unternehmens in Betracht.[108]
(i) Die Bewertung von Vermögensgegenständen ist ein traditionelles Problem der Besteuerung, da eine Wertzuweisung schwierig und administrativ aufwendig

---

erfasst werden kann, wenn die öffentlichen Leistungen mit einer Umsatzsteuer belegt werden. Vgl. Musgrave (2000), S. 52; Musgrave/Musgrave (1972), S. 70. Die Umsatzsteuer darf bei einer solchen Konstruktion keine Allphasen-Umsatzsteuer sein, sondern das Unternehmen muss Steuerdestinatar sein. Sie soll auch nur bei bestimmten öffentlichen Leistungen greifen.

105 Bei Umweltschäden ist die Besteuerungshöhe in Relation zu dem verursachten negativen externen Effekt von Bedeutung. Fällt die Steuerlast geringer aus als der negative externe Effekt, wird das entsprechende Unternehmen von einer Gebietskörperschaft subventioniert. Der Produktpreis widerspiegelt nicht die gesamtwirtschaftlichen Herstellungskosten. Im Ergebnis ist der Verbrauch bzw. Produktion der entsprechenden Ware oder Dienstleistung allokativ ineffizient. Neben Allokationsverzerrungen kommt es auch zu Verteilungseffekten. Der Gewinn des Herstellers wird durch die staatliche Subvention erhöht, während ein zusätzlicher Schaden für den kollektiven Benutzerkreis des Umweltguts entsteht. Vgl. Pogue (1999), S. 193; Hansjürgens (1993), S. 26. Ist die Steuerlast höher als der verursachte negative externe Effekt, gilt obiges Ergebnis mit umgekehrten Vorzeichen.

106 Vgl. Bohley (1981), S. 105.

107 Die Indikator Vermögen repräsentiert das eingesetzte Kapital. Vgl. Kaminski (2001), S. 140.

108 Anderer Auffassung ist hier Kaminski (2001), S. 147. Die Faktoren Vermögen, Löhne und Umsatz sind seiner Auffassung nur bedingt mit öffentlichen Leistungen in Einklang zu bringen und sind daher für die Umsetzung des Äquivalenzprinzips nicht geeignet.

ist, wenn Vermögensgegenstände als Realkapital vorliegen. Im Idealfall ergibt sich deren theoretischer Wert aus dem Ertragswert in Form der abgezinsten zukünftigen Zahlungsüberschüsse, welche durch die Investition erzielt werden. Dieser Idealfall tritt allerdings in den seltensten Fällen ein und kann daher nicht die generelle Grundlage eines Besteuerungsverfahrens sein. Als Behelfslösung kann auf das Konstrukt historischer Anschaffungs- und Herstellungskosten zurückgegriffen werden.[109] Werden Vermögensgegenstände zu Anschaffungs- oder Herstellungskosten[110] bewertet, ergeben sich Probleme bei Bodenschätzen und immateriellen Wirtschaftsgütern. Wenn Bodenschätze mit relativ geringem Aufwand erschlossen werden oder ihr Wert nach der Erschließung stark ansteigt, zeigen die Erschließungskosten nicht den tatsächlichen Wert des Vermögensgegenstandes an. Das Vermögen kann bei physischen Wirtschaftsgütern dennoch ein Anhaltspunkt dafür sein, welche öffentlichen Leistungen ein Unternehmen in Anspruch nimmt.

Bei immateriellen Vermögensgegenständen ergibt sich neben dem Bewertungsproblem auch die Notwendigkeit, eine Zuordnung zu einer bestimmten Gebietskörperschaft vornehmen zu müssen. Gerade die Merkmale immaterieller Wirtschaftsgüter erschweren diese Anforderung erheblich.[111]

Das Äquivalenzprinzip kann freilich nur zum Tragen kommen, wenn Unternehmen öffentliche Leistungen gewährt werden, welche auch Kosten für den staatlichen Sektor verursachen. Fallen hingegen keine Kosten für die Leistungserbringung an oder haben die Kosten nur einen marginalen Charakter, kann das

---

109 Vgl. McLure/Weiner (2000), S. 269.

110 Die Anschaffungskosten erhöhen sich um Verbesserungen und Erweiterungen, welche an dem Vermögensgegenstand vorgenommen werden. Vgl. Weiner (1999), S. 15.

111 Vgl. McLure/Weiner (2000), S. 270. Die US-amerikanische Vereinbarung zur Aufteilung von Unternehmensgewinnen (in der angelsächsischen Literatur als Uniform Division of Income for Tax Purposes Act [UDITPA] bezeichnet) nimmt Einkommen, welche aus dem Einsatz immateriellen Vermögensgegenständen entstehen, grundsätzlich von der Steuerbemessungsgrundlage aus. Daher berücksichtigt auch nicht der Indikator für Vermögensgegenstände immaterielle Vermögensgegenstände bei der Gewinnverteilung. Vgl. Weiner (1999), S. 15 und Appendix. Table 2; Miller (1984), S. 133ff. Immaterielle Vermögensgegenstände unterliegen grundsätzlich der Direktzuweisung, d. h. sie werden direkt einem US-Staat zugeordnet. Bei Immobilien ist die Direktzuweisung ebenfalls relativ einfach. Bei beweglichen Wirtschaftsgütern muss hingegen eine Aufteilung nach der Inanspruchnahme erfolgen, wenn diese in mehreren Staaten eingesetzt werden. Vgl. Kaminski (2001), S. 140.

Äquivalenzprinzip nur eingeschränkt, hilfsweise oder gar nicht zur Bestimmung der Besteuerung herangezogen werden.[112] Das Äquivalenzprinzip folgert für solche Wertschöpfungen, dass diese keiner Besteuerung unterliegen sollten, da keine Kosten für eine Gebietskörperschaft entstehen. Diese Aussage hat Konsequenzen für die Besteuerung digitaler Wertschöpfungen. Einem Internetserver kann lediglich ein bestimmter Grundbeitrag für die Bereitstellung einer Dateninfrastruktur, wenn diese in öffentlicher Hand ist, oder für notwendigen Rechtsschutz abverlangt werden. Immaterielle Wirtschaftsgütern erzeugen auch geringe Kosten für den öffentlichen Sektor, da lediglich ein funktionierender Rechts- und Patentschutz vonnöten ist. Letzterer kann durch Patentgebühren erfasst werden. Deshalb sollte Vermögen in Form von immateriellen Wirtschaftsgütern kein Äquivalenzindikator sein.

(ii) Der Indikator Lohnsumme für die Inanspruchnahme öffentlicher Leistungen ist relativ einfach messbar. Die Lohnsumme umfasst neben Löhnen und Gehältern auch Provisionen, Spesen und andere steuerbare Lohnnebenleistungen wie z. B. verbilligte Wohnungen oder Firmenwagen.[113] Der internationale Vergleich von Lohnsummen wird durch Standardisierungsmethoden erleichtert, welche Bewertungsdifferenzen zwischen hochindustrialisierten und weniger industrialisierten Ländern bereinigen können.[114] Die Standardisierungsmethoden können jedoch nicht potentielle Verzerrungen in der Gewinnverteilung ausschließen.[115] Die Lohnsumme kann allerdings bei digitalen Wertschöpfungen den Ort der geographischen Wertschöpfung bestimmen, da jedes immaterielle Wirtschaftsgut durch menschliche Arbeit erzeugt wird.

(iii) Die Verwendung des Äquivalenzindikators Umsatz kann die Vertriebstätigkeiten in die Gewinnverteilung mit einbeziehen. Neben dem Warenumsatz zählen hierzu auch Erlöse für Dienstleistungen, Vermietungen, Lizenzgebühren und andere unternehmerische Aktivitäten. Die Zuweisung der Umsatzerlöse erfolgt

---

112 Vgl. Bohley (1977), S. 110f.
113 Vgl. Kaminski (2001), S. 140; Weiner (1999), S. 15f.
114 Zu standardisierten Daten über Löhne und Gehälter im internationalen Vergleich siehe Pilat (1996).
115 Vgl. McLure/Weiner (2000), S. 270.

nach dem Bestimmungslandprinzip.[116] Der Umsatz ist jedoch nur dann ein brauchbarer Äquivalenzindikator, wenn das Bestimmungsland der Ware oder der Dienstleistung zweifelsfrei bestimmt werden kann.
Schwierigkeiten können bei der regionalen Zuordnung von Umsätzen mit immateriellen Wirtschaftsgütern entstehen. Eine Lösungsmöglichkeit ist, die daraus entstehenden Gewinne entsprechend den Gewinnen aus materiellen Wirtschaftsgütern zu verteilen.[117] Der Umsatz ist jedoch deshalb kein brauchbarer Äquivalenzindikator, weil seine Berücksichtigung die Einkommensquelle nach dem Angebots-Nachfrage-Ansatz bestimmt. Dieser Ansatz wurde wegen seiner Komplexität bereits in Kapitel 2 Abschnitt C.II.1. abgelehnt. Der Umsatz ist daher als Äquivalenzindikator kritisch zu beurteilen.

Als mögliche Äquivalenzindikatoren bieten sich deshalb an:[118]

- Die Lohnsumme.
- Gebäude und Anlagen, welche Polizei- und Feuerschutz unterliegen oder technische Inspektionen benötigen sowie Grundstücksflächen.
- Ansprüche an Rechtsschutz und Durchsetzung rechtlicher Forderungen.
- Anzahl der benötigten Mitarbeiter, welche Strassen oder öffentlichen Nahverkehr für ihre beruflichen Mobilitätsanforderungen benötigen sowie bestimmte öffentliche Leistungen beanspruchen, welche nicht vollständig durch ihre Abgaben gedeckt werden.
- Positive Externalitäten, z. B. durch Ausbildung von Arbeitskräften, indem die Qualifikation der Mitarbeiter erfasst wird.

Diese Aufzählung ist keineswegs als abschließend zu betrachten, sondern stellt lediglich Beispiele für Äquivalenzindikatoren dar. Auch kann der Gewinn eines Unternehmens mit einbezogen werden, welcher zumindest schwach mit der Inanspruchnahme öffentlicher Leistungen korreliert ist. Bei der Auswahl der Indikatoren entsteht allerdings ein Zielkonflikt zwischen Einfachheit der Anwendung und Exaktheit der Ergebnisse. Je exakter die Verteilung auf die einzelnen

---

[116] Vgl. Kaminski (2001), S. 140.
[117] Vgl. Weiner (1999), S. 16f.
[118] Vgl. zum Folgenden auch Lebowitz (1999), S. 1205f.; Hansjürgens (2001b), S. 83.

Einkommensquellen erfolgt, desto komplexer wird die Handhabung.[119] Bei der Indikatoren- oder Quantifizierungsproblematik kann darauf hingewiesen werden, dass eine exakte äquivalenztheoretische Abwägung nicht im Vordergrund stehen muss. Jede Annäherung an das Äquivalenzprinzip stellt eine Verbesserung gegenüber dem Status quo der gewinnorientierten Unternehmensbesteuerung dar. Eine präzise Äquivalenzbesteuerung dürfte auch nur in Extremfällen zu beobachten sein, bei denen entweder keine oder eine vollständige Äquivalenz vorliegt. Vielmehr sollte das Augenmerk auf grobe Verstöße gegen den Äquivalenzzusammenhang gerichtet sein.[120]

Praktiker aus der Finanzverwaltung bestätigen, dass sich bei der Besteuerung physischer Einkommen äquivalenztheoretische Kriterien ableiten lassen. Offen sind Leitlinien für die Allokation der Besteuerungsrechte ihrer Ansicht nach dann, wenn es sich um mobile Einkommen handelt, welche geringe öffentliche Leistungen in Anspruch nehmen.[121] Das steht jedoch der Anwendung des Äquivalenzprinzips nicht im Wege: Nach der Leitlinie des Äquivalenzprinzips können nur solche Wertschöpfungen besteuert werden, welche Kosten für den öffentlichen Sektor verursachen. Ohne verursachte Kosten gibt es kein Besteuerungsrecht für eine Gebietskörperschaft.

d) Internationale Immobilität der Anknüpfungspunkte

Die Konstruktionsannahme der Besteuerungsprinzipien, dass die Anknüpfungspunkte des Unternehmensbesteuerung international immobil sind, steht im Widerspruch zu dem existierenden Steuerwettbewerb bei der internationalen Unternehmensbesteuerung. Eine Orientierung der Unternehmensbesteuerung am Äquivalenzprinzip liefert neben einer fairnesstheoretischen Rechtfertigung deshalb auch eine allokative Begründung, wenn der institutionelle Wettbewerb um mobile Besteuerungsrechte betrachtet wird. Äquivalenz bedeutet im Steuerwettbewerb, dass Umfang und Art der Staatstätigkeit aus der individuellen Alternativenwahl zwischen verschiedenen Gebietskörperschaften resultieren.[122] Die ef-

[119] Vgl. Weiner (1999), S. 21.
[120] Vgl. Hansjürgens (2001b), S. 85f.
[121] Vgl. Höppner (2001), S. 103.
[122] Vgl. Märkt (2003), S. 160.

fiziente Ressourcenallokation zwischen privaten und öffentlichen Gütern ergibt sich im interstaatlichen Vergleich aus Wanderungsbewegungen.[123] Die äquivalente Besteuerung zwingt die Staaten deshalb zu einem effizienten öffentlichen Leistungsangebot, was den diskretionären Handlungsspielraum der Politiker reduziert, da jede Steuereinnahme einem vorab bestimmten Zweck dient und keine Umwidmung der Steuereinnahmen möglich ist. Der Staat wird dazu gezwungen, die Steuereinnahmen aus der Unternehmensbesteuerung in Form von produktiven Kollektivgütern an die Unternehmen zurück zu erstatten. Der politische Prozess wird durch eine äquivalente Besteuerung einem zusätzlichen Steuerungsinstrument ausgesetzt.[124] Das Äquivalenzprinzip unterstützt somit die Effizienz der staatlichen Leistungserbringung, weil staatliche Einnahmen und Einnahmeverwendung simultan festgelegt werden.

Eine äquivalente Besteuerung weist deswegen einen bedeutenden Vorteil gegenüber dem gewinnorientierten Status quo der internationalen Unternehmensbesteuerung auf: Die Unternehmen können keine Nutzenvorteile durch Investitions- und Standortverlagerungen erzielen, so dass internationale Mobilität keine ineffizienten Wirkungen verursacht. Leistung und Gegenleistung gleichen sich zwischen Unternehmen und Gebietskörperschaften aus. Im Gegenzug sind Gewinnverlagerungsstrategien multinationaler Unternehmen nicht mehr so lohnend wie bei einer Gewinnbesteuerung. Der Anreiz für Gewinnverlagerungsstrategien sinkt dabei mit der Exaktheit der Äquivalenzbesteuerung. Die internationale Mobilität von Investitionen und rechtlichen Unternehmenssitzen wird fiskalisch irrelevant, und der internationale Steuerwettbewerb kann sich zu einem effizienzfördernden institutionellen Wettbewerb entwickeln.

Zusammenfassend weist eine äquivalenzorientierte Unternehmensbesteuerung im Hinblick auf die gewinnorientierte Unternehmensbesteuerung zwei Vorteile auf: Zum einen werden steuerliche Mobilitätsanreize reduziert, je nach Umfang der Umsetzung des Äquivalenzprinzips. Bei einer vollständigen Umsetzung verringern sich die Mobilitätsanreize auf null. Eine teilweise Orientierung der Unternehmensbesteuerung an dem Äquivalenzprinzip begrenzt die steuerinduzierten Verzerrungen der Unternehmensentscheidungen mit der Folge, dass der in-

---

[123] Vgl. dazu die Ausführungen zum Tiebout-Modell in Kapitel 6 Abschnitt A.II.1.

[124] Vgl. Hansjürgens (2001a), S. 179.

ternationale Steuerwettbewerb nicht zu einer Erosion der Steuereinnahmen führt. Dies gilt jedoch nur dann, wenn das Äquivalenzprinzip umgesetzt werden kann, d. h. nicht im Bereich des Marktversagens.[125]

Fiskalische Probleme treten allerdings dann auf, wenn öffentliche Leistungen mit sinkenden Durchschnittskosten erbracht werden. Die Abwanderung von Unternehmen verursacht dann eine Höherbelastung der verbleibenden Betriebe, so dass in diesem Teilbereich internationaler Steuerwettbewerb entstehen kann. Bei einer alleinigen Gewinnbesteuerung entsteht dagegen Steuerwettbewerb in allen Bereichen öffentlicher Leistungserstellung, so dass eine äquivalenzorientierte Unternehmensbesteuerung die Bedrohung der staatlichen Einnahmen durch Steuerwettbewerb insgesamt reduziert.

VI. Ergebnis: Kombination von Äquivalenzprinzip und Gewinnbesteuerung

Die Positive Fairness-Theorie argumentiert, dass Allokationsergebnisse dann als fair zu betrachten sind, wenn die institutionellen Regelungen für alle betroffenen Wirtschaftssubjekte durchgesetzt werden. Eine ungleichmäßige oder willkürliche Regelanwendung produziert unfaire Ergebnisse. Die Durchsetzbarkeit steuerinstitutioneller Designs ist darum zentral für die Beurteilung der Fairness der internationaler Unternehmensbesteuerung. Diese muss deshalb an beobachtbaren Äquivalenzindikatoren ausgerichtet sein, womit effizientere Ergebnisse als bei einer alleinigen Gewinnbesteuerung entstehen. Das Äquivalenzprinzip lässt sich durchaus umsetzen, wenn von bestimmten Einschränkungen abgesehen wird: In vielen ökonomischen Tätigkeitsbereichen des Staates ist eine Äquivalenzfinanzierung möglich, wenn von öffentlichen Gütern abgesehen wird. Die

[125] Vgl. ausführlich Sinn (1997). In diesem Beitrag weist Sinn darauf hin, dass Staaten vornehmlich die Aufgaben ausführen, in dem der private Wettbewerb versagt (Selektionsprinzip). Ein zwischenstaatlicher Wettbewerb versagt in diesen Bereichen genauso wie der private und sei deshalb abzulehnen. Diese Argumentation trifft freilich nur dann zu, wenn ein Staat gemäß der normativen Forderung handelt, nur in Bereichen des Marktversagens tätig zu sein. Positiv gesehen sind Staaten in vielen Bereichen tätig, in denen auch private Leistungserstellungen möglich sind und damit auch staatlicher Wettbewerb.

Steuerfinanzierung findet ihre uneingeschränkte Berechtigung lediglich bei der Wahrnehmung von stabilisierungs- und distributionspolitischen Aufgaben.[126] Die Forderung nach dem Äquivalenzprinzip als Leitlinie für die internationale Unternehmensbesteuerung findet deshalb nicht nur eine fairnesstheoretische Unterstützung, sondern ist auch eine allokativ vorteilhafte Vorgehensweise. Das Äquivalenzprinzip ist aus allokativer Sicht das überlegene Steuerprinzip.[127]

Die Erkenntnis für einen wohlmeinenden Politiker sollte an dieser Stelle folgendes sein: Das Äquivalenzprinzip soll die zentrale Leitlinie für die internationale Unternehmensbesteuerung sein. Die internationale Besteuerungsdiskussion muss in einer einstimmig anerkannten internationalen Institution erfolgen, deren Leitlinie es ist, das Prinzip fiskalischer Äquivalenz in der internationalen Unternehmensbesteuerung umzusetzen. Eine einstimmig anerkannte internationale Institution bedeutet, dass die Institution selbst fair ist. Mit der Verständigung auf das Äquivalenzprinzip wird der internationalen Diskussion kein konkretes Ergebnis vorgegeben, sondern eine Richtlinie für die internationalen Verhandlungen. Die fairnesstheoretische Akzeptanz des Äquivalenzprinzips kann die Einigungskosten des Einstimmigkeitsprinzips senken. Die konkreten Regelungen sollten dann innerhalb der Institution mit Mehrheitsregeln verabschiedet werden, also ohne Einstimmigkeitserfordernis.
Die alleinige Orientierung an gewinnunabhängigen Faktoren ist jedoch genauso problematisch wie eine alleinige Gewinnbesteuerung, weil das Äquivalenzprinzip in Teilbereichen auf Umsetzungsprobleme stößt. Nur eine Mischung beider Elemente kann adäquate Ergebnisse liefern.[128] Eine Gewinnbesteuerung sollte jedoch nur subsidiären Charakter haben, da eine Besteuerung nach der für eine Gebietskörperschaft verursachten Kosten zu bevorzugen ist. Die Gewinnbesteuerung sollte in denjenigen Bereichen angewendet werden, in denen eine Äquivalenzbesteuerung beträchtliche Probleme bereitet bzw. keine pareto-optimalen Güterallokationen erzeugt. Die Richtlinie für eine äquivalenzorientierte Reform der internationalen Unternehmensbesteuerung ist also primär eine Äquivalenzfi-

---

126 Vgl. Grossekettler (2000), S. 24ff. Zur Kritik am Äquivalenzprinzip, weil es Umverteilungszielsetzungen gefährdet, vgl. stellvertretend für viele Bohley (1977), S. 109f.
127 Vgl. Hanusch (1981), S. 39.
128 Vgl. Hansjürgens (2001b), S. 85f.

nanzierung anzustreben. Zusätzlich können verstärkt Privatisierungsmaßnahmen durchgeführt werden. Ergänzend können Gewinnsteuern herangezogen werden, welche z. B. durch proportionale Steuersätze eine Nähe zum Äquivalenzprinzip aufweisen. Dieser Grundsatz soll für die Finanzierung aller staatlichen Allokationsaufgaben gelten.[129] Eine unternehmerische Gewinnbesteuerung mit niedrigen Steuersätzen kann die Finanzierungsproblematik im Bereich öffentlicher Güter und Produktion öffentlicher Leistungen mit sinkenden Durchschnittskosten mindern. Ein niedriger Steuersatz reduziert dabei die Anreize für Gewinnverlagerungsstrategien multinationaler Unternehmen.[130]

Das Äquivalenzprinzip kann auch als Maßstab zur Beurteilung der unternehmensinternen Allokation der Besteuerungsrechte verwendet werden, damit sich obendrein die unternehmerische Gewinnbesteuerung dem Äquivalenzprinzip annähern kann. Dabei gilt es vor allem, grobe Verstöße gegen den Äquivalenzzusammenhang zu verhindern.[131] In der Rechtswissenschaft wird bereits diskutiert, das Äquivalenzprinzip zur Beurteilung steuerlicher Gestaltungen zu verwenden, insbesondere bei Gewinnverlagerungen internationaler Unternehmen in das Ausland.[132] Konsequenter wäre es aber, direkt eine äquivalenzorientierte Allokation der Unternehmensgewinne vorzunehmen, anstatt das Äquivalenzprinzip als ein nachträgliches Beurteilungskriterium heranzuziehen. Folglich wird in Abschnitt C.II. eine solche Methode diskutiert.

---

129 Vgl. Grossekettler (1994), S. 397. Eine proportionale Besteuerung ist auch mit den normativen Forderungen der Public Choice-Theorie vereinbar. So ist eine proportionale Einkommensteuer bei privaten Wirtschaftssubjekten eine verfahrensmäßige Restriktion der politischen Entscheidungsgewalt, da unter dieser Tarifform dominierende politische Gruppen nicht mehr anderen Individuen die Hauptlast von Ausgabebeschlüssen auferlegen können. Vgl. Folkers (1982). S. 22ff.; Buchanan (1993).

130 An dieser Stelle muss auf die Argumentation in Kapitel 2 Abschnitt D.II.1. hingewiesen werden, dass bei der Produktion öffentlicher Güter mit sinkenden Durchschnittskosten eine effiziente Besteuerung in Höhe der Grenzkosten nicht möglich ist, wenn ein Haushaltsdefizit vermieden werden soll.

131 Vgl. Hansjürgens (2001b), S. 85. Aus Sicht des Äquivalenzprinzips ist es deshalb möglich, eine allgemeine Unternehmensbesteuerung mit breiter Steuerbasis zu rechtfertigen. Dies gilt jedoch nur dann, wenn allgemeine Staatsleistungen vorliegen, die allen Unternehmen zugute kommen. Vgl. Hansjürgens (2001a), S. 217f.

132 Vgl. ausführlich Höppner (2001).

An dieser Stelle muss betont werden, dass die folgenden Ausführungen lediglich Beispiele für eine äquivalenzorientierte Unternehmensbesteuerung sind. Konkrete Reformvorschläge werden aus mehreren Gründen nicht gemacht. Zum einen würde es den Umfang der vorliegenden Arbeit sprengen, ein ausformuliertes neues System der internationalen Unternehmensbesteuerung zu entwerfen. Zum anderen würde dies auch der Absicht der vorangegangenen Ausführungen widersprechen: Einer ergebnisoffenen internationalen Diskussion soll kein konkretes Ergebnis vorgegeben werden. Ziel der folgenden Vorschläge für eine faire internationale Unternehmensbesteuerung ist aufzuzeigen, dass sinnvolle Möglichkeiten für eine äquivalenzorientierte Unternehmensbesteuerung existieren. Exakte Ausgestaltungen und konkrete Reformvorschläge sind Aufgabe der institutionellen Herangehensweise auf internationaler Ebene.

C. Vorschläge für eine faire internationale Unternehmensbesteuerung

I. Gebühren und Beiträge

Die Unternehmensbesteuerung orientiert sich am Äquivalenzprinzip, wenn Unternehmen verstärkt mit Gebühren und Beiträgen belastet werden.[133] Das Leitbild der Kostenäquivalenz geht von einer strikten Refinanzierungs-Perspektive aus, wobei die tatsächlich entstandenen Kosten der öffentlichen Tätigkeit für das Unternehmen gedeckt werden. Überschüsse dürfen nicht auftreten, welche für andere Zwecke verwendet werden können.[134]

Die konkrete Gebührengestaltung ist allerdings mit konkurrierenden Leitbildern konfrontiert. Der klassische Gebührenbegriff definiert Gebühren als Entgelte für bestimmte staatliche Leistungen, welche Personen, privaten Haushalten oder Unternehmen gewährt werden. In jüngerer Zeit ist der Gebührenbegriff weiter

[133] Die Gebühren- und Beitragsfinanzierung kann auch zusammenfassend als Entgeltfinanzierung bezeichnet werden. Vgl. Grossekettler (2000), S. 25.

[134] Vgl. Gawel (1995), S. 198.

entwickelt worden.[135] Ausgangspunkt ist eine breitere Definition der Gebühr. Bohley bezeichnet Gebühren als einen Kaufkrafttransfer eines Wirtschaftssubjekts an den öffentlichen Sektor, welcher mit politischen Entscheidungen über Höhe und Struktur des Transfers verbunden ist und durch Vorliegen einer bestimmten öffentlichen Leistung gerechtfertigt wird.[136] Gawel erweitert den Gebührenbegriff, um die gesamtwirtschaftliche Ressourcenverantwortung, damit die sozialen Zusatzkosten im Umweltbereich berücksichtigt werden.[137] Die Frage zwischen dem klassischen Gebührenbegriff mit dem Ziel der Kostenäquivalenz und einer weiten, ressourcenorientierten Interpretation muss gelöst werden, bevor konkrete Besteuerungsvorschläge für internationale Unternehmen auf der Basis von Gebühren gemacht werden.[138]

Die Einbeziehung externer Effekte in die Gebührengestaltung erzeugt Erfassungs-, Bewertungs- und Zurechnungsfragen der sozialen Zusatzkosten. Zusätzlich ergeben sich neben wohlfahrtstheoretischen Einwendungen auch Kritikpunkte aus Sicht der Public Choice-Theorie. Durch die Berücksichtigung externer Effekte entsteht Raum für politische Eingriffe in die Gebührenlastverteilung, was den politischen Entscheidungsträgern eine Interessenpolitik erlaubt.[139] Ziel der Befürworter des Äquivalenzprinzips aus Sicht der Public Choice-Theorie ist jedoch der Ausschluss diskretionärer Handlungsspielräume, welchem die Berücksichtigung externer Effekte in der Gebührenberechnung entgegen steht: Es würde dann das Ergebnis eintreten, welches das Äquivalenzprinzip vermeiden soll, nämlich diskretionäre Interessenpolitik mit wohlfahrtsreduzierenden Ergebnissen. Gleichwohl sind die politischen Handlungsspielräume geringer als bei einer reinen Gewinnbesteuerung und dem Non-Affektationsprinzip. Eine Orientierung an dem weiten Gebührenbegriff stellt somit aus politökonomischer

[135] Vgl. Gawel (1995), S. 102f.
[136] Vgl. Bohley (1980), S. 921f. Dabei können auch Verhaltens- und Nachfragelenkung sowie distributive Aspekte eine Rolle spielen.
[137] Vgl. Gawel (1995), S. 196ff.
[138] Neben der kostenäquivalenten und der volkswirtschaftlichen Perspektive existiert zum einen noch eine betriebswirtschaftliche Kapitalerhaltungsperspektive, nach der die leistende öffentliche Einrichtung die Gebühren so bemisst, dass die wertmäßigen Kosten im Vordergrund stehen.
[139] Vgl. Hansjürgens (2001b), S. 245.

Sicht eine Verbesserung gegenüber dem Status quo der internationalen Unternehmensbesteuerung dar, welcher keinerlei Restriktionen bzgl. der Einnahmeverwendung aufweist.

Beiträge werden erhoben, wenn spezifische öffentliche Leistungen einem bestimmten Nutzerkreis zur Verfügung gestellt werden. Im Unterschied zur Gebühr wird bei Beiträgen angenommen, dass als Leistungsempfänger nur eine Gruppe oder ein Teilkollektiv identifizierbar ist und nicht ein einzelnes Wirtschaftssubjekt identifiziert werden kann. Dabei wird unterstellt, dass jedes Kollektivmitglied das öffentliche Gut potenziell in Anspruch nehmen kann. Da ein direkt messbarer Nutzen für die Beitragserhebung unerheblich ist, weisen Beiträge aufgrund ihres Kollektivcharakters einen stärkeren Zwangscharakter auf als Gebühren.[140] Die gruppenmäßige Zurechnung der Beiträge erfordert die Anwendung von Indikatoren, welche den individuellen Konsum der öffentlichen Leistung messen. Die Bestimmung der Beitragsbemessungsmaßstäbe ist die Schwachstelle der Beitragserhebung, da damit die Wahrscheinlichkeit der individuellen Leistungsinanspruchnahme abgebildet werden muss. Durch eine Kombination unterschiedlicher Indikatoren kann in bestimmten Fällen die individuelle Leistungsinanspruchnahme gemessen werden. Vereinfachend wird jedoch häufig angenommen, dass die Mitglieder das öffentliche Gut im gleichen Umfang konsumieren.[141] Das Prinzip der Beitragsfinanzierung grenzt in seinen Extrempunkten, vollkommene Nutzenäquivalenz der Beitragshöhe und nicht vorhandene Nutzenäquivalenz, an die Gebühren- und die Steuerfinanzierung an. Die Liste beitragsfähiger Leistungen an Unternehmen ist teilweise deckungsgleich mit der Liste gebührenfähiger. Dennoch existieren spezifische öffentliche Leistungen, welche sich besonders für eine Beitragserhebung eignen, da eine individuelle Kostenzurechnung nicht oder nur sehr schwer möglich ist. Dazu zählen Infrastrukturleistungen für Industriezonen oder, in Bezug auf die Besteuerung multinationaler Unternehmen, diplomatische Interessenvertretung im Ausland.[142]

---

140 Vgl. Reding/Müller (1999), S. 21; Bohley (1980), S. 924.
141 Vgl. Bohley (1980), S. 924ff.
142 Vgl. Bohley (1977), S. 100.

II. Äquivalente Allokation der innerkonzernlichen Besteuerungsrechte bei einer Gewinnbesteuerung

1. Die Formelzerlegung

Die innerkonzernliche Gewinnallokation kann, außer durch das Fremdvergleichsprinzip, auch durch eine andere Vorgehensweise vorgenommen werden, welche das Äquivalenzprinzip umzusetzen versucht. Ausgangspunkt ist die Betrachtung eines internationalen Unternehmens als wirtschaftliche Einheit und nicht als eine bestimmte Anzahl separater Unternehmenseinheiten, wie es bei dem Fremdvergleichsprinzip der Fall ist. Gewinne gelten erst dann als realisiert, wenn sie durch Transaktionen mit konzernfremden Dritten erwirtschaftet werden.[143] Der gesamte Gewinn des internationalen Unternehmens wird durch Konsolidierung auf der Ebene der Muttergesellschaft ermittelt. Die daraus resultierende Steuerbemessungsgrundlage wird dann mit Hilfe eines ex-ante festgelegten Verteilungsschlüssels auf die Tochtergesellschaften bzw. auf die unterschiedlichen Gebietskörperschaften verteilt. Der Verteilungsschlüssel kann sich aus betrieblichen Größen ergeben, die unmittelbar mit der jeweiligen Wertschöpfung in Zusammenhang stehen.[144] Die formelhafte Allokation des Gesamtgewinns eines international tätigen Unternehmens auf die einzelnen Teilunternehmen wird als Formelzerlegung (Formula Apportionment) bezeichnet, die Betrachtung der Tochtergesellschaften als einer wirtschaftlichen Einheit als Einheitsprinzip (Unitary Taxation). Formelzerlegung und Einheitsprinzip werden oft als Synonyme verwendet. Dennoch besteht ein Unterschied zwischen den beiden Begriffen. Die Formelzerlegung bezieht sich auf den Verteilungsprozess, bei dem der Gesamtgewinn eines multinationalen Unternehmens auf die unterschiedlichen Tochterunternehmen verteilt wird. Das Einheitsprinzip bezieht sich auf die steuerliche Konsolidierung des Gesamtgewinns aus den Teilgewinnen der verschiedenen Tochterunternehmen. Mit anderen Worten besteht die Aufgabe des Einheitsprinzips darin, den steuerbaren Gesamtgewinn zu ermitteln, wäh-

[143] Vgl. Kaminski (2001), S. 135.

[144] Vgl. Gerken/Märkt/Schick (2000), S. 111f.; McLure/Weiner (2000), S. 251. Zur praktischen Vorgehensweise vgl. Kaminski (2001), S. 135ff.; Weiner (1999), S. 11ff.

rend die Formelzerlegung die Gewinnverteilung vornimmt.[145] Die Formelzerlegung kann das Äquivalenzprinzip umsetzen, wenn sich der Aufteilungsschlüssel an Äquivalenzindikatoren orientiert. Anwendung findet die Methode der Formelzerlegung zwischen den US-Bundesstaaten, zwischen den kanadischen Provinzen[146] und in der Schweiz zwischen den Kantonen.[147] In den USA wird das Einheitsprinzip grundsätzlich nur auf inneramerikanische Einkünfte angewendet.[148] In Deutschland entspricht dem Gedanken der Formelzerlegung am ehesten die Verteilung der Gewerbesteueraufkommens.[149] Die deutsche Gewerbesteuer kann allerdings nicht eindeutig als eine Variante der Formelzerlegung bezeichnet werden, da die Gewerbesteuer in ihrer heutigen Ausprägung äquivalenztheoretisch nur schwer gerechtfertigt werden kann.[150] Die folgenden Ausführungen konzentrieren sich auf die Formelzerlegung in Verbindung mit dem Einheitsprinzip. Die Abkürzung FA/UT stammt von der englischen Bezeichnung Formula Apportionment/Unitary Taxation. Diese Methode kann insbesondere bei Konzernen angewendet werden, deren Teilunternehmen eine so hohe

---

145 Eine ausführliche Darstellung der Unterschiede zwischen Formelzerlegung und Einheitsprinzip findet sich in Weiner (1999), S. 8f.

146 Vgl. McLure/Weiner (2000), S. 251.

147 In der Schweiz wird das System des Formula Apportionment als interkantonale Steuerausscheidung bezeichnet und ebenfalls nur innerhalb der Schweiz angewendet. Vgl. Höhn/Waldburger (2001), S. 845ff.

148 Nur in Alaska haben Unternehmen die Möglichkeit, ihre weltweiten Einkünfte formelhaft aufzuteilen. (Worldwide Unitary Taxation). Vgl. Kaminski (2001), S. 134.

149 Mintz/Weiner (2001), S. 8 bezeichnen die Verteilung des deutschen Gewerbesteueraufkommens als eine Methode des Formula Apportionment. Die Verteilung des Steueraufkommens auf unterschiedliche Gemeinden geschieht nach dem Verhältnis der Lohnsummen (§§28, 29 GewStG i. V. m. §4 Abs.1 S.2 GewStG).

150 Vgl. Reding/Müller (1999), S. 324. Zwar wurde historisch die Gewerbesteuer mit dem Äquivalenzprinzip begründet, als Ausgleich für die Lasten, welche die Gewerbebetriebe für die jeweilige Gemeinde verursachen. Als Aufteilungsregeln wurden die Merkmale Kapital, Ertrag und Lohnsumme verwendet. Die Gewerbesteuer in ihrer heutigen Erscheinungsform hat sich aufgrund der Einführung der Gewerbesteuerumlage (Beteiligung von Bund und Ländern am Gewerbesteueraufkommen), dem Wegfall der Lohnsumme als Besteuerungsgrundlage im Jahr 1979 und der Abschaffung der Gewerbekapitalsteuer weitgehend vom Äquivalenzprinzip gelöst und gleicht heute einer reinen Ertragsteuer. Vgl. Tipke/Lang (2002), S. 476f. Dazu wird die Gewerbesteuer zur Finanzierung allgemeiner Ausgaben der Kommunen eingesetzt und entspricht folglich nicht dem Charakter eines Nutzungsentgeltes. Vgl. Fuest/Riphahn (2001).

Integration aufweisen, dass sie als eine wirtschaftliche Einheit betrachtet werden können.[151]

Die Unterschiede zwischen der formelhaften Gewinnaufteilung und den oben erläuterten Gewinnaufteilungsmethoden nach dem Fremdvergleichsgrundsatz[152] resultieren aus verschiedenen Allokationsmethoden. Die FA/UT darf deshalb nicht mit den Gewinnmethoden nach dem Fremdvergleichsgrundsatz verwechselt werden. Diese vergleichen im Einzelfall die Gewinne verbundener Unternehmen mit Gewinnen, die unter vergleichbaren Bedingungen von unverbundenen Unternehmen erwirtschaftet wurden. Die formelhafte Gewinnaufteilung dagegen alloziiert den Gesamtgewinn eines multinationalen Unternehmens nach einem vorab festgelegten Verteilungsschlüssel.[153] Sie wendet sich von dem Fremdvergleichsgrundsatz ab und stellt deswegen eine eigene Methode dar.[154]

2. Allgemeine Vorteile der Formelzerlegung

Unter dem FA/UT sind keine Verrechnungspreisgestaltungen möglich, um Unternehmensgewinne in steuerlich begünstigte Gebietskörperschaften zu transferieren, wenn die Zerlegungsformel einen direkten Bezug zur unternehmerischen Wertschöpfung aufweist. Die Besteuerungsrechte eines internationalen Unternehmens verteilen sich dann auf diejenigen Gebietskörperschaften, in denen die Gewinnentstehung mit Kosten für den öffentlichen Sektor verbunden ist. Gewinnverlagerungen sind unter einem solchen Allokationsmechanismus nur dann durchführbar, wenn die zugrundeliegenden realwirtschaftlichen Größen ebenfalls transferiert werden. Rein steuerliche Gewinnverlagerungen ohne realwirtschaftlichen Hintergrund sind nicht ausführbar.[155]

> "The principle advantages of these profit split methods ..., is that they ask the ultimate, and therefore the right, question, which is how the income of a

---

[151] Vgl. Kaminski (2001), S. 134.
[152] Vgl. Kapitel 2Abschnitt B.II.3.
[153] Vgl. OECD (2000a), S. 79.
[154] Vgl. OECD (2000a), S. 63.
[155] Vgl. Gerken/Märkt/Schick (2000), S. 112f. und das dortige Rechenbeispiel. Vgl. auch McLure/Weiner (2000), S. 255f.

multinational business should be allocated among those multinationals for tax purposes."[156]

Neben einer möglichen Äquivalenz der Besteuerung weist die FA/UT einen weiteren wichtigen Vorteil auf. Das Einheitsprinzip führt zu einer Konsolidierung des Gewinns auf der Ebene der Muttergesellschaft, welcher dann auf die einzelnen Gebietskörperschaften zerlegt wird. Die Anzahl, Art und wirtschaftliche Bedeutung der einzelnen Transaktionen zwischen den verschiedenen Tochterunternehmen ist für die Steuererhebung unerheblich. Die innerkonzernlichen Transaktionen und damit auch die darauf abzielenden Verrechnungspreisvorschriften verlieren ihre steuerliche Relevanz.[157] Der Problembereich, vergleichbare Zustände zwischen unverbundenen Unternehmen finden zu müssen, entfällt bei der FA/UT.
Die Vorteile der FA/UT gegenüber den fremdvergleichsorientierten Methoden entfalten jedoch nur dann ihre Wirkung, wenn die formelhafte Gewinnzerlegung weltweit angewendet wird. Wenn in bestimmten Gebietskörperschaften bzw. Steueroasen die FA/UT nicht angewendet wird, gelten in Ermangelung anderer Verfahren die traditionellen Methoden auf Basis des Fremdvergleichsprinzips. Gewinne können durch Verrechnungspreisgestaltung weiterhin verlagert werden, und es findet keine äquivalente Besteuerung statt.[158]

3. Formelzerlegung im digitalen Umfeld

Aus den allgemeinen Vorteilen der FA/UT gegenüber den fremdvergleichsorientierten Methoden ergibt sich dann ein spezieller Vorteil, wenn digitale Transaktionen zwischen den Töchtern eines internationalen Unternehmens zum Gesamtgewinn des Unternehmens beitragen. Der Vorteil der Formelzerlegung besteht nämlich darin, dass zur Gewinnallokation innerhalb eines multinationalen

---

[156] Lebowitz (1999), S. 1205.
[157] Vgl. Lebowitz (1999), S. 1206.
[158] Vgl. Kaminski (2001), S. 143f.; McLure/Weiner (2000), S. 258. Zu den Wirkungen einer FA/UT, welche sich nicht global (Worldwide Unitary Combination), sondern nur auf eine bestimmte Zahl an Gebietskörperschaften beschränkt (Water's Edge Unitary Combination), vgl. ausführlich Carlson/Galper (1984). Ein Fürsprache für die internationale Anwendung des Formula Apportionment liefert Weiner (1999).

Unternehmens keine Verrechnungspreise bestimmt werden müssen. Grundlage der FA/UT ist nicht die einzelne Transaktion, sondern der Gesamtgewinn.[159] Die Irrelevanz einzelner Transaktionen führt konsequenterweise dazu, dass diese steuerrechtlich nicht bewertet werden müssen. Damit entfällt das Problem, eine vergleichbare Transaktion zwischen unabhängigen Unternehmen finden zu müssen, besonders bei digitalen Transaktionen eine Ursache großer Anwendungsprobleme für das Fremdvergleichsprinzip. Die FA/UT ist somit auch dann anwendbar, wenn integrierte Wertschöpfungsketten existieren und Waren und Dienstleistungen nicht unter marktlichen Verhältnissen transferiert werden.[160] Die Formelzerlegung bei gleichzeitiger Gültigkeit des Einheitsprinzips ist eine taugliche Methode, um die unternehmensinternen Besteuerungsrechte bei digitalen Wirtschaftsstrukturen zu alloziieren.

Die Dokumentationsprobleme bei den steuerlichen Verrechnungspreisen, welche durch den elektronischen Geschäftsverkehr auftreten, verlieren ebenfalls an Schärfe. Zum einen resultiert dies wiederum daraus, dass von dem Gesamtgewinn der Unternehmung ausgegangen wird und nicht von der einzelnen Transaktion. Die Dokumentationsanforderungen (und damit auch die Kontrollaufwendungen der Finanzverwaltungen) reduzieren sich auf die Formelelemente, anhand derer die Gewinnallokation vorgenommen wird. Zum anderen ist es für die Gewinnaufteilung und Besteuerung irrelevant, ob zwischen den Tochterunternehmen Dienstleistungen, immaterielle Vermögensgegenstände, Lizenzen oder Waren gehandelt werden.[161] Der Transaktionsgegenstand muss nicht mehr identifiziert und kategorisiert werden.[162]

---

159 Vgl. Kaminski (2001), S. 134; McLure/Weiner (2000), S. 253.

160 Vgl. McLure/Weiner (2000), S. 255.

161 Vgl. McLure/Weiner (2000), S. 253.

162 "Further, within a unitary group, there is no need to draw distinctions between different types of income, such as interests and dividends, or to draw distinctions between the sale of goods, the use of intangible assets, and the provision of service income." Mintz/Weiner (2001), S. 5.

4. Probleme der Formelzerlegung

a) Allgemeine Probleme

Der Zweck des Verteilungsschlüssels ist die Bestimmung der geographischen Quellen des Gesamtgewinns eines international tätigen Unternehmens.[163] Zur Bestimmung der Einkommensquelle wurde in dieser Arbeit der Angebots-Ansatz verwendet.[164] Die entsprechenden Produktionsfaktoren sind Arbeit, Sachkapital und Boden, welche in einer bestimmten Gewichtung in den Verteilungsschlüssel einzubringen sind.
Die Auswahl eines geeigneten Verteilungsschlüssels trifft auf technische Probleme, die ihren Ursprung in der Konzeption der FA/UT haben. So muss die Frage gestellt werden, ob die FA/UT überhaupt exakt die wahre Quelle des Einkommens bestimmen kann. Die FA/UT basiert auf der Annahme, dass die Rentabilität eines Teilunternehmens in unterschiedlichen Gebietskörperschaften von denselben Faktoren abhängt, unabhängig von den angewendeten Zerlegungsindikatoren.[165] Diese Annahme ist nicht haltbar, wenn eine Gewinnallokation zwischen Gebietskörperschaften mit unterschiedlichen Wirtschaftsstrukturen vorgenommen werden muss.[166] So ist es z. B. unwahrscheinlich, dass die Rentabilität eines Unternehmens in einer Transformationsökonomie im selben Umfang vom eingesetzten Kapital abhängt wie die Rentabilität eines Unternehmens in einer wirtschaftlich entwickelten Gebietskörperschaft. Es ist zu vermuten, dass in der Transformationsökonomie eine stärkere Inanspruchnahme des Faktors Arbeit vorliegt, was aber bei einem geringeren Lohnniveau nicht in der Lohnsumme erkennbar ist. Bei einer uniformen Anwendung des Verteilungsschlüssels wird das Unternehmen in der Transformationsökonomie relativ geringer besteuert als das Unternehmen in der entwickelten Gebietskörperschaft, da es weniger Kapital in Anspruch nimmt. Auch kann ein einheitlicher Verteilungsschlüssel zu ungenügenden Ergebnissen führen, wenn er bei unterschiedlichen Wirtschaftberei-

---

163 Vgl. McLure/Weiner (2000), S. 266f.

164 Vgl. Kapitel 2 Abschnitt C.II.1.

165 Vgl. McLure/Weiner (2000), S. 258.

166 "In terms of its economic impact, using a formula, which implicitly assumes that all factors earn the same rate of return across jurisdictions, can distort the geographic attribution of income, particularly when location specific rents exist." Mintz/Weiner (2001), S. 5.

chen eingesetzt wird. So unterscheiden sich z. B. Stahlwerke in ihrer Struktur erheblich von Finanzdienstleistern. Damit die FA/UT-Methode adäquate Ergebnisse liefern kann, müssten unterschiedlichen Branchen jeweils eigene Verteilungsschlüssel zugewiesen werden.[167] Diese Problematik wurde jedoch schon 1922 von der US-amerikanischen National Tax Association erkannt, welche argumentiert, dass

> "...there is no one right rule of apportionment. ...The only right rule...is a rule on which the several states can and will get together as a matter of comity."[168]

Ein weiterer Nachteil der FA/UT ergibt sich durch die Notwendigkeit, auf der Ebene der Muttergesellschaft eine Konsolidierung des gesamten Gewinns des internationalen Unternehmens durchführen zu müssen. Dadurch wird eine Abgrenzung des multinationalen Unternehmens nötig. Sie soll klären, welche Teilunternehmen und die damit verbundenen Gewinne zu einer wirtschaftlichen Einheit gehören. Aus ökonomischer Sicht bilden Unternehmen dann eine wirtschaftliche Einheit, wenn eine einheitliche Eignerstruktur existiert und wenn eine erhebliche Zahl an wirtschaftlichen Transaktionen zwischen den Unternehmen oder eine hohe wirtschaftliche Integration vorliegt.[169] Aus juristischer Sicht spielt dazu auch die einheitliche Leitung eine wichtige Rolle. Darunter soll verstanden werden, dass es eine oberste Leitungsebene gibt, die für alle grundlegenden wichtigen Fragen wie z. B. die Unternehmensstrategie verantwortlich ist.[170] Die Aufgabe, ein multinationales Unternehmen adäquat abzugrenzen, sollte im Vergleich zu den anderen technischen Problemen nicht unterschätzt werden. Zwar existieren allgemeine Kriterien, aber diese sind umstritten.[171]

---

167 Vgl. Mintz/Weiner (2001), S. 5; McLure/Weiner (2000), S. 259.

168 National Tax Association (1922), S. 202.

169 Vgl. McLure/Weiner (2000), S. 266; McLure (1984), S. 90.

170 Zu der juristischen Abgrenzung in den USA vgl. ausführlich McLure/Weiner (2000), S. 264ff.

171 Vgl. Kaminski (2000), S. 137. Zu den umstrittenen Abgrenzungskriterien vgl. ausführlich Böckelmann (1997), S. 108ff. McLure (1984), S. 105ff. verbindet juristische und ökonomische Argumente in einen Drei-Stufen Test, um ein Unitary Business zu identifizieren. Dabei wird getestet, ob einheitliche Leitung vorliegt, ob gemeinsame Ausgaben, Skaleneffekte, zwischenbetriebliche Transaktionen, vertikale Integration oder andere wirtschaftli-

Weitere Herausforderungen ergeben sich bei Fragen einer verstärkten internationalen Kooperation von Finanzverwaltungen.[172] Internationaler Informationsaustausch ist ein generelles Problem aller Besteuerungsarten und nicht kennzeichnend für die FA/UT-Methode. Daher soll hier nicht weiter darauf eingegangen werden. Die Arbeit der Finanzverwaltungen wird aber durch die FA/UT-Methode im Vergleich zu Verrechnungspreisen auf Basis des Äquivalenzprinzips vereinfacht, da die aufwendige Suche nach vergleichbaren Preisen durch eine mathematische Formel ersetzt wird.[173]

b) Spezielle Probleme bei digitalen Transaktionen

Auch bei der FA/UT-Methode ergibt sich speziell für digitale Transaktionen die Frage, wie diese äquivalent besteuert werden können und ob sich bei den betreffenden Äquivalenzindikatoren spezielle Probleme durch den elektronischen Geschäftsverkehr ergeben. Die Ausführungen zu den technischen Anforderungen der FA/UT-Methode haben gezeigt, dass gerade bei immateriellen Wirtschaftsgütern Probleme auftreten können. Dieser Umstand wirft vor dem Hintergrund des elektronischen Geschäftsverkehrs die Frage auf, ob die FA/UT-Methode eine Verbesserung gegenüber den fremdvergleichsorientierten Standardmethoden bietet. Schwierigkeiten treten im wesentlichen bei der regionalen Zuordnung eines immateriellen Vermögensgegenstandes auf, dessen Bewertungsproblematik direkt aus den Eigenschaften immaterieller Güter resultiert. Als Lösung bietet sich an, die digitalen Vermögenswerte denjenigen Gebietskörperschaften zuzuordnen, in denen der Großteil der Entwicklungsaufwendungen anfällt. Eine solche Zuordnung setzt aber voraus, dass die Entwicklungsbeiträge von verschiedenen Tochterunternehmen identifiziert werden können.[174]

Insgesamt muss eingeräumt werden, dass die FA/UT-Methode kein Allheilmittel für die Herausforderungen ist, welche durch die veränderten Rahmenbedingun-

---

che Interdependenzen existieren und ob diese Kriterien einen substantiellen Umfang aufweisen.

172 Vgl. McLure/Weiner (2000), S. 262.

173 Vgl. Schäfer/Spengel (2003), S. 20.

174 Vgl. Schäfer/Spengel (2003), S. 24.

gen bei der internationalen Unternehmensbesteuerung entstehen. Dennoch ist sie prinzipiell die überlegene Methode, wenn sie den Methoden nach dem Fremdvergleichsprinzip gegenübergestellt wird.[175] Zudem ist die Gewinnbesteuerung multinationaler Unternehmen nur dann anzuwenden, wenn eine Gebühren und Beitragserhebung nicht möglich ist. Das Steueraufkommen, auf welches Gewinnverlagerungsstrategien angewendet werden können, nimmt im Vergleich zu einer alleinigen Gewinnbesteuerung ab.

D. Zusammenfassende Thesen zum siebten Kapitel

1. Die Wahrscheinlichkeit für eine internationale Reform der Unternehmensbesteuerung steigt, wenn eine international anerkannte Theorie für eine gerechte Allokation der Besteuerungsrechte existiert. Die Theorie interjurisdiktioneller Gerechtigkeit von *Musgrave* führt wegen ihres bedeutenden Umverteilungscharakters zu einer Ablehnung bei wohlhabenden Gebietskörperschaften.

2. Die Fairnesstheorie von *Rawls* ist theoretisch bestechend, jedoch in der Realität nicht umsetzbar. Die Positive Fairness-Theorie kann hingegen einen umsetzbaren Fairness-Begriff begründen, so dass diese Theorie eine Grundlage für eine gerechte internationale Allokation der Besteuerungsrechte ist.

3. Die Konkretisierung eines Allokationsmechanismus im Rahmen der Positiven Fairness-Theorie bzw. des Formalprinzips der Verteilungsgerechtigkeit erfolgt durch die Konstitutionelle Ökonomik. Diese lässt die Schlussfolgerung zu, dass das Äquivalenzprinzip die grundlegende Allokationsmethode für die Unternehmensbesteuerung ist. Eine einstimmig anerkannte internationale Institution sollte versuchen, Unternehmensteuerreformen nach den Vorgaben des Äquivalenzprinzips zu erarbeiten.

4. Reformmöglichkeit ist der verstärkte Einsatz von Gebühren und Beiträgen bei der Unternehmensbesteuerung. Ergänzend soll eine Gewinnbesteuerung

---

[175] Vgl. Schäfer/Spengel (2003), S. 28.

mit niedrigen Steuersätzen erfolgen, bei der die Allokation der Besteuerungsrechte nach der FA/UT-Methode vorgenommen wird. Damit ergibt sich insgesamt eine Äquivalenzorientierung der internationalen Unternehmensbesteuerung.

Kapitel 8: Schlussbetrachtung und Ausblick

Die Arbeit zeigt, dass das gegenwärtige System der internationalen Unternehmensbesteuerung lediglich Näherungslösungen hervorbringt, wenn dessen Ergebnisse mit den normativen Absichten des Quellen- und des Sitzlandprinzips verglichen werden. Die technischen Innovationen der Digitalisierung und die damit verbundenen Veränderungen in den Rahmenbedingungen der internationalen Unternehmensbesteuerung lassen darauf schließen, dass die Durchsetzungsprobleme einer effektiven und wirksamen internationalen Unternehmensbesteuerung zunehmen werden. Lösungsversuche auf Basis der traditionellen internationalen Besteuerungsprinzipien können keine Besserung bringen, da dadurch nicht an den Ursachen der Problematik (Investitions- und Standortflexibilitäten, Informationsasymmetrien und internationaler Steuerwettbewerb) angesetzt wird. Vielmehr können die Besteuerungsprinzipien keine befriedigenden Ergebnisse liefern, da ihre Konstruktionsannahmen, welche wie die Prinzipien selbst aus dem vorletzten Jahrhundert stammen, nicht mehr mit den heutigen ökonomischen Rahmenbedingungen zu vereinbaren sind.

Im Bereich der unternehmensinternen Allokation der Steuerbemessungsgrundlage ist eine Orientierung am Äquivalenzprinzip zumindest teilweise durchaus möglich. Die FA/UT-Verrechnungspreismethode bietet sich als Reformalternative gegenüber Methoden auf Basis des Fremdvergleichsprinzips an, obwohl die Problematik existiert, geeignete Zerlegungsindikatoren auf Basis des Äquivalenzprinzips zu identifizieren und zu operationalisieren. Aber auch Kritiker der Formelzerlegung wie *Kaminski* räumen ein, dass dies durchaus zu bewerkstelligen ist.[1] Zudem ist jede Formelzerlegung, deren Zerlegungsindikatoren ökonomisch nicht unlogisch sind, eine Verbesserung gegenüber den Methoden auf Basis des Fremdvergleichsprinzips:

> "I do not know whether economic theory would dictate an optimal allocation formula. If not, that would mean that any allocation formula is necessarily somewhat arbitrary. However, as long as the formula is not eco-

1 Vgl. Kaminski (2001), S. 148.

nomically illogical, it would still be a conceptual improvement over the status quo."[2]

Die Auswahl eines Verteilungsschlüssels und die Definition der relevanten Indikatoren sind Grundlage für ein funktionierendes FA/UT-System. Die Erfahrungen aus Kanada und den USA zeigen freilich, dass die Bedeutung der Indikatorendiskussion oftmals überschätzt wird. Viel wichtiger ist, dass sich die Gebietskörperschaften auf einen bestimmten Verteilungsschlüssel einigen können.[3] Zudem ist die FA/UT in Bezug auf die fiskalischen Herausforderungen durch die Digitalisierung eher zukunftstauglich als das Fremdvergleichsprinzip. Die Besteuerungsproblematik bei digitalen Wirtschaftstrukturen wird grundsätzlich durch die FA/UT-Methode entschärft, da die Notwendigkeit entfällt, eine Besteuerung basierend auf einzelnen Transaktionen vornehmen zu müssen. Vielmehr können alle Vorgänge zusammengefasst betrachtet werden.

Die Unternehmensbesteuerung kann sich durchaus stärker an Gebühren oder Beiträgen anlehnen, was allerdings keine Optimallösung darstellt. Zwar ist eine äquivalenzorientierte Unternehmensbesteuerung allokativ effizienter als eine gewinnorientierte, aber ein gewichtiger Einwand ergibt sich durch eine andere Betrachtungsebene: Die äquivalente Besteuerung ist unabhängig von der wirtschaftlichen Situation des Unternehmens, so dass in erfolgreichen und unguten Unternehmensphasen jeweils eine konstante Steuerbelastung erfolgt. Bei einem Verlust erfolgt unter dem Äquivalenzprinzip eine monetäre Belastung des Unternehmens, die bei einer Gewinnbesteuerung nicht existiert. Der Fortbestand eines Unternehmens hängt von Zahlungsströmen ab, weshalb Steuerzahlungen in Verlustphasen für das Unternehmen existenzbedrohend sein können. Eine Veränderung der Steuerbelastung entsteht nur dann, wenn ein Unternehmen die Äquivalenzindikatoren verändert, z. B. durch Freisetzung von Arbeitskräften bei einem schwierigen wirtschaftlichen Umfeld. Die öffentliche Hand muss hingegen in solchen Phasen keinen Einbruch bei den Steuereinnahmen hinnehmen. Die FA/UT kann deshalb einen Kompromiss zwischen dem Problem der Liqui-

2 Lebowitz (1999), S. 1206.
3 Vgl. Weiner (1999), S. 13.

ditätsbelastung für die Unternehmen in wirtschaftlichen Notlagen und der Forderung nach einer äquivalenten Besteuerung darstellen. Die FA/UT ermöglicht eine Orientierung der Unternehmensbesteuerung am Äquivalenzprinzip: Der mit dieser Methode aufgeteilte Unternehmensgewinn kann dann einer Gewinnbesteuerung unterworfen werden, auch wenn sich die Besteuerung damit wieder vom Gedanken des Äquivalenzprinzips entfernt. Die Besteuerungsrechte werden jedoch so verteilt, dass sie in denjenigen Gebietskörperschaften anfallen, wo Kosten für den öffentlichen Sektor verursacht werden. Dennoch ist eine Gebühren- und Beitragserhebung zu bevorzugen, wenn diese umsetzbar ist. Die Gewinnbesteuerung nach der FA/UT soll ergänzend für die Teilbereiche eingesetzt werden, in denen die Gebühren- und Beitragsfinanzierung öffentlicher Leistungen nicht ohne große Probleme möglich ist. Die Gewinnsteuersätze sollen dann auch gesenkt werden, was die Anreize für Gewinnverlagerungsstrategien reduziert.

Der Realisierung von Umverteilungsforderungen an den Produktionsfaktor Kapital, was von einigen gesellschaftlichen Gruppen immer wieder in die öffentliche Diskussion gebracht wird, werden zunehmend engere Grenzen gesetzt. Eine wirksame Unternehmensbesteuerung wird auf die Dauer jedoch nur bei einer bedeutenden Senkung der Gewinnsteuersätze und Allokation der Besteuerungsrechte nach der FA/UT-Methode möglich sein, verbunden mit einer Zunahme der Gebühren- und Beitragsfinanzierung öffentlicher Leistungen. Eine derartige Unternehmenssteuerreform reduziert zwar aufgrund ihrer Ausrichtung am Äquivalenzprinzip den staatlichen Umverteilungsspielraum, sichert aber das Steueraufkommen aus der wirtschaftlichen Tätigkeit multinationaler Unternehmen.

Diese Reformvorstellung wird freilich von einem Konsensoptimismus getragen. Die Public Choice-Theorie wendet, analog zu den Ausführungen in Kapitel 6, gegenüber der Möglichkeit einer äquivalenzorientierten Neugestaltung der internationalen Unternehmensbesteuerung ein, dass auch diese aufgrund des globalen Trittbrettfahrerproblems unwahrscheinlich ist. Schliesslich ist es möglich, dass eine Gebietskörperschaft durch ein Abweichen von der Äquivalenzbesteuerung Extrarenten erzielen kann. Das Trittbrettfahrerproblem kann jedoch ausgeräumt werden, wenn der self-serving bias überwunden wird. Hierzu ist, den Ausführungen zu der Positiven Fairness Theorie in Kapitel 7 zufolge, das Äquivalenzprinzip in der Lage. Eine internationale Reformdiskussion auf Basis des Äquivalenzprinzips kann dem Reformvorhaben Glaubwürdigkeit verleihen und ein Trittbrettfahrerverhalten bewältigen.

Eine äquivalenzorientierte Unternehmensbesteuerung erscheint insgesamt als unausweichlich, wenn eine Erosion der internationalen Unternehmensbesteuerung vermieden und eine effektive und wirksame Besteuerung multinationaler Unternehmen erreicht werden soll. Insofern verbleibt ein Zielkonflikt zwischen dem distributiven Ziel einer erwünschten Umverteilung aus der Kapitalbesteuerung und dem fiskalischen Ziel eines bedeutsamen Aufkommens aus der internationalen Unternehmensbesteuerung.

Literaturverzeichnis

Abrams, H. / Doernberg, R. L. (1997): How Electronic Commerce Works, in: Tax Notes International, S. 1573 – 1589.

Adams, C. (1999): For Good and Evil: The Impact of Taxes on the Course of Civilization, 2. Aufl., Lanham.

Akerlof, G. (1970): The Market for 'Lemons': Qualitative Uncertainty and the Market Mechanism, in: Quarterly Journal of Economics 84, S. 488 – 500.

Alt, J. E. (1983): The Evolution of Tax Structures, in: Public Choice 41, S. 181 – 222.

Altmann, A. (2002): Die Umsatzbesteuerung des elektronischen Handels mit digitalen Produkten, Frankfurt/M. u. a. O.

Altshuler, R. / Grubert, H. / Newlon, T. S. (1998): Has U.S.Investment Abroad Become More Sensitive to Tax Rates, National Bureau of Economic Research Working Paper No. 6383, Cambridge (Mass.).

Altshuler, R. / Mintz, J. M. (1994): U.S.Interest Allocation Rules: Effects and Policy, National Bureau of Economic Research Working Paper No. 4712, Cambridge (Mass.).

Altshuler, R. / Newlon, T. S. (1993): The Effect of U.S.Tax Policy on the Income Repatriation Pattern of U.S. Multinational Corporations, in: Giovannini, A. / Hubbard, R. G. / Slemrod, J. (Hrsg.): Studies in International Taxation, Chicago, S. 77 – 115.

Alworth, J. S. (1998): Taxation and Integrated Financial Markets: The Challenges of Derivatives and Other Financial Innovations, in: International Tax and Public Finance 5, S. 507 – 534.

Apolte, T. (1999): Die ökonomische Konstitution eines föderalen Systems, Tübingen.

Apolte, T. (2001): How Tame Will Leviathan Become in Institutional Competition?, in: Public Choice 107, S. 359 – 381.

Aranson, P. H. (1988): Procedural and Substantive Constitutional Protection of Economic Liberties, in: Gwartney, J. D. / Wagner, R. E. (Hrsg.): Public Choice and Constitutional Economics, Greenwich, S. 285 – 313.

Arnold, B. J. / Dibout, P. (2001): Generalbericht, in: International Fiscal Association (Hrsg.): Cahiers De Droit Fiscal International. Studies on International Fiscal Law, Vol. 84b: Limits on the Use of Low-Tax Regimes by Multinational Businesses: Current Measures and Emerging Trends, den Haag u. a. O., S. 167 – 246.

Arnold, V. (1992): Theorie der Kollektivgüter, München.

Arnott, R. / Grieson, R. E.: (1981): Optimal Fiscal Policy for a State or Local Government, in: Journal of Urban Economics 9, S. 23 – 48.

Arrow, K. J. (1962/1985): Economic Welfare and the Allocation of Ressources for Invention, zitiert nach: ders. (1985): Production and Capital. Collected Papers of Kenneth J. Arrow Vol. 5, Cambridge (Mass.), London, S. 104 – 119.

Arrow, K. J. (1973/1984): Information and Economic Behaviour. Lecture Presented to the Federation of Swedish Industries, zitiert nach: ders. (1984): The Economics of Information. Collected Papers of Kenneth J. Arrow Vol. 4, Cambridge (Mass.), London, S. 136 – 152.

Atkinson, A. B. (1983): Social Justice and Public Policy, Brigthon.

Atkinson, A. B. / Stiglitz, J. E. (1990): Lectures on Public Economics, London u. a. O.

Axelrod, R. (1984/1991): The Evolution of Cooperation, New York 1984. Zitiert nach der deutschen Übersetzung: Die Evolution der Kooperation, 2. Aufl., München 1991.

Babcock, L. / Loewenstein, G. (1997): Explaining Bargaining Impasses: The Role of Self-Serving Biases, in: Journal of Economic Perspectives 11, Number 1, S. 109 – 126.

Babcock, L. / Loewenstein, G. / Issacharoff, S. / Camerer, C. (1995): Biased Judgements of Fairness in Bargaining, in: American Economic Review 85, Number 5, S. 1337 – 1343.

Bacchetta, M. / Low, P. / Mattoo, A. / Schuknecht, L. / Wagner, H. / Wehrens, M. (1998): Electronic Commerce and the Role of the WTO, Special Studies 2, Lausanne.

Bacchetta, P. / Espinosa, M. P. (1995): Information Sharing and Tax Competition among Governments, in: Journal of International Economics 39, S. 103 – 121.

Bacchetta, P. / Espinosa, M. P. (2000): Exchange-of-Information Clauses in International Tax Treaties, in: International Tax and Public Finance 7, S. 275 – 293.

Bach, S. / Hubbert, M. / Müller, W. (2000): Taxation of E-Commerce: Persistent Problems and Recent Developments. Volkswirtschaftliche Diskussionsbeiträge Nr. 17/00, Universität Gesamthochschule Kassel, Fachbereich Wirtschaftswissenschaften.

Baily, M. / Lawrence, R. (1992): Tax Incentives for R&D: What Do the Data Tell Us? Studie commissioned by the Council on Research and Technology, Washington D. C.

Bakis, H. / Roche, E. M. (2000): Geography, Technology and Organization of Economic Activity, in: Roche, E. M. / Blaine, M. J. (Hrsg.): Information Technology and Multinational Enterprise, Cheltenham, Northampton (Mass.), S. 125 – 152.

Bakos, Y. (1997): Reducing Buyer Search Costs. Implications for Electronic Marketplaces, in: Management Science 43, Heft 12, S. 1 – 27.

Bakos, Y. (2001): The Emerging Landscape for Retail E-Commerce, in: Journal of Economic Perspectives 15, Nummer 1, S. 69 – 80.

Baldwin, R. E. (1982): The Political Economy of Protectionism, in: Bhagwati, J. N. (Hrsg.): Import Competition and Response, Chicago, S. 263 – 292.

Bareis, P. (2000): Das Halbeinkünfteverfahren im Systemvergleich, in: Steuer und Wirtschaft. Zeitschrift für die gesamten Steuerwissenschaften, Band 2/2000, S. 133 – 143.

Barett, J. (1997): Was sind Billigflaggen und warum lehnen wir sie ab?, http://www.deg.uni-bremen.de/presse/010.html, (Februar 2004).

Barnard, J. / Overgaauw, J. / Weeghel, S. van (2001): National Report Netherlands, in: International Fiscal Association (Hrsg.): Cahiers De Droit Fiscal International. Studies on International Fiscal Law, Vol. 84b: Limits on the Use of Low-Tax Regimes by Multinational Businesses: Current Measures and Emerging Trends, den Haag u. a. O., S. 693– 716.

Barry, B. (1974): Review Article: Exit, Voice and Loyalty, in: British Journal of Political Science 4, S. 79 – 107.

Bartelsman, E. J. / Beetsma, R. M. W. J. (2000): Why Pay More? Corporate Tax Aviodance Through Transfer Pricing in OECD Countries, in: CESifo Working Paper No. 324, München.

Bauer, M. E. (2000): Verrechnungspreise für immaterielle Wirtschaftsgüter des Anlagevermögens, Frankfurt/M. u. a. O.

Baumgartner, P. / Storck, A. (1997): Headquarters als Kernelemente globaler Konzernstrukturen und ihre Steuerprobleme, in: Kley, M. D. / Sünner, E. / Willemsen, A. (Hrsg.): Festschrift für Wolfgang Ritter zum 70. Geburtstag, Köln, S. 3 – 27.

Baxter, M. / Crucini, M. J. (1993): Explaining Saving-Investment Correlations, in: American Economic Review 83, No. 3, S. 416 – 436.

Bayer, R. C. / Reichl, N. (1997): Ein Verhaltensmodell zur Steuerhinterziehung, Berlin.

Bayoumi, T. (1990): Saving-Investments Correlations: Immobile Capital, Government Policy or Endogenous Behavior, in: IMF Staff Papers 37(2), S. 360 – 387.

Becker, G. S. (1983): A Theory of Competition among Pressure Groups for Political Influence, in: Quarterly Journal of Economics 98, S. 371 – 400.

Becker, G. S. (1985): Public Policies, Pressure Groups and Dead Weight Costs, in: Journal of Public Economics 28, S. 329 – 347.

Beckmann, K. / Lackner-Frey, E. (2002): How Leviathan Taxes, in: Constitutional Political Economy 13, S. 265 – 273.

Beiser, R. (2000): Das Territorialitätsprinzip im Lichte des Leistungsfähigkeitsprinzips, in: Steuer und Wirtschaft International 10, S. 392 – 396.

Bendlinger, S. / Schuch, J. (2001): National Report Austria, in: International Fiscal Association (Hrsg.): Cahiers De Droit Fiscal International. Studies on International Fiscal Law, Vol. 84b: Limits on the Use of Low-Tax Regimes by Multinational Businesses: Current Measures and Emerging Trends, den Haag u. a. O., S. 371 – 398.

Bernard, J.-T. / Weiner, R. (1990): Multinational Corporations, Transfer Prices, and Taxes: Evidence from the U.S.Petroleum Industry, in: Razin, A. / Slemrod, J. (Hrsg.): Taxation in the Global Economy, S. 123 – 154.

Bernholz, P. / Breyer, F. (1994): Grundlagen der Politischen Ökonomie, Bd. 2: Ökonomische Theorie der Politik, 3. Aufl., Tübingen.

Bilsdorfer, P. (1999): Die Informationsquellen und –wege der Finanzverwaltung. Auf dem Weg zum "gläsernen Steuerbürger"?, 4. Aufl., Bielefeld.

Bird, R. M. (1988): Shaping a New International Tax Order, in: Bulletin for International Fiscal Documentation 42, No. 7, S. 292 – 299.

Bird, R. M. / Wilkie, J. S. (2000): Source- vs. Residence-Based Taxation in the European Union: the Wrong Question?, in: Cnossen, S. (Hrsg.): Taxing Capital in the European Union. Issues and Options for Reform, Oxford, S. 78 – 109.

Birk, D. (2000): Das Leistungsfähigkeitsprinzip in der Unternehmensteuerreform, in: Steuer und Wirtschaft, H. 4, S. 328 – 336.

Blankart, C. B. (2003): Öffentliche Finanzen in der Demokratie, 5. Aufl., München.

Bloom, N. / Griffith, R / van Reenen, J. (2000): Do R&D Tax Credits Work? Evidence from a Panel of Countries 1979-97, Centre for Economic Policy Research Discussion Paper 2415, London.

Blough, R. (1952): The Federal Taxing Process, Washington D. C.

Blümel, W. / Pethig, R. / Hagen, O. v. d. (1986): Theory of Public Goods: A Survey of Recent Issues, in: Journal of Institutional and Theoretical Economics 142, S. 241 – 309.

Boadway, R. W. / Wildasin, D. E. (1984): Public Sector Economics, 2. Aufl., Boston, Toronto.

Böckelmann, J. (1997): Gewinnzurechnung im Körperschaftsteuerrecht. Die World-Wide Unitary Taxation US-amerikanischer Einzelstaaten und ihre Anwendung durch die Europäische Union, Konstanz.

Boehme-Neßler (2001): Steueroase Internet? Eine Einführung in steuerliche Probleme im E-Commerce, in: Multimedia und Recht 4, H. 4, S. 203 – 208.

Bohley, P. (1977): Gebühren und Beiträge: ihre wirtschaftspolitische Funktion und ihr Platz im System der öffentlichen Einnahmen, Tübingen.

Bohley, P. (1980): Gebühren und Beiträge, in: Neumark (Hrsg.): Handbuch der Finanzwissenschaft, 3. Aufl., Tübingen, S. 916 – 947.

Bohley, P. (1981): Praktische Probleme bei der Anwendung des Äquivalenzprinzips, in: Bohley, P. / Hanusch, H. /Wittmann, W. (Hrsg.): Beiträge zum Äquivalenzprinzip und zur Zweckbindung öffentlicher Einnahmen, Berlin, S. 93 – 109.

Bökemann, D. (1982): Raumplanung, München, Wien.

Bond, E. W. (1981): Tax Holidays and Industry Behavior, in: Review of Economics and Statistics 63, S. 88 – 95.

Bond, S. / Chennells, L. (2000): Corporate Income Taxes and Investment: A Comparative Study, Gutachten zuhanden der Bertelsmann Stiftung, Institute for Fiscal Studies, London.

Bordignon, M. / Giannini, S. / Panteghini, P. (2001): Reforming Business Taxation: Lessons from Italy?, in: International Tax and Public Finance 8, S. 191 – 210.

Boskin, M. J. / Gale, W. G. (1987): New Results on the Effects of Tax Policy on the International Location of Investment, in: Feldstein, M. S. (Hrsg.): The Effects of Taxation on Capital Accumulation, Chicago, S. 201 – 219.

Brandstetter, C. / Fries, M. (2002): E-Business im Vertrieb, München, Wien.

Brennan, G. / Buchanan, J. M. (1977): Towards a Tax Constitution for Leviathan, in: Journal of Public Economics 8, S. 255 – 273.

Brennan, G. / Buchanan, J. M. (1980): The Power to Tax. Analytical Foundations of a Fiscal Constitution, Cambridge u. a. O.

Brennan, G. / Buchanan, J. M. (1990): Consumption Taxation and Democratic Process, in: Rose, M. (Hrsg.): Heidelberg Congress on Taxing Consumption, Heidelberg, S. 191 – 217.

Brennan, G. / Buchanan, J. M. (1993/1985): The Reason of Rules. Constitutional Political Economy, Cambridge 1985. Zitiert nach der deutschen Übersetzung: Die Begründung von Regeln. Konstitutionelle politische Ökonomik, Tübingen 1993.

Breton, A. (1974): The Economic Theory of Representative Government, Chicago.

Bretschger, L. / Hettich, F. (2002): Globalisation, Capital Mobility and Tax Competition: Theory and Evidence for OECD Countries, in: European Journal of Political Economy 18, S. 695 – 716.

Brons, B. W. (1990): Nationale und internationale Besteuerung der Seeschiffahrt, Bielefeld.

Brümmerhoff, D. (2000): Finanzwissenschaft, 8. Aufl., München u. a. O.

Brunsbach, S. (2003): Electronic Commerce und Internationale Unternehmensbesteuerung, Lohmar, Köln.

Buchanan, J. M. (1949): The Pure Theory of Public Finance: A Suggested Approach, in: Journal of Political Economy 57, S. 496 – 505.

Buchanan, J. M. (1950): Federalism and Fiscal Equity, in: American Economic Review 40, S. 583 – 599.

Buchanan, J. M. (1977): Freedom in Constitutional Contract. Perspectives of a Political Economist, College Station (Texas).

Buchanan, J. M. (1980): Rent Seeking and Profit Seeking, in: Buchanan, J. M. / Tollison, R. D. / Tullock, G. (Hrsg.): Toward a Theory of the Rent-Seeking-Society, College Station (Texas), S. 3 – 15.

Buchanan, J. M. (1984/1975): The Limits of Liberty. Between Anarchy and Leviathan, Chicago, London 1975. Zitiert nach der deutschen Übersetzung: Die Grenzen der Freiheit: zwischen Anarchie und Leviathan, Tübingen 1984.

Buchanan, J. M. (1986): Liberty, Market and State: Political Economy in the 1980's, Brighton.

Buchanan, J. M. (1993): The Political Efficiency of General Taxation, in: National Tax Journal 46, No. 1, S. 401 – 410.

Buchanan, J. M. / Faith, R. L. (1987): Secession and the Limits of Taxation: Toward a Theory of Internal Exit, in: American Economic Review 77, S. 1023 – 1031.

Buchanan, J. M. / Lee, D. R. (1995): On a Fiscal Institution for the European Union, in: Journal des Economistes et des Etudes Humaines 5, S. 219 – 232.

Buchanan, J. M. / Tullock, G. (1962): The Calculus of Consent. Logical Foundations of Constitutional Democracy, Ann Arbor.

Buchanan, R. J. (2002): The New Millenium E-Commerce Tax Dilemma, in: Tax Notes International, S. 1097 – 1122.

Bucovetsky, S. / Wilson, J. D. (1991): Tax Competition with Two Tax Instruments, in: Regional Science and Urban Economics 21, S. 333 – 350.

Bund, D. (1984): Die Ökonomische Theorie der Verfassung – J. M. Buchanans Modell des Verfassungsvertrages und evolutionstheoretische Kritik, Baden-Baden.

Bundesministerium der Finanzen (2003a): Öffentlicher Kommentar zu dem Dokument der Business Profits TAG aus dem Februar 2001 zur Einkommenszuordnung einer in E-Commerce-Transaktionen engagierten Betriebstätte, in: Oestreicher, A. (Hrsg.): Internationale Verrechnungspreise, S. 152 – 161.

Bundesministerium der Finanzen (2003b): Finanzbericht 2004, Berlin.

Bundesverfassungsgericht (1999): Gesetz über verfassungskonkretisierende allgemeine Maßstäbe für die Verteilung des Umsatzsteueraufkommens, für den Finanzausgleich unter den Ländern sowie für die Gewährung von Bundesergänzungszuweisungen, BvF 2/98 vom 11.11.1999, Absatz-Nr. (1 – 347), http://www.bverfg.de (Oktober 2003).

Büttner, T. (1999): Nationaler und regionaler Steuerwettbewerb - Problematik und empirische Relevanz, in: Beihefte der Konjunkturpolitik 49, S. 111 – 142.

Büttner, T. (2001): Empirie des Steuerwettbewerbs: Zum Stand der Forschung, in: Müller, W. / Fromm, O. / Hansjürgens, B. (Hrsg.): Regeln für den europäischen Systemwettbewerb. Steuern und soziale Sicherungssysteme, Marburg, S. 53 – 70.

Caesar, R. (1980): "Pfennigabgabe" – fiskalisch motivierte Steuertarnung und Rückfall in die Fondswirtschaft? Eine finanzwissenschaftliche Analyse, in: Finanzarchiv N. F. 38, S. 385 – 416.

Caesar, R. (1994): Umweltsonderabgaben oder Umweltsteuern, in: Mackscheidt, K. / Ewringmann, D. / Gawel, E. (Hrsg.): Umweltpolitik mit hoheitlichen Zwangsabgaben? Karl-Heinrich Hansmeyer zur Vollendung seines 65. Lebensjahres, Berlin , S. 91 – 106.

Caldéron, J. M. (2000): Taxpayer Protection within the Exchange of Information Procedure Between State Tax Administration, in: Intertax 28, Issue 12, S. 462 – 475.

Cameron, D. R. (1978): The Expansion of the Public Economy: A Comparative Analysis, in: American Political Science Review 72, S. 1243 – 1261.

Cantwell, J. (1989): The Changing Form of Multinational Enterprise Expansion in the Twentieth Century, in: Teichova, A. / Lévy-Leboyer / Nussbaum, H. (Hrsg.): Historical Studies in International Corporate Business, Cambridge, S. 15 – 55.

Cantwell, J. (2001): Innovation and Information Technology in the MNE, in: Rugman, A. M. / Brewer, T. L. (Hrsg.): The Oxford Handbook of International Business, New York, S. 431 – 456.

Carey, D. / Tchilinguirian, H. (2000): Average Effective Tax Rates on Capital, Labour and Consumption, OECD Economics Department Working Paper 258, Paris.

Carlson, G. N. / Galper, H. (1984): Water's Edge versus Worldwide Unitary Combination, in: McLure, C. E. jr. (Hrsg.): The State Corporation Income Tax: Issues in Worldwide Unitary Combination, Stanford (California), S. 1 – 40.

Casella, A. / Frey, B. (1992): Federalism and Clubs. Towards an Economic Theory of Overlapping Jurisdictions, in: European Economic Review 36, S. 639 – 646.

Caves, R. E. (1971): International Corporations: The Industrial Economics of Foreign Investment, in: Economica 38, S. 1 – 27.

Caves, R. E. (1982): Multinational Enterprise and Technology Transfer, in: Rugman, A. M. (Hrsg.): New Theories of the Multinational Enterprise, London, Canberra, S. 254 – 279.

Caves, R. E. (1996): Multinational Enterprise and Economic Analysis, 2. Aufl., Cambridge.

Chennells, L. / Griffith, R. (1997): Taxing Profits in a Changing World, London.

CIA (2004): The World Factbook 2003, http://www.cia.gov/cia/publications/ factbook/ (August 2004).

Clausing, K. A. (1998): The Impact of Transfer Pricing on Intrafirm Trade, National Bureau of Economic Research Working Paper No. 6688, Cambridge (Mass.).

Cnossen, S. (2000): Taxing Capital in the Nordic Countries: A Model for the European Union, in: ders. (Hrsg.): Taxing Capital in the European Union. Issues and Options for Reform, Oxford, S. 180 – 213.

Coase, R. (1937): The Nature of the Firm, in: Economica 4, S. 386 – 405.

Coase, R. (1988): The Firm, the Market and the Law, Chicago, London.

Cockfield, A. J. (2002): The Law and Economics of Digital Taxation: Challenges to Traditional Tax Laws and Principles, in: Bulletin for International Fiscal Documentation 56 (12), S. 606 – 619.

Collins, J. H. / Kemsley, D. / Lang, M. (1998): Cross-Jurisdictional Income Shifting and Earnings Valuation, in: Journal of Accounting Research 36, S. 209 – 229.

Collins, J. H. / Shackelford, D. A. (1992): Foreign Tax Credit Limitations and Preferred Stock Issuances, in: Journal of Accounting Research 30, S. 103 – 124.

Congleton, R. D. (2002): Risk-Averse Taxpayers and the Allocation of Tax Enforcement Effort: Law Enforcement or Leviathan? Some Empirical Evidence, in: Public Finance Review 30, S. 456 – 476.

Copithorne, L. (1971): International Corporate Transfer Prices and Government Policy, in: Canadian Journal of Economics 4, S. 324 – 341.

Coppel, J. (2000): E-Commerce. Impacts and Policy Changes. OECD Economics Department Working Paper No. 252, Paris.

Coughlin, P. J. / Mueller, D. C. / Murrell, P. (1990): A Model of Electoral Competition with Interest-Groups, in: Economic Letters 32, S. 307 – 311.

Cowell, F. A. (1990): Cheating the Government. The Economics of Evasion, Cambridge (Mass.), London.

Cummins, J. G. / Hubbard, R. G. (1995): Tax Sensivity of Foreign Direct Investment: Evidence from Firm-Level Panel Data, in: Feldstein, M. S. / Hines, J. R. jr. / Hubbard, R. G. (Hrsg.): The Effects of Taxation on Multinational Corporations. Chicago, S. 123 – 147.

Daumann, F. (1999): Interessenverbände im politischen Prozeß. Eine Analyse auf Grundlage der Neuen Politischen Ökonomie, Tübingen.

Debatin, H. / Wassermeyer, F. (2003): Doppelbesteuerung. Kommentar zu allen deutschen Doppelbesteuerungsabkommen, Band I: Kommentierung des OECD – Musterabkommens, Loseblattsammlung, Stand Oktober 2003, München.

Dent, C. M. (1997): The European Economy. The Global Context, London, New York.

Desai, M. A. / Foley, C. F. / Hines, J. R. jr. (2001): Repatriation Taxes and Dividend Distortions, in: National Tax Journal 54, S. 829 – 851.

Desai, M. A. / Foley, C. F. / Hines, J. R. jr. (2002): Chains of Ownership, Regional Tax Competition and Foreign Direct Investment, National Bureau of Economic Research Working Paper No. 9224, Chicago, (Mass.).

Deutscher Bundestag (2001): Plenarprotokoll 14/167, Stenographischer Bericht der 167. Sitzung des deutschen Bundestages, 10. Mai 2001, Berlin, http://www.bundestag.de/datbk/index.html (Oktober 2003).

Devereux, M. P. / Freeman, H. (1995): The Impact of Tax on Foreign Direct Investment: Empirical Evidence and the Implications for Tax Integration Schemes, in: International Tax and Public Finance 2, S. 85 – 106.

Devereux, M. P. / Griffith, R. / Klemm, A. (2002): Corporate Income Tax Reforms and International Tax Competition, in: Economic Policy, S. 451 – 495.

Devereux, M. P. / Pearson, M. (1989): Corporate Tax Harmonisation and Economic Efficiency, London.

Diamond, P. A. / Mirrlees, J. A. (1971): Optimal Taxation and Public Production I: Production Efficiency, in: American Economic Review 61, S. 8 – 27.

Dicken, P. (1992): Global Shift. The Internalisation of Economic Activity, London.

Dickescheid, T. (2002): Steuerwettbewerb und Direktinvestitionen, Tübingen.

Docclo, C. (2001): National Report Belgium, in: International Fiscal Association (Hrsg.): Cahiers De Droit Fiscal International. Studies on International Fiscal Law, Vol. 84b: Limits on the Use of Low-Tax Regimes by Multinational Businesses: Current Measures and Emerging Trends, den Haag u. a. O., S. 399 – 420.

Doernberg, L. / Hinnekens, L. / Hellerstein, W. / Li, J. (2001): Electronic Commerce and Multijurisdictional Taxation, den Haag u. a. O.

Dooley, M. / Frenkel, J. / Mathieson, D. (1987): International Capital Mobility. What Do the Saving-Investment Correlation Tell Us?, in: IMF Staff Papers 34 (3), S. 503 – 530.

Douvier, P.-J. (2001): National Report France, in: International Fiscal Association (Hrsg.): Cahiers De Droit Fiscal International. Studies on International Fiscal Law, Vol. 84b: Limits on the Use of Low-Tax Regimes by Multinational Businesses: Current Measures and Emerging Trends, den Haag u. a. O., S. 495 – 522.

Downs, A. (1968/1957): An Economic Theory of Democracy, New York 1957. Zitiert nach der deutschen Übersetzung: Ökonomische Theorie der Demokratie, Tübingen, 1968.

Doxey, M. P. (1987): International Sanctions in Contemporary Perspective, New York.

Dreßler, G. (2000): Gewinn- und Vermögensverlagerungen in Niedrigsteuerländer und ihre steuerliche Überprüfung, 3. Aufl., Neuwied, Kriftel.

Dudenhöffer, F. (2001): Internet-Einkaufsplattformen, in: Das Wirtschaftsstudium, Heft 2/2001, S. 200 – 206.

Dunning, J. H. (2001): The Key Literature on IB Activities: 1960 – 2000, in: Rugman, A. M. / Brewer, T. L. (Hrsg.): The Oxford Handbook of International Business, New York, S. 36 – 68.

Dunning, J. H. / Narula, R. (1996): Developing Countries versus Multinationals in a Globalising World: The Dangers of Falling Behind, Research Memorandum 2/96-022, MERIT, Maastricht.

Eaton, J. / Engers, M. (1992): Sanctions, in: Journal of Political Economy 100, Nr. 51, S. 899 – 928.

Edwards, C. / de Rugy, V. (2002): International Tax Competition: A 21st Century Constraint on Government, in: Tax Notes International, Juli 2002, S. 63 – 110.

Edwards, J. / Keen, M. (1996): Tax Competition and Leviathan, in: European Economic Review 40, S. 113 – 134.

Eggert, W. / Kolmar, M. (2002): Residence-Based Capital Taxation in a Small Open Economy: Why Information is Voluntarily Exchanged and Why it is Not, in: International Tax and Public Finance 9, S. 465 – 482.

Eichenberger, R. (1994): The Benefits of Federalism and the Risk of Overcentralization, in: Kyklos 47, No. 3, S. 403 – 420.

Elazar, D. (1985): Federalism and Consociational Regimes, in: ders. (Hrsg.): Federalism and Consociationalism: A Symposium 15, Number 2 of Publius – The Journal of Federalism.

Endres, D. / Thies, A. (1998): Controlled Foreign Corporations: The German Rules in Theory and Practice, in: Intertax 26, S. 293 – 300.

Erlei, M. (1998): Institutionen, Märkte und Marktphasen. Allgemeine Transaktionskostentheorie unter spezieller Berücksichtigung der Entwicklungsphasen von Märkten, Tübingen.

Erlei, M. / Leschke, M. / Sauerland, D. (1999): Neue Institutionenökonomik, Stuttgart.

Ernst & Young (2001b): Ireland 12.5% Corporate Tax and other Tax Advantages, http://www.ey.com (November 2002).

Europäische Kommission (1998): Elektronischer Handel und indirekte Steuern – Mitteilung der Kommission an den Rat, das Europäische Parlament und den Wirtschafts- und Sozialausschuss-KOM (98) 374 endgültig. http://europa.eu.int/, (Januar 2002).

Europäische Kommission (2000a): Vorschlag für eine Richtlinie des Rates zur Änderung der Richtlinie 77/388/EWG bezüglich der mehrwertsteuerlichen Behandlung bestimmter elektronisch erbrachter Dienstleistungen, KOM (2000) 349 endgültig.

Europäische Kommission (2000b): Inventar der Steuern, die in den Mitgliedstaaten der Europäischen Union erhoben werden, 17. Aufl., http://europa.eu.int/, (November 2002).

Europäische Kommission (2001a): Mitteilung der Kommission an den Rat, das Europäische Parlament und den Wirtschafts- und Sozialausschuss. Steuerpolitik in der Europäischen Union – Prioritäten für die nächsten Jahre, KOM (2001) 260 endgültig.

Europäische Kommission (Hrsg.) (1992): Bericht des unabhängigen Sachverständigenausschusses zur Unternehmensbesteuerung (Ruding-Bericht), Amt für amtliche Veröffentlichungen der Europäischen Gemeinschaften, Luxemburg.

Evans, C. / Ritchie, K. / Tran-Nam, B. / Walpole, M. (1997): Taxpayer Costs of Compliance, Australian Taxation Office, AGPS, Canberra.

Feinberg, J. (1973): Social Philosophy, Englewood Cliffs, New York.

Feld, L. P. (2000): Steuerwettbewerb und seine Auswirkungen auf Allokation und Distribution, Tübingen.

Feld, L. P. (2001): Eine empirische Analyse der Auswirkungen des internationalen Steuerwettbewerbs. Gutachten zuhanden der UBS AG Zürich, o. O.

Feldstein, M. S. / Bacchetta, P. (1991): National Saving and International Investment, in: Bernheim, B. D. / Shoven, J. B. (Hrsg.): National Saving and Economic Performance, Chicago, S. 201 – 220.

Feldstein, M. S. / Horioka, C. (1980): Domestic Saving and International Capital Flows, in: Economic Journal 90, S. 314 – 329.

Ferguson, J. / Khandelwal, V. (2000): Growth, IT and Global Organization, in: Roche, E. M. / Blaine, M. J. (Hrsg.): Information Technology and Multinational Enterprise, Cheltenham, Northampton (Mass.), S. 185 – 216.

Fetscher, I. (1966): Einleitung, in: Fetscher, I. (Hrsg.): Thomas Hobbes Leviathan, Neuwied, Berlin, S. IX – LXVI.

Fetzer, T. (2000): Die Besteuerung des Electronic Commerce im Internet, Frankfurt/M.

Fischer, L. (1989): Deutschland. Nationalberichterstatter Prof. Dr. Lutz Fischer, in: Sandford, C. (Hrsg.): Administration and Compliance Cost of Taxation. Studies on International Law, Vol. 74, Boston.

Fohr, I. (2001): Besteuerungskonzept für Holdinggesellschaften, Frankfurt/M. u. a. O.

Folkers, C. (1982): Konzepte und Maßnahmen zur Begrenzung von Steuern und Staatsausgaben in den USA. Diskussionsbeiträge aus dem Institut für Volkswirtschaftslehre Nr. 11/1982, Universität Hohenheim.

Folkers, C. (1996): Konstitutionelle Ökonomik und Finanzwissenschaft, in: Pies, I. / Leschke, M. (Hrsg.): James Buchanans konstitutionelle Ökonomik, Tübingen, S. 111 – 149.

Frenkel, J. A. / Razin, A. / Sadka, E. (1991): International Taxation in an Integrated World, Cambridge (Mass.).

Frenz, W. (1997): Unternehmensteuerkonzeptionen im Lichte des Eigentumsgrundrechts und des Leistungsfähigkeitsprinzips, in: Steuer und Wirtschaft, H. 2, S. 116 – 130.

Frey, B. S. (1985): Internationale Politische Ökonomie, München.

Frey, B. S. (1991): The Public Choice View of International Political Economy, in: Crane, G. T. / Amawi, A. (Hrsg.): The Theoretical Evolution of International Political Economy, New York, Oxford, S. 219 – 231.

Frey, B. S. (2002): Liliput oder Leviathan? Der Staat in der globalisierten Wirtschaft, in: Perspektiven der Wirtschaftspolitik 3 (2002), S. 363 – 375.

Frey, B. S. / Eichenberger, R. (1996): To Harmonize or to Compete? That's not the Question, in: Journal of Public Economics 60, S. 335 – 349.

Frey, B. S. / Kirchgässner, G. (2002): Demokratische Wirtschaftpolitik, 3. Aufl., München.

Frey, B. S. / Schneider, B. (1984): International Political Economy. A Rising Field, in: Economica Internazionale 37, S. 308 – 347.

Froot, K. A. / Hines, J. R. jr. (1994): Interest Allocation Rules, Financing Patterns, and the Operation of U.S.Multinationals, National Bureau of Economic Research Working Paper No. 4924, Cambridge (Mass.).

Fuest, C. (1995): Eine Fiskalverfassung für die Europäische Union, Köln.

Fuest, C. (1997): Internationale Koordination der Fiskalpolitik: Wohlfahrtsökonomische versus Politökonomische Sicht, in: Jahrbuch für Wirtschaftswissenschaften 48, S. 174 – 192.

Fuest, C. / Riphahn, R. T. (2001): Ist die Gewerbesteuer eine Äquivalenzsteuer?, in: Jahrbücher für Nationalökonomie und Statistik 221/1, S. 14 – 31.

Fuest, W. / Huber, B. (1999): Steuern als Standortfaktor im internationalen Wettbewerb. Institut der deutschen Wirtschaft, Beiträge zur Wirtschafts- und Sozialpolitik, Köln.

Fuisting, B. (1902): Grundzüge der Steuerlehre, Berlin.

Fujii, E. / Chinn, M. (2001): Fin de Siecle Interest Parity, in: Review of International Economics 11, Nr. 3, S. 289 – 308.

Gabriel, J. M. (1995): Wirtschaftssanktionen: Ein Bezugsrahmen. Diskussionsbeitrag Nr. 241, Universität St. Gallen, St. Gallen.

Galbraith, J. K. (1952): American Capitalism: The Concept of Countervailing Power, Boston.

Gandenberger, O. (1983): Kapitalexportneutralität versus Kapitalimportneutralität, Aufsätze zur Wirtschaftspolitik Nr. 7, Forschungsinstitut für Wirtschaftspolitik an der Universität Mainz, Mainz.

Garciano, L. / Kaplan, S. N. (2000): The Effect of Business-to-Business E-Commerce on Transaction Costs, National Bureau of Economic Research Working Paper 8017, Cambridge (Mass.).

Gardner, E. H. (1992): Taxes on Capital Income: A Survey, in: Kopits, G. (Hrsg.): Tax Harmonisation in the European Community: Policy Issues and Analysis, Washington D. C., S. 52 – 71.

Garrett, G. (1995): Capital Mobility, Trade and the Domestic Politics of Economic Policy, in: International Organisation 49, Nr. 4, S. 657 – 687.

Garrett, G. / Mitchell, D. (2001): Globalization, Government Spending and Taxation in the OECD, in: European Journal of Political Research 39 (2), S. 145 – 177.

Gawel, E. (1995): Die kommunalen Gebühren. Ökonomische, ökologische und rechtliche Ansätze einer gesamtwirtschaftlichen Neuorientierung, Berlin.

GBDe (1999): The Paris Recommendations, www.gbde.org/acrobat/paris99.pdf (Januar 2002).

GBDe (2002): Brussels Recommendations, www.gbde.org/bxl2002.pdf, (November 2002).

Genser, B. (2002): Coordinating VATs Between EU Member States, CESifo Working Paper No. 648 (1), München.

Genser, B. / Haufler, A. (1999): Harmonization of Corporate Income Taxation in the EU, in: Aussenwirtschaft 54, S. 319 – 348.

Gerken, L. / Märkt, J. / Schick, G. (2000): Internationaler Steuerwettbewerb. Untersuchungen zur Ordnungstheorie und Ordnungspolitik, Bd. 40, Tübingen.

Gitschier, W. (1997): Kommunale Haushaltskonsolidierung zwischen "Fiscal Stress" und "Political Stress": Dargestellt am Beispiel sächsischer Städte und Gemeinden, Neustadt, Coburg.

Göcke, M. / Köhler, T. (2002): Außenwirtschaft: Ein Lern- und Übungsbuch, Heidelberg.

Goette, T. (1994): Standortpolitik internationaler Unternehmen, Göttingen.

Goolsbee, A. (2000): In a World without Borders. The Impact of Taxes on Internet Commerce, in: The Quarterly Journal of Economics, May 2000, S. 561 – 576.

Göpffarth, D. (2001): Die Besteuerung multinationaler Unternehmen aus europäischer Perspektive, Baden-Baden.

Gordon, H. S. (1954): The Economic Theory of a Common Property Resource: The Fishery, in: Journal of Political Economy 62, S. 124 – 142.

Gordon, R. H. (1983): An Optimal Taxation Approach to Fiscal Federalism, in: Quarterly Journal of Economics, 98, S. 567 – 586.

Gordon, R. H. (1986): Taxation of Investment and Savings in a World Economy, in: American Economic Review 76, S. 1086 – 1102.

Gordon, R. H. / Bovenberg, A. L. (1996): Why is Capital so Immobile Internationally? Possible Explanations and Implications for Capital Income Taxation, in: American Economic Review 86, S. 1057 – 1075.

Gordon, R. H. / Hines, J. R. (2002): International Taxation, in: Auerbach, A. J. / Feldstein, M. S. (Hrsg.): Handbook of Public Economics, Vol. 4, Amsterdam u. a. O., S. 1935 – 1995.

Gordon, R. H. / MacKie-Mason, J. (1995): Why is there a Corporate Taxation in a Small Open Economy? The Role of Transfer Pricing and Income Shifting, in: Feldstein, M. S. / Hines, J. jr. / Hubbard, R. G. (Hrsg.): The Effects of Taxation on Multinational Corporations, Chicago, London, S. 67 – 91.

Government of Anguilla (2002a): Budget Adress 2001, http://www.gov.ai/ 2001Budget.htm, (Oktober 2002).

Government of Anguilla (2002b): A New Telecommunications Regulatory Framework for Anguilla, http://www.gov.ai/telecommunications/index.htm, (Oktober 2002).

Government of Anguilla (2002c): Anguilla Financial Services, http://www.anguillafsc.com/pdfs.htm, (Oktober 2002).

Gresik, T. A. (2001): The Taxing Task of Taxing Transnationals, in: Journal of Economic Literature 39, S. 800 – 838.

Gresik, T. A. / Nelson, D. (1994): Incentive Compatible Regulation of a Foreign-Owned Subsidiary, in: Journal of International Economics 36, S. 309 – 331.

Grossekettler, H. (1994): Grundsätze marktwirtschaftlicher Finanzpolitik, in: Herrmann-Pillath, C. / Schlecht, O. / Wünsche, H. F. (Hrsg.): Marktwirtschaft als Aufgabe, Stuttgart, S. 377 – 399.

Grossekettler, H. (2000): Steuerstaat versus Gebührenstaat. Vor- und Nachteile, in: Sacksofsky, U. / Wieland, J. (Hrsg.): Vom Steuerstaat zum Gebührenstaat, Baden-Baden, S. 24 – 45.

Grossman, G. M. / Helpman, E. (2002): Interest Groups and Trade Policy, Princeton, Oxford.

Grubert, H. (1998): Taxes and the Division of Foreign Operating Incomes among Royalties, Interest, Dividends and Retained Earnings, in: Journal of Public Economics 68, S. 269 – 290.

Grubert, H. (2003): Intangible Income, Intercompany Transactions, Income Shifting, and the Coice of Locations, in: National Tax Journal 66, No. 1, S. 221 – 242.

Grubert, H. / Mutti, J. (1991): Taxes, Tariffs and Transfer Pricing in Multinational Corporate Decision Making, in: Review of Economics and Statistics 33, S. 285 – 293.

Grubert, H. / Mutti, J. (2000): Do Taxes Influence where U.S. Corporations Invest?, in: National Tax Journal 53, S. 825 – 839.

Grubert, H. / Slemrod, J. (1998): The Effect of Taxes on Investment and Income Shifting to Puerto Rico, in: Review of Economics and Statistics 80, S. 365 – 373.

Grüske, K.-D. (1991): Zur Bürokratieverlagerung im Steuerwesen. Kosten der Steuern innerhalb und ausserhalb der öffentlichen Administration, in: Das öffentliche Haushaltswesen in Österreich, 32. Jg., Heft 1 – 2, S. 43 – 62.

Gygi, B. (1991): Internationale Organisationen aus Sicht der Neuen Politischen Ökonomie, Heidelberg.

H. M. Treasury (2001): Budget 2001 Press Notice: General Betting Duty Abolished, http://www.hm-treasury.gov.uk, November (2002).

Hafner, K. / Lyon, M. (1997): Arpa Kadabra: Die Geschichte des Internets, Heidelberg.

Haiß, U. (2000): Gewinnabgrenzung bei Betriebstätten im Internationalen Steuerrecht: Vermögens-, Aufwands- und Ertragszuordnung nach OECD-Musterabkommen und neuem Betriebstättenerlass, Neuwied.

Haller, H. (1972/73): Zur Diskussion über das Leistungsfähigkeitsprinzip, in: Finanzarchiv N. F. 31, S. 461 – 494.

Haller, H. (1981): Die Steuern, 3. Aufl., Tübingen.

Hamada, K. (1966): Strategic Aspects of Taxation on Foreign Investment Income, in: Quarterly Journal of Economics 80, S. 361 – 375.

Hansen, H. R. / Neumann, G. (2001): Wirtschaftsinformatik I. Grundlagen der betrieblichen Informationsverarbeitung, 8. Aufl., Stuttgart.

Hansjürgens, B. (1993): Sonderabgaben in finanzwissenschaftlicher Sicht – am Beispiel der Umweltpolitik, in: Steuer und Wirtschaft 70, S. 20 – 34.

Hansjürgens, B. (1997): Äquivalenzprinzip und Finanzpolitik: Ein Besteuerungsprinzip (erneut) auf dem Prüfstand, in: Zeitschrift für Wirtschaftspolitik 46, Heft 3, S. 275 – 301.

Hansjürgens, B. (2000): The Influence of Knut Wicksell on Richard Musgrave and James Buchanan, in: Public Choice 103, S. 95 – 116.

Hansjürgens, B. (2001a): Äquivalenzprinzip und Staatsfinanzierung, Berlin.

Hansjürgens, B. (2001b): Das Äquivalenzprinzip als zentraler Maßstab für fairen Steuerwettbewerb. Anmerkungen aus finanzwissenschaftlicher Sicht, in: Müller, W. / Fromm, O. / Hansjürgens, B. (Hrsg.): Regeln für den europäischen Systemwettbewerb. Steuern und soziale Sicherungssysteme, Marburg, S. 71 – 88.

Hantzsch, D. (2001): Der Datenzugriff durch die Finanzverwaltung. Anmerkungen aus der Sicht der Betriebsprüfungspraxis. Hefte zur internationalen Besteuerung, Heft 138. Diskussionsbeiträge aus dem Institut für Ausländisches und Internationales Finanz- und Steuerwesen, Hamburg.

Hanusch, H. (1981): Äquivalenzprinzip und kollektive Güter – Allokationstheoretische Aspekte, in: Bohley, P. / Hanusch, H. /Wittmann, W. (Hrsg.): Beiträge zum Äquivalenzprinzip und zur Zweckbindung öffentlicher Einnahmen, Berlin, S. 37 – 92.

Harris, D. / Morck, R. / Slemrod, J. / Yeung, B. (1993): Income Shifting in U.S. Multinational Corporations, in: Giovannini, A. / Hubbard, R. G. / Slemrod, J. (Hrsg.): Studies in International Taxation, Chicago, S. 277 – 302.

Harris, D. G. (1993): The Impact of U.S. Tax Law Revision on Multinational Corporations' Capital Location and Income Shifting, in: Journal of Accounting Research (Supplement) 31, S. 111 – 140.

Harris, P. A. (1996): Corporate/Shareholder Income Taxation and Allocating Taxing Rights Between Countries, Amsterdam.

Harsanyi, J. C. (1975): Can the Maximin Principle Serve as a Basis for Morality? A Critique of John Rawl's Theory, in: American Political Science Review 69, S. 594 – 606.

Hartman, D. G. (1981): Domestic Tax Policy and Foreign Investment, National Bureau of Economc Research Working Paper No. 784, Cambridge (Mass.).

Hartman, D. G. (1984): Tax Policy and Foreign Direct Investment in the United States, in: National Tax Journal 37, S. 475 – 488.

Hartman, D. G. (1985): Tax Policy and Foreign Direct Investment, in: Journal of Public Economics 26, S. 197 – 121.

Hasse, R. (1977): Wirtschaftliche Sanktionen als Mittel der Außenpolitik: Das Rhodesien-Embargo, Berlin.

Hasseldine, J. (1998): Economic Determinants of Tax Compliance Costs under a Value Added Tax System, in: Advances in Taxation 10, S. 129 – 144.

Haucap, J. / Kirstein, R. (2002): Umweltsteuern und Emissionslizenzen im Leviathan-Staat, in: Zeitschrift für Umweltpolitik und Umweltrecht 25, S. 515 – 534.

Haufler, A. (2001): Taxation in a Global Economy, Cambridge.

Hayek, F. A. von (1973): Law, Legislation and Liberty. A New Statement of the Liberal Principles of Justice and Political Economy, Vol. 1: Rules and Order, Chicago.

Hefeker, C. / Menck, K. W. (2002): Wie wirkungsvoll sind Sanktionen? Das Beispiel Südafrika, Hamburgisches Welt-Wirtschafts-Archiv, HWWA Report 220, Hamburg.

Heilemann, U. / Loeffelholz, H. D. von / Renn, S. M. (2000): Are Your Taxes (Too) Set in Beijing? – Einfluss der Globalisierung auf die Steuereinnahmen in Deutschland. Rheinisch-Westfälisches Institut für Wirtschaftsforschung, RWI-Papiere Nr. 68, Essen.

Heinrich, L. J. (2001): Wirtschaftsinformatik: Einführung und Grundlage, 2. Aufl., München u. a. O.

Held, D. (1995): Democracy and the Global Order, Cambridge.

Hellerstein, W. (1997): Taxation of Telecommunication and Electronic Commerce: Overview and Appraisal, in: State Tax Notes 520 (February 17, 1997).

Helpman, E. (1999): R&D and Productivity: The International Connection, in: Razin, A. / Sadka, E. (Hrsg.): The Economics of Globalization. Policy Perspectives from Public Economics, Cambridge, S. 17 – 30.

Herder-Dorneich, P. / Groser, M. (1977): Ökonomische Theorie des politischen Wettbewerbs, Göttingen.

Herkenrath, M. (2003): Transnationale Konzerne im Weltsystem, Wiesbaden.

Hettich, W. / Winer, S. (1998): What is Missed if we Leave Out Collective Choice in the Analysis of Taxation, in: National Tax Journal 51, S. 373 – 389.

Hettich, W. / Winer, S. L. (1999): Democratic Choice and Taxation. A Theoretical and Empirical Analysis, Cambridge.

Heun, W. (2000): Die Entwicklung des Steuerstaatskonzepts in theoretischer und tatsächlicher Hinsicht, in: Sacksofsky, U. / Wieland, J. (Hrsg,): Vom Steuerstaat zum Gebührenstaat, Baden-Baden, S. 10 – 21.

Hines, J. R. jr. (1993): On the Sensivity of R&D to Delicate Tax Changes: The Behavior of U.S. Multinationals in the 1980s, in: Giovannini, A. / Hubbard, R. G. / Slemrod, J. (Hrsg.): Studies in International Taxation, Chicago, S. 149 – 187.

Hines, J. R. jr. (1994a): Credit and Deferral as International Investment Incentives, in: Journal of Public Economics 55, S. 323 – 347.

Hines, J. R. jr. (1994b): No Place Like Home: Tax Incentives and the Location of R&D by American Multinationals, in: Poterba, J. M. (Hrsg.): Tax Policy and the Economy, Cambridge (Mass.), S. 65 – 104.

Hines, J. R. jr. (1997): International Taxation and Corporate R&D: Evidence and Implications, in: Poterba, J. (Hrsg.): Borderline Case. International Tax Policy, Corporate Research and Development and Investment, Washington D. C., S. 39 – 52.

Hines, J. R. jr. / Hubbard, R. G. (1990): Coming Home to America: Dividend Repatriations by U.S. Multinationals, in: Razin, A. / Slemrod, J. (Hrsg.): Taxation in the Global Economy, Chicago, S. 161 – 200.

Hines, J. R. jr. / Jaffe, A. B. (2001): International Taxation and the Location of Inventive Activity, in: Hines, J. R. jr. (Hrsg.): International Taxation and Multinational Activity, Chicago, London, S. 201 – 226.

Hines, J. R. jr. / Rice, E. M. (1994): Fiscal Paradise: Foreign Tax Havens and American Business, in: The Quarterly Journal of Economics 109, S. 149 – 182.

Hinnekens, L. (1999): International Taxation of Electronic Commerce: An Emerging Framework, in: Intertax 27, Nr. 12, S. 440 – 444.

Hinsch, W. (2002): Gerechtfertigte Ungleichheiten. Grundsätze sozialer Gerechtigkeit, Berlin, New York.

Hirschman, A. O. (1945): National Power and the Structure of Foreign Trade, Berkeley.

Hirschman, A. O. (1974/1970): Exit, Voice and Loyalty, Cambridge (Mass.) 1970. Zitiert nach der deutschen Übersetzung: Abwanderung und Widerspruch. Reaktionen auf Leistungsabfall bei Unternehmungen, Organisationen und Staaten, Tübingen 1974.

Hirschman, A. O. (1987): Exit and Voice, in: Eatwell, J. / Milgate, M. / Newman, P. (Hrsg.): The New Palgrave – A Dictionary of Economics, Bd. 2, London u. a. O., S. 219 – 224.

Hobbes, T. (1651/1984): Leviathan, London 1651. Zitiert nach der deutschen Übersetzung: Leviathan oder Stoff, Form und Gewalt eines kirchlichen und bürgerlichen Staates, Baden-Baden 1984.

Hoekman, B. M. / Kostecki, M. M. (2001): The Political Economy of the World Trading System. The WTO and Beyond, 2. Aufl., Oxford u. a. O.

Höffe, O. (1977): Kritische Einführung in Rawls' Theorie der Gerechtigkeit, in: Höffe, O. (Hrsg.): Über John Rawls' Theorie der Gerechtigkeit, Frankfurt/M., S. 11 – 40.

Höffe, O. (1998): Einführung in Rawls' Theorie der Gerechtigkeit, in: Höffe, O. (Hrsg.): Eine Theorie der Gerechtigkeit, Berlin, S. 3 – 26.

Höhn, E. / Waldburger, R. (2001): Steuerrecht, Band I, 9. Aufl., Stuttgart, Bern.

Holcombe, R. G. (1998): Tax Policy from a Public Choice Perspective, in: National Tax Journal 51, No. 2, S. 359 – 371.

Homann, K. / Suchanek, A. (2000): Ökonomik. Eine Einführung, Tübingen.

Homburg, S. (1999): Competition and Co-ordination in International Capital Income Taxation, in: Finanzarchiv N. F. 56, S. 1 – 17.

Homburg, S. (2000): Allgemeine Steuerlehre, 2. Aufl., München.

Höppner, H.-D. (2001): Das Äquivalenzprinzip als zentraler Maßstab für fairen Steuerwettbewerb. Bemerkungen dazu aus Sicht der Finanzverwaltung, in: Müller, W. / Fromm, O. / Hansjürgens, B. (Hrsg.): Regeln für den europäischen Systemwettbewerb. Steuern und soziale Sicherungssysteme, Marburg, S. 89 – 104.

Horner, F. M. / Owens, J. (1996): Tax and the Web: New Technology, Old Problems, in: Bulletin for International Fiscal Documentation 50, No. 11/12 (November/Dezember 1996), S. 516 – 523.

Horst, T. (1971): Theory of the Multinational Firm: Optimal Behavior under Differing Tariff and Tax Rates, in: Journal of Political Economics 79, S. 1059 – 1072.

Horst, T. (1977): American Taxation of Multinational Firms, in: American Economic Review 67, S. 376 – 389.

Horst, T. (1980): A Note on the Optimal Taxation of International Investment Income, in: Quarterly Journal of Economics 94, S. 793 – 798.

Hotelling, H. (1929): Stability in Competition, in: Economic Journal 39, S. 41 – 57.

Howe, B.-A. (2001): National Report New Zealand, in: International Fiscal Association (Hrsg.): Cahiers De Droit Fiscal International. Studies on International Fiscal Law, Vol. 84b: Limits on the Use of Low-Tax Regimes by Multinational Businesses: Current Measures and Emerging Trends, den Haag u. a. O., S. 339 – 370.

Huber, B. (1997): Der Steuerwettbewerb: Gefahr oder Chance, in: List Forum für Wirtschafts- und Finanzpolitik 23, Heft 3, S. 242 – 256.

Huizinga, H. / Nicodeme, G. (2003): Foreign Ownership and Corporate Income Taxation: An Empirical Evaluation, Centre for Economic Policy Research Discussion Paper No. 3952.

Huizinga, H. / Nielsen, S. B. (2003): Withholding Taxes or Information Exchange: The Taxation of International Interest Flows, in: Journal of Public Economics 87, S. 39 – 72.

Hummer, W. / Weiss, F. (1997): Vom GATT '47 zur WTO '94. Dokumente zur alten und zur neuen Welthandelsordnung, Wien.

Irish Revenue Commissioner (2000): Electronic Commerce and the Irish Tax System, http://www.revenue.ie/services/e_comm.htm, (November 2002).

Isaac, M. R. / Mathie, D. / Zajac, E. E. (1991): Institutional Framing and Perceptions of Fairness, in: Constitutional Political Economy 2, No. 3, S. 329 – 370.

Jacobs, O. H. (2002): Internationale Unternehmensbesteuerung, 5. Aufl., München.

Jäger, M. (1977): Steuertechnik, in: Handwörterbuch der Wirtschaftswissenschaften, Bd.7, 3. Aufl., Stuttgart u. a. O., S. 427 – 436.

James, K. (2003): Newsletter, November 2003, http://www.lowtax.net.

Janeba, E. (1997): International Tax Competition, Tübingen.

Jarass, L. / Obermair, G. M. (2004): Geheimnisse der Unternehmenssteuern. Steigende Dividenden, sinkendes Steueraufkommen. Eine Analyse der DAX30 Geschäftsberichte 1996-2002 unter Berücksichtigung der Volkwirtschaftlichen Gesamtrechnung, Marburg.

Jenetzky, J. (1978): System und Entwicklung des materiellen Steuerrechts in der wissenschaftlichen Literatur des Kameralismus von 1680 – 1840, Berlin.

Jing, C. / Kaempfer, W. H. / Lowenberg, A. D. (2003): A Public Choice Model of the Role of International Firms in International Relations, in: North American Journal of Economics and Finance 14, S. 131 – 144.

Jones, G. / Schröter, H. G. (1993): Continental European Multinationals, 1850 – 1992, in: Jones, G. / Schröter, H. G. (Hrsg.): The Rise of Multinationals in Continental Europe, Hants (England), S. 3 – 27.

Kaempfer, W. H. / Lehman, J. A. / Lowenberg, A. D. (1987): The Economics of the Call for Anti-Apartheid Investment Sanctions, in: Social Science Quarterly 68, S. 528 – 538.

Kaempfer, W. H. / Lowenberg, A. / Mocan, H. / Topyan, K. (1995): International Sanctions and Anti-Apartheid Politics in South Africa: An Empirical Investigation, in: Journal for Studies in Economics and Econometrics 19, Nr. 1, S. 1 – 27.

Kaempfer, W. H. / Lowenberg, A. D. (1992): International Economic Sanctions. A Public Choice Perspective, Boulder u. a. O.

Kagelmann, U. (2001): Shared Services als alternative Organisationsform: am Beispiel der Finanzfunktion im multinationalen Konzern, Wiesbaden.

Kaminski, B. (2000): Die Zuordnung von Vermögen und die Bestimmung der Einkünfte, in: Strunk, G. (Hrsg.): Steuern und Electronic Commerce: Möglichkeiten und Grenzen der Steuergestaltung, Neuwied, S. 124 – 184.

Kaminski, B. (2001): Formula Apportionment, in: Müller, W. / Fromm, O. / Hansjürgens, B. (Hrsg.): Regeln für den europäischen Systemwettbewerb. Steuern und soziale Sicherungssysteme, Marburg, S. 133 – 152.

Kaminski, B. / Strunk, G. (1999): Verrechnungspreisaspekte von Geschäften im Internet, in: Internationales Steuerrecht 7/99, S. 217 – 224.

Kaufman, N. H. (1998): Fairness and the Taxation of International Income, in: Law and Policy in International Business 29, No. 2, S. 145 – 203.

Keane, P. (2000): Irish Taxation of E-Commerce, in: Westin, R. A. (Hrsg.): International Taxation of Electronic Commerce, den Haag u. a. O., S. 599 – 623.

Keen, M. (1990): Corporation Tax, Foreign Direct Investment and the Single Market. Department of Economics Discussion Paper No. 367, University of Essex, Colchester.

Keen, M. / Kotsogiannis, C. (2003): Leviathan and Capital Tax Competition in Federations, in: Journal of Public Economic Theory 5, S. 177 – 199.

Kessler, W. (2002): Das Steuerrecht der Neuen Medien. Beratungshandbuch zum E-Commerce, Internet und zur Telekommunikation, Loseblattsammlung, Stand März 2002, Köln.

Kiener, S. (1990): Die Prinzipal-Agent-Theorie aus informationsökonomischer Sicht, Heidelberg.

Kindleberger, C. P. (1951): Group Behavior and International Trade, in: Journal of Political Economy 59, S. 20 – 47.

Kindleberger, C. P. (1969): American Business Abroad: Six Lectures on Direct Investment, New Haven.

Kirsch, G. (1997): Neue Politische Ökonomie, 4. Auflage, Düsseldorf.

Kitterer, W. (1989): Kosten der Bürokratieüberwälzung, Kiel.

Klau, A. (1999): Globalisierung. Definition, Bestimmungsgründe, Auswirkungen. Diskussionsbeiträge des Instituts für Allgemeine Wirtschaftsforschung, Albert-Ludwigs-Universität, Freiburg im Breisgau.

Klodt, H. (2001): Internationale Direktinvestitionen und Standortwettbewerb, in: Gerken, L. / Graf Lambsdorff, O. (Hrsg.): Ordnungspolitik in der Weltwirtschaft, Baden-Baden, S. 78 – 85.

Klugman, G. (2001): National Report Israel, in: International Fiscal Association (Hrsg.): Cahiers De Droit Fiscal International. Studies on International Fiscal Law, Vol. 84b: Limits on the Use of Low-Tax Regimes by Multinational Businesses: Current Measures and Emerging Trends, den Haag u. a. O., S. 585 – 614.

Koch, F. A. / Loewenheim, U. (1998): Die Praxis des Online Rechts, Weinheim.

Kolck, J. D. (1974): Der Betriebstättenbegriff im nationalen und im internationalen Steuerrecht, Münster.

Koller, P. (1987): Neue Theorien des Sozialkontrakts, Berlin.

Kolms, H. (1977): Steuern, II: Geschichte, in: Albers, W. et. al. (Hrsg.): Handwörterbuch der Wirtschaftswissenschaften, Band 7, Stuttgart u. a. O., S. 310 – 324.

Koop, M. J. (1993): Zur Gewinnbesteuerung von Körperschaften in der Europäischen Gemeinschaft, Tübingen.

Koppius, O. (1999): Dimensions of Intangible Goods. Proceedings of the 32nd Hawaii International Conference on System Science, http://www.computer.org/proceedings/hicss/0001/00015/00015013.PDF, (November 2002)

Korf, R. / Sovinz, S. (1999): Umsatzbesteuerung des elektronischen Handels, in: Computer und Recht, S. 314 –371.

Kotschenreuther, H. (1997): Verrechnungspreise in der betriebswirtschaftlichen Theorie, in: Vögele, A. (Hrsg.): Handbuch der Verrechnungspreise, München, S. 445 – 490.

Kratz, P. (1986): Steuerplanung internationaler Unternehmungen. System und Methode, Bern, Stuttgart.

Krause-Junk, G. (1974): Zur Theorie des distributiven Marktversagens, in: Albers, W. (Hrsg.): Öffentliche Finanzwirtschaft und Verteilung II, Berlin, S. 33 – 68.

Kreienbaum, M. (1999): Steuererhebung und Kontrolle bei digitalen Transaktionen, in: Fachinstitut der Steuerberater (Hrsg.): Steuerberater-Jahrbuch 1998/1999, Köln, S. 415 – 440.

Kreienbaum, M. (2000): Grundlegende Anmerkungen zu den steuerlichen Aspekten des Electronic Commerce, in: Strunk, G. (Hrsg.): Steuern und E-lectronic Commerce. Möglichkeiten und Grenzen der Steuergestaltung, Neuwied, S. 1 – 42.

Krugman, P. R. (1991): Geography and Trade, Cambridge (Mass.).

Krugman, P. R. (1995a): Growing World Trade: Causes and Consequences, in: Brookings Papers on Economic Activity, S. 327 – 377.

Krugman, P. R. (1995b): Development, Geography and Economic Theory, Cambridge (Mass.).

Krugman, P. R. / Obstfeld, M. (2003): International Economics. Theory and Policy, 6. Aufl., Boston u. a. O.

Kuntze, C. (1998): Die Kompetenz der Europäischen Gemeinschaft auf dem Gebiet des Steuerrechts, Frankfurt/M.

Langhammer, R. J. (1999): The WTO and the Millennium Round: Between Standstill and Leapfrog. Kieler Diskussionspapiere 352, Institut für Weltwirtschaft, Kiel.

Latzer, M. / Schmitz, S. W. (2002): Die Ökonomie des eCommerce, Marburg.

League of Nations (Hrsg.) (1923): Report on Double Taxation Submitted to the Financial Committee by Professor Bruins, Einaudi, Seligman, and Sir Josiah Stamp, Genf.

Lebowitz, B. E. (1999): Transfer Pricing and the End of International Taxation, in: Tax Notes International, S. 1201 – 1209.

Lee, D. R. / McKenzie, R. B. (1988): Helping the Poor through Governmental Poverty Programs: The Triumph of Rhetoric over Reality, in: Gwartney, J. D. / Wagner, R. E. (Hrsg.): Public Choice and Constitutional Economics, Greenwich (Conneticut), London.

Lee, D. S. (2000): Methoden zur Verhinderung der Steuerumgehung und ihr Verhältnis zueinander, Herdecke.

Leschke, M. (1993): Ökonomische Verfassungstheorie und Demokratie, Berlin.

Leschke, M. (1995): Die Beiträge von John Rawls und James M. Buchanans zur liberalen Gestaltung einer demokratischen Grundordnung, in: Pies, I. / Leschke, M. (1995): John Rawls politischer Liberalismus, Tübingen, S. 63 – 91.

Letzgus, O. (1999): Die Ökonomie internationalen Umweltschutzes, Frankfurt/M. u. a. O.

Li, J. (2001): Slicing the Digital Pie with a Traditional Knife – Effectiveness of the Arm's – Length Principle in the Age of E-Commerce, in: Tax Notes International, S. 775 – 816.

Lindahl, E. (1919): Die Gerechtigkeit der Besteuerung, Lund.

Lindbeck, A. / Snower, D. J. (1988): The Insider-Outsider Theory of Employment and Unemployment, Cambride (Mass.), London.

Littmann, K. (1970): Ein Valet dem Leistungsfähigkeitsprinzip, in: Haller, H. / Kullmer, L. / Shoup, C. S. / Timm, H. (Hrsg.): Theorie und Praxis des finanzpolitischen Interventionismus, Fritz Neumark zum 70. Geburtstag, Tübingen, S. 113 – 134.

Lowenberg, A. D. / Yu, B. T. (1992): Efficient Constitution Formation and Maintenance: The Role of "Exit", in: Constitutional Political Economy 3, No. 1, S. 51 – 72.

Lucking-Reiley, D. / Spulber, D. F. (2001): Business-to-Business Electronic Commerce, in: Journal of Economic Perspectives 15, Number 1, S. 55 – 68.

Lukas, A. (1999): Tax Bytes. A Primer on the Taxation of Electronic Commerce, Trade Policy Analysis No. 9, Center for Trade Policy Studies, Cato Institute.

Luxem, R. (2000): Digital Commerce: Electronic Commerce mit digitalen Produkten, Köln.

MacDougall, G. D. A. (1960): The Benefits and Costs of Private Investment Abroad, in: Economic Record 36, S. 13 – 35.

Macho-Stadler, I. / Pérez-Castrillo, J. D. (2001): An Introduction to the Economics of Information: Incentives and Contracts, Oxford.

Mackscheidt, K. (1994): Die Entwicklung der Kölner Schule der Finanzpsychologie, in: Smekal, C. / Theurl, E. (Hrsg.): Stand und Entwicklung der Finanzpsychologie, Baden-Baden, S. 41 – 63.

Madarassy, R. / Chinn, M. (2002): Free to Flow? New Results on Capital Mobility amongst the Developed Countries, Working Paper, University of California, Santa Cruz.

Mahnke, V. / Venzin, M. (2002): How Do Digital Information Good Characteristics Influence Pace and Modalities of International Market Entry, Danish Research Unit for Industrial Dynamics, DRUID Working Paper 02-13.

Mahnke, V. / Venzin, M. (2003): The Internalization Process of Digital Good Providers, in: Management International Review, Special Issue 2003/1, S. 115 – 142.

Maleri, R. (1997): Grundlage der Dienstleistungsproduktionen, 4. Aufl., Berlin, Heidelberg u. a. O.

Mamuneas, T. / Nadiri, M. (1996): Public R&D Policies and Cost Behavior of the U.S. Manufactoring Industries, in: Journal of Public Economics 63, S. 57 – 81.

Mann, F. K. (1937): Steuerpolitische Ideale. Vergleichende Studien zur Geschichte der ökonomischen und politischen Ideen und ihres Wirkens in der öffentlichen Meinung 1600 – 1935, Jena.

Manninger, M. / Göschka, K. M. / Schwaiger, C. (2001): Electronic Commerce – die Technik: Technologie, Design und Implementierung, Heidelberg.

Mansell, R. / Steinmueller, W. E. (2000): Mobilizing the Information Society. Strategies for Growth and Opportunity, Oxford, New York u. a. O.

Märkt, J. (2003): Steuern als Preise. Zur Notwendigkeit einer Besteuerung ohne Trittbrettfahrer angesichts des Steuerwettbewerbs, Freiburg im Breisgau.

Marlow, M. L. (1988): Fiscal Decentralisation and Government Size, in: Public Choice 56, S. 259 – 270

Marlow, M. L. (1992): Intergovernmentals Competition, Voice and Exit Options and the Design of Fiscal Structure, in: Constitutional Political Economy 3. S. 73 – 88.

Marsh, C. L. (2000): Electronic Commerce and Tax Competition: When Consumers Can Shop Across Borders and On-Line, Working Paper No.00-13, University of Colorado, Boulder.

Marshall, A. (1920): Principles of Economics, 8. Aufl., New York.

Martin, L. L. (1999): The Political Economy of International Cooperation, in: Kaul, I. / Grunberg, I. / Stern, M. A. (Hrsg.): Global Public Goods: International Cooperation in the 21st Century, New York, S. 51 – 64.

Martinez-Mongay, C. (2000): ECFIN's Effective Tax Rates. Properties and Comparisons with other Tax Indicators, European Commission ECFIN Economic Papers No. 146, Brüssel.

Mattson, N. (1999): Multilateral Tax Treaties – a Model for the Future, in: Lindencrona, G. / Lodin, S.-O. / Wiman, B. (Hrsg.): International Studies in Taxation: Law and Economics. Liber Amicorum Leif Mutén, London u. a. O., S. 243 – 258.

Mattson, R. N. (1997): The Virtual Global Electronic Economy, in: Poterba, J. (Hrsg.): Borderline Case. International Tax Policy, Corporate Research and Development and Investment, Washington D. C., S. 75 – 79.

May, K.-U. (2002): Haushaltskonsolidierungen durch Ausgabekürzungen, Frankfurt/M. u. a. O.

McCormick, R. E. / Tollison, R. D. (1981): Politicians, Legislation, and the Economy. An Inquiry to the Interest Group Theory of Government, Boston.

McLure, C. E. jr. (1984): Defining a Unitary Business: An Economist`s View, in: McLure, C. E. (Hrsg.): The State Corporation Income Tax. Issues in Worldwide Unitary Combination, Stanford (Cal.), S. 89 – 124.

McLure, C. E. jr. (2001): Globalization, Tax Rules and National Sovereignty, in: Bulletin for Internationa Fiscal Documentation 55, No. 8, S. 328 – 341.

McLure, C. E. jr. (2003): The Value Added Tax on Electronic Commerce in the European Union, in: International Tax and Public Finance 10, S. 753 – 762.

McLure, C. E. jr. / Weiner, J. (2000): Deciding whether the European Union should adopt Formula Appointment of Company Income, in: Cnossen, S. (Hrsg.): Taxing Capital in the European Union. Issues and Options for Reform, Oxford, S. 243 – 292.

Meier, B. (1997): Technischer Fortschritt und Mobilität. Neue Herausforderungen durch die Globalisierung. Beiträge zur Wirtschafts- und Sozialpolitik Nr. 239. Institut der deutschen Wirtschaft, Köln.

Mendoza, E. / Razin, A. / Tesar, L. (1994): Effective Tax Rates in Macroeconomics: Cross-Country Estimates of Tax Rates on Factor Incomes and Consumption, in: Journal of Monetary Economics 34, S. 297 – 323.

Meredith, G. / Chinn, M. (1998): Long-Horizon Uncovered Interest Rate Parity, in: National Bureau of Economic Research Working Paper 4113, Cambridge (Mass.).

Messere, K. / de Kam, F. / Heady, C. (2003): Tax Policy: Theory and Practice in OECD Countries, Oxford u. a. O.

Migué, J. L. (1993): Federalism and Free Trade, London.

Milbrandt, B. (2000): Die Finanzierung der Europäischen Union. Perspektiven für eine Osterweiterung. Baden-Baden.

Milgrom, P. / Roberts, J. (1992): Economics, Organization and Management, Englewood Cliffs, New Jersey.

Miller, B. F. (1984): Worldwide Unitary Combination: The California Practice, in: McLure, C. E. jr. (Hrsg.): The State Corporation Income Tax: Issues in Worldwide Unitary Combination, Stanford (Cal.), S. 132 – 166.

Mintz, J. M. (1996): The Corporation Tax, in: Devereux, M. P. (Hrsg.): The Economics of Tax Policy, Oxford u. a. O.

Mintz, J. M. (1999): Globalization of the Corporate Income: The Role of Allocation, in: Finanzarchiv N. F., Band 56, S. 389 – 423.

Mintz, J. M. / Weiner, J. M. (2001): Exploring Formula Allocation for the European Union. Konferenzbeitrag, Conference on Tax Policy in the European Union, 17. – 19. Oktober 2001, den Haag.

Mitchell, D. (2002): Anguilla as an Offshore Financial Center, http://mitchells.ai/mitchaxa.html, (Oktober 2002).

Mitchell, W. C. / Simmons, R. T. (1994): Beyond Politics: Markets, Welfare, and the Failure of Bureaucracy, Boulder u. a. O.

Mooij, R. A. de / Ederveen, S. (2003): Taxation and Foreign Direct Investment. A Synthesis of Empirical Research, in: International Tax and Public Finance 10, S. 673 – 693.

Mueller, D. C. (2002): Public Choice III, Cambridge.

Mueller, M. L. (2002): Ruling the Root, Cambridge (Mass.), London.

Müller, W. (1998): Was ist "fairer" Steuerwettbewerb und welche Regeln braucht er?, in: Konjunkturpolitik 44, H. 4, S. 313 – 352.

Munk, K. J. (1980): Optimal Taxation with Some Non-Taxable Commodities, in: Review of Economic Studies 47, S. 755 – 765.

Musgrave, P. B (1984): Principles for Dividing the State Corporate Tax Base, in: McLure, C. E. jr (Hrsg.): The State Corporation Income Tax: Issues in Worldwide Unitary Combination, Stanford (Cal.), S. 228 – 246.

Musgrave, P. B. (1987a): Interjurisdictional Coordination of Taxes on Capital Income, in: Cnossen, S. (Hrsg.): Tax Coordination in the European Community, Deventer, S. 197 – 225.

Musgrave, P. B. (1987b): International Coordination Problems of Substituting Consumption for Income Taxation, in: dies. (Hrsg.): Tax Policy in the Global Economy, Cheltenham, S. 414 – 444.

Musgrave, P. B. (2000): Interjurisdictional Equity in Company Taxation: Principles and Applications to the European Union, in: Cnossen, S. (Hrsg.): Taxing Capital in the European Union. Issues and Options for Reform, Oxford, S. 46 – 77.

Musgrave, R. A. (1959): The Theory of Public Finance, New York.

Musgrave, R. A. / Musgrave, P. B. (1972): Inter-Nation Equity, in: Bird, R. M. / Head, J. G. (Hrsg.): Modern Fiscal Issues. Essays in Honor of C. Shoup, Toronto, S. 63 – 85.

National Tax Association (1922): Proceedings of the Annual Conference, Washington D.C.

Naumann, J. (1984): Der Einfluss von Interessengruppen auf die wirtschaftspolitische Willensbildung und Weichenstellung: eine Untersuchung (nicht nur) für die Schweiz, Zürich.

Neary, P. (2001): Of Hype and Hyperbolas: Introducing the New Economic Geography, in: Journal of Economic Literature 39, S. 536 – 561.

Nelson, R. R. / Winter, S. G. (1982): An Evolutionary Theory of Economic Change, Cambridge, (Mass.).

Neumann, H. (2002): Das Lexikon der Internetpioniere, Berlin.

Neumark, F. (1970): Grundsätze gerechter und ökonomisch rationaler Steuerpolitik, Tübingen.

Neumark, F. (1977): Steuer (I): Grundlagen, in: Handwörterbuch der Wirtschaftswissenschaften, Band 7, 3. Aufl., Stuttgart u. a. O., S. 295 – 310.

Neumark-Bericht (1962): Bericht des Steuer- und Finanzausschusses. Kommission der Europäischen Wirtschaftsgemeinschaft, Brüssel.

Newlon, T. S. (2000): Transfer Pricing and Income Shifting in Integrating Economies, in: Cnossen, S. (Hrsg.): Taxing Capital in the European Union. Issues and Options for Reform, Oxford, S. 214 – 242.

Niehans, J. (1995): Geschichte der Außenwirtschaftstheorie im Überblick, Tübingen.

Niskanen, W. A. (1990): Conditions Affecting the Survival of Constitutional Rules, in: Constitutional Political Economy 1, S. 53 – 62.

Niskanen, W. A. jr. (1971): Bureaucracy and Representative Government, Chicago.

Niven, J. (2001): National Report Australia, in: International Fiscal Association (Hrsg.): Cahiers De Droit Fiscal International. Studies on International Fiscal Law, Vol. 84b: Limits on the Use of Low-Tax Regimes by Multinational Businesses: Current Measures and Emerging Trends, den Haag u. a. O., S. 717 – 738.

Nordhaus, W. D. (1972/1977): The Political Business Cycle, Cowles Foundation, Discussion Paper No. 333, New Haven 1972. Zitiert nach der deutschen Übersetzung: Der politische Konjunkturzyklus, in: Ramser, H. J. / Angehrn, B. (Hrsg.): Beschäftigung und Inflation, Stuttgart, New York 1977, S. 133 – 157.

North, D. C. (1990/1992): Institutions, Institutional Change, and Economic Performance, Cambridge u. a. O. 1990. Zitiert nach der deutschen Übersetzung: Institutionen, institutioneller Wandel und Wirtschaftsleistung, Tübingen 1992.

Nozick, R. (1974): Anarchy, State and Utopia, New York.

o. V. (2002): Consumption-Oriented Tax System, http://siliconisle.com/ taxes.html, (Oktober 2002).

Oakland, W. H. / Testa, W. A. (1996): State – Local Business Taxation and the Benefit Principle, in: Economic Perspectives, S. 2 – 19.

Oates, W. E. (1972): Fiscal Federalism, New York.

Oates, W. E. (2001): Fiscal Competition or Harmonization? Some Reflections, in: National Tax Journal, S. 507 – 512.

Oates, W. E. / Schwab, R. (1991): The Allocative and Distributive Implications of Local Fiscal Competition, in: Kenyon, D. A. / Kincaid, J. (Hrsg.): Competition Among States and Local Governments, Boston, S. 127 – 145.

OECD (1995a): Steuerlicher Informationsaustausch zwischen den Mitgliedstaaten der OECD. Ein Überblick über die derzeitige Praxis, Köln.

OECD (1995b): Budgeting for Results. Perspectives on Public Expenditure Management, Paris.

OECD (1996): Implications of the Communications Revolution for Tax Policy and Administration, Paris.

OECD (1997): Elektronischer Geschäftsverkehr – Chancen und Herausforderungen für den Staat, Paris.

OECD (1998a): Electronic Commerce: Taxation Framework Conditions. A Report by the Committee on Fiscal Affairs, http://www.oecd.org/pdf/ M000015000/M00015517.pdf. (Januar 2002)

OECD (1998b): Harmful Tax Competition. An Emerging Global Issue, Paris.

OECD (2000a): Verrechnungspreisgrundsätze für multinationale Unternehmen und Steuerverwaltungen, 2. Aufl., Köln.

OECD (2000b): Clarifications on the Application of the Permanent Establishment Definition in E-Commerce: Changes to the Commentary on the Model Tax Convention on Article 5. 22. Dezember 2000, OECD Committee on Fiscal Affairs, http://www.oecd.org/pdf/M000015000/ M00015535.pdf. (Juni 2003).

OECD (2000e): Towards Global Tax Co-operation. Progress in Identifying and Eliminating Harmful Tax Practices, http://www.oecd.org/dataoecd/9/61/ 2090192.pdf (Oktober 2003).

OECD (2001a): Draft Mandate of the Technology Panel, http://www.oecd.org/pdf/ M00004000/M00004212.pdf (Januar 2002).

OECD (2001b): Taxation and Electronic Commerce. Implementing the Ottawa Taxation Framework Conditions, Paris.

OECD (2001c): Attribution of Profit to a Permanent Establishment involved in Electronic Commerce Transactions, http://www.oecd.org/pdf/ M000015000/M00015525.pdf, (Juni 2003).

OECD (2001e): The Impact of the Communications Revolution on the Application of "Place of Effective Management" as a Tie-Breaker Rule, http://www.oecd.org/pdf/M000015000/M00015526.pdf, (Juni 2003).

OECD (2002a): Measuring Globalisation. The Role of Multinationals in OECD Economies. Volume 1: Manufacturing Sector, Paris.

OECD (2002b): Measuring Globalisation. The Role of Multinationals in OECD Economies. Volume 2: Services, Paris.

OECD (2003a): Place of Effective Management Concept: Suggestions for Changes to the OECD Model Tax Convention, http://www.oecd.org/ dataoecd/24/17/2956428.pdf, (Februar 2004).

Oestreicher, A. (2000): Konzern-Gewinnabgrenzung: Gewinnabgrenzung - Gewinnermittlung - Gewinnaufteilung, München.

Oestreicher, A. (2003): Entwicklung und Rechtfertigung des Arm's Length Principle im Rahmen der Gewinnabgrenzung internationaler Konzerne, in: Oestreicher, A. (Hrsg.): Internationale Verrechnungspreise, S. 1 – 51.

Olson, M. (1965/1992): The Logic of Collective Action. Public Goods and the Theory of Groups, Harvard 1965. Zitiert nach der deutschen Übersetzung: Die Logik kollektiven Handelns, 3. Aufl., Tübingen 1992.

Olson, M. (1969): The Principle of 'Fiscal Equivalence': The Division of Responsibilities Among Different Levels of Government, in: American Economic Review 59, S. 479 – 487.

Olson, M. (1982/1991): The Rise and Decline of Nations, New Haven 1982. Zitiert nach der deutschen Übersetzung: Aufstieg und Niedergang von Nationen, 2. Aufl., Tübingen 1991.

Olson, M. (1986): Toward a More General Theory of Governmental Structure, in: American Economic Review 76, S. 120 – 125.

Oman, C. (1999): Technological Change, Globalisation of Production and the Role of Multinationals, in: Hiemenz, U. (Hrsg.): Growth and Competition in the New Global Economy, OECD Development Centre, Paris, S. 37 – 58.

Oppenheimer, F. (1954): Der Staat, 4. Aufl., Frankfurt/M.

Osterfeld, D. (1989): Radical Federalism: Responsiveness, Conflict, and Efficiency, in: Brennan, G. / Lomasky, L. E.: (Hrsg.): Politics and Process – New Essays in Democratic Thought, Cambridge, S. 149 – 173.

Ottaviano, G. I. P. / Puga, D. (1998): Agglomeration in the Global Economy. A Survey of the `New Economic Geography`, in: The World Economy 21, S. 707 – 731.

Owens, J. (1997): The Tax Man Cometh to Cyberspace, in: Tax Notes International, S. 1833 – 1850.

Pantaleo, N. / Zylberberg, F. (2001): National Report Canada, in: International Fiscal Association (Hrsg.): Cahiers De Droit Fiscal International. Studies on International Fiscal Law, Vol. 84b: Limits on the Use of Low-Tax Regimes by Multinational Businesses: Current Measures and Emerging Trends, den Haag u. a. O., S. 435 – 456.

Papke, L. E. (2000): One-Way Treaty with the World: The U.S. Withholding Tax and The Netherlands Antilles, in: International Tax and Public Finance 7, No. 3, S. 295 – 313.

Paton, D. / Siegel, D. S. / Williams, L. V. (2002): A Policy Response to the E-Commerce Revolution: The Case of Betting Taxation in the UK, in: The Economic Journal 112, S. F296 – F314.

Peirce, W. S. (1991): After 1992: The European Community and the Redistribution of Rents, in: Kyklos 44, S. 521 – 536.

Penati, A. / Dooley, M. (1984): Current Account Imbalances and Capital Formation in Industrial Countries, 1949 – 1981, in: IMF Staff Papers 31 (1), S. 1 – 24.

Perotti, R. / Strauch, R. / von Hagen, J. (1998): Sustainability of Public Finances, Centre of Economic Policy Research, London.

Perroni, C. / Scharf, K. A. (1999): Interjurisdictional Tax Competition: A Political Economy Perspective, in: Razin, A. / Sadka, E. (Hrsg.): The Economics of Globalization. Policy Perspectives from Public Economics, Cambridge, S. 291 – 309.

Picot, A. / Reichwald, R. / Wigand, R. T. (2001): Die grenzenlose Unternehmung. Information, Organisation und Management. Lehrbuch zur Unternehmensführung im Informationszeitalter, 4. Aufl., Wiesbaden.

Pies, I. (1995): Theoretische Grundlagen demokratischer Wirtschafts- und Gesellschaftspolitik – Der Beitrag der Gerechtigkeitstheorie, in: Pies, I. / Leschke, M. (Hrsg.): John Rawls' politischer Liberalismus, Tübingen, S. 1 – 19.

Pies, I. (1996): Theoretische Grundlagen demokratischer Wirtschafts- und Gesellschaftspolitik – Der Beitrag James Buchanans, in: Pies, I. / Leschke, M. (Hrsg.): James Buchanans konstitutionelle Ökonomik, Tübingen, S. 1 – 18.

Pies, I. (2000): Theoretische Grundlagen demokratischer Wirtschafts- und Gesellschaftspolitik – Der Beitrag von Ronald Coase, in: Pies, I. / Leschke, M. (Hrsg.): Ronald Coase' Transaktionskosten-Ansatz, Tübingen, S. 1 – 30.

Pilat, D. (1996): Labour Productivity Levels in OECD Countries. Estimates for Manufacturing and Selected Service Sectors. OECD Economic Working Paper 169.

Pinto, C. (1998): EU and OECD to Fight Harmful Tax Competition, in: Intertax 26, S. 386 – 410.

Pinto, C. (2003): Tax Competition and EU Law, den Haag u. a. O.

Pitlik, H. (1997): Politische Ökonomie des Föderalismus, Frankfurt/M. u. a. O.

Pitlik, H. (1998): Steuerwettbewerb oder Steuerharmonisierung in der WWU?, in: Caesar, R. / Scharrer, H.-E. (Hrsg.): Die Europäische Wirtschafts- und Währungsunion. Regionale und globale Herausforderungen, Bonn, S. 169 – 193.

Pitlik, H. (1999): Internationaler Ordnungswettbewerb und nationaler Umverteilungskampf, in: List Forum für Wirtschafts- und Finanzpolitik 25, S. 12 – 22.

Pitlik, H. (2001): Tax Competition or Tax Harmonization in EMU?, in: Caesar, R. / Scharrer, H.-E. (Hrsg.): European Economic and Monetary Union: Regional and Global Challenges, Baden-Baden, S. 175 – 199.

Pitlik, H. (2003a): Steuerwettbewerb vs. Steuerharmonisierung: Europa auf dem Wege zu einem einheitlichen Steuerraum?, in: Caesar, R. / Scharrer, H.-E. (Hrsg.): Der unvollendete Binnenmarkt, Baden-Baden, S. 155 – 174.

Pitlik, H. (2003b): Politische Ökonomie marktorientierter Reformen der Wirtschaftspolitik, unveröffentlichte Habilitationsschrift, Hohenheim.

Pogue, T. F. (1999): Principles of Business Taxation. How and Why Should Business Be Taxed?, in: Richardson, J. A. / Hildreth, W. B. (Hrsg.): Handbook on Taxation, New York, Basel, S.191 – 203.

Pommerehne, W. W. / Schneider, F. (1978): Fiscal Illusion, Political Institutions, and Local Public Spending, in: Kyklos 31, Nr. 3, S. 381 – 408.

Pope, J. (2000): The Administrative and Compliance Costs of International Taxation: An Introduction for Research Students, Working Paper Series No. 42/2000, Perth.

Portner, R. (2001): Ertragsteuerliche Aspekte des E-Commerce. Institut "Finanzen und Steuern" e. V. - Schrift Nr. 390, Bonn.

Putnam, R. D. (1988): Diplomacy and Domestic Politics: The Logic of the Two-Level Games, in: International Organization 42, No. 3, S. 427 – 460.

Quinn, D. (1997): The Correlates of Change in International Financial Regulation, in: American Political Science Review 91, Nr. 3, S. 531 – 551.

Raab, U. H. (1995): Öffentliche Transaktionskosten und Effizienz des staatlichen Einnahmesystems, Berlin.

Rabin, M. (1998): Psychologie and Economics, in: The Journal of Economic Literature 36, S. 11 – 46.

Raupach, A. (1998): Wechselwirkungen zwischen der Organisationsstruktur und der Besteuerung multinationaler Unternehmen, in: v. Theisen, M. (Hrsg.): Der Konzern im Umbruch, Stuttgart, S. 59 – 167.

Rawls, J. (1958): Justice as Fairness, in: Philosophical Review 67, S. 164 – 194.

Rawls, J. (1963): The Sense of Justice, in: Philosophical Review 72, S. 281 – 305.

Rawls, J. (1967a): Distributive Justice, in: Laslett, P. / Runciman, W. G. (Hrsg.): Philosophy, Politics and Society, Band 3, Oxford, S. 58 – 82.

Rawls, J. (1967b): Distributive Justice: Some Addenda, in: Natural Law Forum 12, S. 51 – 71.

Rawls, J. (1969): The Justification of Civil Disobedience, in: Bedau, H. A. (Hrsg.): Civil Disobedience, New York, S. 240 – 255.

Rawls, J. (1975/1971): A Theory of Justice, Oxford u. a. O. 1971. Zitiert nach der deutschen Übersetzung: Eine Theorie der Gerechtigkeit, Frankfurt/M. 1975.

Rawls, J. (1992): Die Idee des politischen Liberalismus, Frankfurt/M.

Rawls, J. (1999): The Law of Peoples, Cambridge (Mass.), London.

Reding, K. / Müller , W. (1999): Einführung in die Allgemeine Steuerlehre, München.

Richardson, J. A. / Hildreth, W. B. (1999): Economic Principles of Taxation, in: Richardson, J. A. / Hildreth, W. B. (Hrsg.): Handbook on Taxation, New York, Basel, S. 21 – 30.

Richman, P. B. (1963): Taxation of Foreign Investment Income: An Economic Analysis, Baltimore.

Richter, R. (1994): Institutionen ökonomisch analysiert. Zur jüngeren Entwicklung auf einem Gebiet der Wirtschaftstheorie, Tübingen.

Roche, E. M. (2000): Information Technology and the Multinational Enterprise, in: Roche, E. M. / Blaine, M. J. (Hrsg.): Information Technology and Multinational Enterprise, Cheltenham, Northampton (Mass.), S. 57 – 89.

Rodrik, D. (1998): Why do more Open Economies have bigger Governments, in: Journal of Political Economie 106, S. 997 – 1032.

Rodrik, D. (2000): Grenzen der Globalisierung, Frankfurt/M.

Rose, K. / Sauernheimer, K. (1999): Theorie der Außenwirtschaft, 13. Aufl., München.

Rowley, C. K. (1992): The Right to Justice. The Political Economy of Legal Service in the United States, Aldershot.

Rowley, C. K. / Tollison, R. D. / Tullock, G. (Hrsg.) (1988): The Political Economy of Rent-Seeking, Boston u. a. O.

Rubin, I. S. (1982): Running in the Red, Albany (New York).

Ruffin, R. J. (1984): International Factor Movement, in: Jones, R. W. / Kenen, P. B. (Hrsg.): Handbook of International Economics, Vol. I, Amsterdam, S. 237 – 288.

Rugman, A. (1981): Inside the Multinationals. The Economics of Internal Markets, New York.

Rugman, A. (2000): The End of Globalization, London.

Runge, B. (1986): Das Steuerbereinigungsgesetz 1986: EG-Amtshilfe-Gesetz, in: Der Betrieb, Heft 4, S. 191 – 197.

Sachverständigenrat (1996): Sachverständigenrat zur Begutachtung der gesamtwirtschaftlichen Entwicklung. Reformen voranbringen. Jahresgutachten 1996/96, Stuttgart.

Saint-Paul, G. (2000): The Political Economy of Labour Market Institutions, Oxford u. a. O.

Samuelson, P. A. (1954): The Theory of Public Expenditure, in: Review of Economics and Statistics 36, S. 386 – 389.

Samuelson, P. A. (1955): Diagrammatic Exposition of a Theory of Public Expenditures, in: Review of Economics and Statistics 37, S. 350 – 356.

Samuelson, P. A. (1969): Pure Theory of Public Expenditures and Taxation, in: Margolis, J. / Guitton, H. (Hrsg.): Public Economics, New York, London, S. 98 – 123.

Sandford, C. (1995a): The Rise and Rise of Tax Compliance Cost, in: ders. (Hrsg.): Tax Compliance Costs. Measurement and Policy, Bath.

Sandford, C. (1995b): Improving the Methodologies, in: ders. (Hrsg.): Tax Compliance Costs. Measurement and Policy, Bath.

Sandford, C. (2000): Why Tax Systems Differ. A Comparative Study of the Political Economy of Taxation, Bath.

Sandford, C. / Godwin, M. / Hardwick, P. (1989): Administrative and Compliance Costs of Taxation, Bath.

Sato, M. / Bird, R. (1975): International Aspects of the Taxation of Corporations and Shareholders, in: IMF Staff Papers 22, S. 384 – 455.

Sax, E. (1887): Grundlegung der theoretischen Staatswirtschaft, Wien

Schaden, B. (1995): Effektive Kapitalsteuerbelastung in Europa. Eine empirische Analyse aus deutscher Sicht, Heidelberg.

Schäfer, A. / Spengel, C. (2002): ICT and International Corporate Taxation: Tax Attributes and Scope of Taxation, ZEW Discussion Paper 02-82, Mannheim.

Schäfer, A. / Spengel, C. (2003): The Impact of ICT on Profit Alocation within Multinational Groups: Arm's Length Princing or Formula Apportionment? ZEW Discussion Paper 03-53, Mannheim.

Schanz, G. v. (1892): Zur Frage der Steuerpflicht, in: Finanzarchiv 9, S. 365 – 438.

Schanz, G. v. (1896): Der Einkommensbegriff und die Einkommensteuergesetze, in: Finanzarchiv 13, S. 1 – 87.

Schaumburg, H. (1998): Internationales Steuerrecht, 2. Aufl., Köln.

Scheller, M. / Boden, K.-P. / Geenen, A. / Kampermann, J. (1994): Internet: Werkzeuge und Dienste, Berlin.

Scherer, A. G. (2003): Multinationale Unternehmen und Globalisierung. Zur Neuorientierung der Theorie der Multinationalen Unternehmung, Heidelberg.

Scherer, A. G. (2003): Multinationale Unternehmungen und Globalisierung, Heidelberg.

Schick, A. (1971): Budget Innovations in the States, Washington D.C.

Schick, A. (1994): The Study of Microbudgeting, in: Cogan, J. F. / Muris, T. L. / Schick, A. (Hrsg.): The Budget Puzzle. Understanding Federal Spending, Stanford, S. 104 – 119.

Schjelderup, G. / Sørgard, L. (1999): Transfer Price as a Strategic Device for Decentralized Multinationals, in: Razin, A. / Sadka, E. (Hrsg.): The Economics of Globalization. Policy Perspectives from Public Economics, Cambridge, S. 123 – 139.

Schlenker, F. (2000): Internationalisierung von F & E und Produktentwicklung: das Beispiel der Automobilindustrie, Wiesbaden.

Schmid, K. (2003): Auf Patrouille im Netz, in: Die Zeit Nr. 24, 5. Juni 2003, S. 20.

Schmidt, G. (1994): Globalisierung: Neue Rahmenbedingungen für Staat und Nation?, in: Vorgänge. Zeitschrift für Bürgerrechte und Gesellschaftspolitik 33, Heft 4, S. 9 – 20.

Schmidt, I. (2001): Wettbewerbspolitik und Kartellrecht: eine interdisziplinäre Einführung, 7. Aufl., Stuttgart.

Schmidt, J. (1995): John Rawls' liberale Konzeption zur institutionellen Lösung von Verteilungsproblemen, in: Pies, I. / Leschke, M. (1995): John Rawls' politischer Liberalismus, Tübingen, S. 103 – 116.

Schmitz, S. (2000): Verfahrensrechtliche Probleme und Entwicklungen im Zusammenhang mit dem Elektronischen Geschäfts- und Datenverkehr, in: Strunk, G. (Hrsg.): Steuern und Electronic Commerce. Möglichkeiten und Grenzen der Steuergestaltung, Neuwied, S. 305 – 358.

Schmölders, G. (1951/1952): Finanzpsychologie, in: Finanzarchiv N.F. 13, S. 1 – 36.

Schmölders, G. / Hansmeyer, K.-H. (1980): Allgemeine Steuerlehre, 5. Aufl., Berlin.

Schmutzler, A. (1999): The New Economic Geography, in: Journal of Economic Surveys 13, S. 355 – 379.

Schneider, D. (1980): Körperschaftsteuer, in: Neumark (Hrsg.): Handbuch der Finanzwissenschaft, 3. Aufl., Tübingen, S. 509 – 563.

Schneider, D. (1984): Erklären Lieb-Coase-ungen mit einem "Marktversagen" die Existenz von Unternehmungen?, in: Schanz, G. (Hrsg.): Betriebswirtschafslehre und Nationalökonomie. Wissenschaftstheoretische Standortbestimmungen und Perspektiven, Wiesbaden, S. 225 – 246.

Schneider, D. (1985): Die Unhaltbarkeit des Transaktionskostenansatzes für die "Markt- oder Unternehmung" – Diskussion, in: Zeitschrift für Betriebswirtschaftslehre 55, S. 1237 – 1254.

Schneider, D. (1987): Allgemeine Betriebswirtschaftslehre, 3. Aufl., München u. a. O.

Scholes, M. S. / Wolfson, M. A. (1990): The Effects of Changes in Tax Law on Corporate Reorganization Activity, in: Journal of Business 63 (Supplement), S. S141 – S164.

Schreiber, U. (1994): Unternehmensbesteuerung im Europäischen Binnenmarkt, in: Steuer und Wirtschaft 71, Heft 3, S. 238 – 254.

Schröter, H. G. (1994): Transnational Investment from the 19th Century to the Present, in: Pohl, H. (Hrsg.): Transnational Investment from the 19th Century to the Present, Köln. Zeitschrift für Unternehmensgeschichte, Beiheft 81, S. 205 – 226.

Schuler, F. (2002): Der Einfluss des Internets auf die Unternehmensgrenzen. Die Dekonstruktionsthese aus industrie-, institutionen- und informationsökonomischer Sicht, Wiesbaden.

Schulman, D. S. / Harmer, M. J. / Dunleavy, J. R. / Lusk, J. S. (1999): Shared Services. Adding Value to the Business Units, New York u. a. O.

Schumacher, A. (2001): National Report Germany, in: International Fiscal Association (Hrsg.): Cahiers De Droit Fiscal International. Studies on International Fiscal Law, Vol. 84b: Limits on the Use of Low-Tax Regimes by Multinational Businesses: Current Measures and Emerging Trends, den Haag u. a. O., S. 523 – 548.

Schumpeter, J. (1918): Die Krise des Steuerstaates, Graz, Leipzig.

Schwarz, J. S. (1999): Transfer Pricing and Electronic Commerce, in: Bulletin for International Fiscal Documentation, H. 7, S. 286 – 298.

Schwarzner, G. (1991): Öffentliche Haushalts- und Finanzplanung bei Finanzierungsengpässen, Berlin.

Shapiro, A. C. (2002): Foundations of Multinational Financial Management, 4. Aufl., New York.

Shapiro, C. / Varian, H. R. (1999): Information Rules. A Strategic Guide to the Network Economy, Boston.

Shibata, H. (1967): The Theory of Economic Union: A Comparative Analysis of Customs Unions, Free Trade Areas and Tax Unions, in: Shoup, C. (Hrsg.): The Fiscal Harmonization in Common Markets, New York, London, S. 145 – 264.

Shome, P. / Stotsky, J. (1995): Financial Transaction Taxes, IMF Working Paper WP95/77, International Monetary Fund, Washington D. C.

Siebert, H. (1967): Zur Theorie des regionalen Wirtschaftswachstums, Tübingen.

Sinn, H. W. (1990): Tax Harmonization and Tax Competition in Europe, in: European Economic Review 34, S. 489 – 504.

Sinn, H. W. (1994): Wieviel Brüssel braucht Europa? Subsidiarität, Zentralisierung und Fiskalwettbewerb im Lichte der ökonomischen Theorie, Wirtschaftswissenschaftliche Beiträge der Volkswirtschaftlichen Fakultät der Ludwig-Maximilians-Universität München 94 – 14.

Sinn, H. W. (1997): Das Selektionsprinzip und der Systemwettbewerb, in: Oberhauser, A. (Hrsg.): Fiskalföderalismus in Europa. Schriften des Vereins für Sozialpolitik N. F., Band 253, Berlin, S. 9 – 60.

Sinn, H. W. (1999): The Subsidiarity Principle and Market Failure in Systems Competition, NBER Working Paper 5411, National Bureau of Economic Research.

Sinn, S. (1992a): Saving-Investment Correlations and Capital Mobility: On the Evidence from Annual Data, in: Economic Journal 102, S. 1162 – 1170.

Sinn, S. (1992b): The Taming of Leviathan: Competition among Governments, in: Constitutional Political Economy 3, No. 2, S. 177 – 196.

Sinn, S. (1993): Competition for Capital: On the Role of Governments in an Integrated World Economy, Tübingen.

Skaar, A. A. (1991): Permanent Establishment. Erosion of a Tax Treaty Principle, Deventer.

Skaar, A. A. (1999): Erosion of the Concept of Permanent Establishment: Electronic Commerce, in: Lindencrona, G. / Lodin, S.-O. / Wiman, B. (Hrsg.): International Studies in Taxation: Law and Economics. Liber Amicorum Leif Mutén, London u. a. O., S. 307 – 320.

Slemrod, J. (1990): Tax Effects on Foreign Direct Investment in the United States: Evidence from a Cross-Country Comparison, in: Razin, A. / Slemrod, J. (Hrsg.): Taxation in the Global Economy Chicago, S. 79 – 117.

Slemrod, J. (1997): The Taxation of Foreign Direct Investment: Operational and Policy Perspectives, in: Poterba, J. (Hrsg.): Borderline Case. International Tax Policy, Corporate Research and Development and Investment, Washington D. C., S. 11 – 38.

Slemrod, J. (2001): Comment (on: Tax Planning by Companies and Tax Competition by Governments), in: Hines, J. R. (Hrsg.): International Taxation and Multinational Activity, Chicago, London, S. 139 – 142.

Smith, J. (2000): Gambling Taxation: Public Equity in the Gambling Business, in: Australian Economic Review 33, No. 2., S. 120 – 144.

Smith, R. T. (1991): Canons of Public Choice Analysis of International Agreements, in: Vaubel, R. / Willett, T. D. (1991): The Political Economy of International Organizations. A Public Choice Approach, Boulder u. a. O., S. 46 – 57.

Sörensen, M. (2001): National Report Denmark, in: International Fiscal Association (Hrsg.): Cahiers De Droit Fiscal International. Studies on International Fiscal Law, Vol. 84b: Limits on the Use of Low-Tax Regimes by Multinational Businesses: Current Measures and Emerging Trends, den Haag u. a. O., S. 457 – 478.

Sörensen, P. B. (1991): Welfare Gains from International Fiscal Coordination, in: Prud`homme, R. (Hrsg.): Public Finance with Several Levels of Government, den Haag, Königstein, S. 329 – 342.

Sörensen, P. B. (1995): Changing Views of the Corporate Income Tax, in: National Tax Journal 48, S. 279 – 295.

Sousa da Châmara, F. de (2001): National Report Portugal, in: International Fiscal Association (Hrsg.): Cahiers De Droit Fiscal International. Studies on International Fiscal Law, Vol. 84b: Limits on the Use of Low-Tax Regimes by Multinational Businesses: Current Measures and Emerging Trends, den Haag u. a. O., S. 767– 802.

Spahn, B. (1995): International Financial Flows and Transaction Taxes: Survey and Options, IMF Working Paper WP95/60, International Monetary Fund, Washington D. C.

Specht, G. / Beckmann, C. / Amelingmeyer, J. (2002): F & E-Management. Kompetenz im Innovationsmanagement, 2. Aufl., Stuttgart.

Spengel, C. (2003): Internationale Unternehmensbesteuerung in der Europäischen Union. Steuerwirkungslehre – Empirische Befunde – Reformüberlegungen, Düsseldorf.

Sprague, G. D. / Boyle, M. P. (2001): Generalbericht, in: International Fiscal Association (Hrsg.): Cahiers De Droit Fiscal International. Studies on International Fiscal Law, Vol. 84a: Taxation of Income Derived From Electronic Commerce, den Haag u. a. O., S. 115 – 163.

Stahlknecht, P. / Hasenkamp, U. (2002): Einführung in die Wirtschaftsinformatik, 10. Aufl., Berlin, Heidelberg.

Starrett, D. A. (1980): Measuring Externalities and Second Best Distortions in the Theory of Local Public Goods, in: Econometrica 48, S. 627 – 642.

Steichen, A. / Duro, C. (2001): National Report Luxembourg, in: International Fiscal Association (Hrsg.): Cahiers De Droit Fiscal International. Studies on International Fiscal Law, Vol. 84b: Limits on the Use of Low-Tax Regimes by Multinational Businesses: Current Measures and Emerging Trends, den Haag u. a. O., S. 667 – 692.

Stoll, P. T. / Schorkopf, F. (2002): WTO – Welthandelsordnung und Welthandelsrecht, Köln u. a. O.

Streit, M. E. (1987): Economic Order and Public Policy – Market, Constitution and the Welfare State, in: Pethig, R. / Schlieper, U. (Hrsg.): Efficiency, Institutions and Economic Policy, Berlin, S. 1 – 23.

Streit, M. E. / Mussler, W. (1995): Wettbewerb der Systeme und das Binnenmarktprogramm in der Europäischen Union, in: Gerken, L. (Hrsg.): Europa zwischen Ordnungswettbewerb und Harmonisierung, Berlin u. a. O., S. 75 – 107.

Strunk, G. / Bös, S. (2003): German Authority`s View of PE Taxation, in: Tax Notes International, 27. Oktober 2003, S. 351 – 353.

Suits, D. B. (1977): Gambling Taxes: Regressivity and Revenue Potential, in: National Tax Journal 30, S. 19 – 35.

Suits, D. B. (1979): The Elasticity of Demand for Gambling, in: Quarterly Journal of Economics 93, S. 155 – 162.

Supple, B. (1989): Introduction: Multinational Enterprise, in: Teichova, A. / Lévy-Leboyer / Nussbaum (Hrsg.): Historical Studies in International Corporate Business, Cambridge, S. 1 – 6.

Svenson, O. (1981): Are We all Less Risky and More Skillful Than Our Fellow Drivers, in: Acta Psychologica 94, S. 143 – 148.

Swank, D. (1998): Funding the Welfare State: Globalisation and the Taxation of Business in Advanced Market Economies, in: Political Studies 64, S. 671 – 692.

Swenson, D. L. (1994): The Impact of U.S.Tax Reform on Foreign Direct Investment in the United States, in: Journal of Public Economics 54, S. 243 – 266.

Tanzi, V. (1988): Forces that Shape Tax Policy, in: Stein, H. (Hrsg.): Tax Policy in the Twenty-First Century, New York, S. 266 – 277.

Tanzi, V. (1995): Taxation in an Integrating World, Washington D. C.

Tanzi, V. (1999): Does the World Need a World Tax Organization?, in: Razin, A. / Sadka, E. (Hrsg.): The Economics of Globalization, Cambridge, S. 173 – 186.

Tanzi, V. (2000): Globalization, Technological Development, and the Work of Fiscal Termites, IMF Working Paper 00/18, International Monetary Fund.

Tanzi, V. / Zee, H. H. (1999): Taxation in a Borderless World. The Role of Information Exchange, in: Lindencrona, G. / Lodin, S.-O. / Wiman, B. (Hrsg.): International Studies in Taxation: Law and Economics. Liber Amicorum Leif Mutén, London u. a. O., S. 321 – 362.

Taylor, L. (1992): Infrastructural Competition among Jurisdictions, in: Journal of Public Economics 49, S. 241 – 259.

Teuscher, H. (1976): Finanzpolitische Willensbildung im Budgetprozess, Bern.

Tiebout, C. M. (1956): A Pure Theory of Local Expenditures, in: Journal of Political Economy 64, S. 416 – 424.

Tipke, K. / Lang, J. (2002): Steuerrecht, 17. Aufl., Köln.

Tobin, J. (1978): A Proposal for International Monetary Reform, in: Eastern Economic Journal 4, S. 153 – 159.

Transatlantic Business Dialogue: (1997): Rome Communiqué, http://www.tabd.com/recommendations/Rome97.pdf. (Januar 2002).

Tsebelis G. (2002): Veto Players: How Political Institutions Work, Princeton u. a. O.

Tullock, G. (1967): The Welfare Cost of Tariffs, Monopolies, and Theft, in: Western Economic Journal 5, S. 224 – 232.

Tullock, G. (1967): Toward a Mathematics of Politics, Ann Arbor.

Tullock, G. (1989): The Economics of Special Privilege and Rent Seeking, Boston, Dordrecht, London.

U.S. Treasury Department (1996): Selected Tax Policy Implications of Global Electronic Commerce, http://www.treas.gov/, (Juni 2003).

UNCTAD (2003): World Investment Report 2003. FDI Policies for Development: National and International Perspectives. United Nations Conference on Trade and Development, Genf, New York.

United Nations (1980): United Nations Model Double Taxation Convention between Developed and Developing Countries, New York.

United States General Accounting Office (2002): Internet Gambling. An Overview of the Issues. Report to Congressional Requesters, o. O.

United States Treasury (1994): Recent Service Experience in Administering Section 482 and Economic Theories Concerning the Implementation of Section 482, in: Plasschaert, S. (Hrsg.): Transnational Corporations: Transfer Pricing and Taxation, London, S. 194 – 213.

UNO (2002): World Summit on Sustainable Development, Johannesburg, South Africa 26 August - 4 September 2002, Press Conference on 'Flags Of Convenience', 30 August 2002, http://www.un.org/events/wssd/pressconf/020830conf9.htm (November 2002).

Utescher, T. (1999): Internet und Steuern. Electronic Commerce und Telearbeit, Düsseldorf.

Vanberg, V. J. / Buchanan, J. M. (1989): Interests and Theories in Constitutional Choice, in: Journal of Theoretical Politics 1, S. 49 – 62.

Vanberg, V. J. / Buchanan, J. M. (1991): Constitutional Choice, Rational Ignorance and the Limits of Reason, in: Jahrbuch für Neue Politische Ökonomie 10, S. 61 – 78.

Vanberg, V. J. / Kerber, W. (1994): Institutional Competition among Jurisdictions: An Evolutionary Approach, in: Constitutional Political Economy 5, No. 2, S. 193 – 219.

Vaubel, R. (1994): A Public Choice Analysis of European Integration: A Survey, in: European Journal of Political Economy 10, S. 227 – 249.

Vaubel, R. (2003): Principal-Agent-Probleme in internationalen Organisationen, Hamburgisches Welt-Wirtschafts-Archiv, HWWA Discussion Paper Nr. 219, Hamburg.

Velthoven, B. van / van Winden, F. (1991): A Positive Model of Tax Reform, in: Public Choice 72, S. 61 – 86.

Vieler, A. (1986): Interessen, Gruppen und Demokratie: eine sozialökonomische Untersuchung über den Einfluß von Interessenverbänden auf wirtschaftspolitische Entscheidungen, Tübingen.

Vogel, H. A. (1980): Steuertechnik und Steuerverwaltung, in: Handbuch der Finanzwissenschaften, Bd. 2, 3. Aufl., Tübingen, S. 268 – 315.

Vogel, K. (1985): Die Besteuerung von Auslandseinkünften. Prinzipien und Praxis, in: ders. (Hrsg.): Grundfragen des internationalen Steuerrechts, Köln, S. 3 – 31.

Vogel, K. (1990): World-wide vs. Source Taxation of Income – A Review and Reevaluation of Arguments, in: ders. (Hrsg.): Influence of Tax Differentials on International Competivness, Deventer, Boston, S. 117 – 166.

Vogel, K. (1996): Doppelbesteuerungsabkommen der Bundesrepublik Deutschland auf dem Gebiet der Steuern vom Einkommen und Vermögen. Kommentar auf der Grundlage der Musterabkommen, 3. Aufl., München.

Wagner, R. E. / Gwartney, J. D. (1988): Public Choice and Constitutional Order, in: Gwartney, J. D. / Wagner, R. E. (Hrsg.): Public Choice and Constitutional Economics, Grennwich, S. 29 – 56.

Walker, G. (2000): Telepresence – the Future of Telephony, in: Vince, J. A. / Earnshaw, R. (Hrsg.): Digital Media: The Future, London u. a. O., S. 281 – 296.

Walras, L. (1874): Elements D'Economie Politique Pure ou Théorie de la Richesse Social, Edition Définitive, Paris 1926. Englisch: Elements of Pure Economics or the Theory of Social Wealth, London 1954.

Watanabe, S. (1997): Tax Competition and Foreign Direct Investment. Vortragsmanuskript, OECD Symposium on Tax Reform, Hanoi, Juni 1997.

Watanabe, S. (2000): Electronic Commerce and Tax Competition. Vortragsmanuskript, Globalization and the World Economy: Changes and Challenges, Dezember 2000, Hitotsubashi University, Japan.

Weck-Hannemann, H. (1991): Politische Ökonomie des Protektionismus: Ein institutioneller Ansatz, in: Siebke, J. (Hrsg.): Monetäre Konfliktfelder der Weltwirtschaft, Schriften des Vereins für Socialpolitik N. F., Band 210, S. 125 – 142.

Weck-Hannemann, H. (1992): Politische Ökonomie des Protektionismus. Eine institutionelle und empirische Analyse, Frankfurt/M., New York.

Weck-Hannemann, H. (1998): Globalisierung: Herausforderung oder Anwendungsfall der Neuen Politischen Ökonomie?, in: Jahrbuch für Neue Politische Ökonomie 17: Globalisierung, Systemwettbewerb und nationalstaatliche Politik, Tübingen, S. 84 – 107.

Weiner, J. M. (1997): Discussion of Papers on Telecommunications Taxation, in: National Tax Journal 50, S. 623 – 630.

Weiner, J. M. (1999): Using the Experience in the U.S. States to Evaluate Issues in Implementing Formula Apportionment at the International Level, Office of Tax Analysis, Paper 83, Washington D. C.

Weiner, J. M. / Ault, H. J. (1998): The OECD's Report on Harmful Tax Competition, in: National Tax Journal 51, No. 3, S. 601 – 608.

Weiner, J. M. /Ault, H. J.(1998): The OECD's Report on Harmful Tax Competition, in: National Tax Journal 51, S. 601 – 608.

Weingast, B. R. / Shepsle, K. A. / Johnsen, C. (1981): The Political Economy of Benefits and Costs: A Neoclassical Approach to Distributive Politics, in: Journal of Political Economy 89, S. 642 – 664.

Weiss, W. (1998): Die Anwendung der Verrechnungspreisrichtlinien im internationalen Konzern, Köln.

Welfens, P. J. J. / Jungmittag, A. (2003): Telecommunications, Internet, Innovation and Growth in Europe, in: Barfield, C. E. / Heiduk, F. / Welfens, P. J. J. (Hrsg.): Internet, Economic Growth and Globalization. Perspectives on the New Economy in Europe, Japan and the US, Berlin u. a. O., S. 9 – 65.

Wellisch, D. (1995): Dezentrale Finanzpolitik bei hoher Mobilität, Tübingen.

Wellisch, D. (2000): Finanzwissenschaft II. Theorie der Besteuerung, München.

Westin, R. A. (2000): International Taxation of Electronic Commerce, den Haag u. a. O.

Wichmann, M. (2003): Bestimmung der Funktionsvergütung für den Betrieb eines Internetservers, in: Oestreicher, A. (Hrsg.): Internationale Verrechnungspreise, S. 131 – 161.

Wicksell, K. (1969/1896): Finanztheoretische Untersuchungen nebst Darstellung und Kritik des Steuerwesens Schwedens, Aalen 1969. Neudruck der Ausgabe Jena 1896.

Wigand, R. T. (1997): Electronic Commerce: Definition, Theory, and Context, in: The Information Society 13, S. 1 – 16.

Wildasin, D. E. (1988): Nash Equilibria in Models of Fiscal Competition, in: Journal of Public Economics 35, S. 229 – 240.

Wildasin, D. E. (1989): Interjurisdictional Capital Mobility: Fiscal Externality and a Corrective Subsidy, in: Journal of Urban Economics 25, S. 193 – 212.

Wildavsky, A. (1990): A Double Security: Federalism as Competition, in: Cato Journal 10, S. 39 – 58.

Williamson, J. G. (1998): Globalization, Labor Markets and Policy Backlash in the Past, in: Journal of Economic Perspectives 12, No. 4, S. 51 – 72.

Williamson, O. E. (1975): Markets and Hierarchies: Analysis and Antitrust Implications, New York.

Williamson, O. E. (1996): Transaktionskostenökonomik, 2. Aufl., Hamburg.

Wirtz, B. W. / Mathieu, A. (2001): Internet-Ökonomie und B2B-Marktplätze, in: Das Wirtschaftsstudium, Heft 6/2001, S. 825 – 830.

Wisselink, A. (1997): International Exchange of Tax Information Between European and Other Countries, in: European Community Tax Review 2, S. 108 – 115.

Wolk, J. van der (2000): Direct Taxation in the Internet Age: A Fundamentalist Approach, in: Bulletin. International Bureau of Fiscal Documentation, S. 173 – 180.

Wrede, M. (1993): Ökonomische Theorie des Steuerentzuges -vermeidung, -umgehung und -hinterziehung, Heidelberg.

Wust, H. F. (1981): Föderalismustheorie. Grundlage für Effizienz in der Staatswirtschaft, Göttingen.

Young, K. H. (1988): The Effects of Taxes and Rates of Return on Foreign Direct Investment in the United States, in: National Tax Journal 41, S. 109 – 121.

Zajac, E. E. (1996): Political Economy of Fairness, Cambridge (Mass.), London.

Zimmermann, H. (1993): Versuch zur Klassifizierung der unternehmensbezogenen Steuern in finanzwissenschaftlicher Sicht, in: Steuer und Wirtschaft 3, S. 231 – 236.

Zimmermann, H. (1994): Umweltsteuern als Unternehmenssteuern, in: Mackscheidt, K. / Ewringmann, D. / Gawel, E. (Hrsg.): Umweltpolitik mit hoheitlichen Zwangsabgaben? Karl-Heinrich Hansmeyer zur Vollendung seines 65. Lebensjahres, Berlin S. 123 – 134.

Zodrow, G. R. / Mieszkowski, P. (1986): Pigou, Property Taxation, and the Underprovision of Local Public Goods, in: Journal of Urban Economics 19, S. 356 – 370.

Zuckermann, M. (1979): Attributions of Success and Failure Revisited, or: The Motivational Bias in Alive and Well in Attribution Theory, in: Journal of Personality 47, S. 245 – 287.

HOHENHEIMER VOLKSWIRTSCHAFTLICHE SCHRIFTEN

Band 1 Walter Deffaa: Anonymisierte Befragungen mit zufallsverschlüsselten Antworten. Die Randomized-Response-Technik (RRT). Methodische Grundlagen, Modelle und Anwendungen. 1982.

Band 2 Thomas Michael Baum: Staatsverschuldung und Stabilisierungspolitik in der Demokratie. Zur neoinstitutionalistischen Kritik der keynesianischen Fiskalpolitik. 1982.

Band 3 Klaus Schröter: Die wettbewerbspolitische Behandlung der leitungsgebundenen Energiewirtschaft. Dargestellt am Beispiel der Fernwärmewirtschaft der Bundesrepublik Deutschland. 1986.

Band 4 Hugo Mann: Theorie und Politik der Steuerreform in der Demokratie. 1987.

Band 5 Max Christoph Wewel: Intervallarithmetische Dependenzanalyse in der Ökonometrie. Ein konjekturaler Ansatz. 1987.

Band 6 Heinrich Pascher: Die U.S.-amerikanische Deregulation Policy im Luftverkehrs- und Bankenbereich. 1987.

Band 7 Harald Lob: Die Entwicklung der französischen Wettbewerbspolitik bis zur Verordnung Nr. 86-1243 vom 01. Dezember 1986. Eine exemplarische Untersuchung der Erfassung der Behinderungsstrategie auf der Grundlage des Konzepts eines wirksamen Wettbewerbs. 1988.

Band 8 Ulrich Kirschner: Die Erfassung der Nachfragemacht von Handelsunternehmen. Eine Analyse der ökonomischen Beurteilungskriterien und der wettbewerbsrechtlichen Instrumente im Bereich der Verhaltenskontrolle.1988.

Band 9 Friedhelm Herb: Marktwirtschaftliche Innovationspolitik. 1988.

Band 10 Claus Schnabel: Zur ökonomischen Analyse der Gewerkschaften in der Bundesrepublik Deutschland. Theoretische und empirische Untersuchungen von Mitgliederentwicklung, Verhalten und Einfluß auf wirtschaftliche Größen. 1989.

Band 11 Jan B. Rittaler: Industrial Concentration and the Chicago School of Antitrust Analysis. A Critical Evaluation on the Basis of Effective Competition. 1989.

Band 12 Thomas Märtz: Interessengruppen und Gruppeninteressen in der Demokratie. Zur Theorie des Rent-Seeking. 1990.

Band 13 Andreas Maurer: Statistische Verfahren zur Ermittlung von oligopolistischen Strukturen. 1990.

Band 14 Peter Mendler: Zur ökonomischen und politisch-institutionellen Analyse öffentlicher Kredithilfen. 1992.

Band 15 Heinrich J. Engelke: Die Interpretation der Rundfunkfreiheit des Grundgesetzes: Eine Analyse aus ökonomischer Sicht. 1992.

Band 16 Thomas Fischer: Staat, Recht und Verfassung im Denken von Walter Eucken. Zu den staats- und rechtstheoretischen Grundlagen einer wirtschaftsordnungspolitischen Konzeption. 1993.

Band 17 Stefan Elßer: Innovationswettbewerb. Determinanten und Unternehmensverhalten. 1993.

Band 18 Reinhard Scharff: Regionalpolitik und regionale Entwicklungspotentiale. Eine kritische Analyse. 1993.

Band 19 Karin Beckmann: Probleme der Regionalpolitik im Zuge der Vollendung des Europäischen Binnenmarktes. Eine ökonomische Analyse. 1995.

Band 20 Bernd Nolte: Engpaßfaktoren der Innovation und Innovationsinfrastruktur. Eine theoretische und empirische Analyse für ländliche Wirtschaftsräume in Baden-Württemberg. 1996.

Band 21 Klaus-Rainer Brintzinger: Die Nationalökonomie an den Universitäten Freiburg, Heidelberg und Tübingen 1918 - 1945. Eine institutionenhistorische, vergleichende Studie der wirtschaftswissenschaftlichen Fakultäten und Abteilungen südwestdeutscher Universitäten. 1996.

Band 22 Steffen Binder: Die Idee der Konsumentensouveränität in der Wettbewerbstheorie. Teleokratische vs. nomokratische Auffassung. 1996.

Band 23 Alexander Burger: Deregulierungspotentiale in der Gesetzlichen Rentenversicherung. Reformnotwendigkeiten versus Reformmöglichkeiten. 1996.

Band 24 Burkhard Scherer: Regionale Entwicklungspolitik. Konzeption einer dezentralisierten und integrierten Regionalpolitik. 1997.

Band 25 Frauke Wolf: Lorenzkurvendisparität. Neuere Entwicklungen, Erweiterungen und Anwendungen. 1997.

Band 26 Hans Pitlik: Politische Ökonomie des Föderalismus. Föderative Kompetenzverteilung im Lichte der konstitutionellen Ökonomik. 1997.

Band 27 Stephan Seiter: Der Beitrag Nicholas Kaldors zur Neuen Wachstumstheorie. Eine vergleichende Studie vor dem Hintergrund der Debatte über den Verdoorn-Zusammenhang. 1997.

Band 28 André Schmidt: Ordnungspolitische Perspektiven der europäischen Integration im Spannungsfeld von Wettbewerbs- und Industriepolitik. 1998.

Band 29 Bernd Blessin: Innovations- und Umweltmanagement in kleinen und mittleren Unternehmen. Eine theoretische und empirische Analyse. 1998.

Band 30 Oliver Letzgus: Die Ökonomie internationalen Umweltschutzes. 1999.

Band 31 Claudia Hafner: Systemwettbewerb versus Harmonisierung in Europa. Am Beispiel des Arbeitsmarktes. 1999.

Band 32 Jürgen Kulle: Ökonomie der Musikindustrie. Eine Analyse der körperlichen und unkörperlichen Musikverwertung mit Hilfe von Tonträgern und Netzen. 1998.

Band 33 Michael Ganske: Intertemporale Aspekte von Staatsverschuldung und Außenhandel. 1999.

Band 34 Margit Ströbele: Die Deregulierungswirkungen der europäischen Integration. Das Beispiel der Sondermärkte. 1999.

Band 35 Marion Benesch: Devisenmarktinterventionen in Theorie und Praxis. Eine umfassende Analyse ihrer Zielsetzungen, Wirkungsweisen und wirtschaftspolitischen Bedeutung. 1999.

Band 36 Torsten Gruber: Unterschiedliche geldpolitische Transmissionsmechanismen und Stabilitätskulturen als mögliche Ursachen geldpolitischer Spannungen in der Europäischen Währungsunion. 2000.

Band 37 Bertram Melzig-Thiel: Arbeit in der Informationsgesellschaft. Chancen und Risiken neuer Informations- und Kommunikationstechnologien für die Beschäftigung. 2000.

Band 38 Annette Fritz: Die Entsorgungswirtschaft im Spannungsfeld zwischen Abfallpolitik und Kartellrecht. Eine industrieökonomische Branchenstudie. 2001.

Band 39 Harald Strotmann: Arbeitsplatzdynamik in der baden-württembergischen Industrie. Eine Analyse mit amtlichen Betriebspaneldaten. 2002.

Band 40 Dietrich Benner: Qualitätsungewißheit bei Gütern mit Vertrauenseigenschaften. Entwicklung und Anwendung eines entscheidungstheoretisch fundierten Analyserahmens. 2002.

Band 41 Jürgen M. Schechler: Sozialkapital und Netzwerkökonomik. 2002.

Band 42 Kay-Uwe May: Haushaltskonsolidierung durch Ausgabekürzungen. Restriktionen und Strategien. 2002.

Band 43 Peter Kühnl: Der Wechselkurs als Zwischenziel der Geldpolitik im Aufholprozess. Die monetärkeynesianische Entwicklungsstrategie der Berliner Schule vor dem Hintergrund der makroökonomischen Entwicklung ausgewählter Länder Mittel- und Osteuropas. 2003.

Band 44 Steffen Wirth: Nichtparametrische Analyse von Bildungsertragsraten. Neuere Entwicklungen und Anwendungen. 2003.

Band 45 Bernhard Holwegler: Innovation, Diffusion und Beschäftigung. Die ökonomische Theorie der Technologiediffusion und ihr Beitrag zur Erklärung technologischer Arbeitslosigkeit. 2003.

Band 46 Guntram R. M. Hepperle: Zukunftsorientierte Industriepolitik. Möglichkeiten und Grenzen. 2004.

Band 47 Udo Vullhorst: Stabilisierungspolitik bei supranationaler Geldpolitik und nationaler Fiskalpolitik. Eine spieltheoretische Betrachung. 2004.

Band 48 Matthias Rösch: Die Bedeutung von Investivlöhnen und Gewinnbeteiligungen für Einkommensverteilung und Beschäftigung. 2004.

Band 49 Michael Bubik: Erfolgskriterien für Unternehmenszusammenschlüsse. Eine theoretische und exemplarische Analyse. 2005.

Band 50 Jörg Weltin: Internationale Unternehmensbesteuerung. Allokation der Besteuerungsrechte unter veränderten Rahmenbedingungen. 2005.

www.peterlang.de

Stefan Lewe

Wachstumseffiziente Unternehmensbesteuerung

Frankfurt am Main, Berlin, Bern, Bruxelles, New York, Oxford, Wien, 2003.
XIX, 258 S., zahlr. Abb. und Tab.
Sozialökonomische Schriften. Herausgegeben von Bert Rürup. Bd. 23
ISBN 3-631-51199-X · br. € 51.50*

Im Zuge der wirtschaftlichen Globalisierung und einem damit verbundenen Wettbewerb der Nationalstaaten um mobile Produktionsfaktoren, d.h. insbesondere Kapital, kommt der Wachstumseffizienz der nationalen Ausgestaltung der Unternehmensbesteuerung eine wachsende wirtschaftspolitische Bedeutung zu. Vor diesem Hintergrund wird in dieser Arbeit eine Trade-off-Analyse zwischen den Unternehmenssteuersätzen und den Abschreibungsvorschriften durchgeführt, um die Frage zu beantworten, ob die Steuersätze oder die Abschreibungsparameter einen bedeutenderen Einfluss auf die betriebliche Investitionstätigkeit ausüben. In einer zweiten Fragestellung wird untersucht, ob es einen die Kapitalmobilität und damit die Allokationseffizienz hemmenden Effekt aufgrund eines Lock-in-Effekts der Unternehmensbesteuerung gibt, sofern der Steuersatz auf thesaurierte Gewinne niedriger ist als auf ausgeschüttete.

Aus dem Inhalt: Einfluss der Unternehmensbesteuerung auf die Investitionstätigkeit · Steuerbelastung deutscher Unternehmen im internationalen Vergleich · Besteuerung der Unternehmen in Deutschland · Ermittlung eines wachstumseffizienten Trade-Offs zwischen Steuersatz und Bemessungsgrundlage · Quantifizierung des Lock-in-Effekts der Unternehmensbesteuerung

Frankfurt am Main · Berlin · Bern · Bruxelles · New York · Oxford · Wien
Auslieferung: Verlag Peter Lang AG
Moosstr. 1, CH-2542 Pieterlen
Telefax 00 41 (0) 32 / 376 17 27

*inklusive der in Deutschland gültigen Mehrwertsteuer
Preisänderungen vorbehalten

Homepage http://www.peterlang.de

Kolibri 360 GmbH
Ferdinand-Jühlke-Straße 7
99095 Erfurt, Deutschland
produktsicherheit@kolibri360.de

Druck:
CPI Druckdienstleistungen GmbH
im Auftrag der
Kolibri 360 GmbH
Ferdinand-Jühlke-Str. 7
99095 Erfurt